小売業近代化への胎動

碩学叢書
SEKIGAKU LIBRARY

石原武政 著
ISHIHARA Takemasa

発行所:碩学舎
発売元:中央経済社

『小売業近代化への胎動』

目　　次

付　　記・IX
初出一覧・X

序　章　小売業近代化への胎動 1

 1　問題意識と課題の限定――2
 2　時代背景――4
 3　本書の構成――6

第1章　小売市場の誕生と普及 11

 1　公設市場開設の時代背景――12
  1-1　生産調査会の答申・12
  1-2　細民の生活実態・15
  1-3　錯綜する流通機構と商慣行・19
 2　公設市場の誕生から普及へ――22
  2-1　大阪市における日用品供給場の開設・22
  2-2　公設市場の普及・25
 3　立ち遅れた東京市の公設市場――29
  3-1　公設市場開設への遅れ・29
  3-2　恒久的対策への遅れ　―関東大震災への対応―・32
 4　東京市における私設市場ブーム――35

　　　　4-1　私設市場の濫設・35

　　　　4-2　東京市における私設市場の実相 ―実態調査から―・38

　　5　結　　語――45

第2章　同業組合と百貨店の抗争　51

　　1　同業組合とその活動――52

　　　　1-1　同業組合法の成立・52

　　　　1-2　粗製濫造と同業組合・55

　　　　1-3　同業組合と価格協定・58

　　2　百貨店の同業組合加入問題とその帰趨――61

　　　　2-1　問題の発端・61

　　　　2-2　問題の深刻化・63

　　　　2-3　百貨店の同業組合加入問題の決着・65

　　3　結　　語――67

第3章　商店街発行の共通商品券　75

　　1　商品券と共通商品券――76

　　　　1-1　商品券の誕生・76

　　　　1-2　商品券の普及・77

　　　　1-3　紙幣類似証券としての商品券・78

　　2　商店街商品券の取締り――80

　　　　2-1　商店街共通商品券の試み・80

　　　　2-2　商店街の共通商品券に対する規制・81

　　3　百貨店商品券の取締り要求運動――84

3-1　百貨店商品券包囲網・84
　　　3-2　百貨店商品券の撤廃運動・86
　　　3-3　商品券への課税問題・88
　　　3-4　小売商の経営改善の取り組み・90

　4　商品券取締法の制定──93
　　　4-1　商品券に対する当局の態度・93
　　　4-2　商品券取締法の審議経過・95
　　　4-3　商品券取締法の施行・97
　　　4-4　商品券の流通・98

　5　商店街共通商品券──100
　　　5-1　商業組合法の成立と共通商品券問題・100
　　　5-2　商業組合法の改正（1938年）・103
　　　5-3　商店街共通商品券の現実・104

　6　結　　語──107

第4章　商業組合と商店街商業組合　　117

　1　昭和戦前期の小売業と公共政策──118
　　　1-1　小売業に対する公共政策の考え方・118
　　　1-2　商店街の概要・120

　2　商業組合法──122
　　　2-1　商業組合法の成立・122
　　　2-2　先駆的商店街商業組合の設立・126
　　　2-3　商業組合法の改正・129

　3　商店街商業組合の活動──132
　　　3-1　商店街商業組合の定款事業・132

3-2　商店街商業組合の実際の活動・136

　4　商店街リーダーの考え方　—中村金治郎の世界———142

　　　4-1　中村金治郎の現状認識・142
　　　4-2　商店街は「横の百貨店」であるべきか・147
　　　4-3　商店街の経営構造・151
　　　4-4　商店街商業組合の限界・153
　　　4-5　商店街商業組合連合会の役割・156

　5　結　　語——157

第5章　ボランタリーチェーンの模索　　163

　1　ボランタリーチェーンの日本への紹介——164

　2　乱売対策として注目されたボランタリーチェーン——167

　　　2-1　大量生産体制の確立と過剰生産・167
　　　2-2　過剰生産へのメーカーの対応・168

　3　メーカー主導のチェーンストア——170

　　　3-1　ホシ連鎖店・170
　　　3-2　資生堂チェインストアー・172
　　　3-3　福助足袋聯盟店・175
　　　3-4　森永ベルトライン・177
　　　3-5　瓢箪屋薬房ＳＳ・180

　4　メーカー主宰のボランタリーチェーン：総括——181

　　　4-1　ボランタリーチェーンという名の系列化・181
　　　4-2　ボランタリーチェーンに乗せた製販連携の夢・183

　5　小売商の自力更生策としてのボランタリーチェーン——184

　　　5-1　小売店共同化の背景・184

5-2　全東京洋品聯盟・185
　　　5-3　大東京文具商チェーン聯盟・188
　　　5-4　大東京履物商チェーン・190
　　　5-5　紅　白　会・192
　　　5-6　赤星靴チェーン・194
　　　5-7　十合特約チェーンストアー・195
　6　小売主宰のボランタリーチェーン：総括──197
　　　6-1　唯一の更生策としての期待と現実・197
　　　6-2　進歩的チェーンの特徴・199
　　　6-3　大都市に限定されたボランタリーチェーン・201
　7　結　語──202

第6章　産業組合と商権擁護運動　209

　1　産業組合と初期の反産運動──210
　　　1-1　産業組合法の成立・210
　　　1-2　農村の疲弊・216
　　　1-3　政府の農村支援政策・218
　　　1-4　産業組合拡充5ヶ年計画・222
　2　反産運動の全国的展開──226
　　　2-1　過剰参入による商業の疲弊・226
　　　2-2　反産運動の過熱・229
　　　2-3　反産運動から商権擁護運動へ・231
　3　商権擁護運動を巡る係争点──233
　　　3-1　両者の主要な主張点・233
　　　3-2　係争点を巡る第三者の見解（1）─学界─・236
　　　3-3　係争点を巡る第三者の見解（2）─マスコミ─・240

3-4　反産運動に対する政府の態度・242
　4　商権擁護運動の挫折と終息——246
　　　4-1　商権擁護運動の挫折・246
　　　4-2　その後の産業組合・248
　5　結　　語——251

第7章　商業労働と使用人問題 …………………… 261

　1　工場法と鉱業法——262
　2　商店法をめぐる国際環境・264
　　　2-1　先進諸国での商店法の実情・264
　　　2-2　国際労働総会の勧告等・265
　3　商店法案の模索——268
　　　3-1　商店法制定運動前史・268
　　　3-2　小売業の営業事情・270
　　　3-3　業界からの陳情・274
　　　3-4　商店法案に向けた初動・276
　　　3-5　揺れる賛否両論・277
　4　商店法の成立——281
　　　4-1　商店法案の再構築・281
　　　4-2　商店法案の評価・284
　　　4-3　商店法案の上程と審議・288
　　　4-4　商店法の効果・291
　5　結　　語——296

第8章 百貨店法の制定―調整政策の誕生― 305

1 百貨店の成長と小売商との対立──306

1-1 近代的百貨店の誕生と普及・306
1-2 百貨店対中小小売商問題の時代背景・308

2 反百貨店運動の高まり──310

2-1 戦後恐慌に始まる百貨店の大衆化・310
2-2 百貨店の震災復興と反百貨店運動の盛り上がり・312

3 百貨店の拡張と百貨店間競争の過熱──315

3-1 百貨店の拡張・315
3-2 百貨店間の「過当競争」・320
3-3 百貨店の出張販売・322

4 百貨店問題と小売制度改善案──324

4-1 商工審議会「小売制度改善案」への反発・324
4-2 小売制度改善案に対する評価・326

5 中小小売商の困窮──329

5-1 百貨店の重圧率・329
5-2 中小小売商の実情・331

6 百貨店法の制定──334

6-1 百貨店の自制協定・334
6-2 百貨店自制協定の破綻・337
6-3 百貨店法の制定過程・339
6-4 百貨店法の成立・343

7 結　語──346

終　章　簡単な総括·· 355

　1　改めて「大正・昭和戦前期」という時代・356
　2　本書のごく簡単な振り返り・357
　3　結びに代えて・363

あとがき・367
索　引・371

【付記】

- 本書における新聞記事からの引用は、すべて「神戸大学附属図書館デジタルアーカイブ［新聞記事検索］」による。日付の後の記号は「切抜帳一覧」の分類番号である。新聞記事が連載の場合、日付は初日のみを表記した。
- その他の文献の大半は、「国立国会図書館近代デジタルライブラリー」によるが、一部、大阪市立大学学術情報総合センター（現・大阪公立大学図書館杉本図書館）および大阪府立中之島図書館の所蔵図書による。
- 戦前の文献、特に公文書の多くは片仮名表記となっているが、本書ではすべて平仮名表記に改めた。また、極端に句読点の少ない文書については、最小限度句読点を補った。
- 引用に際し、仮名遣いは原文に従ったが、旧漢字の多くは新漢字に改め、和数字はアラビア数字に改めた。また、縦書きを横書きに改めた関係上、箇条書きの番号表記は適宜変更した。
- 各種の命令、通牒等について、一部、元の公文書に当たることができず、解説書等に転載されたものを参照にした。
- 引用文中「／」は原文での改行を表す。
- 文献表記において、編著、監修書について、編者・監修者名の後の「編」「監修」の表記を省略した。また、株式会社、社団法人等の法人組織形態の表記は省略した。

> 初出一覧
>
> 序　章：書き下ろし
> 第1章：「なぜ東京で小売市場が定着しなかったのか（上）（下）」『流通情報』No. 561、No. 562、2023年を加筆・再構成して収録。
> 第2章：「同業組合と百貨店の抗争」『経営研究』第70巻第2号、2019年を加筆・修正して収録。
> 第3章：「戦前の商品券問題―百貨店の商品券と商店街の共通商品券―（上）（下）」『流通情報』No. 520、No. 521、2016年を加筆・修正して収録。
> 第4章：「商店街活動の始まりと挫折―中村金治郎とその時代―（上）（下）」『流通情報』No. 514, No. 515、2015年を加筆・再構成して収録。その際、『商店代の組織化―戦前の商店街商業組合を中心として―（上）（下）』『経営研究』第35巻第4号、第36巻第1号、1985年の一部を組み込んだ。
> 第5章：「戦前のボランタリーチェーン（上）（下）」『流通情報』No. 532、No. 533、2018年を加筆・修正して収録。
> 第6章：「産業組合運動と商権擁護運動（上）（下）」『流通情報』No. 567、No. 568、2024年年を加筆・修正して収録。
> 第7章：「戦前の商業労働と使用人問題―難渋した商店法―（上）（下）」『流通情報』No. 526、No. 527、2017年を加筆・修正して収録。
> 第8章：「戦前の百貨店問題と百貨店法（上）（下）」『流通情報』No. 538、No. 539、2019年を加筆・修正して収録。
> 終　章：書き下ろし

序　章

小売業近代化への胎動

1 問題意識と課題の限定

　日本における小売業の近代化といえば、1904（明治37）年、三越の「デパートメントストア宣言」に始まるというのが定説となっている。その後、多少の紆余曲折はあるものの、呉服店の百貨店への参入が相次ぎ、1923（大正12）年の関東大震災後に大衆化するとともに急速に発達していった。同時に、1920年代にはターミナル型の百貨店が大阪で誕生し、1930年代には東京にも普及していった。そして百貨店は戦前期に1つのピークを迎える。戦前期の小売業近代化として一般に取り上げられるのはおそらくこの百貨店に限られ、時にその百貨店の原型の1つともなったとされる勧工場が取り上げられる程度であったと言っても過言ではない[1]。

　戦後に目を向けても、総合量販店に始まった「流通革命」は、やがて家電品や医薬品、紳士服などの専門量販店、酒などのディスカウントストア、衣料系を中心としたSPA、食品スーパーやコンビニエンスストア、ショッピングセンターなど、多くの新しい業態の登場へとつながってゆく。そしてこれら新業態の開発者が流通近代化の担い手として評価されてきた[2]。もとより、彼らが小売業の近代化を先導してきたことに異論があるはずもない。小売業の近代化がこうした新しい業態の開拓者とともに語られるのは極めて当然のことであると言ってよい。

　しかし、彼らは小売業全体から見れば圧倒的に少数に過ぎない。小売業の大部分は「旧来型」の中小小売商によって営まれてきた。近年でこそその比重は低下したものの、伝統的な中小小売商こそが長年にわたって小売業の最も主要な担い手であった。それでも、彼らはしばしばこうした新たな業態開発の動きとは無縁な、「やる気のない」商人とみなされてきた。しかし、実際にそうなのだろうか。

　確かに、小売業の「近代化」をどのように理解するかにもよるが、中には小売業の新たな事業を開拓するという意味では、全く評価に値しない保守的な商人もいたことは確かである。そのこと自身を全面的に否定するつもりもないが、それにもかかわらず、上で見たような新しい業態の開発者たちは、旧来の中小

小売商の中から誕生し、成長してきたのも間違いない事実である。事業に成功して大企業の経営者になった人たちも、初めはみんなまちの小さな小売店だったはずである。まさにその中から革新的な小売経営者が誕生してきたのだから、中小小売商のすべてを近代化とは無縁の存在として切り捨てることはできないはずである。

さらに言えば、「近代化」を新規事業の開拓、業態開発にのみ求めること自体に問題があるかもしれない。私自身はかつて「やる気」の発現が、新たな業態を開発して企業として成長する型とは別に、もう1つまちに目を向け、地域に投資する方向に向かい得ると主張したことがある[3]。そして、彼らを成長志向の強い企業家商人に対して「街商人(まちあきんど)」と呼んだ。街商人は事業者としてみれば決して成長し、成功したわけではないが、自らが住み、生活する地域に目を向け、地域の伝統と文化を守り、コミュニティの維持に貢献してきたのであった。

一見したところ、彼らは旧来からの変わらぬ伝統的商人のようにも見える。しかし、時代の大きな流れの中で、緩やかながらも新たな技術を導入し、それなりに商業の営みを変えてきたはずである。その歩みはあまりにも遅く、まったく止まったようにも見えるが、時代は着実に動くのであり、彼らもまたそれに対応してそれなりの進化を遂げながら、現実の小売業を担ってきたのである。

本書では期間を戦前期に限定しながら、そうした中小小売業の動向に光を当ててみたい。彼らは百貨店が急激に成長する時代の中で、時にその百貨店の成長や産業組合の進撃に抵抗しながらも、懸命にその時代を生き抜いてきた。決して惰眠を貪っていたわけではない。例えば、無駄の排除、記帳による家計と経営の分離など個店の経営近代化に取り組みながら、それぞれの規模を拡大するよりも、むしろ中小小売業の共同事業を通して近代化を図ろうとする努力があった。それは大筋において国の商業政策と軌を一にするものでもあったようにも見える。もとより、本書ではそうした彼らの活動のすべてを捉えられるわけではないが、いくつかのトピックスに沿って、中小小売商の足跡をたどることによって、戦前期という時代の小売業の動態を少しでも明らかにできたらと思う。

2　時代背景

　本書の対象期間はほぼ戦前昭和期におかれているが、一部、前史的に大正期が含まれている。そのいくつかの断面は後に詳述するが、最初にその期間における流通、特に小売業の特徴的な点を概括的に確認しておくことにしよう。
　日本における「産業革命」は、明治政府による殖産興業政策によって始まると言ってよい。業界によって多少の違いはあるものの、それによって大量生産体制が確立されるのは1900年から1910年頃と考えてよいだろう。冒頭に指摘した三越の「デパートメントストア宣言」もこうした産業体制確立の気運に相応するものであった。1914（大正3）年に始まった第一次世界大戦は、日本企業に新たに厖大な市場を準備することによって、近代的産業体制の確立をさらに大きく刺激した。ここでは特に、百貨店の誕生以外に大きな2点を時代背景として捉えておきたい。
　第1は大量生産体制の影響である。大量生産体制の確立は当然のことながら大量流通を求める。もとより、そこで展開される流通の再編過程は多様であり得るが、ごく大筋を概略的に示せば、以下のようになるであろう。
　伝統的な流通機構は、生産者が小規模分散的に存在することを前提として形成される。したがって、市場も一般的には狭く、流通の範囲も限られていた。それでも広域に流通する商品はあったが、その場合には流通機構は小規模な生産者から何段階かにわたって商品を収集し、全国へと分散させる形をとる。そこで中心的役割を果たしたのは収集段階と分散段階の結節点に位置する元卸商であった。商業論の教科書に登場する典型的な流通機構図を想像すればよい。この時点では、概して資本力の乏しい生産者は商品を産地の卸売商に販売することによって販売問題から解放されることができた。多数の産地卸売商から大阪を中心とする大都市の元卸商に集められた商品は、今度は分散段階の卸売商の手から各地の小売商を経て、そこから最終消費者に届けられる。もとより、こうした流通機構図に表わされるように整然とした流通経路ではなく、実際には横流しや逆流も多く見られ、入り組んだ取引関係であったはずである。それでも、収集・中継ぎ・分散という大きな構図がほぼ当てはまるのであり、元

卸商中心の流通機構が形成されてきた。

　大量生産体制を確立する生産者（以下、メーカーという）にとって、販路の確保は必須の課題である。卸売商を中心とした伝統的な流通機構が販路を約束すれば問題はない。メーカーは今や不必要となった収集段階の卸売商を飛ばして元卸商と直接結び付き、とりあえずは元卸商に最大限の販路確保を要求するだろう。要求された元卸商はすでに取引関係にある地方卸により積極的な取り扱いを求めるとともに、それまで取引関係になかった卸売商との取引を開始することで、全国市場をくまなくカバーしようとする。マーケティング論の教科書に登場する開放的流通がここに実現する。その意味では、開放的流通はメーカーの積極的なチャネル政策というよりも、卸売商への強い要求の結果として登場するものと理解すべきかもしれない。

　それによって販路が確保できれば問題はないが、それができなければ、メーカーは自らより積極的に流通経路の整備に乗り出すことになる。元卸商を統合しながら特約店・代理店に再編し、地方卸商や小売商についても、より積極的な商業者に集約しようとする。いわゆる選択的流通である。そして、それが極限にまで展開されると専属排他的流通にまで突き進むことになる。この辺の事情はごく簡単にではあるが、第5章で改めて触れる機会がある。

　こうしたメーカーによる流通経路への直接的な介入が見られるようになるのはほぼ1910年頃からであった[4]。小売業はメーカーの流通経路政策の直接の対象とはなりにくく、そのため多くの場合、その影響が間接的であったのは事実である。しかし、中には直接メーカーが小売段階にまで手を伸ばしたこともあったし、そうでなくても卸売段階の再編は従来の錯綜した取引関係を整序されたそれへと転換させていった。そして、その過程でリスクの分担関係が変化し、相場や価格変動を利用した利鞘稼ぎの機会は大きく減少した。その意味で、メーカーの直接的な働きかけがない場合でも、小売業もまたメーカーによる経路政策の影響から無縁ではありえなかった。

　第2は急速な都市化の流れである。近代産業の成立は都市部（周辺部を含む）に工業を立地させるが、それは大量の労働力を必要とする。その労働力の主な供給源は農村であった。農村は多くの人口をかかえていたとはいえ、十分な就業基盤をもっていたわけではなく、いわば過剰人口のたまり場のような存在で

あった。労働力の都市への流出は農村部にとっても生産性の向上につながるものだったのであり、それによって、圧倒的な農業国であった日本が次第に産業国家へと転換してゆくことになる。それは必然的に都市部への人口集中、大都市の成立をもたらすが、都市が多くの流入人口をかかえて安定するためにはいくつかの条件が必要となる。

職を求めて都市に流入した人たちが就業機会を見出すことができれば問題はない。しかし、それが常に保証されているわけではない。新しい産業分野が必要とする以上の労働力が流入した場合、過剰となった労働力の行き着くところは最終的には小売業であった。その傾向は1910年代の初めにすでに顕著になっていたが、1920年代の打ち続く不況によって一層加重された。小売業は「潜在的失業者のプール」とまで言われる状態になる。その間の事情は第1章および第6章でより詳細に振り返る。

要するに、1910年代から20年代にかけて、小売業を取り巻く環境は大きなうねりの中にあった。流通機構はメーカーの介入によって整序された流通機構へと転換の道を歩み始め、それによって価格変動を前提としたリスク分散・吸収的な取引のうまみの機会は大幅に減少してゆくが、その中での小売業への過剰参入であった。1931（昭和6）年9月の満州事変以降は準戦時体制と言われるように、次第に戦時色が強くなってゆくが、まだ戦時経済の影響は直接的には現れてはいなかった。それでも、全体として見たとき、小売業を取り巻く環境はけっして平坦な時代ではなかった。日本の産業構造そのものが大きな転換期にあったし、不況は経済全体を苦境に陥れたが、とりわけ小売業は厳しい状況の下に置かれていた。その中でも懸命に自らの途を求める小売業者たちの姿があった。本書はその間の小売業の取り組みの一端である。

3　本書の構成

本書で取り上げる問題は小売市場、同業組合、共通商品券、商店街商業組合、ボランタリーチェーン、商権擁護運動、商店法、百貨店法の8つである。戦前期の15年からせいぜい20年程度の間でこれだけの問題を取り扱うのだから、多くの問題が同時並行的に起こっていたことは容易に想像される。それらは深部

で互いに関係しあいながら、しかしそれぞれの問題としては、ほとんど独立して展開されてきたようにも見える。本書では、それぞれの問題を純化して捉えるために、相互間の関係は必要最小限度に止め、各問題を独立して取り扱うこととする。章構成は、原則としてほぼ中心的に問題となった時期の古い順番となっている。

第1章では公設市場に始まる小売市場の問題を取り上げる。大正期に細民対策として始まった公設市場は、やがて生鮮食料品流通の新たな担い手として期待されるようになり、それが私設小売市場の開設へとつながってゆく。但し、この問題については私自身かつて詳細に論じたことがあるので[5]、ここでは重複を最小限度に止め、大阪に始まり全国に展開した小売市場がなぜ東京に定着しなかったのかという観点から問題を整理した。小売市場の全体的な動向については、あわせて前著を参照していただくようお願いしたい。

第2章では百貨店と同業組合との抗争を取り上げる。百貨店の成長の比較的初期に発生した同業組合への加入問題である。1900（明治33年）に制定された重要物産同業組合法は、各製品について、生産者、卸売商、小売商のすべての業者の強制的加入を求めるものであり、百貨店も初期にはその取扱品目ごとに同業組合に加入していた。しかし、百貨店が株式会社化するとともに取り扱い品目が増加するにしたがって、すべての商品ごとに加入するのは煩雑だなどとして加入を拒否するようになった。これが百貨店と中小小売商との抗争の始まりであった。

第3章では、商店街の共通商品券問題を取り上げる。百貨店はその成長過程で多額の商品券を発行するが、この商品券は百貨店が取り扱うすべての商品に適用されるのはもちろん、会社が同じであれば他地域（例えば、東京と大阪）でも通用することから大きな効果を発揮した。それならばと、商店街でも同様に異業種店に共通する商品券を発行できるように求めたのがこの問題である。これは同業組合問題とほぼ同時期に発生するが、同業組合問題が百貨店に有利な形で裁定されるに及んで、一気に最重要問題として浮かび上がった。しかし、その決着は戦時体制下にまで持ち越されることになる。

第4章では商店街商業組合を取り上げる。昭和初期、小売業問題の解決のために政府が期待を寄せたのが商業組合であった。第6章で取り上げる産業組合

が農村を中心とした組合となったことから、その商業版として期待されたのが1932（昭和7）年に制定された商業組合法である。この商業組合法は、小資本でも共同すれば大資本に充分に対抗し得るという楽観的ともいえる期待感に基づき、同業種店による組合を想定するものであった。それに対して、業界側は地域で活動する異業種店からなる商店街商業組合の認可を求めるが、容易にそれは実現しなかった。業界側ではそれでも例外中の例外としての商店街商業組合運動を開始し、実に多彩な活動を展開した。

第5章ではボランタリーチェーンを取り上げる。百貨店の台頭に対抗するためには、同業種店が一致団結して共同仕入れを行うことによって、百貨店と同等の価格でメーカーから商品を仕入れることが重要になると考えられた。この認識が議論の出発点となるはずであるが、日本では小売店の更生事業という点に重点が置かれたようで、この時期に始まったメーカーによる小売店の系列化もしばしばメーカー主宰のボランタリーチェーンとして取り上げられている。他方、小売店主宰のボランタリーチェーンはいくつか展開されるが、卸売商主宰のそれはほとんど見ることができなかった。

第6章では商権擁護運動を取り上げる。昭和初期の大恐慌は農村に大きな打撃を与えた。政府はその農村救済のために、産業組合への強力な支援方針を打ち出し、産業組合もそれに呼応して拡充計画に乗り出す。それによって大打撃を受けた商業者が、産業組合と同等の支援を求めて立ち上がったのが商権擁護運動であったが、時代の大きな流れはその運動を一気に飲み込んでゆくことになる。

第7章では商店法問題を取り上げる。小売商店は多くの商業使用人の働きによって支えられている。しかし、その商業使用人は丁稚(でっち)制度に代表される旧来の商店経営の下ではほとんどが住み込みであり、長時間労働が一般的であった。雇用者側には、住み込みの丁稚制度は単なる商業使用人制度ではなく、同時に店員の教育制度もあるという自負があった。そのため、国際的な労働問題への関心の高まりの中で、日本の対応は大きく遅れたが、やがてそれへの対応を迫られるようになる。

第8章では百貨店法問題を取り上げる。上の諸章でみたような商業者の対応と並行するように、百貨店はほぼ順調に成長してゆくが、そこから百貨店に対

する規制問題が持ち上がる。それは紆余曲折の結果、1937（昭和12）年の百貨店法として結実する。これこそ日本における調整政策法の始まりであり、戦後の第二次百貨店法、大規模小売店舗法へとつながる系譜の起点となる法律であった。

終章では以上の議論を簡単に振り返るとともに、改めて「昭和初期」という時代の小売業について振り返る。

《注》
1　本書ではまったく触れることができないが、勧工場については、初田亨（1993）、田中政治（2003）を参照のこと。
2　例えば、田村正紀（2008）、矢作敏行（1922）。
3　石原武政（2006）を参照。
4　石原武政・矢作敏行（2004）第1章〜第4章。
5　石原武政（1989）、大阪市公設市場70年史編纂委員会編（1989）

《参考文献》
石原武政（1989）『公設小売市場の生成と展開』千倉書房。
石原武政（2006）『小売業の外部性とまちづくり』有斐閣。
石原武政・矢作敏行（2004）『日本の流通100年』有斐閣。
大阪市公設市場70年史編纂委員会編（1989）『大阪市公設市場70年史』大阪市経済局。
田中政治（2003）『新訂　勧工場考』田中経営研究所。
田村正紀（2008）『業態の盛衰』千倉書房。
矢作敏行（2021）『コマースの興亡史』日本経済新聞出版。
初田亨（1993）『百貨店の誕生』三省堂。

第1章

小売市場の誕生と普及

1　公設市場開設の時代背景

1-1　生産調査会の答申

　日本における公設市場開設に向けた公式文書の最初は、1912（大正元）年12月に発表された生産調査会が農商務大臣に宛てた答申「工業の発達助長に関する件」とされている。これは1912（大正元）年9月に農商務大臣から発せられた諮問(しじゅん)に対する答申である。「工業に発達助長に関する件」と題するこの諮問は、その意図を「従来輸入に俟ちたる工産品を我国に於て製造し内地の需要を充たしたる後更に海外市場に新輸出品を供給するに至るの時期も漸く将に近きにあらむとす」との認識のもと、それを担う「固有工業の発達を助成」するための「将来の方針を確定」することにあるとしていた[1]。まずはその答申から始める[2]。この答申は極めて長文であるが、その内の第3部第2が「生活費に関する件」であり、その最初にあげられたのが市場の公設である。その全文とそれ以下の項目のタイトルは次の通りである。

工業の発達助長に関する件　第3部第2　生活費に関する件（1912年12月）
1. 日用品の供給を潤沢ならしめ其低廉を図ること
    之が為には各所に日用品市場を公設することを以て目下の急務とす。日用品の市価昂騰し細民の生計に苦しむの状は年々増進する一方にして毫も減退せす。此の如くにして止むことなくんは遂に社会の秩序を破るに至るは勿論国民の体力に恐るへき悪影響を及ほすに至らん。故に日用品市場を公設し仲介の費用を省き低廉良質なる物品を供給するの途を開かさるへからす。其の他租税の負担を軽減する等亦緊要の事に属す。
2. 公設長屋の制を設くること
3. 交通政策上職工に特別なる制を設くること
4. 貯蓄機関の設備を完全にし質屋の取締りを厳にすること
5. 力めて物価の低廉を期すること

　明治の初め、日本は圧倒的な農業国であったが、その後、殖産興業政策もあって急速に産業化の道を歩んでゆく。「工業の発達助長」はまさに国を挙げ

ての重要課題であった。各地に工業地帯が形成され、そこが「近代的大都市」として成長を始める。新たな工業都市は多くの労働人口を必要とするが、その労働力の供給源は周辺の農山村であった。人口は農村部から都市に向かって吸引される。したがって、都市が文字通り近代的大都市として安定して成立するためには、新たに流入した労働者の生活を安定させる必要があった。彼らの生活の安定なしには、都市は安定して成長してゆくことができなかった。

　しかし、特に食料品の関してはまったく反対の力が働いていた。都市部に建設される大工場の用地の多くは、もとはと言えば農業を中心に食糧の生産に当てられていたはずであった。それを工場用地に転用するのだからその都市内部での供給量は減少する。他方、人口は爆発的に増加しているのであり、それだけ需要量は増加する。そうなれば必然的に価格は高騰することになる。上の答申が、「遂には社会の秩序を破るに至る」と表現したのは、言うまでもなくロシアで発生した革命運動を指している。労働者＝都市細民の生活の安定はまさに体制を揺るがす可能性のある問題として捉えられたのであった。

　答申の第2項目以下について簡単に触れておく。第2項の公設長屋は言うまでもなく低廉で衛生的な住宅の確保を求めるものであった。上で指摘した食糧と同様に住宅もまた不足気味で家賃は高騰し、衛生状態の不充分な狭い空間に高密度居住を余儀なくされることになる。その一端は次項で具体的にみる。第3項はそれとの関連で、汽車に職工用の4等車を設け朝夕に増便するなど、職工の通勤に便宜を図ることによって都心部での居住環境の改善を図ろうというのであった。第4項は「庶民の銀行」として職工が利用する質屋の取締りの厳重化を訴えるものであり、第5項は物価の抑制一般を訴えつつ、特に「食料品就中穀物の海関税を免除する」ことを提言している。

　要するに、成立しつつある都市を安定的に運営してゆくためには、食料品の価格安定、低廉な住宅提供、安心な短期金融の確保が欠かせなかった。本章では、その第1の要素としての食料品、特に生鮮食料品の安定供給に関わる公設市場を取り上げるが、それに先立って公設長屋と公設質屋のその後について簡単に触れておく。

　住宅の不足は都市部において特に深刻で、一般の物価高騰とあわせて生活上の困難を加重していた。内務省は1919（大正8）年6月、都市住宅問題解決の一

策として、以下の通り住宅改良助成の通牒を発した[3]。

内務省の住宅改良助成通牒要項（1919年6月）
1. 公共団体に対し相当条件の下に住宅改良に供する土地の収用権を認め官公有地の譲渡貸附につき便宜を図る事
2. 住宅建築及び用地買入其他必要ある場合に於ては公共団体の起債を認むる事
3. 住宅巡視員を配置して改良して改良進歩を図る事
4. 公共団体又は公益団体に対し低廉宿泊所設立を奨励する事
5. 官公署等に於ては成る可く従業員の社宅を建築する事
6. 住宅改良を目的とする公益団体建築組合等を奨励し一定条件の下に保護を与ふる事
7. 会社工場等に従業員の社宅を供給する事を奨励する事
8. 住宅普及を奨励するため住宅建築資金の融通を図る等保護方法を講ずる事
9. 市外の小住宅所在地に対する交通機関の普及を図り其賃銭の割引を実行せしむる事

　この通牒が先の生産調査会の答申に沿うものであることは明らかである。そして、これに低金利政策が相まって、府県において住宅建設に取り組まれる。公営住宅の最初を飾ったのは大阪市で、1919（大正8）年6月、築港住宅および桜宮住宅の2ヶ所に計387戸の住宅を建設した。これらはいずれも託児所、浴場、実費診療所、人事相談所、理髪所等を含む本格的な施設であった。このほか、規模は劣るものの、同年内に横浜市と東京府でも公営住宅の整備が進められた。
　短期金融機関としての質屋の歴史は古く、日本でも鎌倉時代まで遡るという。以来、庶民の身近な金融機関として定着してきたが、1894（明治27）年3月には質屋取締法が制定され一定の取締りが行われていた。1918（大正7）年末時点で、質店舗は1万7,700店に及び、入質件数4,138万7,000件、入質金額は1億1,675万円にも達していた。それでも、金利は普通金利に比べれば頗る高率のもので、貧民程苦しめられている状態だったという[4]。
　こうした営利目的の質屋に対して、営利を目的としない質屋は1912（明治45）年7月に宮崎県南那珂郡細田村に開設された「細田村営質庫」であるという。その流れを受けて、東京府慈善協会は東京府から1万円の指定下附金を受け、1919（大正8）年12月、細民階級の金融機関としての「公益質屋武蔵屋」を開設した[5]。低金利の質屋を準備することによって、営利目的の一般質屋を

牽制しようとするものであった。これについて、吉野作造は「内務省社会局の最近の施設のうち、特に私共の大に意を強うするものは、公設質屋の奨励である。何となれば真に下層階級の低利融通を受くる途は、之を措いて外に余りないからである」と高く評価し、「但だ内務省の奨励に拘らず、今日（1926年―石原）まで此制度の発達の頗る遅々たるは遺憾の次第である」と評していた[6]。

1-2 細民の生活実態

では、細民と称された底辺の労働者の生活実態はどのようであったのか。その一端を内務省地方局が1911（明治44）年6月以降に行った第1回の細民調査の中から窺ってみる[7]。この調査は東京市下谷区内の5ヶ町と浅草区内の2ヶ町で行われた細民戸別調査のほか、長屋調査、木賃宿調査、細民金融機関（質屋）調査など、多くの調査を含んでいるが、以下では細民戸別調査による。

まず、7地区の調査細民地区における世帯数と人員構成を示すと、**表1-1**の通りである。

表1-1　細民調査における世帯数と人員

所帯人員		1人	2人	3人	4人	5人	6人	7人	8人以上	合計
所帯数		309	663	697	586	460	210	87	35	3,047
人員	男	248	682	1,034	1,156	1,120	662	289	151	5,342
	女	61	644	1,057	1,188	1,180	598	320	158	5,206
	計	309	1,326	2,091	2,344	2,300	1,260	609	309	10,548

（出所）　内務省地方局（1912）『細民調査統計表』内務省、細民戸別調査1頁（9コマ）より作成。

これを見れば、ほぼ3人から5人程度の世帯構成が主流を占めていたことがわかる。しかし、中には8人を超える大所帯も含まれている。

次に細民所帯の年齢構成を見ておく（**表1-2**）。原票は男女別に、年齢階層も5歳ごとに細分されているが、煩雑になるので適宜まとめている。

表1-2 細民世帯の年齢構成

	所帯主（人）	同居人（人）	家族（人） 職業有	家族（人） 職業無
0-10才	0	4	10	3,076
10-15才	1	2	265	615
15-20才	13	10	279	99
20-30才	387	26	547	351
30-40才	968	21	612	361
40-50才	844	17	367	179
50-60才	574	17	161	130
60才以上	259	16	88	171
不詳	1	56	4	15
合計	3,047	169	2,335	4,997

（出所）　内務省地方局（1912）『細民調査統計表』内務省、細民戸別調査3-8頁（11-13コマ）より作成。但し、「非現住家族」は除いた。

　所帯主の中心は30歳代から40歳代であるが、少数ながら20歳以下の所帯が含まれているほか、高齢者所帯もかなり存在している。家族についてみると、10～15歳のうち3分の1が職業に就いており、その比率は15～20歳になるとほぼ4分の3にも達する。細民世帯では児童にしわ寄せが行っていたことは間違いないだろう。

　貧困のために働くことを余儀なくされ、就学できない児童が増加する。あるいは、就学しても欠食のため休学・退学するものが増え、通学しても栄養不足で体育等の授業についてゆけない児童が増える。こんな事情は例えば「生活難学校に及ぶ」（『報知新聞』）や「悲惨な児童（一～四）」（『読売新聞』）に詳しい[8]。こうした不就学ないし就学困難な児童に対応するため、東京市では1903（明治36）年3月に深川区の霊岸尋常小学校内に特殊小学校を開設したのを皮切りに、1917（大正6）年6月の本所区大平尋常小学校内まで11校の特殊小学校を開設した[9]。

　これら細民地区に居住する所帯主のうち、東京で出生したのは男子で2,831人中877人（31%）、女子で216人中93人（43%）で、全体のほぼ3分の1に過ぎ

ない。他は全国各地から上京しているが、埼玉県、新潟県、茨城県、千葉県、栃木県など近隣県からの流入が比較的多数を占めている。上京理由は「工業・商業以外の労務に就くため」に次いで、「商業の労務に就くため」が多数を占めていた（細民個別調査114-117頁、68-69コマ）。

次に所帯主の月収別構成を見ると、表1-3の通りである。米が1升（約1.5kg）50銭程度であったとされることから、10円は米30kg程度に相当すると考えれば、家計収入としては極めて厳しいことがわかる。

表1-3　世帯主の月収額構成

	〜5円	5円〜10円	10円〜15円	15円〜20円	20円〜	不詳	合計
所帯数	114	534	1,421	546	138	78	2,831
比率	4.0	18.9	50.2	19.3	4.9	2.8	100.1

（出所）　内務省地方局（1912）『細民調査統計表』内務省、細民戸別調査33-36頁（26-27コマ）より作成。

ここでは細民の生活そのものに特に関心があるわけではないのでこれ以上立ち入らないが、その7割上は1室に住み、その大半は4畳半であり、2室あってもその大半はあわせて6〜7畳程度であった（同、184-195頁、102-107コマ）。別の新聞報道によれば、4畳半に幾組かの家族が同居したり、中には4畳半1室に2世帯9人が居住していることも報告されている[10]。極めて高密度居住であり、居住環境が劣悪であったことは間違いない。

短期金融機関としての質屋について言えば、現に入質のあるものは1,908人に対して、入質のないものは1,098人で入質者は6割を超えている（同、164-171頁、92-95コマ）。まさに質屋は「庶民の銀行」であったが、その質屋さえ利用できない世帯が多くあったことが窺える。当然、貯金があるのは128所帯、ないものが2,829所帯と圧倒的に貯金はなかった（同、172-175頁、96-97コマ）。それでも、借金があるのは1,131所帯で、借金のない所帯が1,895所帯と大きく上回っている（同、176-183頁、98-101コマ）。後者については借金することすらできなかった可能性は高く、総じて細民は狭い居住空間の下、限られた所得の中でギリギリの生活を送っていたことになる。

内務省ではさらに1912（明治45）年7月から東京と大阪で第2回目の細民調査

を、さらに1921（大正10）年11月には、東京、大阪、京都、神戸、横浜、名古屋の6大都市の中からそれぞれ数部落を選んだ調査を行っている。これはこの時期、細民問題が深刻になっていたことを物語るが、ここではこれ以上は立ち入らない[11]。

調査データだけでは伝わりにくい実感を得るために、当時の新聞の中から少し引用しておく。成立しつつあった大都会、特に東京は多くの若者のあこがれの的となった。「東京」のきらびやかな文化が語られ、流行が語られる。自由な勉学の途が語られ、多くの大企業の存在が語られる。こうして多くの若者が東京に惹きつけられる。東京の人口は1898（明治31）年の144万人から1908（明治41）年には218万人に増加し、東京の人口密度は世界の都市の中でも第3位に達したという。

しかし、東京はきらびやかな表の顔をもっていただけではなかった。東京には厳しい裏の顔があった。男爵・近藤廉平は「試みに東京市を一周せんか同じ市と言うものの堂々日本橋通りの如き道路あれば本所深川区の如く人車を行るにだに狭隘危険なる悪路あり家屋亦然り。若し欧米人士をして之を見せしめば必らずや同一なる東京市区として信ずる能わざる可し…之を以て果して一等国たる日本の首府として欧米各国の都市と相比するを得可きや否や」と書いた[12]。東京は都市としてまだまだ整備途上にあった。しかし、これは何も東京に限ったことではなく、急拡大しつつあった大都市が共通してもつ課題であった。

容易に推察されるように、東京とても十分な就職機会があったわけではなく、「就職難」問題が語られるようになる[13]。その結果が上で見た細民街への大量の流入となっていった。そして、日露戦争後の激しいインフレ、特に米の価格騰貴がこの細民たちを直撃したのであった。それが東京だけではなかったことは、この時期、大阪では細民が1万3,000人を超え、市民の1％強にも達していたことからも理解できる。うち6,000人弱が普通に生活難を訴える窮民であり、6,700人強が三度の食事にも差し支える極窮民とされた。その生活状況を観察した『大阪朝日新聞』は、「『京の着倒れ、大阪の食い倒れ』というが此の食倒れの大阪の半面に六千七百余人の同胞が豕や鶏と生活を同じうして居る訳である」と書いたほどであった[14]。

生活難を報じた新聞は数多いが、ここでは1912年7月10日から「生活難問題」

第1章　小売市場の誕生と普及　19

と題し『大阪朝日新聞』の55回に及ぶ長期の連載中の記者のレポートから引用しておく[15]。やや長くなるが、生活苦の実情が伝わってくる。

生活苦問題（抄）『大阪朝日新聞』1912年7月（（三）序論（下））
　　日露の戦後物価漸く昇騰し生活難の声已に高からんとする折柄、近時米価は凄じい勢いを以て奔騰し底止する所を知らぬ状況を呈し、下級労働者と薄給使用人とは現実其の日の糊口を凌ぐ能わざるの窮境に立至り、本問題は此に弥々社会上経済上一日も看過すべからざることとなった、是等下層界の生活状態は日々新聞の報道により之を窺うべく、貧民窟の住民の如き、米麦を購うに由なく町家の塵溜を漁り他人の委棄した残食物を持帰り僅に口を糊するもある、それ程の惨状に陥らざる普通の労働者にても、従来の賃銀にては到底一家数口を支うるに足らずして、児童の就学を中止して賃仕事の手伝をなさしめ、少しにても生計の資を補わんと試むる者全国に渉りて益々其の数を増加し、中には辛うじて学校に通わしむる者も児童に弁当を給するの力なく、可憐なる少年は空腹の為学校の体操に堪えぬ者あり、或は数百名の退学者を一町村に出した様新聞の報ずる所は多少誇大であるとするも、大体の状況は想像し得られる。

　もう十分であろう。日露戦争後のインフレは全国的に大きな影響を与えたが、特に新たに形成されつつあった大都市の細民を直撃した。彼らの多くは貧しい農村部での暮らしに堪えられず都会を目指したが、都市部にも就業機会が無限にあったわけではない。運よく工場に就業機会を得ても、就業時間は異常なほど長かった。細民と呼ばれた彼らの子供たちは就学できずに就労したり、学校に行っても弁当を持参出来ないことも多かった。

　こうして細民救済問題は第1の社会問題となってくる。彼らの所得水準を一気に上げることはできない。となれば、取り上げられるのは食料品を中心とした日用生活品の安価安定供給の途である。そして、その具体的な手段として、流通問題への関心が一気に強まってくることになる。次にその点をみておこう。

1-3　錯綜する流通機構と商慣行

　さて、一般的な物価上昇の原因となれば日露戦争後の増税を始め多くの要因が指摘されるが、こと食料品の安定供給問題となれば、ほぼ一致して指摘されたのが流通機構の錯綜であった。商品はもちろん商人の手を経るたびに高くなる。それが何段階にも及ぶと、確かに中間流通に落ちる費用は多くなる。それ

が食料品の価格騰貴の原因だというのである。新聞はこぞって流通機構悪玉説を掻き立てたが、その典型的と思われるものを挙げておく。

食品流通の暴利（『報知新聞』1913年2月20日）
　農商務省の調査に拠るに、東京市内に於ける食料品の小売商人は、普通二三割の利益を標準として販売するものの如く、魚小売商の如き、甚だしきものに至りては、二十割三十割の暴利を貪りつつあり。大阪商業会議所の調査に拠るも、醬油、味噌、乾魚、塩魚、鰹節、木炭、菓子類等に就きては、小売商人は二割乃至三割方の利益を収得するものの如し。此の如く小売商人中、往々暴利を貪る者あるは明白なるのみならず、其販売品中には衛生設備の不完全なるに原因し、間々病毒を含有するものすらありて、市民は容易に其生に安ずること能わず[16]。

中間流通の弊害（『時事新報』1918年2月21日）
　生産者と消費者との間に余計なる仲介者が介在して消費者に余計の負担を蒙らしむるは平時に於ても国民生活上に顕著なる弊害なれども種々の原因よりして物資に対する需要供給の均衡根柢より破壊せられたる戦時の今日に於ては其弊害更に甚だしきものあるに就ては…[17]。

　一概に言うことはできないとしても、商人が仕入れ価格に2〜3割のマージンを乗せて販売すること自体は不当でも何でもない。商人は仕入れ価格にマージンを上乗せして販売するが、そうすることが結果的には多種類の商品を安価に消費者に届けることを可能にする。そのことは商業論の最も初歩的なテキストの冒頭に例外なく触れられている。確かに、それが20割、30割となると異常な暴利と言わなければならないが、そのような異常な暴利が一般的であったとはとても考えられない。

　しかし、それにもかかわらず、食料品の価格騰貴となれば異口同音に中間マージンの存在が指摘されたのは、何段階にも錯綜した取引段階の多さにあった。その結果、生産者の販売価格は低く、生産者が十分な利益をあげているとは言えない状態でも、消費者が支払う価格は高くなるというわけである。

　もちろん、それにもそれなりの理由はあった。今日では想像することさえ困難な状況であるので、やや詳しく見ておく。生鮮食料品、特に野菜の場合、生産者の多くは零細で、自ら都市部に出荷するだけの力をもってはいなかった。

そうなれば、農家を回って商品を集める産地問屋的な業者が必要になる。「田園を馳せ廻りて適当なる蔬菜地を見れば立毛のまま一定額を以て農民より買取り更に市場商人に転売して仲買口銭を取るを業とす」る「青田師」と呼ばれる業者が在し、そこから場合によっては「青田師の間を奔馳して投機的売買をなすを業とす」る「ヒネリ」と称する業者を通して市場商人に販売される。この市場商人は荷物の吸引策に腐心するため、季節ものともなれば目ぼしい産地に対して「実際の売買価格以上の勘定書を発送して荷主の機嫌を伺う」こともあったようで、こうした「菓子料」は特に物価高騰期には跳ね上がる。「地方の農業者は実は市場の売買を知るにあらすして、市場商人のからくり細工にて任意の仕送りを受け居る如き勘定なり」と言われる状態で、商品は都市部の市場に到達する[18]。

　都市部においても問題は山積していた。特に道路や交通機関の未整備が問題だと津村秀松は言う。即ち、「今日日本の日用品の騰貴は、それは確に中間に余り多くの商人が介在して、口銭を貪ること少からざるにも由るが、又同時に交通機関の不備なる為、運搬上多くの手数と日数とを要することも、一の原因をなして居るのである。交通機関の不備なることが、中間に幾多の商人を介在せしむるに至ったので、従って交通機関の不備なる間は、中間に幾多の商人の介在するを必要とすということを先ず第一に悟らねばならぬ。」というのである。すなわち、「市の内外に於ける道路が、雨が降れば河原のようになったり、沼田のようになったり、それもまだ宜しいが、七八月の頃になれば、道路が崩れたり、橋梁が落ちたりして、忽ち都鄙の交通が杜絶するような、不安な、不便な有様」だったのであり、その改善整備こそが急務だというのであった[19]。

　しかも、都市部に大量の労働者が流入したこともあって、多くの人が大きな元手を必要としないブローカー的な商人として参入する機会を窺っている。結果として多段階な流通機構ができあがり、その結果、個々の商人が得る利益はわずかでも、全体としてみれば何段階にもわたった流通機構に落ちる費用は高くなる。そして、それが社会的な非難の的となっていたのである。その意味からすれば、多くの論者が口を揃えて流通機構の簡素化を主張したのも無理ないともいえる。自治体が公設市場を開設し、中間商人を排除して生産者と消費者を直結する。それが可能であるかどうかは別として、それは食料品の廉価安定

供給のほとんど唯一の方法と考えられたのであった。

　そのような状況の中で、自治体が市場を開設するという手法には比較的早くから注目が集まっていた。ヨーロッパにおける主要都市の実例を引きながら、公設市場の開設を求める声は強くなる。例えば、『大阪毎日新聞』は1912（明治45）年6月、「市営市場を設置すべし」と題する記事を掲載し、その中で欧米各都市における取り組みを紹介しつつ、「市場の市営は世界の大勢なると共に物価を緩和するに於て最も有力の機関なるを以て、市経営の局に当るもの早く之れが施設につき講究すべきなり。」と指摘していた[20]。

　こうして、公設市場の開設は成立しつつあった都市の安定化、都市に集まる細民救済、錯綜した流通機構の改善といった、多方面から求められることになる。但し、まだ大きな問題が残っていた。日本に古くから存在し、商慣行として定着していた御用聞きと掛売り制度である。この制度の下では、消費者は当座の現金がなくても買い物することができ、月末払か半年に一度、あるいは最終的には年末払いで決済することができた。根強く存在するこの制度は、消費者から見れば極めて便利な制度であるが、他面では売り手と買い手の間の個別的な強い結びつきをつくり、競争関係が表面化するのを妨げていた。買い物のために外出する習慣のない主婦が、現金を持って市場に出かけるのか。この点は公設市場の開設に当たって、随分と議論された問題であった。しかし、結果的に見ればこの問題はほとんど杞憂に終わったといってよく、主婦たちは買い物籠を提げ、現金を持って日常的な買い物に出かけたので、この問題についてはこれ以上の議論は割愛する。結果的にではあるが、公設市場は長年にわたって強固に続いた商慣行を打破し、小売段階に競争をもたらすきっかけとなったのであった。

2　公設市場の誕生から普及へ

2-1　大阪市における日用品供給場の開設

　日本で公設市場の扉を開いたのは大阪市である。その大阪市の公設市場の成り立ちをごく簡単に振り返る[21]。公設市場に関する研究は古くから行われてい

たが、具体的な設置の関する動きは1918（大正7）年2月、大阪市議会に「公設市場設置に関する建議」が提出されたところから始まる。その建議は以下の通りである[22]。

公設市場設置に関する建議（1918年2月26日）
　市民生活費の安定を図るため市内便宜の地に公設市場を設置して日常生活に必要なる魚菜其の他の諸物資を廉価に供給するの計画を樹て速やかに本会に提案されんことを望む

理　由

　近時物価の騰貴著しく庶民生活費の向上実に甚だしきものあり。殊に魚菜其の他日用品の騰貴が本市民に及ぼすところの影響に至ては転た寒心に堪へず。之れに処するの途は公設市場の設置により可成生産者直接販売の途を開き以て中間無用の費を省くの外あるなし。仍て此際市は随所公設市場を設置し農会其の他と連絡して生産者直接誘致の策を講じ一は以て目下の急に応じ一は常時物価調節の一助たらしむるの要ありと認む。是れ本案を提出したる所以なり。
（以下略）

　ここには当時の流通機構に対する不信感が強く現れているが、その点については前節での議論から想像できるだろう。この建議の提案に当たって、前野芳造が行った提案の理由は当時の大阪市が直面していた状況を強く反映している。

公設市場設置に関する建議提案理由（前野芳造）
　御承知の如く大阪市は今日非常な膨張を致して、其中でも大阪の工業が今次の世界大戦の影響として勃興したことは著しきものである。…大阪が…益々盛んに労力を招致しなければならぬ必要が生じて居る、其の労力の招致と云ふことは必ずしも斯様な公設市場の設置くらゐのことで遂げ得ると云ふ訳ではありませぬけれども、苟も大阪に労力を招致せんとするならば衛生上其他総ての点に於て大阪市が愉快に彼等をして生活せしむると云ふことが必要である。而して其の生活費は他に比べては比較的安いのであると云ふ事にならなければならぬ…

　第一次世界大戦の影響を受けて大阪の工業は急速に発達し、「大大阪」を掲げて日本一の都市を目指して拡大中であった。そのためには、多数の労働力の招致が必要であり、そのためには彼らの生活基盤の安定が必要だというのであ

る。先にも簡単に触れたが、大阪市が公設長屋の建設に最初の取り組んだのも、このような当面する問題に対する大阪市の対応姿勢の表れだということができる。

　この建議は15人からなる審査委員会に回され、3月5日の審査委員会で原案を可決、その後、設置場所、期間、施設規模、経営方法、取締方法、使用料などについて検討し、最終的に予算案を編成して3月30日の市会本会議に提出、可決を見て4月15日の開設に至るというのが、開設に至るまでの流れである。こう書けば、事態はスムーズに運んだようにも見えるが、実際には紆余曲折の議論があった。

　ここではその曲折の経過を詳細にたどることはできないが、当時の新聞報道によれば、大阪市当局は当初、市内10ヶ所に恒久的施設としての市場を開設する方向で検討を開始したようである。それぞれ200坪程度の規模で、用地取得と建物・設備をあわせると、合計30万円もの費用が必要だとの試算もあった[23]。今日の基準に当てはめると、ほぼ7億円から8億円にも相当する額であり、これをいかに捻出するかが大きな課題となった。

　もう1つ大きな問題は出店者の問題であった。大阪市は府農会に協力を依頼して農家からの直接出店の約束を取り付けるが、当時、府農会、郡農会が供給し得るのは市内消費の3分の1に過ぎなかった。すでにそれだけ市外・府外からの供給に依存していたのである。その他の物資も含めて、既存の流通機構に頼らないとすれば、消費組合、購買組合等に期待することになるが、果してそれで十分な量の確保ができるかどうかというのであった。

　市当局がこうした検討に時間を要している間、それは逆に市の消極的態度と捉えられ、細民救済の応急的な物価対策としての露店式市場の早期設置を求める声が強く叫ばれることになる[24]。そして、結局は両者を折衷したバラック式の応急的施設として、4月15日、東西南北区に各1、計4ヶ所に市場を開場することで落ち着いた。応急的施設であることを象徴するように、名称も「日用品供給場」としてあえて「公設市場」の名称を外したところにも、これは本来の公設市場の名に値しないものだとの市当局の意気込みが読み取れる。その予算案を審議した3月の市議会では、これはあまりにも姑息な応急対策であり、これでは建議の主旨を貫徹できないとする強い反対意見も提出されたほどであっ

た。

　この大阪市の日用品供給場は予想以上に市民を惹きつけて注目を集めたが、それを決定的にしたのが、1918（大正7）年8月に富山県魚津町で勃発した米騒動であった。それはたちまち全国に拡がり、大阪市では軍隊が出動する程の大騒擾となったが、その大阪市では急遽輸入した朝鮮米を日用品供給場を通して廉価で販売するなどして、米価の高騰を相対的に低く抑えることに成功した。その成果もあって、内務省は全国に公設市場の開設を呼びかけることになる。

2-2　公設市場の普及

　内務省の調査によれば、早いところでは1918（大正7）年9月に金沢市、京都市、長崎市、山口町で公設市場が開設されている。米騒動を受けたにしてはあまりにも早い対応であり、以前から計画が進行していたことを窺わせるものの、米騒動が決定的な後押しをしたことは間違いなかった。他都市でも事情は似ていた。例えば、神戸市の場合、食料品供給について、価格と公衆衛生の見地から施設を企画していたが、「大正7年8月騒擾事件の勃発するを見るに至れり。当時市内における食料品の価格は騰貴に次ぐに騰貴を以てし何等か調整の法を講ずるにあらずんば底止する所を知らざるの状況なりしに依り急遽公設市場の議を決し」、9月に3市場の建設を決定、11月に2市場を開設したという[25]。おそらく、他の都市でも事情はよく似たものであったとみてよいだろう。

　「彼の叫びは悲痛であつた。彼の求めは深刻であつた。彼のラヂオ的放送は六十四州の津々浦々まで人の心から心へと、痛い強い響きの波をうたせた。彼は正しく彼の使者であつた。彼は第三の彼を産み又第四の彼を産んだ。彼とは大正七年の夏、彼とは富山の女房。第三の彼は社会事業で第四の彼は公設市場。」これは大野勇『公設市場の研究』の冒頭の一節であるが、それはまさに時代の流れを映す言葉であった[26]。

　当然のことながら、内務省でも公設市場の設置の検討は進んでいたが、内務省が本格的に公設市場の設置を奨励するようになるのは、1918（大正7）年12月の「小売市場設置奨励ノ件」および同時に発表された救済事業調査会の答申「小売市場設置要綱」以降のことであろう。そして、この内務省の勧奨を受けて、各都市は挙って公設市場の建設に取り掛かる。内務省は各県を競わせるよ

うに、各地方の概況として、「公設市場ノ設置アルモノ」「其ノ他ノ設置アルモノ」「未タ設置ナキモノ」として県名を公表するが[27]、これによって公設市場建設に拍車がかかるようになるのは間違いなかった。

　1919（大正8）年6月、内務省は大都市の公設市場の調査結果を発表するが、それによれば、横浜市は青木町、西戸部、南吉田、本牧の4市場、名古屋市は東、西、中、南の4市場、京都市は北野、川端、七条の3市場、大阪市は東西南北の各区に1の計4市場、神戸市は東、中央、西の3市場を設けて、いずれも順調に営業を行っていた。しかし、東京では府が品川、中渋谷、新宿、日暮里、滝ノ川、寺島、西巣鴨、下渋谷の8市場を開設したものの、東京市としてはこの時点で公設市場の開設はなかった。これに対して、『報知新聞』は「（田尻稲次郎市長が公設市場問題に関連して市参事会の不信任決議案を受けるという─石原）東京市今日の醜態を演ぜるに際し内務省が五大都市の公設市場概況を公表せるは東京市に対する一種意味深長なる教示と言うを得可し」と強烈に皮肉った[28]。

　公設市場に寄せられた最大の期待は生鮮食料品を中心とした日用品の廉価供給であった。それがどの程度達成されたかを客観的なデータで追うことはできないが、開設者はさまざまな形で廉価供給が達成できたことを公表している。例えば、大阪市の場合、実験期間中の9月における調査結果を公表しているが、総じて2割から3割程度の廉価販売に成功したという。さらに、特志者（月俸48円、夫婦子供2人）の申告による1ヶ月の副食費の節約が、市内小売価格と公設市場価格を比較した場合、1.40円（26.0%）であったとしている[29]。

　同様の調査が神戸市でも行われているが、そこでもほぼ同じ結果が報告されている。価格では多少のばらつきはあるものの、ほぼ2〜3割の廉価を実現し、特志者（月収45円、夫婦子供2人）の申告によれば3.085円（25.6%）の節約があったという。その上で、「公設市場の開設は間接に市中小売値段を低下せしめ物価騰貴の名の下に徒に暴利を得んとしたるものも今や全く影を潜め食料品価格の漸次平調に向はんとするは全く市場経営の賜物なりと謂ふべし／此の意味よりすれば公設市場は直接に食料品を安価に供給すると共に間接に市中の物価を調節し加之も新鮮精良なる物品を供給しつゝあるを以て其の利益蓋し鮮少に非らざるべし」と総括した[30]。

ただ、これらは公設市場の開設者による評価であるだけに、自賛の要素を含んでいる可能性は否定できない。実際、この時期の6大都市の公設市場を評して、大原社会問題研究所は「公設市場は一般に市民の歓迎を受け需要が多い、従て市価に影響を及ぼし幾分の物価を引下げた。けれども此の結果は今日の状況では一地方の一部に限られるようである」としていた[31]。確かに、大阪市では公設市場の商圏を半径5町（550m弱）とした場合、1世帯から1人が1日に1度市場を訪れると仮定すると、およそ42％の世帯の消費者を惹きつけたというから、「市民の歓迎を受けた」ことは間違いない。価格についても市場周辺では「公設市場よりも安い」旨の看板を掲げる店も現れたというから、牽制効果をもったことも間違いない。ただその効果は距離が離れるにしたがって小さくなり、14～15町（1.5km前後）も離れると、全く影響を受けていなかったというから[32]、ごく限られた地域内での効果であったというのは否定しがたいところであろう。

　しかし、こうした限定的な評価は公設市場が量的に限られていたことを反映するものであった。とすれば、「公設市場を市民一般に利用せしめようとするならば先ず公設市場の増設を図らねばならない[33]。」という声が上がるのは当然ともいえた。そのことは当初懸念されていた中産階級以下の人びとの間に根強く染みついたとされた習慣、すなわち御用聞きとそれと一体となった掛売り制度の見直しが進み、その結果、市価の牽制にも役立つことが期待できたことを意味していた。

　しかし、反面では公設市場の成功はそれだけ既存業者への圧迫を意味することとなり、公設市場に対する反対・妨害運動が起こるのは避けられなかった。特に初期には公設市場が廉売に重点を置いたため、一部に品質の劣る商品があったことから、これが小売商人側からの格好の攻撃材料となり、「市場に通ふものは救助を受ける人か、若くは極めて劣等品を使用する人である如く言ひ立てて、一部市民の自尊心を傷け、真向から『市場もの』、『粗悪もの』といふ気分をそそった」ほどであった[34]。そして、この点の克服はその後の公設市場にとって1つの大きな課題となった。

　さらに、公設市場が、使用料だけではなく水光熱費や税も免除され、運送費まで割引されるなど、さまざまな便益を与えられたことも初期の反対理由で

あった。これらはやがて改善されてゆくが、それでも公設市場反対の動きは根強く残った。公設市場が最も発達した大阪市にしても、既成市街地を避けて開発予定地区で既存業者が比較的少ない地域に公設市場を設置するといった配慮を行っていた。

こうして公設市場は主要都市で順調に定着し、それが起爆剤となって私設市場の誕生を促してゆくことになるが、公設市場の開設について当初から強力な反対のあった東京市においては、その後も公設市場についての抵抗は強く残った。本章では、次節以下で特に東京市を取り上げ、そこで公設市場が定着しなかった理由と、それにもかかわらず発生した私設市場の濫設の事情を振り返ることにしたい。

その前に、戦前の到達点として、1937（昭和12）年1月時点での6大都市の公設市場の状況を示しておく。概略は**表1-4**の通りで、市場数でも、店舗数でも、売上高でも大阪市の突出ぶりがよく分かる。1市場の規模を見ても大阪市の公設市場が群を抜いている。1店舗当たりの販売額は業種構成が異なるので単純には言えないものの、やはり大阪市が際立っている。そして、それは戦後も公設市場が衰退期を迎えるまで、一貫して変わることはなかった。その公設市場に先導されるように私設市場も発達していったのであり、それが大阪を中心として、関西の諸都市を「市場のまち」とする理由ともなったと考えてよい。

表1-4　6大都市公設市場（1937年1月時点）

都市	市場数（A）	店舗数（B）	B／A	売上高（C）	C／B
東　京	10	228	22.8	1,751（千円）	7,680
横　浜	6	104	16.7	1,069	10,279
名古屋	14	395	28.2	2,811	7,116
京　都	13	356	27.4	2,529	7,104
大　阪	53	1,901	35.9	22,848	12,019
神　戸	11	312	28.4	2,508	8,038

（出所）　大阪市産業部小売市場課（1937）『大阪市設小売市場概要』大阪市産業部小売市場課、3頁より作成。

3 立ち遅れた東京市の公設市場

3-1 公設市場開設への遅れ

　東京市における公設市場の開設は大阪に遅れたものの、服部文四郎がつとに強調した通り、その計画はむしろ大阪に先んじていた。それにもかかわらず、大阪市の公設市場の実験が成功裏に進行し、米騒動に直面して他都市が相次いで公設市場の開設に取り掛かったのとは対照的に、東京市で公設市場開設に向けた具体的な取り組みはまったく進まなかった。服部によれば、「東京市に於ては其の市会に到底大阪市会に於けるが如き理解と勇気と決断力と並に其の実行力を期待することは不可能であつた。公設市場は小売営業者を圧迫するものなりとの観念に囚われたるものゝ如く、又、市会議員は其の多くの選挙者が小売営業者であり、選挙に関心を有すること商業会議所の議員に比すべきものなるが故に、容易に公設市場の開設に賛意を表せんとはしなかつたのである。東京市の理事者は又、市会の賛意せざるものを強いて実行せんとするの愚を演ずるものではなく、公設市場の設置は東京市に対しては到底之を望むこと能はざるの状態であつた[35]。」

　東京府および東京市における公設市場の開設にいたる経緯そのものは、すでに検討したことがある[36]のでここでは繰り返さない。ここでは具体的な計画が存在しながら、実施が大きく遅れた原因について、当時の新聞報道によって簡単に補足しておくに止める。

　政府においても公設市場に関する研究は1910年頃から始まっており、生産調査会が『工業ノ発達助長ニ関スル件』の中で日用品市場の公設に言及したのが1912（大正元）年12月であるが、同じ年に東京市は『市場市営ニ関スル調査報告書』（東京市役所勧業課）を作成している。そのことから考えて、公設市場問題はその数年前から議論の俎上に載っていたとみて差し支えない。民間分野でも、例えば『報知新聞』は1913（大正2）年2月に「公設市場論」と題する論説を掲げ、その中で欧米の都市における公設市場の状況を簡単に紹介し、日本にもその導入を強く求めたし[37]、河津暹もまた、欧州の都市にならって中央卸

売市場とその下における小売市場の整備という公開市場の必要性を指摘していた[38]。ただ、この段階ではまだどの程度まで問題が切迫していたかを窺うことはできない。

しかし、時代が下って1917（大正6）年にもなると、事態はかなり切迫してくる。1917（大正6）年9月9日の『東京日日新聞』は、政府は農産物の市価安定のために種々の生産者保護的な方策を講じているが、「消費者救済方法を実行するは、生産者保護よりも、更に急務なるなり。」とし、そのために欧米諸都市にならって小売市場の設置を求めた[39]。その後、東京府特産品共進会による即売会が開催されたようで、『報知新聞』は東京府に府営市場設置の計画があると報ずるものがあることを紹介した上で、「数年前市営市場の設置に関する調査を了せる東京市は、今将た何を為しつつありや。府よりも寧ろ一層緊切に公設市場の必要を感ずべき筈なる市が無為に歳月を送りつつある間に、府に一歩を先んぜられんとす。市長の後任を得ざるの故もなしとせざらんが、聊か市政機関の健在を疑わざるを得ず。吾人は市政の面目の為に、自治体の名誉の為に、深く之を惜む。」と厳しい言葉で東京市に小売市場の設置を求めた[40]。

さらに大阪市議会が日用品供給場設置の建議を可決した直後の1918（大正7）年3月には、同じく『報知新聞』は、主要な反対意見は一般商人の利益を害すること、設立するも公衆は十分利用せざるべきこと、経営困難なることの3点にあると指摘した上で、「世上何ものか利のみありて害なきものあらむや。公益の上より必要なる以上、又弊害よりは利益の多き以上、殊に生計難を感ずることの痛切なる現状に於て、吾人は東京市が完成を他日に譲り、此の際はバラック式にもせよ速に各区に公設市場を開始し、以て市民の急に応ずると同時に範を全国に示さむことを祈」るとして、本格的な市場の建設よりも、バラック式の応急措置を強く求めた[41]。

この間、1917（大正6）年8月21日から1918（大正7）年4月5日まで市長が欠員になるという異常事態が発生し[42]、それが遅延の一因となった可能性も確かにあるが、バラック式の簡易市場については、『時事新報』も同様に、物資均衡が極端に崩れた状態の緩和に努力することは「自治体の義務」であるとしながらも、資力薄弱で経験のない自治体が市場を経営することによる効果は期待できず、「簡易なる公設市場を設けて右の欠点を補うを以て最も適切の方法と

認むる」としていた[43]ことからも、大阪市の場合と同様に「簡易な市場」を求める声が強まっていたと考えることができる。

1918（大正7）年4月に大阪市が開設した日用品供給場が好調な滑り出しをもって出発して話題となっても東京市は動かなかった。『東京日日新聞』は「東京市の計画に係る公設市場は何れの時に実行さるるや杳として消息を聞かざるは、吾輩の甚だ遺憾とする所なり。」「公設市場の存在により市民は正比例的に廉価なる必需品を消費することを得るは、夫れだけ生活を愉快にするなり。」「大阪地方において既に之を実行して好成績を挙げつつあるに、東京市は今尚、机上において調査を重ねつつあるは、東京市の名誉にあらざるなり。」として、東京市が公設市場の開設に向けて動かないことを重ねて強く批判した[44]。

そうした中、東京府は東京日用品市場協会を組織し、1918（大正7）年12月20日、府下6ヶ所（新宿、中渋谷、品川、寺島、日暮里、滝ノ川）にバラック式仮小屋を設け白米等の廉売を開始した。これが東京における公設市場の始まりであった。その間の事情についてもすでに別の機会に述べている[45]。東京市は1918（大正7）年4月、臨時救済会より40万円の寄付金を受けても具体的な動きをみせなかったが、翌1919（大正8）年6月、東京商工会議所から督促的質問が寄せられたようで、市長は急遽、案を作成して市の参事会に諮った。6月7日の市会では議員から理事者の怠慢を強く詰責する意見が出された[46]にもかかわらず、6月13日、参事会はこの市長提案を否決した。これを報じた『報知新聞』は次のように書いた。「否決の理由は、府の廉売市場大阪市の公設市場等に於ける成績に徴し、之を設置するも効果を挙ぐる見込なしとするに在るが如し。是は要するに表面上の遁辞にして、其実は小売商組合の脅威に辟易し、選挙地盤の関係上多数市民の利益を犠牲とせるものたるは、公然の秘密に属するに似たり。」「市参事会員及び市会議員等が、選挙地盤の関係上小売商人の後援を失うを恐れ、少数商人の為めに多数市民を犠牲とせるは、真に昭代の恨事にして、帝都自治体の発達史上に拭うべからざる汚点を印せるものと謂うべし。」要するに、白米商を中心とした小売商の反対が強く、彼らを選挙基盤とする市参事会員、市会議員が反対し、市当局が及び腰になったということに尽きるのであり、その意味では本節の冒頭に引用した服部の評価と符合している。

しかし、この市長提案の否決からわずか1ヶ月半後の8月1日、東京市は牛ヶ淵、真砂町、三味線堀の3ヶ所で公設市場を開設したのだから、当局では開設に向けた準備は密かに進められていたのかもしれない。東京市はその後急速に公設市場を増設し、1919（大正8）年度末には計13市場を数えるに至っている[47]のだから、いったん開設に踏み切ればその方向に走り出したと言えなくはなかった。しかし、それらはいずれも木造平屋スレート葺（一部、生子葺）とはなっているものの、物置のない市場が8、便所のない市場が6といったことからも、まさに仮設的な応急施設であったと考えて間違いなかった。東京市では大きく立ち遅れて開設した公設市場は細民対策的な緊急避難施設としてのバラック市場そのものだったのである。

3-2　恒久的対策への遅れ　―関東大震災への対応―

　しかし、東京市が公設市場について遅れを取ったのはそれだけではなかった。東京市には、特に大阪市と比べた場合、さらにもう1つの決定的な遅れがあった。応急的対策から恒久的対策への、したがって細民救済的政策から健全な市場経済的政策への転換の遅れである。

　東京市が公設市場を開設した翌1920（大正9）年3月、第一次世界大戦後の反動恐慌が発生するが、これが最初の世界大恐慌であった。それによってそれまでの物価騰貴の基調は終わりを告げる。そうなれば、それまで最大の問題と考えられてきた物価対策としての細民救済への圧力は相対的に弱くなる。

　もちろん、細民問題が解決したわけではなく、生鮮食料品の価格安定は依然として重要な課題であるが、直接的な物価騰貴そのものではなく、公設市場には新たに健全な市場経済の担い手としての役割が期待されるようになる。1921（大正10）年10月に社会事業調査会が答申した「公設市場改善要綱」と「公設市場設計図面及説明」はその転機を象徴した。この答申はまだ生産者等による直接販売に期待を寄せているが、公設市場の立地選定から市場の構造設計や価格・品質に関する監督や指定商人の資質など、全15項目に及ぶ詳細なものであった[48]。そして、大阪市をはじめ、多くの都市が恒久的市場像を巡って模索を始めるなか、1923（大正12）年9月1日に関東大震災が発生したのである。

　震災直前まで、東京市では14の公設市場を開設して3市場を閉鎖、その結果

11市場を運営していた。震災直前まで、恒久的市場への対応を具体化するする動きがみられなかったのだから、東京市ではここでも対応に遅れがあったことは否定できない。しかし、大震災の発生はその遅れをさらに決定的なものとした。未曾有の大震災によって3市場が消失するが、東京市ではこの急場に対応するために天幕式又は板張りの仮設市場（13）を開設したのを始め、優良私設市場（4）を認定市場として登録するとともに、バラック建ての臨時市場を開設し、さらに移動市場、巡回市場を用意するなど、対策に追われることとなった[49]。ここで再び応急的救済政策に引き戻されてしまったのである。確かに、東京市でもその後、三味線堀市場を鉄筋コンクリート造に、真砂町市場を鉄骨木造スレート葺とするなど、本格的小売市場への取組みが行われるものの、その立ち上がりが決定的に遅れたことは間違いなかった。

この大震災は震災恐慌と呼ばれるほどの打撃を与えたが、その震災恐慌から懸命に復興しようとする中で1927（昭和2）年3月に発生したのが、大蔵大臣片岡直温の議会での失言に端を発した金融恐慌であった。つい7年前までのインフレとは全く対照的に価格は暴落を続ける。他方、近隣県や東北地方からの東京への流入は続き、東京市での職業難にはいっそう拍車がかかる。さらにその上に1929（昭和4）年10月には世界大恐慌が発生、その余波を受けた1930（昭和5）年には昭和恐慌が発生する。度重なる恐慌に見舞われ、東京に流入した人たちが職を求めて小売業に参入し、その結果が小売業への過剰参入となって現れたのである。そうなれば、公設小売市場に対する廉売への期待はほぼなくなり、それに代わって正常な流通機関としての適正価格の牽引を求める声が強くなる。

そうした声を典型的に示したのが、1929（昭和4）年12月の、商工審議会第三特別委員会の答申、「小売制度の改善に関する方策」であった。この答申については、第4章でも改めて触れるが、ここではその概要と小売市場に関する部分について示しておく。答申は第1から第5までにわたるが、冒頭の総論に当たる第1では中小小売商の制度改善の必要性を確認するとともに、それが大規模小売商の抑圧となってはならないことを強調、第2では経営における無駄の排除、仕入れ・販売における合理化の必要性等を説き、第3ではそれを実現するための共同事業（共同出資百貨店、任意連鎖店、商店街等）の必要性を指摘

する。第4が小売市場に関するもので、第5は政府の低利融資等の便宜を求めたものである。その第4の小売市場に関する部分は以下の通りである。

小売制度の改善に関する方策（1929）小売市場に関する部分
第4　前項の共同企業と相俟って、中小小売商を収容する小売市場を普及せしめ、安全且合理的な経営をなさしむること。これが方策は左記の如きものである。
1　小売市場は公共団体、公益法人、地域内の当業者が組織する団体をして開設せしめ、営利目的で開設せしめないことを原則とすること
2　小売市場の経営は公正なる小売値段決定の経済機関として活動することを目的とすること
3　市場の位置は消費者の買出に便利なる地を選び、大体徒歩往復30分程度の範囲に設けること
4　小売市場に関する法を整備し、建物、設備、経営に関する指導を為すと共に、商品の価格、品質、計量に就き厳しく監督をなすこと

　公設市場はもちろん、私設市場をも含めて、小売市場は「適正価格」の基点として機能することを目的とすることが確認される。しかし、それ以上に注目すべきは、小売市場が合同百貨店、連鎖店、商店街、共同仕入れ機構等と並んで、中小小売商の共同事業の1つとして位置づけられたことである。過剰なまでの参入状態にあった小売業は、一定の淘汰を含みながらも、共同事業等を通して合理化を図らなければ、過剰ゆえの困難から逃れることはできない。単なる適正価格の基点というに止まらず、小売業改善の1つの方向として、生鮮食料品を中心とした分野では、小売市場に期待がかけられることになったのである。
　この第三特別委員会の答申に対しては、東京実業組合連合会からの強い批判があった。一言で言えば、小売市場に関しては、そこに出店する資力のない小売店を見捨てるものだというのであった。しかし、明らかに過剰にみえた小売商を共同事業による合理化を行わず、そのすべてを救済せよというのは、どう考えても無理があった。上記の案は、1930（昭和5）年に5月に開催された商工審議会総会においてほぼ原案通りに承認された[50]。
　そうなれば、東京市においても、公設市場について改めて整備充実が図られ

る可能性はあったはずである。事実、1930（昭和5）年時点で、東京市は公設市場を「今や日用品を公正なる価格の下に統制し、市民消費経済の向上を図る重要なる機関」であり、「市内の小売物価を指導すべき使命を有する」と位置づけていた[51]。それにもかかわらず、その後公設市場が増設されることはなかった。それどころか、1929（昭和4）年3月末にはまだ13市場が存在したが、1936（昭和11）年4月には10市場にまで減少した。もはやその真意を問うことはできないが、その間の私設市場の急増が影響したのは間違いないだろう。私設市場の急造によって公設市場の「出番」は大きく後退していったように思われる。節を改めて、私設市場の増設ぶりを振り返ることにしよう。

4　東京市における私設市場ブーム

4-1　私設市場の濫設

　昭和初期、明らかに公設市場を含む小売市場は転機にあった。実業組合連合会の評価はともかく、小売市場は紛れもなく政府によって時代が求める小売業合理化の重要な手段として位置づけられたのである。そうなれば、業界がこれに反応しないわけはない。上述の「改善に関する方策」が「営利目的で開設せしめないこと」としていたのは、私設市場が「建設者からいへば、…全く儲け主義、否一時短期的の儲け主義で必ずしも経営を主とし、繁昌を結局の目的としたもので無いものが少くない」状態にあったからにほかならない[52]。それでも、弱小の小売商たちの「共同事業」としての小売市場は、不況の中で新たに開業を志すものにとっては、まさに「救いの神」に見えたのだった。

　公設市場の「成功」が私設市場の誕生を促すのは大阪も東京も同じであった。東京市では公設市場の開設こそ遅れたものの、その成功を見て1920（大正9）年、1921（大正10）年に私設市場が各1ヶ所設立されたというが、私設市場は特に1923（大正12）年9月の関東大震災以降、盛んに設立されるようになり、1929（昭和4）年9月時点で69市場に達していた。その時点で、東京市は「現在いさゝか濫設の嫌ひなしとしない」と評していたが[53]、5年後にはその私設市場が旧市内だけでも2.5倍の168市場にまで増加していた。

『東京市産業関係団体便覧（昭和5年）』によれば、東京市における小売市場は、市設市場（12）、府市場協会市場（34）、私設市場（66）であった。その後、東京市は1932（昭和7）年に周辺の5郡82町村（荏原郡・豊多摩郡・北豊島郡・南足立郡・南葛飾郡の各全域）を合併したが、これらの地域を含めると、1930（昭和5）年時点での私設市場は276を数えていた。それが『東京市産業関係団体便覧（昭和10年）』では市設市場（10）と府市場協会市場（34）であるのに対して、私設市場（612）にまで膨れ上がる。私設市場はこの5年間で336も増加したことになる。その私設市場は1936（昭和11）年版では540に減少し、1838（昭和13）年版ではさらに491にまで減少することからみて、1936（昭和11）年までにピークがあったことが推測できる。「市場のまち」といわれる大阪市では1938（昭和13）年時点で、公設市場53、私設市場164であったことと対照すれば[54]、減少したとはいえ東京市の491がいかに多かったかがわかるであろう。

そこで、この1935（昭和10）年版の名簿から、市場の開設年を探っておこう。ここで拾われるのは1935（昭和10）年時点で存在した私設市場に限られる。その間、途中で閉鎖した市場が相当数あるはずであるが、その数はここに含まれていない。そのため実際の市場開設数とは異なることは避けられないが、それでもおおよその見当をつけるのには役立つであろう。なお、同便覧には1934（昭和9）年開設の5市場も掲載されているが、この年のすべてをカバーしてないため省略した。

図1-1　東京市における1935年存在私設市場の年別開設数の推移

（出所）　東京市役所（1935）『東京市産業関係団体便覧　昭和10年版』東京市役所、49-63頁再作成。

私設市場が1927（昭和2）年頃から急速に増加し始め、いったん小康状態と保ったかに見えたが1930（昭和5）年から翌1931（昭和6）年にかけて急増し、その後減少期に入ったことが読み取れる。公設市場が成功すれば、それをモデルとして私設市場が開設されること自身は初めから想定されていたことであり、公設市場が初めて設置された1918（大正7）年12月に救済事業調査会が答申した「小売市場設置要綱」は、その第1条で「小売市場は公共団体又は公益団体をして経営せしむるを原則とするも相当制限の下に私人の経営も亦之を認むること」としていた。さらに、先の商工審議会答申でも私設市場の営利目的での開設を禁止する旨の項目が含まれていた。しかし、その後、「相当の制限」の内容を具体的に検討するに至らない間に、現実の方は急速に展開してゆくこととなった。時はまさに不況の真っ只中にあった。

『東京市産業関係団体便覧』には個別の市場名が掲載されている。そこで、1930（昭和5）年と1935（昭和10）年の名簿を照らし合わせることによって、1930（昭和5）年から1935（昭和10）年にかけて、存続した市場、消滅した市

表1-5　東京市における1930-1935年間の私設小売市場の異動

	1930年	1935年	消滅	継続	新規
旧市内 *1	66	168	25（37.9%）	41（62.1%）	127
荏原郡 *2	80	169	40（50.0　）	40（50.0　）	129
豊多摩郡 *3	76	131	44（57.9　）	32（42.1　）	99
北豊島郡 *4	44	92	27（61.4　）	17（38.6　）	75
南葛飾郡 *5	6	48	6（100.0　）	0（0.0　）	48
南足立郡 *6	2	4	1（50.0　）	1（50.0　）	3
合計	274	612	143（52.2　）	131（47.8　）	481

*1　旧市内は麹町区、神田区、日本橋区、京橋区、芝区、麻布区、赤坂区、四谷区、牛込区、小石川区、本郷区、下谷区、浅草区、本所区、深川区の15区。
*2　荏原郡は品川区、目黒区、荏原区、大森区、蒲田区、世田谷区に分区。1936年に世田谷区に編入される北多摩郡砧村と千歳村の2市場（1930年）は含まない。
*3　豊多摩郡は渋谷区、淀橋区、中野区、杉並区に分区。
*4　北豊島郡は豊島区、瀧野川区、荒川区、王子区、板橋区に分区。
*5　南葛飾郡は向島区、城東区、葛飾区、江戸川区に分区
*6　南足立郡は足立区に変更。
（資料）　東京市役所（1930）『東京市産業関係団体便覧』40-53頁、同（1935）『東京市産業関係団体便覧』49-63頁より作成。

場、新たに誕生した市場を地域別に整理したのが**表1-5**である。照合に当たっては、市場名を原則としたが、ごく一部、所在地、開設者、開設年によって判断したものもある。

これを見れば、小売市場ブームは南足立郡を除いて、東京のほぼ全域にわたっていたことがわかる。まさに小売市場の開設が新たな小売市場の開設を呼ぶといった形で誕生していったとみてよい。しかし、それ以上に目を引くのは消滅市場の多さである。新市全域で見て、1930年時点で存在した274市場のうち、5年後の1935（昭和10）年に存続したのはわずか131市場、47.8％に過ぎない。52.2％にあたる143市場は消滅していたのだが、その消滅した143市場の開設年は**表1-6**の通りである。

表1-6　1930-1935間に消滅した小売市場の開設年次

開設年	1920	1921	1922	1923	1924	1925	1926	1927	1928	1929	計
消滅市場	1	1	5	6	2	4	17	35	44	28	143

（資料）　図表1-5と同じ。

10年を経過したものもあるが、1927年以降の比較的新しい市場の消滅が目立つ。私設市場はまさに多産多死の状態にあった。打ち続く不況がこの小売市場の多産多死の原因となっていた。多産が多死を生み、多死が多産を生む。不況の真っ只中にあって、小売市場は資力の乏しい小売商にとって、それでも共同経営を期待できる最も近道に見えたのだった。しかし、そうして誕生した市場の多くは、必ずしも十分な施設を装備したものとは言えなかった。貧弱な小売市場が濫設される。それがまさに「小売市場ブーム」とも言うべき小売市場の急増設の実態であった。

4-2　東京市における私設市場の実相—実態調査から—

その私設小売市場の概要を今度は『私設小売市場に関する調査』（東京市役所、1937年）によって見ておこう[55]。なお、この報告書には東京市設市場（10）と東京府市場協会市場（34）を含む538市場が集計されているが、以下ではこの両者を除外した私設市場494市場について再集計した。

小売市場の魅力度を示す指標はいくつか考えられるが、その1つは小売市場の面積であろう。私設市場の建坪の分布は**表1-7**の通りであった。

表1-7　東京における私設市場の規模（建坪）

	20坪未満	20-50坪	50-100坪	100-150坪	150-200坪	200-300坪	300坪以上
市場数	1	82	251	117	29	11	3
比率（％）	0.0	16.6	50.8	23.7	5.9	2.2	0.1

（資料）　東京市役所（1937）『私設小売市場に関する調査』東京市役所、28頁。

　建坪にして50坪～100坪というのは、小売市場としては決して広くない。通路等の共用部分がほぼ半分とすれば、店舗に供用される面積はせいぜい100～150㎡内外となる。それでは十分な店舗を揃えることができるかどうか大いに疑問である。建坪が狭ければ、共用部分を削るか、店揃え（品揃え）を犠牲にしてでも店舗数を少なくするか、1店舗当たりの面積を小さくするしか方法はない。そこで、店舗数の分布を見ると**表1-8**の通りである。

表1-8　東京における私設市場の店舗数

	5店舗未満	6-10店舗	11-15店舗	16-20店舗	21-25店舗	26-30店舗	31店舗以上
市場数	11	180	210	63	22	7	1
比率（％）	2.2	36.4	42.5	12.7	4.5	1.4	0.0

（資料）　表1-7と同じ、33頁。

　店舗数がおよそ15店舗弱とすると、1店舗当たりの面積は10㎡程度ということになる。共用部分がもう少し狭ければ、その分、各店の店舗面積が多くなるが、それでも決して十分な広さであったとは言えない。
　しかし、これは設置者が準備した店舗数であり、そのすべてが満たされているとは限らない。そこで空店舗の状況を見たのが**表1-9**である。

表1-9 東京市における私設市場の空店舗

	0	5-10%	10-20%	20-30%	30-40%	40-50%	50%以上
市場数	248	62	69	44	26	9	36
比率（％）	50.2	12.5	14.0	8.9	5.3	1.8	7.3

（資料）　表1-7と同じ、33頁。

　服部文四郎にしたがえば、「空店舗は市場の不振を如実に物語るもの」であり、「市場内の人気をして甚だしく委縮せしめ、市場の機能発揮を大に阻害するもの」であるが、実に半分強の市場が空き店舗なしであり、「之れ甚だ良成績なりと言はなければならぬ」ことになる[56]。しかし、4分の1近くの市場が空き店舗20％以上であり、全体として必ずしも健全であったとは言えないようにも思われる。

　さて、およそ15店舗ほどの私設市場がどのような品目を取り扱っていたのか。小売市場の業態特性に照らして食料品に限定し、原票との関係で「欠如する市場数」を示すと図1-2の通りである。残余の市場は当該業種について1店舗以上をもっていたことになる。

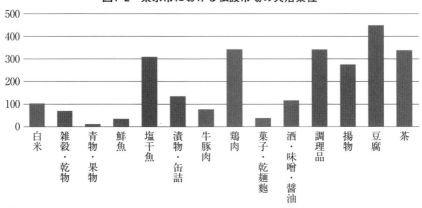

図1-2　東京市における私設市場の欠落業種

（資料）　表1-7と同じ、34-37頁。

　さすがに青果・果物については欠落する市場は12（0.2％）に止まるが、この時期、最も重要視されていた白米を欠く市場が103（20.9％）にも達してい

るのは、白米商の強い反対が影響しているのであろう。これに雑穀・乾物（70市場、14.2％）、鮮魚（35市場、7.1％）、塩干魚（310市場、62.8％）、漬物・缶詰（135市場、27.3％）、牛豚肉（77市場、15.6％）、鶏肉（343市場、69.4％）、酒・味噌・醬油（117市場、23.7％）といった欠落状況をみて、服部文四郎は「此等は果して、日常生活の必需品を供給する市場と言ひ得るや否やを疑はしむる」ものだと評した[57]。

さて、その私設市場を建設したのはほとんど（393市場、79.6％）がその市場のみを経営するものであり、その市場内に出店するものは97（19.6％）に過ぎなかった。「市場経営の状態は唯々市場なる建物を所有し、之れを賃貸し、其の賃貸料を納むるを主眼とするものが最大多数を占」めていたのである。そのことは、反面では、小売市場が中小小売商の共同事業として期待されたとはいえ、その共同事業は開設業者のもとに参集した結果として発生するに過ぎないことを意味していた。言いかえれば、「小売商人互に相集まり市場を組織するは極めて困難」なことを示していたのであった[58]。

その私設市場の建物は389市場（78.7％[59]）が木造、80（16.2％）が木造化粧張であり、したがって建築単価も相対的に低い。それは当然に私設市場の補償金ないし使用料にも影響を与えずにはおかない。当時の一般的な相場がわからないので、使用料と保証金の分布は省略するが、服部文四郎は「是れを観るときは市場に於ける使用料並に保證金は独立小売営業者が普通店舗を賃借する家賃並に敷金に比較すれば低位にありといふこと得る」と述べていることからも、相対的に低位であったとは言えそうである。但し、服部も指摘したように、普通に店舗を賃借する場合には同時にその店舗を住居とすることが多いのに対して、小売市場の場合には住居を別に準備しなければならず、その分「二重生活」となって負担が過重になることは留意しておく必要がある[60]。

最後に、私設市場の販売額と入場者数を見ておこう。まず、1日当たり販売額の分布は**表1-10**の通りである。

表1-10 東京市における私設市場の1日当たり販売高

	100円未満	100-200円	200-300円	300-500円	500-1,000円	1,000-2,000円	2,000円以上
市場数	98	163	108	80	36	5	4
比率	19.8	33.0	21.9	16.2	7.3	1.0	0.8

（資料）　表1-7と同じ、53頁。

　私設市場の1日当たり総販売高は143,739.79円であるから、1市場当たりの販売高は291.0円となる。しかし、この表を見る限り、半分以上の市場が200円以下であり、上位の市場にかなり引っ張られていることがわかる。あわせて入場者数を見ておく（**表1-11**）。

表1-11 東京市における私設市場の1日当たり入場者数

	200人未満	200-500人	500-1,000人	1,000-1,500人	1,500-2,000人	2,000人以上
市場数	28	140	179	77	42	28
比率	5.7	28.3	36.2	15.6	8.5	5.7

（資料）　表1-7と同じ、54頁。

　私設市場の1日入場者数、55万1,153人から、1市場当たりの平均入場者数は1,116人となるが、実に70％強が1,000人以下であり、ここでも上位市場に引っ張られていることがわかる。私設市場は少数の優良市場は存在するものの、総じていえば平均値からみるよりもかなり低位な水準にあったと見るべきであろう。

　それでも私設市場への出店者は一般の商店に比べて満足できる販売額を達成できていたのであろうか。その点を確認するために、いくつかの前提（仮定）を置きながら、1店当たりの販売高を推計する。以下では比較のために市設市場、府設市場（市場協会市場）についても掲げておく。なお、店舗数については、原表によって数値が多少異なるので、念のために併記した。まず、市場の規模（建坪面積と店舗数）は**表1-12**の通りである。

表1-12 東京市における小売市場の概況（市設、府設、私設）

	市場数(A)	総建坪面積(坪)(B)	B／A	総店舗数	空店舗数	実効店舗数(C)	C／A
市設	10	1,939	193.9	228	20	208	20.8
府設	34	5,382	158.3	489	22	467 *(469)	13.7 (13.8)
私設	494	45,440	92.0	6,178	741	5,437 *(5,477)	11.0 (11.1)

(資料) 表1-7と同じ、表2（28頁）、表4（32頁）、表5（37頁）による。
＊表5の業種別店舗数の合計は、府設469、私設5,477で、表4から得られる数値とは異なる。

1小売市場当たりの建坪、店舗数でいえば、市設市場が最も大きく、私設市場はそのおよそ半分程度の大きさということになる。その市設市場も、大阪市の公設市場を別としても、他都市に比べて特に大きいわけではないことからすると、私設市場が総じて小規模であったことは間違いない。しかし、販売額となると、**表1-13**に見る通り少し様子が異なる。

表1-13 東京における府市私設市場の販売額

	総販売額／日(A)	1市場当たり販売額(日)	総店舗数(B)	A／B(C)	1店当たり年間販売額(C×340)
市設	5,067.00	506.7	208	24.36	8,282
府設	15,111.91	444.5	467 *(469)	32.36 *(32.22)	11,002 *(10,955)
私設	143,739.79	291.0	5,435 *(5,477)	26.45 *(26.24)	8,993 *(8,922)

(資料) 表1-7と同じ。販売額は表14（55頁）、店舗数は表5（37頁）による。営業日は、定休日が1日（表6、38頁）のほか、年始、お盆等を考慮し、340日と仮定した。

1市場当たりの販売額では市設市場が最も大きいが、それは店舗数が多いことを反映してのことであり、1店舗当たりの販売額で見ると、私設市場は市設市場よりも多くなっている。市設市場について言えば、当初の廉売市場的性格から脱し切れていなかったことを表していると見てよい。そして、それが私設市場にも影響を与えたことはほぼ間違いないであろう。

これと直接対比できる当時の東京における一般商店の販売額の資料は見当たらない。しかし、1931（昭和6）年11月に行われた旧市内の『東京市商業調査』によれば、小売商（個人）の1店当たり年間販売額は蔬菜果物商4,549円、魚介藻類商5,777円、鳥獣肉商6.073円であった[61]。これと比較すれば、市設市場の8,300円弱はもちろん、私設市場の9,000円弱もかなり高い値を示していると言える。『商業調査』はごく零細な小売商をも含むため一般的に低い数値を示すことが多いが、それでも上の数値は貧弱ながらも店舗を共同化することのメリットはそれなりに享受できていたことを表していると考えることもできる。もしそうだとすると、それがまた私設市場の新増設に拍車をかけることになるのは当然の道理であった。

　しかしまた、そうなれば私設市場に対する規制が問題となるのも自然であった。国に対して法的規制を求める声は少なくなかったが、それが実現することはなく、実際には規制は都道府県レベルで行われた。東京はここでも出遅れてしまうことになる。例えば、大阪府の場合、1926（昭和2）年に市場取締規則を改正して、「十人以上の営業者一場屋又は区画したる地域に於て主として穀物食料品の販売を行ふ場所」とする小売市場の定義を導入すると共に、市場新設に距離制限を導入した。

　それに対して、東京府が実質的な小売市場規制に乗り出すのは1933（昭和8）年になってからであった[62]。1933（昭和8）年といえば、すでに見たように私設市場の開設ブームが峠を越えた時期であり、この時点での参入制限的規制が実質的に意味をもったとは思えない。その間、貧弱な私設市場であっても、何の規制もないまま「自由」に開設することができたのであり、それが小売市場ブームを下支えしたこともほとんど間違いなかった。まさに「質の点から見るも、中には単に市場の名を冠するのみのいかゞはしいものもあるが、以て公私設市場に関する一般人気のほどを察知すべし」であった[63]。

　東京には小売市場が根づかなかったことはしばしば指摘される。それは確かにその通りであるが、そのことは東京に小売市場が誕生しなかったからでもなければ、東京市民が買い物に出かけるのに躊躇したからでもない。昭和初期、東京には驚くほど多くの小売市場が誕生していたのであり、多くの東京市民はその小売市場を利用していたに違いない。しかし、その小売市場の多くは狭小

で、業種構成も揃わない不完全な市場であり、政府が期待したような、そして典型的には大阪市に発展していったような、近代的市場流通を担う小売市場ではなかった。その結果、東京市民は本格的な近代的小売市場を経験することなく戦時体制を迎えることになる。そのことが戦後になって小売市場が東京市に復活しなかった理由と考えられるように思われる。

5　結　語

　明治末期から大正初期にかけて、日本経済は急速に工業化を進めるが、それによって都市への人口移動が始まる。都市は新たな労働力を求め、農村部の「過剰」人口は職を求めて都市へと移動した。多くの人びとを受け入れた都市は、彼らの生活の安定を確保する必要に迫られるが、食料品の安定供給は住宅、短期金融の整備とともに喫緊の課題となった。

　特に生鮮食料品について言えば、商品そのものの腐敗性が高く、その生産も不安定であるのに加えて、生産者は弱小零細で、しかも物流を支える都市インフラは未整備な状態であった。こうした状況下では、相場観とリスク分散の必要性から流通経路は極端に錯綜したものとなっており、それが物価を引き上げる最大の要因と考えられていた。物価高騰に対処するためには、流通段階を省略し、生産者が直接消費者に販売する小売市場を公設で開設する必要があるという声は強くなる。

　政府でもそうした調査は行われていたが、1912（大正元）年12月に公表された生産調査会答申の中で公設市場の必要性が盛り込まれた。東京市でもこの頃から公設市場の開設に向けた検討が始まるが、それをいち早く実現したのは大阪市であった。1918（大正7）年4月、大阪市は当初予定していた本格的市場ではなく、応急的、細民救済対策的なバラックの市場を日用品供給場として開設する。それは予想以上に市民に好意的に迎えられた。

　ちょうどその年の8月、富山県魚津町で発生した米騒動は瞬く間に全国に飛び火し、体制の危機をも予感させた。大阪市でも騒動は広がったものの比較的短期に終息することができたのは、日用品供給場で米の廉価販売を行うことによって市価を牽制したからであった。そこから、内務省は全国に向かって公設

市場開設に向けた大号令を発することになり、全国に公設市場が急速に普及することになる。そして公設市場の成功は多くの都市で私設市場の誕生を刺激した。

　1920（大正9）年の大恐慌を契機に物価上昇は一段落し、公設市場は応急的施設から市場経済の近代化を担う恒久的組織へと転換し始める。その頃から、販売方針も当初の生産者による直売から、小売商人による販売へと切り替わってゆく。この転換に成功した都市ではその後も小売市場が市民生活の中に定着してゆく。大阪市はその典型であった。

　それとは全く対照的な道を歩んだのが東京市であった。東京市は都市課題としては大阪市以上に深刻な問題を抱えていたが、業者の反対によって応急的施設としての公設市場の開設さえ大きく立ち遅れたばかりか、1923（大正12）年に発生した関東大震災によって、近代的施設としての小売市場への転換にも決定的に立ち遅れてしまった。その間、私設市場は急激に増加したが、その多くは十分な施設をもたない貧弱な市場であり、多産が多死を生んでいた。戦前、東京市では近代的小売市場はついに登場せず、それが戦後になっても東京で小売市場が再建されなかった理由につながった。

　しかし、東京はともかく、多くの都市で小売市場は新たな小売機関として定着していった。確かに、小売市場の開設者は建物設備の提供によって収益をあげることにのみ関心をもち、それが施設の近代化を阻害したという側面は否定できないが、小売市場間の競争はこの点を徐々にではあっても緩和してゆく。そこに参加する小売商人も、彼ら自身による自発的な共同事業ではなかったとしても、1つの建物の中で実際に共同事業を経験してゆく。その結果、「我国の家庭において調理済み食料品が未調理食料品を圧倒しない限り、かかる未調理食料品の小売機関としては小売市場を最適とし、その進歩改善を図らねばならぬ」と指摘されるほどの評価を勝ち取ったのであった[64]。その意味で、小売市場は中小小売商の近代化への第一歩を記すものであったといっても過言ではない。

《注》

1 生産調査会（1912）7-8頁。
2 生産調査会（1913）22-68頁、特に61-63頁。
3 大原社会問題研究所（1920）131頁。
4 田子一民（1922）271頁。
5 田子一民（1922）272-274頁、大原社会問題研究所（1920）133-134頁。
6 吉野作造（1926）323-325頁。
7 以下、断らない限り、内務省地方局・社会局（1912）による。
8 「生活難学校に及ぶ」『報知新聞』1912年7月??日（原資料でも不明―石原）（生活費問題1-009）、「悲惨な児童（一～四）『読売新聞』1912年7月3日（生活費問題1-006）
9 東京市における特殊小学校は1900（明治33）年に皇室から東京市に下賜された教育資金を基礎に設立されたもので、月謝免除はもちろん、教科書、筆記用具のほか、被服、食料、労働賃金を補給するばかりか、疾病治療費を支出することもあったという。当然それには多額の運営経費が必要で、1910（明治43）年に財団法人東京市特殊学校後援会を設立、広く有志の後援を求めた（日本橋区教育会（1919）122-123頁）。なお、これら特殊小学校はすべて1926（大正15）年3月に日廃止された。東京市では、これとは別に1906（明治39）年5月から1921（大正10）年までに43校の尋常夜学校を開設している（東京市社会局（1929）82-85頁）。
10 「生活難問題（一～五十四・完結）」『大阪朝日新聞』1912年7月10日（生活費問題1-011）中「（十八）生活難の現状（三）東京の貧民」
11 内務省地方局（1914）、内務省社会局（1922）。さらに、1924（大正13）年にも、社会局が東京における細民生計実態調査を行っている。内務省社会局（1924）参照。
12 「東京市論（一～六）」『中外商業新報』1912年7月4日（地方行政1-003）中「（二）中央市区を設けよ　男爵　近藤廉平」。
13 例えば、「就職難（一～二十七）『東京時事新報』1912年5月7日（生活費問題1-004）、「就職難問題（上・中・下）」『中外商業新報』1912年6月30日（生活費問題1-005）参照。
14 「生活難問題（一～五十四・完結）」『大阪朝日新聞』1912年7月10日（生活費問題1-011）中「（十三）生活難の現状（三）大阪の貧民」「（十四）生活難の現状（四）大阪の貧民」。
15 「生活難問題（一～五十四・完結）」『大阪朝日新聞』1912年7月10日（生活費問題1-011）。
16 「公設市場論（一・二）論説」『報知新聞』1913年2月20日（市場1-034）中（一）。
17 「公設市場　物価」『時事新報』1918年2月21日（市場2-002）。
18 「大阪市の日用品公設市場（一～五）　研究　大阪にて蒼浪」『読売新聞』1918年6月9日（市場2-034）による。あわせて、河田嗣郎（1921）70-71頁参照。河田はここで経済政策として生産の改善が議論されるが、同時に「市場組織が複雑に過ぎたること」の問題点を鋭く指摘した。
19 「生活難問題（一～五十四・完結）男爵渋沢栄一氏述／津村秀松／植村俊平」『大阪朝

日新聞』1912年7月10日（生活費問題1-011）中「（四十三）生活費の研究（十九）日用品の供給　津村秀松」。
20　「市営市場を設置すべし」『大阪毎日新聞』1912年6月28日（市場1-009）
21　以下、大阪市の経緯については、石原武政（1989）、大阪市公設市場70年史編纂委員会（1989）による。
22　大阪市（1918）。なお、1918年2月26日および3月30日の市会会議録は酒井亮介（1986）75-83頁に全文転載されている。
23　「公設市場の設備　研究すべき其方法手段」『大阪毎日新聞』1918年3月2日（市場2-005）、「公設市場問題　市委員会」『大阪朝日新聞』1918年3月6日（市場2-007）。
24　「再び公設市場設置に就いて　迂愚なり市長持薬の永久設備論　財界十方瞰」『大阪朝日新聞』1918年3月7日（市場2-008）、「大阪市は公設市場開始に決す　取急ぎ市内四箇所に各一市場　財界十方瞰」『大阪朝日新聞』1918年8月8日（市場2-009）。
25　神戸市役所（1919）1頁。
26　大野勇（1925）1頁。
27　内務省衛生局（1919）1-2頁。
28　「見よ五大市の公設市場　市参弾劾の翌日意味深き内務省の発表」『報知新聞』1919年6月28日（市場2-101）。
29　石原武政（1989）40-43頁。
30　神戸市役所（1919）12-17頁。
31　大原社会問題研究所（1920）90頁。
32　「公設市場の利用（一〜三）」『大阪朝日新聞』1919年3月22日（市場2-022）。
33　「公設市場増設の急務　租税免除は余りに過ぎたり」『大阪毎日新聞』1919年4月2日（市場2-094）。
34　大野勇（1925）9頁。
35　服部文四郎（1939）13頁。
36　石原武政（1989）64-72頁。
37　「公設市場論（一）論説」『報知新聞』1913年2月20日（市場1-034）。
38　「都市と公開市場　法学博士河津暹談」『福岡日日新聞』1913年11月8日（市場1-044）
39　「市営市場を設けよ　不徹底なる物価調節」『東京日日新聞』1917年9月9日（市場1-064）
40　「公設市場新設の議　東京府の計画」『報知新聞』1917年11月28日（市場2-001）
41　「日用品市場急設の必要」『報知新聞』1918年3月24日（市場2-025）
42　歴代東京市長・助役一覧 - 東京都組織沿革（tokyo.lg.jp）による。
43　「公設市場　物価」『時事新報』1918年2月21日（市場2-002）。
44　「公設市場問題　反論取るに足らず」『東京日日新聞』1918年6月2日（市場2-029）。
45　石原武政（1989）57-64頁。
46　「公設市場論（小売商人の存亡）」『東京朝日新聞』1919年11月26日（市場2-143）。
47　東京市商工課（1925）3-5頁。

48　内務省社会局（1931）5-6頁および内務省社会局（1922）による。あわせて、石原武政（1989）86-90頁参照。
49　東京市商工課（1925）11-24頁。
50　朝日新聞社政治経済部（1930）70-71頁。
51　東京市商工課（1935）197-199頁。
52　大野勇（1925）104頁。
53　東京市役所（1930）70-72頁。
54　大阪市役所産業部（1938）5頁。
55　本項は内容的に石原武政（1989）187-193頁と重複するところがある。あわせて参照されたい。
56　服部文四郎（1929）51頁。
57　服部文四郎（1929）同文舘、39頁。
58　服部文四郎（1929）同文舘、36頁。
59　原票中、表3（30-31頁）のみ、公設を含めた市場総数が537、私設市場総数が493市場となっている。
60　服部文四郎（1929）55-56頁。
61　東京市役所（1933）434頁（表Ⅸ-1、小売ノ部）。
62　詳しくは石原武政（1989）200-211頁参照。
63　門田正清（1936）51頁。
64　福田敬太郎（1932）161頁。

《参考文献》

朝日新聞社政治経済部（1930）『中小商工業の話』朝日新聞社。
石原武政（1989）『公設小売市場の生成と展開』千倉書房。
大阪市（1918）「市設日用品供給場開設経緯」『大阪市経済時報』第13号。
大阪市公設市場70年史編纂委員会（1989）『大阪市公設市場70年史』大阪市経済局。
大阪市産業部小売市場課（1937）『大阪市設小売市場概要』大阪市産業部小売市場課。
大阪市役所産業部（1938）『大阪市に於ける私設小売市場経営調査』大阪市役所産業部。
大野勇（1925）『公設市場の研究』中西印刷。
大原社会問題研究所（1920）『日本社会事業年鑑（大正8年）』大原社会問題研究所
門田正清（1936）『百貨店・産業組合・公設市場に対する今後の小売店と商店街及商業組合』小売店問題研究所。
河田嗣郎（1921）『食糧と社会』弘文堂書房。
神戸市役所（1919）『公設市場概況』神戸市役所。
酒井亮介（1986）「大阪市公設市場の誕生」『市場史研究』第3号。
生産調査会（1912）『第三回生産調査会議事』生産調査会。
生産調査会（1913）『第三回生産調査会議事　其の二』生産調査会。
田子一民（1922）『社会事業』帝国地方行政学会。

東京市社会局（1929）『東京市社会事業施設年表』東京市役所。
東京市商工課（1925）『東京市設市場要覧』東京市商工課。
東京市商工課（1930）『東京市商工要覧』東京市役所。
東京市商工課（1935）『東京市商工要覧』東京市役所。
東京市役所（1930）『東京市産業関係団体便覧　昭和5年版』東京市役所。
東京市役所（1933）『東京市商業調査書』東京市役所。
東京市役所（1935）『東京市産業関係団体便覧　昭和10年版』東京市役所。
東京市役所（1937）『私設小売市場に関する調査』東京市役所。
東京市役所勧業課（1912）『市場市営ニ関スル調査報告書』東京市役所勧業課。
内務省衛生局（1919）『各地方ニ於ケル市場ニ関スル概況』内務省。
内務省地方局・社会局（1912）『細民調査統計表』内務省。
内務省地方局（1914）『細民調査統計表概要　大正元年調査』内務省。
内務省社会局（1922）『細民調査統計表　大正拾年施行』内務省。
内務省社会局（1922）『公設市場設計図及説明』内務省。
内務省社会局（1924）『細民生計状態調査』社会局。
内務省社会局（1931）『公設市場概況』内務省。
日本橋区教育会（1919）『清水米蔵翁』日本橋区教育会。
服部文四郎（1939）『公私小売市場の研究』同文舘。
福田敬太郎（1932）『市場政策原理』春陽堂。
吉野作造（1926）『問題と解決』文化生活研究会。

第 2 章

同業組合と百貨店の抗争

1　同業組合とその活動

1-1　同業組合法の成立

　明治維新後、日本産業は急速に「近代化」の方向に舵を切っていく。それまでの家内工業的生産体制に変化が現れ、「自由競争」の概念が登場する。こうした事態を背景に明治政府は1872（明治5）年に株仲間の廃止を決定するが、それがかえって混乱を招いた。「信用取引は円滑を欠き、商法は相崩れて不規律となり、不正行為が続出して商業組織が紛乱状態に陥った」という。こうした中で、自力更生を目指す商人が集まって「申合規則」を作成して組合の設立認可を求める動きが現れる。1881（明治14）年10月に、大阪商法会議所の努力によって大阪府より発布された「大阪堺市街商工業取締法」がこの種の自主的統制の嚆矢であるとされる[1]。

　国レベルでは、1884（明治17）年3月に公布された「茶業組合準則」が同業組合の始まりとされるが、『官報』はその「前文」にこう書いた[2]。

> **茶業組合準則（前文）**（1884年3月）
> 近来着色偽似ノ茶ヲ製出シ又ハ不良茶ヲ混淆シテ販売候者有之趣右者正義者ノ妨害ト可相成ハ勿論人身ノ健康ニモ相関リ候義ニ付各管内ニ於テ茶業ニ従事スル者ハ左ノ茶業組合準則ニ基キ組合為相立其規約認可ノ上農商務省ヘ可届出此旨相達候事

　その組合準則は次の通りであるが、その条文からもこの準則の目的が茶に混入された粗悪品の規制にあったことは明らかである。

> **茶業組合準則**
> 第1条　茶事ニ従事スル者ハ製造者ト販売者トヲ問ワズ郡区又ハ町村ノ区画ニヨリ組合ヲ設置スヘシ
> 　　　　但自用茶ノミヲ製スル者ハ此限リニアラス
> 第3条　組合ハ左ノ目的ヲ以テ規約ヲ定ムヘシ

第1項　他物若くは悪品を混淆し或は着色する等総て不正の茶は製造販売せさる事
第2項　乾燥法及ひ荷造方を完全にすること
第3項　製茶荷造の上は必組合の名称及ひ製造人、販売人の姓名を記する事

　政府はさらに同年11月に「同業組合準則」を発表し、同業組合を茶業から一般に広く開放した。その同業組合準則を公布する「達第37号」の前文はこう書いている[3]。

同業組合準則公布の達（1884年11月）
同業者組合を結ひ規約を定め営業上福利を増進し濫悪の弊害を矯正するを図る者不尠候處往々其目的を達する事能はざる趣に付今般同業組合準則相定候條向後組合を設け規約を作り認可を請ふものある時は此準則に基つき可取扱此旨相達候事

　しかし、この準則は形式的には強制加入を謳ってはいるものの、加入拒否に対する制裁措置をもたなかったこともあって、所期の目的を十分に達成することができなかった。そのため、1887（明治20）年には「茶業組合準則」を廃止して「茶業組合規則」を制定し、さらに1897（明治30）年には、当時国際的な問題となっていた輸出品の粗製濫造に対処するため、「重要輸出品同業組合法」を制定して、制度的な強化を図った。そして、それをさらに国内向けの製品にも拡張するために、1900（明治33）年に「重要物産同業組合法」が制定され、これによって同業組合制度は一応の完成を見ることになる。1884（明治17）年の準則に基づく準則組合には法人格は認められていないが、この1900（明治33）年の法に基づいて設立される同業組合には法人格が認められた。そして、これ以降、準則組合と同業組合は実業組合の重要なメンバーとなって活動することになる。この重要物産同業組合法の主要条文は次の通りであった[4]。

重要物産同業組合法（1900年3月）
第1条　重要物産の生産、製造又は販売に関する営業を為す者は同業者又は密接の関連を有する営業者相集りて本法に依り同業組合を設置することを得…
第2条　同業組合は組合員協同一致して営業上の弊害を矯正し其の利益を増進するを以

　　　　て目的と為す
　　第4条　同業組合設置の地区内に於て組合員と同一の業を営む者は其の組合に加入すへし但し営業上特別の情況に依り農商務大臣に於て加入の必要なしと認る者は此の限に在らす
　　第6条　同業組合及同業組合連合会は法人とす
　　　　同業組合及同業組合連合会は営利事業を為す事を得す
　　第10条　同業組合及同業組合連合会は各其の定款に於て検査規定を設け組合員の営業品を検査することを得
　　　　同業組合及同業組合連合会は各其の定款に於て違約者に関する規定を設け違約者に対し過怠金を徴し違約物品を没収することを得

　ごく簡単に補足しておく。第2条にいう「営業上の弊害の矯正」の中心は粗製濫造による品質の低下の防止であるが、その原因となる「不当な廉売競争」を防止するための価格協定をも含むものと考えられた。第4条但し書きによって例外規定が設けられているとはいうものの、非加入は慈善事業や公益事業を想定したもので[5]、生産・製造・販売に関わる全業者の強制的な加入が原則となっていた。さらに、法は組合に対して営業品検査を行うとともに違約者に対する処罰や違約品の没収の権限までをも与えている。その意味で、同業組合は非常に強力な自治権をもつことが想定されたことになる。但し、第6条によって営利事業は禁じられたことから、その性格は事業団体ではなく完全な統制団体であった。

　この法律は重要輸出品同業組合法の延長線上にあるが、後者は粗製濫造の防止、原材料の購入方法改善、販売方法の改善、価格切り崩しの防止、輸出品の品質保持を目的とし、紙、金属器、地氈、綿織糸、綿織物、絹織物、絹製手巾、米、真田、洋傘など、輸出品37品目に限定されており、1898（明治31）年末の組合数は60に過ぎなかった。それに対して、この同業組合法は組合設立の範囲を大きく拡大したため、組合数は一気に増加し、1921（大正10）年末の組合数は1,302、同連合会が60に上った[6]。大阪市に限ってみても、同年4月時点で、同業組合60、準則組合48のほか、産業組合22、水産及漁業組合3、酒造及茶業組合3が存在していた[7]。やや下るが、東京では1927（昭和2）年の名簿に、99の同業組合が掲載されている[8]。同業組合が全国的に広く設立されていったこ

とになる。

1-2　粗製濫造と同業組合

しかし、こうした同業組合の成立によって、粗製濫造品が排除され、製品の品質が改善されたかというと必ずしもそうではなかった。製造業における産業化が進展するといっても、すべての生産者が近代的な生産体制を備えた大企業（メーカー）になるわけではない。その結果、生産者は大規模のメーカーから伝統的な手工業的生産者まで多様化するようになる。大企業は次第に自社内で製品の検査体制を整え、必ずしも組合に依存する必要を感じなくなるのに対して、中小生産者はできれば組合による製品検査を忌避しようとする傾向があり、肝心の製品検査が組合の事業として成立することが難しくなる。販売業者にしても、大規模な問屋から、仲買、卸売商、小売商、さらには縁日商人までもが含まれ、ここでも共通の利害を見出すことは容易ではない。生産者から販売者まで、業界関係者があげて業界の秩序を維持し、粗製濫造を防止するという理念は高く掲げられても、それを実現することは決して簡単ではなかった[9]。

特に、1914（大正3）年7月に始まった第一次世界大戦中には、ヨーロッパ諸国の輸出が低迷する中で日本は輸出の急増に沸くが、かえってそれが粗悪品の輸出につながったという指摘が相次いだ。戦争が始まって2年弱後の1916（大正5）年6月、『中外商業新報』は社説で次のように書き、同業組合による自治的統制が成果をあげ得ていないことを指摘し、粗製濫造が日本製品の信用を失墜させ、長期的には大いなる損失につながると警鐘を鳴らした[10]。

> **組合検査の価値**『中外商業新報』（社説）1916年6月6日
> 同業組合の目的が営業上の弊害を矯正し其利益を増進するに在るは自明なれども、過去十七年間の経験に徴すれば同業組合員相互の自制を以てしては営業上の弊害を矯正し其利益を増進すること不可能なり。其故如何と謂うに、同業組合の制度は一種の自治警察制度なり。即ち取締まる者と取締らるる者と同一人者なるが為めに、自治精神の発達せざる我邦に在りては到底其成績を挙ぐること能わざるなり。

日本ではまだ自治精神が十分に発達していないと断じたのである。『時事新報』も同年、「粗製濫造」と題する16回の連載を特集し、この問題に強い警告

を発した[11]。その上で、実際の粗悪品の具体的な事例を多数挙げている。例えば、羽二重の場合、1911（明治44）年以来、原則として政府が行ってきた輸出品検査が、一部薄絹について組合検査となったことから粗悪品が横行したため外国の信用を失い、一時は年間100万円にも達していた輸出が10万円ほどにまで減少したという。生産者は小規模で、生産者ブランドが確立されておらず、いったん製品が自己の手を離れると他社の製品と区別できなかった。そのため、自己の製品に対する責任観念が乏しくなるというのである。さらに、三井物産、髙島屋、その他の輸出業者も全く同じ製品を取り扱うため必然的に価格競争に陥り、それが品質低下を誘発するという。それゆえ、「若し出来得べくんば三井なり髙島屋なり夫れぞれに特長ある製品の取扱いを為し一方製造業者は責任ある商標を以て品位の向上と信用とを維持するに努めなば以て粗悪品出現を防ぐに効ある可きなり」と提案している。

この『時事新報』はそのほかにも、メリヤス製品（靴下、手袋など）、製茶、マッチ、ガラス製品、装飾玉、石鹸、漆器類、釦、真田、アンチミニー製品、鉛筆、玩具などの例を具体的に挙げている。中には、見本と現物が異なる「詐欺」的なものを含め、「殆んど滑稽に近く聞く者をして思わず失笑を禁じ難からしむるもの」も少なからず含まれていたという。粗製濫造の改善を目的としたはずの同業組合をもってしても、「日本製」に対する信頼を回復するには至っていなかったのである。

要するに、生産者の規模が小さく、彼らは外国の最終需要の動向を知らず、ただ中間商人の求める値下げ要求に対応して粗製濫造を行うのであるが、これをチェックすべき同業組合は全く無力で機能していないというのである。そして最後に、次の呼びかけでこの長期連載を締めくくっている。

「粗製濫造」（最終回）『時事新報』1916年8月25日
商業家よ貿易業者よ製造工業家よ今日の場合粗製濫造は殆んど無意味なる自殺的政策なることを銘記せよ。何となれば現在邦品は無競争地を独歩せるなり。支那南洋を始め欧洲品の輸入杜絶せる需要地にありては恰も渇者が水を慕うが如くに本邦品を求めつつあるなり。此場合些々たる価格の高下の如きは寧ろ第二の問題なるなり。故に是等の国々に対して粗製濫造以て永久の信用を犠牲として迄も此際廉売を行うの必要那辺に在りや。

再び穿記せよ。本邦品は敵手なきなり。価格の低廉を必要とせざるなり。若し卿等にして多少とも機会を利用するの頭脳あらば何ぞ此際相当の売価にて良品を輸出せざるぞ。少くとも粗製濫造ならでは引受け難き程の低廉なる註文を大胆に拒絶せざるぞ。三度び穿記せよ。邦品は今競争者無きなり。粗製濫造も敢てして迄安物契約を為すの必要無きなり。此千歳の好機を利用せずして何日の日にか粗製濫造の病根を絶滅し得んや。聞く政府は目下輸出検査大拡張の計画中なりと。噫是れ果して本邦貿易関係者の名誉と言う可きか非か。

こうした同業組合による「杜撰な検査」に対処するためであろう、1916（大正5）年3月、重要物産同業組合法は改正され、同業組合の検査体制の強化が図られた[12]、組合の自治的統制権限は強まったが、それが検査そのものの改善に結びついたかどうかは別問題であった。

同業組合による検査が十分に機能していないという指摘は、時期がやや下った1924（大正13）年になっても変わらなかった。戸田海一によれば、「近時我国の商業、就中輸出貿易に於て特に此弊害甚しきは普ねく世の熟知する所にして、之が為めに我国の世界に於る商業道徳上の信用を毀くること甚しきに至れり」であるが、その原因の1つは「同業組合は共同自治の能力の幼稚なるが為め其成績殆ど見るべきものなく」、特に商工業の組合で好成績をあげたものは極めて少なかった[13]。

近代国家への道を歩み始めてまだ日の浅かった明治から大正期、まだ産業は発展途上で、近代的な大量市場における競争の経験は乏しく、各種の不正が横行した。同業組合法はそれに対して業界の一丸となった組合を結成させ、その組合の自治的統制の中で解決を図ろうとしたのだが、それが十分な実を挙げ得なかったことになる。1925（大正14）年に新たに制定された「輸出組合法」と「重要輸出品工業組合法」は、同業組合のこの限界に対する補足であったと見ることができる[14]。

この間、政府はもちろん自治的統制にすべてを委ねていたわけではなかった。日本は1899（明治32）年以来「工業所有権の保護同盟条約」に加盟しており、1911（明治44）年にドイツの不正競争防止法（1909年）に触発されて、同様の法案の検討が開始されたが実現しなかった。この条約は1925（大正14）年に改正され、不正競争に関する詳細な規定が盛り込まれた。これが「工業所有権の

保護に関するパリ条約（ヘーグ改正条約）」であり、これを受けて翌1922（大正15）年には法案の起草が始まったが、法案制定は見送られた。そのため、日本はこの条約に署名したものの加入しない状態が続いた。日本で、このヘーグ条約上の義務を満たすべく「不正競争防止法」が制定されるのは、ようやく1934（昭和9）年になってからであった[15]。

1-3 同業組合と価格協定

　他方で、同業組合が価格協定に熱心であったという報道は早くからみられた。もともと、粗製濫造が販売価格の下落に起因する側面もあったことから、粗製濫造防止のためにはある程度の価格維持は必要と考えられたし、同業組合法はこの問題を業界の自治的統制の中で解決させようとしたものであった。強力な販売力をもつ問屋が求める低価格の要求に抗しきれず、それが粗製濫造の原因となるという図式から考えれば、問屋を含めた業界が一丸となって取り組むことにそれなりの理由はあった。

　しかし、理念的に認められる「必要な価格維持」と金儲けのための「不当な価格協定」との境界は微妙である。特に第一次世界大戦が始まった1914年以降、日本経済は空前の好景気に沸き上がるが、同時に物価が高騰した。その主要な原因が同業組合による価格協定にあるとして、農商務省は1921（大正10）年に次官通牒「重要物産同業組合及同連合会の取扱に関する件」を発して価格協定を原則的に禁止した。その次官通牒の一部は次の通りである[16]。

重要物産同業組合及同連合会の取扱に関する件（次官通牒）（1921年6月）
(3) 外国貿易上に於ける売崩の弊を防ぐため必要なる場合の外、商品の価格を組合に於て定むる規定を設けしめざること
(4) 極めて特別の事情ある場合の外、口銭、手数料又は賃銀等を組合に於て定る規定を設けしめざること
(5) 違約者に対する商取引の停止は、其の事由を具体的に規定せしめ、且つ其の停止の最長期間を規定せしむるを要す

　第一次世界大戦時の好景気は、1920（大正9）年3月に始まった戦後の反動恐慌をもって終了する。それに伴って卸売物価が漸次下落するにもかかわらず、

小売物価がそれに見合う下落を示さなかったことから、再び同業組合の価格協定に厳しい目が向けられるようになる。1921（大正10）年、農商務省は地方長官に対して次官通牒を発して、1916（大正5）年の通牒が有効であることを確認するが、その一部は次の通りである[17]。

次官通牒追加（1921年）農商務第6664号
昨年三月中旬財界の変動以来一般物価は漸次下落の趨勢を辿れるにも不拘小売価格中には依然として曩日（のうじつ）の高値を維持し甚しきに至りては却て漸騰の情勢を示せるものすら有之勿論其原因種々可有之候も近時同業組合中私に販売価格を協定して不自然に物価の低落を阻止し不当の利益を貪りつつありとの批難も有之哉に聞及候に就ては此際速に貴管下に於る各組合の詳細の内情御調査の上此種不都合の行為ありと認めらるる組合に対しては重要物産同業組合法第十五条並同施行規則第四十五条に基き厳重に之が取締を励行相成様特に御配意相成度依命此段及通牒候也

しかし、いったん下落傾向を見せた物価は1921（大正10）年秋ごろから再び上昇に転じることになる。戦前に比して卸売価格は2割3分、小売価格では2割もの高値が続き、これが賃金の騰貴と相まって輸出不振の要因となっているとして、同業組合の価格協定への関心はさらに強まった。例えば、大阪市では公設市場に出店する同業組合の有力者が公設市場では低価格で販売しながら、自店では組合協定の最高価格で販売していた事例が報告されるほか[18]、物販業ではないが「正当な」価格を提供する業者を「組合の名義に依って…横暴を働き正当業者を飽く迄も圧迫し消滅させねば止まぬ」対応を行った組合などが紹介され、全体として同業組合に対する非難は高まっていった。

例えば、『東京朝日新聞』は「東京白米商同業組合、醬油同業組合及砂糖同業組合などでは、販売価格を協定し、安く売った組合員には、種々の制裁を加え、廉売組合員を自滅させずんば止まざる勢いである」ことを指摘した。農商務省は国民の生活必需品としての白米の価格を自由競争に委ねるため、1921（大正10）年に白米商組合の価格協定を禁止するほか、同業組合の不認可の方針を打ち出し、ある時には20件の組合設立申請に対して15〜16件もの申請を不認可としたこともあった[19]。

こうした「不都合な組合」は同業組合よりも準則組合に多かったという。も

もと、準則組合への「強制加入」を定めた第4条には罰則規定がなかったため、「殆ど空文に等し」かったことに加え、この第4条が1897（明治30）年に削除されたことから、自己に都合のいい時には加入し、不利か違反処分を受けるおそれがあるときには脱退するようになり、脱退者が続出したことによる統制力の弱体化もその一因であったともいわれる[20]。

しかし、こうした価格協定に対する非難は1927（昭和2）年の金融恐慌を境に反転する。特に、1931（昭和6）年に重要産業統制法が制定され、大企業のカルテルが積極的に容認されるようになるとその声は余計に強くなる。すなわち、「客観的経済情勢は、独占と統制とのカクテル時代である。加ふるに、日本資本主義自体の行詰の結果、売上高に比し同業者数過大の傾向は益々大となりつゝある。大企業に於ける生産設備過剰の圧迫は、中小商工業に於ては同業者数の過大と云ふ形に於て、同じく圧迫しつゝあるのである。其の結果は自殺的売崩し競争であること云ふ迄もない。之に処する唯一の道は大企業に於てさうである如く、生産及び価格の統制を確保する」ほかはないというわけである[21]。東京市商工課と東京実業組合連合会はそれぞれ1932（昭和7）年にこの点に関する改正の要望を取りまとめている。

ここでは同業組合そのものについて特段の関心があるわけではないので、同業組合の価格協定問題についてはこれ以上立ち入らない。要するに、不況下で「当業者がその抜駆的競争によって商品の価格を不当に売崩している弊害を、組合の強制力によって矯正せんとする」方向[22]が模索されることになる。この問題に対する商工省の態度は決して一貫したものとは言えなかった。例えば、1933（昭和8）年になって、東京砂糖商同業組合や大阪酒類商同業組合の価格協定を含む定款変更申請を認可しながら、東京酒類商同業組合の同様の申請を却下し、その後もその後始末をめぐって態度が硬軟に揺れ動いた[23]。しかし、1933（昭和8）年10月になって、ついに新たな次官通牒を発出して、限定的にもせよ、売り崩しの弊を防止するための価格協定を認めることとなった[24]。

重要物産同業組合及び同連合会の商品の価格協定に関する件（1933年10月）
当省所管の同業組合に付ては外国貿易に関係なき場合に於ても売崩の弊を防ぐ為必要なるときは商品の価格協定を為すことを得しむることと相成候に付ては自今左記各項に依

り御取扱相成度尚価格協定が売崩の弊を防止するの趣旨を逸脱し消費者及び当該産業と密接なる利害関係を有する産業の公正なる利益を害することなからしむる様充分留意相成苟も価格協定を不適当と認るときは遅滞なく監督上必要なる措置を講ぜられ度…

記

1　同業組合にして商品の価格協定を為す者に付ては協定の方法品目其の他価格協定に関する大綱を定款中に記載せしむること
2　価格協定を行ふに付必要なる定款の変更を認可せんとするときは事由、協定の品目方法其の他価格協定の施行概要を具し予め本省に打合を為す事
（以下略）

　物価高騰期の価格協定と価格下落期の価格協定は性格を異にするという側面は確かにあるが、こうした政府の価格協定容認姿勢が、同業組合の価格協定を事実上許容することにつながったことは間違いなく、ここではそれがしばしば物価騰貴の一因とみなされていたことが確認できれば十分である。

2　百貨店の同業組合加入問題とその帰趨

2-1　問題の発端

　同業組合の記述がいささか長くなったが、ここでの主要な関心はその同業組合と百貨店の関係にある。一体、百貨店がこの同業組合とどのようにかかわるのか。直接的な問題としては、百貨店が行う特定物資の廉価販売が同業組合の申し合わせ価格を下回るとき、それは不当廉売にあたるのかという点であった。より具体的に言えば、同業組合側は、百貨店による期間（時間）限定的な廉価販売や販売数量を明示しない廉売は不当な顧客誘引に当たると主張した。百貨店側はこれを否定しており、この点について調査した東京商工会議所もこうした「小売商側の非難はその全部が真相であると言ひ得ざるものゝ如くである」として、多分に誇張が含まれていると認定している[25]。

　しかし、百貨店の廉価販売が実際に不当廉売に当たるかどうかの判断はここでの問題ではない。ここではこうした百貨店の自由な価格政策によって組合の協定価格が崩壊するという点にあった。そして、それを防止するために、組合

側は関係業者全員の強制加入を求めた同業組合法の第4条に基づいて、百貨店に同業組合への加入を求め、それによって百貨店の価格設定に制約を課そうとしたのである[26]。法律は、農商務大臣が必要なしと認めた場合以外は関係業者の組合への加入を求めていたのだから、この条文を形式的に読めば、百貨店も組合関連物資について同業組合への加入が求められることは明らかであった。

重要物産同業組合法に基づいて、東京では1906（明治39）年に東京呉服太物商呉服組合が設立され、翌年に正式認可される。三越はすでに株式会社組織となっていたことを理由にこの組合には参加しなかったが、初代組合長は白木屋の当主であり、そのほかにも松屋、大丸、松坂屋の当主が役員に名前を連ねていたことからも、同業組合はまさに業界をあげての組織であったことが理解できる。

ところが、1909（明治42）年に認可された東京靴同業組合が靴を販売していた三越に加入を要請したことから問題は表面化する。三越はこの要請を拒否し、さまざまな交渉を重ねたが、結局は翌1910（明治43）年に法廷に持ち込まれ、最終的に三越が敗訴し10円の科料に処せられた。その後も、組合は三越に加入の勧誘を続けたが三越もこれを拒否し続け、1914（大正3）年に組合側は裁判所に「未加入再申告書」を提出した。この裁判で三越は、百貨店が個々単一の営業の単なる集合ではないから同業組合に加入する必要はないこと[27]、加えて非加入についてはすでに一度科料に処せられているから再度罰則されるべきではないと主張したが、いずれも斥けられ、再び敗訴して20円の科料に処せられた。三越はこれを控訴したが、翌1915（大正4）年4月、控訴は棄却され三越の敗訴となった。裁判所の判断は、三越が種々の商品を陳列販売する新たなデパートメントストアーなる名称をもって営業している事実を認めつつ、それでも靴を販売している以上、靴販売業を営むものではないと言うことはできない、従って、同業組合に加入しないのは法第4条に違反しているし、一度科料に処せられていてもその後再度加入勧告を受けてなお加入しない以上は更に科料に処せられるものと言わなければならない、というものであった[28]。

同業組合への加入問題は、その後、第一次世界大戦による好景気の中で鎮静化するが、交渉そのものは継続した。この靴同業組合に東京小間物同業組合と東京箪笥商同業組合が加わって三越との協議を重ね、ついに1919（大正8）年

には三越が両組合に加入したという。しかし、もちろん、これによってすべての取扱い商品の組合に加入したわけではなく、問題は依然として残ったままであった。

2-2　問題の深刻化

　この同業組合加入問題は1920（大正9）年の戦後反動恐慌を機に、再び注目を集めるようになる。さらに、1923（大正12）年の関東大震災後、百貨店は大衆化路線に舵を切って廉価販売を強化するようになり、それが既存の小売商との対立を激化させ、小売商側が百貨店を同業組合の統制の中に置こうとしたことは想像に難くない。しかし、同業組合は業種別、地域別に設立されているから、その数は極めて膨大となる。もし百貨店がその取扱い商品のすべてに加入するとなると、煩雑を極めることは明らかであった。

　単に煩雑というだけではない。百貨店にとってもっと大きな問題は、それによって営業上、大きな拘束を受けることになりかねないということであった。同業組合の規約は「千差万別」といわれるが、中には定休日を定めるほか、最高賃金を決定したり、組合価格を協定するものもあれば、使用店員数をその変動のたびごとに組合に届け出るよう定めたものもあったという。業種ごとに異なる定休日を設定されては百貨店の営業は成り立たない。価格協定も同様で、百貨店は多種類の商品を取り扱うことから、そのうちの一部についてしばしば特価販売を行うが、中小小売店にとってはそれこそが主力商品であるから組合価格によって拘束しようとする。その組合価格に従うのでは百貨店はいずれの商品についても自由な価格設定を行うことができなくなる。従業員の届け出も、従業員が数人の小さな小売店の場合にはほとんど問題にならないが、百貨店の場合には、部署間の店員の臨時の異動は頻繁に行われており、この規定をそのまま遵守することはできなかった[29]。百貨店が同業組合への加入に強く抵抗するのにはそれなりの理由があった。

　それに対して、同業組合側の主張は、尽きるところ、同業組合の定款に百貨店を拘束するものは少ない、百貨店であることは第4条の但し書きには該当しない、同業組合法の権威を保つためには百貨店の加入が必要といったもので[30]、定休日の規定等も弾力的に運用するとして百貨店の加盟を要請したが、百貨店

がそれに応じることはほとんどなかった。

　同業組合側からの加入の働きかけは、当初は組合の経費の分担を求める程度の目的だったとされるが、次第に百貨店対小売商の対立が先鋭化するにしたがって、「法令違反」それ自体が問題視されるようになり、これが反百貨店運動の始まりとなる。そうなれば、組合に加入しない百貨店を同業組合側が繰り返し裁判所に訴えることになる。裁判になるとそのほとんどは大審院にまで争われたようだが、大審院ではほとんど百貨店が敗訴し、10円から30円程度の科料に処せられるのが普通だったという。こうした係争は先の三越の裁判以降も続いていたようであるが、百貨店からすれば、利害が一致することが少なく、組合費を支払った上でさまざまな営業上の拘束を受けるよりも、3年に一度か5年に一度、敗訴して罰金を支払う方が安いという計算も成り立っていたという[31]。

　この問題に関しては、百貨店が誕生する以前の法律によって百貨店を縛ることに対する抵抗が強かったようだが、「百貨店側のいふ所の方が不当のやうである」として、同業組合側の主張を支持する意見もあった。例えば、神戸正雄は「同業組合は同業の改善発達を進めるといふのであって、関係者に加入の義務を負はして居るのは、全く各員の利己的立場を抑へて、全体の福利を増進せしめんとの公益的見地から出て居る。然るに百貨店に対して之を除外して、其負担を軽からしむるのは当を得たものではない」という。百貨店は負担能力もあるし、定款による拘束は百貨店の特例も認められ得ることで、特段の争点とはならないというのであった[32]。

　もちろん、百貨店もこうした不安定な状況をそのまま受け入れていたわけではなかった。同業組合に拘束されないために、強制加入の例外規定を設けるよう農商務省に働き掛けを続けるとともに、1919（大正8）年に東京市内の5大呉服店（三越、松坂屋、白木屋、松屋、髙島屋）が「五服会」を結成するが、これが百貨店による組合の結成への下準備となってゆく。しかし、農商務省に対する要請は容易に実現することはなかった。1つには農商務省内には主として社会政策的見地から単純な例外規定の導入には反対の意見が多かったことによるようであるが[33]、同時に何をもって百貨店とするかの定義が定まらなかったことも一因であったようである。

それでも、事態は簡単には動かなかった。1927（昭和2）年3月、百貨店協会は全国の百貨店を網羅する同業組合設立の計画を立て、商工省に内意伺い書を提出した。しかし、商工省は百貨店を同業組合の一業種と見なすかどうか、また百貨店の範囲をどう定めるかといった疑点があり簡単にこれを認めることはできず、さりとて取扱い商品の数だけ同業組合への加入を強制するのも困難で「全く困じている模様」と報じられた[34]。

2-3　百貨店の同業組合加入問題の決着

　百貨店側からの商工省への働きかけは繰り返し行われ、そのたびに商工省はこれを却下してきたが、1927（昭和2）年10月になって、商工大臣・中橋徳五郎は「旧来の方針に囚われずこれを容認」する方針に転じた。百貨店は同業組合法の制定時には予想しなかったもので、その後の需要に沿って現出したものであるから、これを「特異の業態」と見なして組合を認めるというのであった[35]。それまでは、百貨店は業種ごとの同業組合に加入すべきとした大審院の判例に照らして慎重であった商工省も、遂に「専ら商業の実情に則して」容認の判断に傾いたのであった[36]。

　同業組合側は当然のことながら猛烈に反発して当局に真意を問いただす。商工省は同業組合側に対して、百貨店の同業組合を認めたとしても百貨店が他の同業組合に加入しなくてよいということにはならない、すべての商品について加入するというのは煩雑だから、重要商品を定めて加入させ、「百貨店と同業組合の反目を一掃し、互譲的に問題を片付け」たいといった趣旨の説明をし、妥協を促した。しかし、この妥協案には百貨店も同業組合もともに反対した[37]。

　百貨店の同業組合にはさらに別の問題があった。大資本を擁して各自が自由に発達してきた百貨店が同業組合を設立して相互に拘束しあうことによって今後十分に機能しうるのか。また休業日や出張販売、囮（おとり）販売などは、地域や百貨店によって大きく異なるが、これを充分に統制できるのか。これはまさに同業組合としてのありかたそのものに関わる問題であった。これらはその後の百貨店経営に相当大きな影響をもつことが予想されるだけに、慎重な検討を要した[38]。なお、この時点で、百貨店は三越、白木屋、松屋、丸菱、武蔵屋、布袋屋、伊勢丹（以上、東京）、松坂屋、十一屋（以上、名古屋）、髙島屋、大丸

(以上、京都)、十合(大阪)、野沢屋(横浜)、紙与(福岡)、山形屋(鹿児島)、藤沢(仙台)、今井(札幌)の17社がこれに該当するものとされていた。

　この百貨店の同業組合加入問題は1927(昭和2)年12月、百貨店が法第4条の但し書きにいう「特別の理由」該当すると認める方針を決定したことで最終的に決着を見た[39]。商工省では直前まで百貨店の同業組合を認める方向で固まっていたように見えたが、関係者の理解が得られない上に、百貨店を同業組合の業種とすること自身の問題もあって、全く別の角度から「問題の解決」を図ったことになる。こうした方向転換は同業組合側からすれば、「百貨店に対する不当な優遇措置」であり「百貨店に味方した同法の不当な解釈」にほかならなかった[40]。

　この判断に際して、当局側が述べたとされる理由は次のような趣旨であった[41]。すなわち、現に百貨店が同業組合に加入して何らかの利益や拘束を受けているということはなく、また組合側に百貨店を拘束するだけの活動力もない。したがって、組合に加入するかどうかは実際上何の影響もなく、百貨店からすれば20～30もの組合に加入することは煩に堪えないことから、当局として百貨店の要望を受け入れることを至当とした、というのである。

　それまでも百貨店は強制加入に反対しながらも、すべての同業組合への加入を拒否していたわけではなく、営業上必要なものや差支えのないものについては加入していた。しかし、この決定を受けて、百貨店はそれまでに加入していた組合からの脱退の方針を定め、商工省に申請し認可を得た。但し、薬や茶など、府県令によって組合に加入しなければ営業ができないものや、書籍のように組合員でなければ書籍の卸を受けられない商品については、引き続き組合にとどまった。百貨店ごとの離脱認可は下記の通りであった[42]。

表2-1　百貨店の同業組合加入免除数(1928年6月～1929年2月)

府県	三越	松坂屋	白木屋	松屋	髙島屋	大丸	十合
東京	30組合	29組合	28組合	31組合	22組合	—	—
大阪	30	31	28	—	29	24組合	23組合
神戸	7	—	—	—	—	6	—
京都	—	—	—	—	8	9	—

(資料)　本位田祥男・中西寅雄(1933)94頁より作成。

いずれにしても、これによって長年に及んだ同業組合と百貨店との争いは一応の終止符を打つことになる。当然、百貨店側はこれを歓迎するのに対して、組合側はこれに猛反発し、行政訴訟を起こす構えを見せた。しかし、商工大臣は組合側に行政訴訟権はなく、主務大臣の行政権限事項だとしてこれを斥けた[43]。これはまさに「大審院の判決よりも大きな政治的解決」であった[44]。これは同業組合側から見れば、反対運動が「国家権力側の法の解釈と運用の恣意性および独占性によってねじふせられてしまった[45]」と見えても不思議ではなかった。こうして、百貨店は同業組合から脱して、1924（大正13）年9月に結成されていた日本百貨店協会によることになるが、その結果、「百貨店と一般小売店との直接の対話の機会をなくして確執を深めるもとになったことは否めない」という評価もある[46]。

3　結　語

　百貨店と同業組合をめぐる抗争は、その後長きにわたって繰り広げられる百貨店（あるいは大型店）と中小小売商との抗争の序章に過ぎなかった。この抗争自身はそれ程長期にわたったわけではなく、ほぼ1920年代初頭に発生し、20年代末には終息した。しかし、この問題の中には、経済体制が大きく変化する中での制度と規制の大きなうねりがあった。

　明治維新を経て近代国家への道を歩み始めた日本では、19世紀後半から20世紀初頭にかけて急速に産業の近代化が進んでゆく。市場は国内、国外ともに急速に拡大してゆくが、その市場拡張の中核を担ったのは卸売商（問屋）であった。弱小な生産者は販路と市場情報を完全に問屋に依存し、いわば問屋の指示に従って生産することによって商品を販売し、生産力を拡張することができた。メーカーのブランドがまだ十分に確立されていないこの時期、問屋間の競争は価格競争に向かうほかはなく、それが過度なまでに展開されるときには品質の劣化をもたらした。競争は必ずしも健全な方向に作用するわけではなかった。

　その中で、業界の側から起こった同業組合結成の動きは、政府の支持の下、法人組織としての同業組合として定着していった。法的に規定された同業組合の最大の特徴は、生産者、卸売商、小売商を含んだ業界の縦断的組織であるこ

と、関係者全員が強制参加するとされたことにあった。行き過ぎた価格競争の抑制と安定した品質保持のためには、業界をあげての「自主的統制」が必要であると考えられたからであった。同業組合が実際にその役割を果たし得たかどうかは別として、同業組合は問屋中心の流通組織の中での業界秩序を形成するために準備されたものであったといってよい。

しかし、この同業組合組織はその後の産業構造の変化の中で大きな転機を迎える。生産段階では本格的な産業資本が成熟し始め、生産者の中から大規模製造企業（メーカー）が誕生する。彼らは自らのブランドをもって市場に向き合おうとし、販路も自ら切り開いてゆく。国内流通に限っても、同業組合の中でも中核的地位にあった問屋は、新興メーカーにとっても依存しなければならない存在であった。どの生産者からも独立し、それ故にこそ流通の中心に君臨してきた問屋をメーカーの特約店に組み込もうとする動きは、ほぼこの頃から始まる[47]。そしてそれは長らく流通機構の頂点に君臨してきた問屋の地位の低下を意味していた。同業組合は問屋中心の流通組織が再編される中で、1つの転機を迎えつつあった。

その転機をさらに決定的にしたのが川下における百貨店の成立であった。呉服商から出発した百貨店も当初は呉服系の同業組合に参加していた。初期に取扱い商品を拡大したときにも、なおいくつかの組合に参加した。しかし、凡百と言われるほどに取扱い商品を拡大するようになると、事情は違ってきた。もし百貨店が取り扱うすべての商品について同業組合に加盟するとなれば、煩雑を極めることは間違いなかった。同業組合側は、百貨店の廉売を制限するために組合への加盟を求めたが、百貨店はその煩雑さと組合による休日等の営業統制の違いを理由にそれを拒否した。

百貨店は政府に対して強制加入の例外規定を設けるよう働きかけるが、政府はこれを無視し続けた。同業組合は裁判に訴え、裁判所は法に基づいて百貨店に罰金を命じる事態が続いたが、1927（昭和2）年12月になって、法改正をすることなく、百貨店が同業組合法第4条但書きにいう「特別の事由」に該当すると解釈することによって、百貨店の完全勝利の形で決着した。

この段階になって百貨店に「特別に理由」を認めた理由は必ずしも定かではないが、百貨店側からの働きかけはもちろんあったものの、同時に同業組合そ

のものに対する評価が微妙に影響していたと考えて差し支えないだろう。生産者、卸売商、小売商のすべての参加を求めた同業組合は、各層での規模格差の拡大に伴って内部の調整が困難となり、「自主統制」は事実上不可能となっていた。商工省では、この頃、重要物産同業組合法、重要輸出品工業組合法、輸出組合法を廃止して、新たに商工組合法を制定する方向で検討を行っていた。組合の組織は業種別とし商業者と工業者は別個に組合を組織させること、組合の地区は行政区画によらず産業地区によること、組合の加入は任意とし強制加入としないことなどが主な内容とされ、それまでの同業組合法とは大きく性格を異にするものであった[48]。

　このことから直ちに、この時点で政府が同業組合の「解体」を目指していたとまで言えるかどうかはともかく[49]、同業組合のあり方には相当な不満があったこと自身は間違いないであろう。そのことは、上の商工組合法構想が同業組合の強い反対に遭って挫折した後、現行組合法の精神に反していたり、有名無実の組合は整理処分する方針を打ち出した[50]ことからも明らかである。具体的には、組合費僅少のもの、事務所の所在不明のもの、庶務員を設置せざるものなど、業績不振の組合を解散させる方針を発表した[51]のであった。

　同業組合はすでに1916（大正5）年の改正によって検査の主導権が行政に移行したばかりか、さらに輸出品組合法や工業組合法が制定されてその事業成績が上がらなくなっていたという。そうなれば、「その存置は当該地区における同業者の営業自由を拘束するのみであり、徒に害多く益するところが少い」とまでいわれるようになるのも[52]、致し方なかったというべきかもしれない。同業組合法が時代の流れと乖離し始めていたといってもよい。百貨店との関連に限って言えば、「現行の組合が百貨店の生れない以前に制定されたものであるから自然百貨店の存在が認められなかったのを今になって組合へ加入する事は、自由に野原を飛び回る鳥が、にわかに小さいかごの中へかわれるようになったと同様である[53]」というの評価は、この間の事情の変化を言い表している。

　それでも、法に基づいて設立された同業組合は業界を代表する組織として残り、その後もその立場から利害を主張し続ける。法律は当面する時代の中での問題に対処するために生まれ、その法律に基づいて制度が組み立てられてゆく。組み立てられた制度は当初の問題に対処しつつ、独自の論理をもって自己主張

を始める。時代が大きく変化しても、その制度がそれに沿うように変化するとは限らない。同業組合の対百貨店問題は、当初それが制度化されたときには予想もしなかった方向での対立であったが、そうした制度の慣性的自己主張の強さを如実に示したものということもできる。

それでも、中小小売商側から見れば、それは明らかに敗北であった。対百貨店との関連でいえば、当時、この同業組合問題は共通商品券問題とともに最重要問題でされながら、当面の課題として同業組合問題に集中してきただけに、その挫折感は大きかったに違いない。そして、そのエネルギーが今度は共通商品券問題へと向けられることになる。

《注》
1 内池廉吉（1938）233-234頁。
2 『官報』（太政官文書局）第200号、1884年3月3日、内務省・農商務省第4号。
3 『官報』（太政官文書局）第428号、1884年11月29日、農商務省第37号。
4 『官報』第5001号、1990年3月7日、法律第35号。
5 山本景英（1980b）51-52頁。
6 「同業組合（上）（下）」『東京朝日新聞』1923年3月4日-3月6日（同業組合2-021）
7 大阪市役所商業課（1921）
8 東京商工会議所（1927）
9 「同業組合（上）（下）」『東京朝日新聞』1923年3月4日-3月6日（同業組合2-021）
10 「組合検査の価値　自治的警察の欠点（社説）」『中外商業新報』1916年6月6日（同業組合1-042）。同趣旨が「粗製濫造の原因」『読売新聞』1916年6月20日（同業組合1-003）にも見られる。
11 「粗製濫造」『時事新報』1916年8月9日〜8月25日（同業組合1-007）
12 『官報』第1077号、大正7年5月7日。
13 戸田海一（1924）323〜325頁。
14 上田貞次郎（1936）171頁。
15 日本銀行調査局（1934）110頁および経済産業省知的財産政策室（2018）
16 林久吉（1933）62頁。農林省経済更生部（1938）199頁（第三　定款に関する事項三）。
17 農林省経済更生部（1938）203頁、「不当なる小売協定の取締　農商務省から地方長官へ」『東京日日新聞』1921年8月20日（物価9-204）、高橋亀吉（1933）170-171頁。
18 「日用品組合が暴利を貪る実例　府当局の断固たる方針」『大阪毎日新聞』1921年10月4日（市場3-043）

19 「同業組合（上・下）」『東京朝日新聞』1923年3月4-6日（同業組合2-021）
20 内池廉吉（1938）、235-236頁。
21 高橋亀吉（1933）178-180頁。
22 「物産組合法を活用して商品価格の協定を強制―当局の目論む合理化行詰り打開策」『中外商業新報』1930年9月20日（同業組合2-183）。
23 この間の経緯については、林久吉（1933）を参照。
24 農林省経済更生部（1938）218-220頁。
25 東京商工会議所（1929）31-40頁。引用は38頁。
26 そのほかにも、組合では従業員の統制を行い、使い込み等を行った従業員はブラックリストを作成して組合員で共有したようである。そうした問題従業員を百貨店は安く雇うことがあったようで、百貨店がしばしばこうした従業員の逃げ込み場所となっていたことが、同業組合側の不満になったという指摘もある（平井泰太郎1929a、21頁）。
27 各種の業務を営むものであっても、従来それぞれ組合に加入しているから、百貨店も各同業組合に加入すべきだという小売商の主張に対して、小林行昌（1932）は「一応尤もであるが、酒屋が薪炭や油を兼ねるのと、百貨店とは著しく趣を異にして居るから、これは理由にならぬ」と、百貨店側の主張を支持している（293-294頁）。
28 ㈶公開経営指導協会編（1983）107-114頁。108-110頁にはこの決定文が掲載されている。あわせて、鈴木安昭（1980）206頁。
29 「百貨店の同業組合新設計画　五大店で協議中　近々具体化」『国民新聞』1924年3月7日（同業組合2-028）
30 神戸正雄（1927）16-17頁、平井泰太郎（1929a）20-21頁。
31 平井泰太郎（1929a）19頁。
32 神戸正雄（1927）16-18頁。
33 「同業組合法に除外例を設くるは善くないと…主務省に反対論」『中外商業新報』1924年6月30日（同業組合2-030）。
34 「全国百貨店の同業組合計画―当局その措置に困る」『時事新報』1927年3月15日（同業組合2-089）
35 「百貨店の同業組合組織―近く認可されん」『大阪朝日新聞』1927年10月22日（同業組合2-098）
36 「百貨店の同業組合設立は認可する―商工省の方針決まる」『時事新報』1927年10月23日（同業組合2-099）
37 山本景英（1980b）49-50頁。
38 「百貨店同業組合組織に就いての難点―商工省にて研究中」『中外商業新報』1927年10月24日（同業組合2-100）。
39 「百貨店と同業組合―加入せぬもよい」『大阪朝日新聞』1927年12月9日（同業組合2-104）
40 山本景英（1980b）51-52頁。
41 「愈々行詰る小売業者　組合除外の認可で百貨店の活躍自由」『時事新報』1928年6月5

42 あわせて、㈶公開経営指導協会編（1983）113頁、「京阪の百貨店組合除外種類」『大阪毎日新聞』1928年7月16日（同業組合2-125）参照。
43 「実業組合側の行政訴願は成立たぬ　『単なる主務大臣の権限事項』」（同業組合2-124）
44 平井泰太郎（1929a）19頁。
45 山本景英（1980b）53頁。
46 ㈶公開経営指導協会編（1983）114頁。
47 例えば、池田敦（2004）参照。
48 「三組合法を打つて一丸に―『商工組合法？』案」『大阪朝日新聞』1928年7月20日（同業組合2-127）、「立直しの商工組合制度―法案の基礎たる委員会案の大綱」『大阪朝日新聞』1928年8月2日（同業組合2-128）
49 藤田貞一郎（2003）はこの点を特に強調し、「百貨店対同業組合問題は…政府当局の重要物産同業組合法解体政策史、問屋資本主義を解体せんとする商工政策史…の中に位置付け」るべきであると指摘している（390頁）。
50 「同業組合の処分―単一組合法の不成功で」『大阪毎日新聞』1929年1月15日（同業組合2-146）
51 「不良組合に解散処分―同業組合の刷新に積極的態度執る」『時事新報』1928年8月14日（同業組合2-131）
52 内池廉吉（1938）241頁。
53 「百貨店の組合加入もつれ」『東京朝日新聞』1927年7月6日（同業組合2-094）

《参考文献》

池田敦（2004）「加工食品流通」石原武政・矢作敏行編『日本の流通100年』有斐閣。
上田貞次郎（1936）『経済政策　第二分冊』昭和12年度東京帝国大学法学部講義、文精社。
内池廉吉（1938）『小売業統制論』同文舘。
大阪市役所商業課（1921）『大阪市内各種組合及市場一覧』大阪市役所商業課。
神戸正雄（1927）「百貨店の同業組合加入問題」『時事経済問題』第57冊。
経済産業省知的財産政策室（2018）『不正競争防止法の概要』
（https://www.meti.go.jp/policy/economy/chizai/chiteki/pdf/20181201unfaircompetitiontext.pdf）（閲覧日：2019年4月15日）。
㈶公開経営指導協会編（1983）『日本小売業運動史　戦前編』公開経営指導協会。
小林行昌（1932）『再訂　内外商業政策』丸善。
鈴木安昭（1980）『昭和初期の小売商問題』日本経済新聞社。
高橋亀吉（1933）『日本経済統制論』改造社。
田中政治（2009）『明治のショッピングセンター　勧工場』田中経営研究所。
東京商工会議所（1927）『東京商工名簿』東京商工会議所。
東京商工会議所（1929）『我国に於る百貨店対小売商問題に関する調査』東京商工会議所。
戸田海一（1924）『商業経済論』弘文堂。

日本銀行調査局（1934）『第65回帝国議会の協賛を経たる財政及経済関係の法律並其立法理由』日本銀行調査局。
農林省経済更生部編（1938）『農林省経済更生部副業課関係法規、通牒集』農業と水産社。
初田亨（1993）『百貨店の誕生』三省堂。
林久吉（1933）「最近に発生したる価格協定問題を回りて」『明大商学論叢』第14巻第4号。
平井泰太郎（1929a）「百貨店問題（上）」『大阪銀行通信録』第383号。
平井泰太郎（1929b）「百貨店問題（下）」『大阪銀行通信録』第384号。
平井泰太郎（1933）「百貨店の自制と抑制」『国民経済雑誌』第54巻第4号。
藤岡里圭（2006）『百貨店の生成過程』有斐閣。
藤田貞一郎（2003）『近代日本経済史研究の新視角』清文堂。
堀新一（1940）『商業組織の再編成』大同書院。
本位田祥男・中西寅雄（1933）「百貨店法の成立に至るまで」中西寅雄編『百貨店に関する研究』同文舘。
向井鹿松（1941）『百貨店の過去現在及将来』同文舘。
山本景英（1980a）「昭和初期における中小小売商の窮迫と反百貨店運動（上）」『国学院経済学』第28巻第1号。
山本景英（1980b）「昭和初期における中小小売商の窮迫と反百貨店運動（下）」『国学院経済学』第28巻第2号。

第 3 章

商店街発行の共通商品券

1　商品券と共通商品券

1-1　商品券の誕生

「商品券」という名称を問わなければ[1]、その歴史は古く、江戸時代の中頃まで遡るという。国税庁のホームページによれば、仙台地方では冬至に得意先に豆腐を贈る習慣があったようである。しかし、豆腐が一時に集中することを避けるため、「御厄介豆腐切手」を販売し、随時、豆腐と交換ができるようにしたのが、商品券の始まりとされている。この段階での商品券は、商品の引渡日を特定しない前売券にほかならない。その後、大阪では1793（寛政5）年に、高麗橋の菓子商が「饅頭切手」を発売したのを皮切りに、練羊羹切手、酒切手、寿司切手、蒲鉾切手、海魚切手など、多様な商品券（切手）が発売され、贈答用に多く用いられ、通貨のように使用されたという[2]。

　この誕生の経緯からも推察される通り、商品券は主として贈答用に用いられるものであり、古くから贈答文化の定着した日本で固有に発達したものとされてきた。しかし、交換できる店舗と商品が限定された商品券ではその利用範囲は限定されざるを得ない。その意味で、交換を媒介する手段としてみれば、交換の範囲を拡大しようとする動きが現れるのはそれほど不思議なことではない。交換範囲の拡大は2つの方向が考えられる。1つは同種商品を取り扱う他の商店への拡大であり、もう1つは異業種の商店への拡大である。いずれの場合も、商品券を受け取った商店は、それを発行した商店との間で決済を行わなければならないから、両者の間に事前の了解がなければならない。そして、発行者と受取者が複数の商店にまたがるとき、商品券は共通商品券となる。

　共通商品券が同業種の店舗に拡がるというのは、例えば豆腐切手や饅頭切手が、一定区域内の複数の豆腐店、饅頭店で広く利用可能になるというもので、業界内の有力店の共同事業として成立する。あるいは、業界団体が結成されれば、その団体が発行主体となることも考えられる。これが、今日でいう図書券やビール券、花券など、商品を限定した商品券の源流となる。

　一方、異業種への拡大の場合には業種を超えた商店の結びつきが必要となる。

これがいつ頃から登場したかは定かではないが、1869（明治2）年に発行されたと推定される大阪の「菓子手形」の場合、発行元の菓子店のほか、酒店、寿司店等の押印があり、「何連も商売向の品物で差上可申候也」の印影があることから、これらの店でも券面金額に相当する商品との交換が可能であったと考えられている[3]。業種を超えて流通するこの菓子手形こそ後の商店街共通商品券の源流といえるが、はじめから共通券として印刷・発行されたのは、明治20年代に大阪の老舗7店に共通する商品券「七宝券」が最初とされている[4]。

1-2　商品券の普及

　明治初期には、酒切手のほか、羊羹、蒲鉾、寿司、海魚、鰻、乾物類、仏花などの商品切手が登場し、伏見の駿河屋では本店のほか9支店にも通用する切手を発行したという[5]。明治10年代になると、商品切手はさらに拡大し、「商品切手の利用盛んにして、流行期の感がある」ほどになった。初期には信用の厚い商店のみが発行していたが、1870（明治3）年に貨幣が統一されて以降、信用の薄い商店や発行額の少ない商店が共同して商品券を発行するようになった。まだ「共通商品券」という名称はなかったようだが、裏面に加盟店を記載し、表面に裏面記載の店舗で共通して利用できる旨を記載した。それが1890年代の終わり頃から「共通商品切手」と呼ばれるようになる。その間、1873（明治6）年2月から、太政官布告「受取諸證文印紙貼用心得方規則」によって、券面金額が10円以上の高額切手には印紙の貼付が必要となった。その頃最も一般的であったのは酒の共通切手であったが、その切手をもって酒店で取り扱われる木炭、薪、味噌、醤油等が利用できたことから、需要も増加した。そうなると発行者も増加するが、それに応じて支払い不能に陥る商店や不正行為等を行う商店が現れたという[6]。

　さらに、明治40年代には切手の金額も高額化する。百貨店では、1906（明治39）年に三越が商品券を導入したのが最初とされるが[7]、それ以降、白木屋、松坂屋、髙島屋などの有力百貨店も競って商品券を導入し、これによって商品券は一気に拡がりを見せた。百貨店の場合、商品を特定することなく自店での取扱い商品と交換できることにしたから、単独の商品券であっても商品の制約を突破することができ、それに百貨店の信用が加味されて贈答用の恰好の「商

品」となった。しかも、商品券をどの店舗でも利用可能としたため、遠隔地に実物商品を輸送する必要がなくなり、多店舗企業の威力を発揮した。

商品券を発行する商店は、実際にその商品券が使用されるまでの間、資金の流動性を確保できることもあって、大呉服店を中心に、老舗の大店は競って商品券を導入した[8]。その結果、百貨店や大呉服店の商品切手が従来の専門店の商品切手に取って代わるほどの勢いとなり、「商品券の本質転向時代」ともいわれる。それがやがて百貨店商品券に対して規制を求める運動の最初の契機となる。

この頃から商品券の交換所が登場し、商品券所有者で当該商品を必要としない人はここで換金する一方、一般の商品購入者はここで多少安く商品券を手に入れることができるようになった。これは今日の金券ショップであり、それによって商品券の流動性はさらに高まることになる。この点については後に改めて詳述する。

贈答用ということもあって、百貨店では商品券は5円以上が最もよく利用され、小額の商品券は利用が少なかったようである。この時期の物価水準は、各種のデータから今日のほぼ1,000分の1程度と推計されることから、5円の商品券は5,000円程度ということになる。それでも、1914（大正3）年には松坂屋が「鰹節券」「銘茶券」と銘打った小額券を発売した。名目上、商品が特定されているが、実際にはそれ以外の一般商品が購入できたというから、これによって実質的には小口商品の顧客を吸引したことになる。当然、三越以下の百貨店もこれに追随し、その結果、鰹節や銘茶の専門店が大きな打撃を受けたという[9]。

1-3　紙幣類似証券としての商品券

商品券の正確な発行額は把握できないが、1922（大正11）年時点で、通貨が約20億円であるのに対して、三越、白木屋等の小売店が発行する商品券は数億円に達すると推計されている。それによって発行商店が金利等で巨利を得るだけではなく、実質的に通貨の増発と同じ効果をもって購買力を刺激し、物価騰貴を後押しする傾向があるとも指摘された[10]。当時、戦後恐慌の波も越え、激しい物価騰貴が課題となっていた。百貨店に対抗するように、不況にあえぐ中小小売商も相次いで共通商品券を発行するようになり、これらの商品券が相

まって、物価騰貴を下から煽っているというのである。しかも、商店によっては、実際の資産以上に商品券を発行しており、一度に取り付けが行われた場合には、倒産必至の状態になることも懸念されていた[11]。この点が当時まだ兌換券であった紙幣との大きな違いだというのである[12]。商品券は、便利で順調に普及する反面で、紙幣類似証券として負の側面をもっていたのである。

　こうした事態をうけて、政府が商品券に関する何等かの取締り方法の検討を開始したのは1922（大正11）年の8月頃であった。農商務、内務、司法の三省協議の結果、これら商品券は手形同様と見なすのが妥当で、司法省において取締まることを内定したという。それを受けて、大阪府商務課では府下の700店の商品券発行業者に発行開始年月と同年7月末時点での未回収残高について調査を行い、約半数から回答を得ている。そのうち、7月末現在の未回収残高が5,000円を超えるものは13社に及ぶが、最高額は三越大阪支店の88万4,988円であった。2番目に多いのが大丸呉服店の17万6,382円、3番目が白木屋大阪支店の10万円というから、発行額では百貨店、特に三越が群を抜いていたことがわかる[13]。5,000円未満の発行額の店の中には、資本金2,000円に対して、発行額が3,000円から4,000円に及ぶものもあったという。これらから、この時期の大阪府における商品券発行額はおよそ400万円と推計されている[14]。

　商品券発行に関する規制がなく、各店が比較的自由にこれを発行できるとなると、それが不正常な目的での発行を呼ぶことは当然に起こり得る。実際、資金を融通するために商品券売買店にお手盛りの商品券を割引して販売する店もあったと伝えられている[15]。その実情を確認することはできないが、商品券の発行時に「正常な範囲」を超え、発行者にとっての新たな「錬金術」となり、資金繰りに利用されることもあったことも否定できない。

　あわせて、1923（大正12）年には、商品券の安全性問題も発生している。同年9月1日に関東大震災が発生するが、それによって白木屋本店が全壊した。白木屋は大口の商品券発行者であったが、交換すべき商品が店頭から姿を消した。白木屋では、大阪など地方の支店からの取り寄せで可能な限りの対応をする旨の方針であったが、商品券発行時の契約によって、現金との交換には応じないとしていた。他方、消費者の手元にあって消失してしまった商品券については、紙幣の場合と同様、基本的には所有者の負担ということになるが、白木屋では

台帳が無事であったことから、金額と番号が確認できれば再発行に応じる方針とした。番号の確認が必要だとすれば、実際に再発行された商品券は極めて限定されたであろうが、その点では紙幣よりも少しは安全性が高かったといえるかもしれない。

2　商店街商品券の取締り

2-1　商店街共通商品券の試み

　こうした商品券の負の側面が露わになると、それに対する規制の動きが出るのは当然ともいえる。確認できるかぎりで、商品券の規制に関する新聞記事が最初の登場するのは1922（大正11）年9月の『大阪朝日新聞』であるが、同紙は商品券に対する取締りがなく、各商店が「奇貨」として商品券を無制限に発行したため、大阪府は「一種の紙幣発行と殆ど類似の行為でこのままに放任して置いては何時かは波瀾の渦が生じ」るとして、秘密裏に調査に着手したと報じている。しかし、実際に商品券に対する取締りがにわかに現実化することはなかった。

　そうした中で、1923（大正12）年7月、東京の銀座商店街では、連合会に加盟する約250店が協同して共通の商品券を発行するという取り組みを検討する。まさに「商店個人のものでなく249商店共通と云うのが我国最初の試みで、銀座全体が一つのデパートメントストアーの観をなす点に於て特色がある」試みであった[16]。これが紙幣類似証券取締法に違反するか否かについて、この段階では大蔵省の担当者も具体的に商品券を見てからの判断だと述べているが、おそらくはこれが本格的な商店街共通商品券の原型であると思われる。

　この銀座の試みの続報は『国民新聞』であるが[17]、同紙によれば、この銀座共通商品券は3年来の計画であった。銀座通り250店のうち200店余りが賛同し、7月24日に起草委員20名の協議会を開催し、最終決定を行う予定で、決定後は基本金10万円を募って特約銀行に預金し、銀行はこれに対して20万円の商品券を保証する見込としている。1口500円以上の出資者は商品券売り捌き人となるが、一般組合員は共通商品券で商品を販売することを契約する。手数料等の詳

細は不明であるが、純益の50％は配当し、30％は積立金、20％は銀座通りの改良費に充てる計画だったという。

　この点について取材に応じた幹事は、大阪市の心斎橋筋商店街では銀座通りよりも後で話が始まったにもかかわらず、「もう近い内に商品券を発行するとか聞いている」と言っている。このことからも、当時の有力商店街が百貨店に対抗する手段として共通商品券の導入を検討していたと考えてよいだろう。但し、こうした試みに大蔵省がどのように判断したのか、心斎橋筋商店街で実際に共通商品券が発行されたかどうかは確認できていない。銀座の場合も、続報はないが、おそらくは関東大震災によって発行は中止されたものと思われる。

　しかし、同幹事によれば、中以下の店はおおむね共通商品券の導入に熱心であったが、大商店はむしろ冷淡であったと言う。商店街の他の店と共同しなくても、独自に消費者を掴んでいたのである。実際、心斎橋筋商店街では、明治期に発行されていた饅頭切手や酒切手の延長線上で、寿司切手、饅頭切手、麩切手などが存在していたのであり[18]、それが効果を発揮すれば、商店街単位で新たに共通商品券を発行する意味はそれだけ減殺されることになるのは避けられなかった。

2-2　商店街の共通商品券に対する規制

　その後も、業種別の共通商品券は各地で発行されたようであるが、1925（大正14）年には東京新宿の三越支店附近の雑貨店が、三越の商品券に対抗して業種横断的共通商品券を発行するに至った。これに対して、大蔵省は「商品券の発行は準備を有せぬ兌換券の発行であり兌換銀行の行為をなすもので紙幣類似証券発行取締規則に違反するもの」として紙幣類似証券取締法に基づき厳重に取締まることとし、警視庁及び府県警察部に厳正な取締りを訓令し、それを受けて警視庁は新宿雑貨店の共通商品券の発行禁止を命じた[19]。

　ちなみに、1906（明治39）年に制定された紙幣類似証券取締法の第1条は次の通りであった。

紙幣類似証券取締法（1906年）
　第1条　一様の形式を具へ箇々の取引に基かすして金額を定め多数に発行したる証券に

して紙幣類似の作用を為すものと認むるときは財務大臣に於て其の発行及流通を禁止することを得

前項の規定は一様の価格を表示して物品の給付を約束する証券に付之を準用す

　商品券が第2項の「一様の価格を表示して物品の給付を約束する証券」に該当することは明らかである。問題はそれが「紙幣類似の作用を為すと認め」られるかどうかにあったが、大蔵省は新宿で発行される共通商品券がこれに該当すると判断したのであった[20]。

　これによって、他の都市や地域でも、共通商品券は事実上、発行の道を閉ざされることとなる。さらに、大蔵省は「今後一個の商店の発行する商品券でもその流通が他の商店その他に及ぶ紙幣類似の効果を招来するようなものが現われれば厳重に取締る」姿勢を表明した[21]。当然のように、商店側は見直しを求めるさまざまな陳情を行った。そして、東京商工会議所は商品券は紙幣類似には当たらないとして、5月、次のような建議を銀行局長に提出した[22]。

共通商品券に関する東京商工会議所の建議（1925年5月）（趣旨）
　共通商品切手は紙幣類似証券取締法第一条第二項の規定に触るるものとして最近その発行を禁止されたものが多いので、多年共通商品切手を慣行して来た当業者及び需要者の不便不利甚大である。普通に行われる共通商品切手は商品預り証券で随時商品と引替させる目的で少しも紙幣類似の流通作業をなす目的ではない故に発行を禁止するは今日の実状に合致せず、又中小商店の経営をますます困難とする。共通切手は多数商店の連帯責任で発行せられるものなるが故に中小商店単独の切手に比して遥かに勝っている。元来本法に所謂紙幣類似の作用の意義については立法当時より異議存していたもので、時勢の変遷せる今日これが適用には特に慎重の考慮を要望する。従って共通の商品切手中紙幣類似の作用をなさずと認むるものはこれを禁止せぬのを妥当と認む。…

　こうした業界からの強い要望を受け、1925（大正15）年9月14日、大蔵省、内務省の両次官名で共通商品券の発行を一部認める以下の通牒が発せられた[23]。

共通商品券の取締に関する大蔵・内務次官通牒（1925年9月）
　共通商品券（組合員たる各商店に対し商品との引換を請求し得べき証券）中左記甲の

条件に依り発行するものにして弊害なきものに限り紙幣類似証券と認めざることに決定致候條貴管下に於て此種共通商品券の発行をなさんとするものに対しては左記乙の通り貴官に於て取締り相成る様致度依命此段及通牒候也

(甲)
1. 共通商品券は主として共通商品券の発行を目的とせる組合に於てのみ発行すること
2. 組合に於て発行する共通商品券に記載すべき商品は一種に限ること
3. 共通商品券には引換うべき品種を明記すること
4. 組合員たるべき営業者は前号の品種の商品のみを販売するものなること
5. 組合員たるべき営業者は順次に隣接せる最小行政区画内に営業所を有するものに限ること
6. 組合に加入する営業者は組合契約を以て組合に於て発行する共通商品券に対し連帯にて引換の義務を有するものなることを定め其旨共通商品券に記載すること
7. 共通商品券は六ヶ月以内にこれを引換うるものなること
8. 発行者及び発行年月日を明記すること
9. 券面価格は五円以下三十銭以上に限ること

(乙)
1. 共通商品券発行者は発行に関する規約、発行条件、発行限度、商品券の金額、品種及加盟者の住所、氏名、職業を地方長官（東京府は警視総監）に届出しむること
2. 組合より三ヶ月毎に発行総高及回収高（金額、種類別内訳を附し）を地方長官（東京府は警視総監）に届出しむること
3. 共通商品券の行使が発行者及組合商店以外に於て流通し又は記名品種以外の物品を給付するの事実を生じたる時は其旨速に大蔵大臣へ通報すること
4. 乙第二号の報告を受けたる時は一月一日より六月三十日まで及七月一日より十二月三十一日までを取纏め、左表株式（略）に依り毎年七月及一月中に大蔵大臣に報告すること

付された制限はきわめて厳しいものであった。券面金額や有効期限の問題はともかく、商品券発行を目的とする組合の設立を求め、一定の狭い地域の中での、1種類の明記された商品についてのみ認めるというのである。これでは古くからある業種別の共通商品券は発行可能であっても、商店街単位での業種を超えた共通商品券の発行は不可能となる[24]。しかも、この「商品」が物財を意味し、労務を含むサービスは対象とならなかったため、それまでに多く発行されていた湯札、理髪券、演芸・娯楽券などの共通券が発行禁止となり、東京で

存続したのは菓子商の共通商品券だけとなった[25]。しかし、これによって、商店街の小売商人にとっては不本意ながらも、共通商品券問題は一応の決着を見ることとなった[26]。

共通商品券の発行が制限されても、百貨店の商品券はいぜんとして有効であったし、それが百貨店の収益の重要な部分を占めることも変わらなかった[27]。小売店にとってみれば、単独での商品券が百貨店のそれに大きく劣ることは明らかであった。そうなれば「小売店では結局、商品券の各別の発行は、経済上、思はしからず、共同的に発行は、法律上禁ぜられていることになって、商品券発行によって、その繁栄策を講じ得ないことになる。これ百貨店に於ても商品券を発行させないことにして、謂ゆる競争上の衡平を保たんとする要求が、小売店側に起こる所以である[28]」ことになる。

3　百貨店商品券の取締り要求運動

3-1　百貨店商品券包囲網

元号が大正から昭和に変わってから3ヶ月後の1927（昭和2）年3月、横浜の東京渡辺銀行の取り付け騒ぎに端を発した昭和金融恐慌は、経済に大きな打撃を与えた。それから立ち直る暇もなく、2年半後の1929（昭和4）年10月にはニューヨークで起こった株価大暴落を機に、世界経済は未曾有の大恐慌に陥る。当然、日本経済もその波に呑み込まれてゆき、小売業もまた不況のどん底に落ち込むが、そのことが再び百貨店の商品券問題に火をつけることとなる。

その端緒を開いたのは、1925（大正14）年に東京下谷竹町通りの呉服モスリン店有志が中心となって開催した反対集会であるという記述があるが[29]、後につながる意味では1928（昭和3）年3月、同モスリン連合会が再度会合を開いて運動の意義を確認するとともに、人形町通ほか市内有数の商店街に檄を飛ばしたことに始まると見てよいだろう。人形町通の商業者たちは、「吾等小売商の疲弊は百貨店の圧迫によるものなれば、吾等は然るべき百貨店対抗策を講じなければならぬ」という主旨の下に、①百貨店の商品券廃止、②出張販売の禁止、③百貨店税の創設、④囮商策の禁止の4項目を掲げて国民大衆に呼びかけ

たのだった[30]。これを受けて、東京市では「小売商連盟」が現れ、もっぱら百貨店の商品券撤廃を目的とした運動を開始した。この要求は折からの不況に押されながら、全国に拡がっていった[31]。

　そして、1929（昭和4）年1月には、確認できるかぎりで、新聞紙上に最初に商品券撤廃に向けた動きが報じられる[32]。1月14日、大阪の商人代表6名が大阪府庁の高等課および商工課に対して商品券の取締法規の助成を求める陳情を行った。商人たちは東区内に「大日本商品券撤廃同盟会」を置き、この運動を続けるが、その主張はおおむね次のようなものであった。百貨店の商品券は極めて多額に上り、その無制限な発行が一般小売商に対する深刻な脅威となり、これを放置すれば由々しき社会問題に発展するおそれがある。ところが、政府は紙幣類似証券取締法があるにもかかわらず、百貨店の商品券を放任する一方、一般小売店の共通商品券の発行を禁止するなど偏った措置となっているが、これは「百貨店の勢力に圧倒さるゝ小売商に対して、政府が更に掣肘を加ふるもの」だとして、百貨店の商品券の発行の禁止を求めるというのであった[33]。

　こうした動きに対して、当然に百貨店側は反論する。その趣旨は約めて言えば、百貨店の商品券は紙幣類似証券には該当しないという点にあるが、その根拠は「商品券」と明示して発行店に持参したときに注文の品と引き換えること等を記したものであるから、「単に当該発行店に於てのみ使用しうる商品の預かり証券たる範囲を一歩も逸脱せるものではなく、…本質的に紙幣とは全く其の趣を異にせるもの」だという点にあった[34]。さらに、商品券は顧客の立場から実益があるもので、「受けて重宝、贈るに便利」として受け容れられており、これを廃止しても商品券に代わる何ものかを再生させるだけだと主張した[35]。

　こうした商品券の発行そのものをめぐる攻防とは別に、東京では百貨店の商品券に対する課税が話題となっていた。東京市の財政難に対処するため、「商品切手発行税」を新設すべく、市議会に提案する方針が固まったと言うのである[36]。この問題に帰趨は項を改めて3-3で検討する。

　ほぼこれに並行して、東京小売商連合会では、共通商品券の発行を計画し、大蔵省に対して許可申請を行った[37]。小売商は百貨店の商品券の規制を求めるだけではなく、自らそれを活用してより積極的に対応しようという試みであった。かつて一度は不許可として落着したかたちとなっていた商店街商品券問題

がここに再燃し始める。しかし、もちろん、商品券を発行するということと、それが有効な効果をもたらすということは同じではない。事実、これを報じた『大阪朝日新聞』の記者は、その効果は小売商連合会の勢力いかんによるのであり、連合会加盟店全体で発行し、しかも発行額と同額を日銀に供託するというのでは、これに参加できない商店が多く現れるのではないかと懸念を表明している。こうして、大不況下で、百貨店の商品券を中心に、商品券問題は新たな段階を迎えることとなる。

3-2 百貨店商品券の撤廃運動

　小売商による共通商品券の許可を求める運動と百貨店商品券の撤廃を求める運動は同じ問題の表裏のように、繰り返し同時進行的に進められた。その運動に1つの区切りを与えたのが1929（昭和4）年5月に東京呉服太物商同業組合が東京商工会議所に提出した共通商品券発行並びに不当濫売防止に関する陳情書であった。そのうち前者の概要は次の通りであった[38]。

> **小売業者共通商品券発行に関する陳情書**（1929年5月、東京呉服太物商同業組合）
> 　震災の打撃未だ恢復せざるに近来打続く財界不況は中小商工業者極度の疲弊を招来し就中一般小売者は百貨店に圧倒せられ其の繁栄に反比例して一層不振に陥り経営危機に瀕し閉店廃休業の悲境に在る者挙げて数ふべからず…之が救済策として…商品券発行に関する法規を制定し統一したる制度の下に確実なる担保を供託せしめ百貨店小売業者も均等に共通商品券の発行を公許し之が不渡等により生ずる危険を防止し商品券の信用を確保し以て普遍的に需要者の便益を計ると共に…

　この陳情を受けて東京商工会議所は共通商品券発行の許可を求める陳情を大蔵省に対して行うことを内定していたが、同年6月の役員会において、百貨店等の商品券は紙幣類似証券取締法に抵触する懸念があることから、むしろ百貨店の商品券の発行禁止を陳情すべきであるとの意見が大勢を占め、これに向けてさらに検討を行うこととなった[39]。
　東京でのこうした動きを受けて、すでに「商品券撤廃期成同盟」を結成していた大阪においても、商工会議所において撤廃要求の方向での議論が開始される[40]。同月18日、東京商工会議所の各部連合協議会において商品券問題が協議

されるが、これには大阪や広島からも来聴し全国的な関心を集めた。そこには百貨店側の代表も参加して撤廃に反対意見を述べたが、小売商側は、①商品券が紙幣類似証券取締法に抵触するおそれがあること、②小売商に許可せず、大資本を擁する百貨店のみに発行を許可することは貧富の格差を助長し社会問題であること、③日銀券にして金の準備があるにもかかわらず、何の担保・保証もなく発行される商品券は極めて不安定であり、事実、百貨店の倒産によって多大の損害が発生していること、④商品券は貨幣以上に贈答等の情実的状況において使用されることから購買者の濫費を促すことなどを理由に撤廃を求める意見を展開した[41]。

その後、何度となく協議を重ねた結果、6月27日、東京商工会議所は最終協議を行い、大蔵省、商工省に対する建議を最終決定した。その建議の概要は次の通りである[42]。

百貨店の商品券発行禁止を求める東京商工会議所の建議（1929年6月）
　近来商品券の利用益旺んにして就中百貨店の発行額は頗る多額に上るものあり、百貨店の販売上における優越なる地位に加えてその商品券の無制限に普及することは一般小売商に対する脅威を深刻ならしむるものなることは疑を容れず、これを放任するにおいては遂には由々しき社会問題を惹起すべし。然るに政府当局は紙幣類似証券取締法第一条の存在するにかかわらず一方百貨店の商品券発行を自由に放任するに反して、他方に小売商の共通商品券の発行を禁止することは頗る偏頗なる処置と言うべし…政府は右に鑑みてこの際よろしく公平なる判断に基き小売商の共通商品券に対すると同様百貨店の商品券の発行を断然禁止されることを至当なりと信ず

百貨店商品券の廃止を求める動きは東京、大阪に限らず他都市へと拡がってゆくが、東京では商工会議所に続いて、東京実業組合連合会が百貨店商品券の撤廃を決議した。さらに東京呉服太物商同業組合、東京酒類商同業組合など10の同業組合等が参加して「百貨店商品券撤廃期成同盟会」を結成し、先行した大阪市の撤廃規制同盟や神戸市の小売業者連盟と呼応して運動を展開することとなった[43]。

こうして、百貨店商品券廃止に向けた当事者の運動は商工会議所を中心に盛り上がりを見せてゆくが、それでもその要求が具体的に実現されることはな

かった。その最大の理由は、商品券がそれほどまでに一般の生活の中で定着していたことによると考えてよい。この頃にはすでに「年末年始の贈答に砂糖や鮭を贈るのは時代遅れで融通のきく商品切手を贈る事が流行」するようになっていた[44]。新聞紙上では、運動としての撤廃問題を取り上げはするものの、論説委員としての意見は概ね撤廃には否定的であったし、学界でも商品券が日本独特の贈答文化に根ざしたもので、その合理性と便宜性を評価するのが一般的であった。商品券は廃止するのではなく、「商品券の存在を是認し、然る後に於てこれに伴ふて生ずべき諸種の欠陥短所と諸問題とを補塡解決することが妥当であらう[45]」ということになる。

そうした中で、同年8月、大阪商工会議所の商業部会は「商品券の発行を禁止するが如きは何等妥当な理由を発見することが出来ない」として、発行禁止ではなく、適切な保証制度と発行限度額を求めることを決定する。百貨店商品券の発行額は巨額に上るが、それがいかなる形態で小売店の経営を圧迫するかを計数的に把握することは困難であるというのがその理由であった[46]。こうして、百貨店を含む商品券の撤廃を求める運動は、商業者の間で一時的な盛り上がりは見せたものの、決定的な論拠を確立し得ないまま、方向を転じていくことになる。

3-3 商品券への課税問題

百貨店の商品券撤廃運動が期待した成果をあげ得ないとなれば、運動の方向は商品券への課税と供託金の問題に移ってゆく。1929(昭和4)年1月に、東京市は財政難に対処するために「商品切手発行税」を新設する方針を打ち出したことについてはすでにふれた。実際の課税決議は翌1930(昭和5)年7月に持ち越すが、百貨店など大口の発行者には課税する一方、小額(月千円未満)の発行者は免税とすることによって、あわせて中小小売商保護の姿勢を打ち出そうとするものであった。

それに対して、もちろん百貨店協会は反対の立場を強調する。商品券発行による利益はいわれるほど多くないというのは百貨店側の当初からの一貫した主張であった。平均額面が5〜6円で、経費を差し引くと「結局高い金利を払って客筋の金を預かっている勘定になる、日歩一銭二厘を払って大ッぴらに金を借

る方が得は得だがそこは商売だから広告のつもりにやっている」とさえ言っている[47]。しかし、商品券に関する経理が公開されたことはないので、実際のところどれほどの利益があったのかを確認することはできない。

　それに対して、大蔵省の担当者は、①中小商工業者の圧迫、②商品券の滅失による不当利得、③無利子の金融の3点を理由とした東京市の課税方針はおおむね妥当との考えを示したという[48]。実際、この百貨店の商品券に対する課税は、中小小売商に対する百貨店の圧迫を軽減することを目的としたものとされるが、それが百貨店特別税の形をとらずに商品券への課税となったのは、収益または売上に対する課税では営業収益税と重複し、店舗の賃貸価格を基準とすれば家屋税と重複するなど、徴税上の問題があったからだとされている[49]。

　百貨店商品券の撤廃運動に対して、「自分達の弱点が、対抗策としての共通商品券の発行を不可能ならしめたからといって、直に対手たる百貨店の商品券を廃止せしむべしという理窟は生じて来ない。彼等は共存の正道をそれて今や共損の邪道へ踏込みつつある」と厳しく批判した『大阪朝日新聞』のコラムニストも、課税に対しては「豊富な担税力を有する彼等に商品券発行税を課するぐらいなことは、当然考えられて然るべきだ」と理解を示した[50]。百貨店商品券の存在を認めた上で対策を考えるべきとした松井辰之助も、高額商品券を社会が保護する必要が高まり、券面額が大きくなれば発行費用は低減するほか、紛失による義務の免除や売上刺激効果などから考えて、「何ほどかの負担は当然課し得るであろうし、また課すのが至当であろう」と述べている[51]。

　東京市は1930（昭和5）年8月に発行高の1％を課税を開始するが、それはたちまち他の大都市に波及する。翌1931（昭和6）年6月には横浜市で県税0.5％、市税1％が、名古屋市で1％の課税が導入され、同年8月には京都市、大阪市、神戸市でもそれぞれ1％の課税が導入された[52]。大蔵省はこれらの課税に対して5年間の許可を与えたのであるが、いずれも5年経過後も引き続いて施行された[53]。この時点で、大阪市における商品券の発行業者は、百貨店7、その支店または出張所20、飲食料飲店11、その他5の計43店舗であり、そのうち、1ヶ月の発行高が1,000円以上で課税対象となったのは40店であった[54]。

　大阪市の場合、この商品券の課税に向けて市内17店の百貨店と有力専門店に対して行った調査では、1930（昭和5）年12月末日で未回収の商品券が344万円

強あり、普段の月でも300万円程度が未回収で、これが現金とほぼ同様に流通していると推測されている。しかも、発行商品券の約1割が回収されないまま紛失されているといい、その額は年間に100万円近くにも達するという。ある菓子店では発行した商品券が1枚も返ってこなかったという極端な事例さえあったという[55]。

3-4 小売商の経営改善の取り組み

　大正末期から昭和初期にかけて、中小小売商が苦境にあったことは間違いない。しばしば指摘される小売業の過小過多問題、それに加えての経済不況の中での百貨店による圧迫であった。それだからこそ、小売商は激しく百貨店の商品券に対する撤廃運動や課税運動を展開したのだが、ただこうした消極的な反対運動にのみ終始していたわけではない。全体的な動きとは言い難いが、小売商は他方では自らの経営改善に向けた取り組みをも行っていた。そのことを確認すること自体がここでの目的ではないが、その一端を見ておくことは、当時の小売商を理解する上では重要であろう。

　まずは中小小売商が苦境に陥った原因について、百貨店の圧迫を主張するだけではなく、自らの経営に目を向ける声があったことを確認しておこう。当時の小売業界のリーダーの1人であった中村金治郎（大阪府商店会連盟理事長）は次のように言っている[56]。

小売業の苦境原因に関する中村金治郎の意見（1935年）
　文化の進歩に伴ひ大衆の買い物の仕方が変化しますと同時に、その設備を充分にし大衆の嗜好に投じた経営法を取って居る百貨店の方へ吸収されることは之は何うも致し方ありません。結局私共が今日迄何をしたかと云ふことになると、吾々はずっと古い以前から承け継いだ商店の経営法に依って何時までもそのまま進みつつある為に、社会から漸次遠ざかって行き、遂に今日の悲境に陥った次第であります。このことを回顧しますと、何とかして自分等が自省してその進歩した設備、其の他総ての改善を努力して更生したいと考へます。

　これは中村の一貫した主張であったが、だからこそ中村は商店街商業組合を求め、商店街共通商品券を求めたのであった。この点については、第4章で詳

述する。

　次に、具体的な取り組みを見てみよう。先にも指摘したが、1928（昭和3）年4月に結成された東京小売商連合会は、商品券の禁止や商略的不当廉売の阻止といった百貨店への対抗だけではなく、「正札主義を実行し良品の廉売を断行する」こと、あわせて会員はすべての買い物を会員間で行うことを申し合わせた。正札販売は掛売がまだ根強く残っていたこの時代、なかなか定着しない商慣習であった。商慣習は競争関係の中で形成され、買い手である消費者が長年にわたって受容してきたものであるだけに、中小小売商にとってはなかなか改善することが容易ではない側面をもっている。しかし、それに共同して取り組もうとする意欲は確認できる。

　さらに、東京の太物呉服商は仕入保証のための新会社を設立し、問屋からの商品仕入に際して短期決済を可能とすることによって、百貨店との間の取引条件格差の是正に取り組む方針を確認した[57]。この計画が具体化したか否かは確認できないが、仕入格差の改善は小売商にとっては困難ではあるが、極めて重要な課題であった。

　一方、大阪市では全市の小売商人が組織する大阪商工倶楽部が小売商人の真の自覚により組織的かつ実質的に百貨店対抗運動を行うべく、下記のような方針を打ち出した[58]。

大阪商工倶楽部による百貨店対抗運動方針（1929年7月）
1. 各小売商人は営業品目を制限して専門的営業に改めその充実を図ること
2. 各同業組合の結束をますます固くして共同仕入をなすこと
3. 製造業者と専属的契約をなし百貨店の商品に劣らないよう品質の向上に努めること
4. 一般民衆の利益を主眼として価格の低下をはかり奉仕的に勉強すること
5. これらに要する資本は政府の低利資金を借入れて活用すること
6. 百貨店の商品券を小売商人自身に於てその流用性を利用すること

　最後の百貨店の商品券の流用性については、後に改めてふれる。大阪商工会議所ではさらに、百貨店に対して、商品券や誓文払い蔵ざらえ時を除き、原価以下での販売の禁止を求めるほか、小売商の商品が百貨店の商品に比して必ずしも高価ではないことを示すため、正札を付すとともに商品の正味数量を表示

すること、また利害を共にする同一区域内の商店はチェーンストア式に共同して経営し、接客にも十分に注意することを呼びかけた[59]。

さらに大阪市の心斎橋筋商店街では、照明、日覆などの共同設備だけではなく、標語入りの包み紙を統一したほか、市内はもちろん、京都、神戸、岸和田を含め、近接都市にまで共同配達を開始した。次章で詳述するが、これが日本で初めての商店街により共同配送の取り組みであった[60]。

また、神戸市では「第一流商店を結ぶ、進歩したる販売法を米国より移入し、屋内販売より屋外販売法へと努力する、謂わば移動百貨店『ムービング・デパートメントストア』とも云うべきもの」が現れた。取扱い商品などは不明であるが、1回の最低買い物金額が20円というから結構高額であるが、10回払いの割賦販売を導入していた[61]。

こうした小売商の取り組みを拾い出せば、まだいくつも出てくるではあろう。大阪市の「専門大店[62]」や日本専門店会連盟の結成もその重要な活動であったし、第5章で詳述するボランタリーチェーン結成の動きも多くの業種で試みられた。しかし、それらを丁寧に拾い出すことがここでの意図ではない。ここでは、商品券の撤廃を求め、百貨店に対する規制を求めた運動が、ただ消極的に反百貨店を主張するだけではなく、小売店自身の改善に向けた努力を、少なくとも一部に伴っていたことを確認することであった。

積極的な経営改善といえるかどうかは微妙であるが、商品券対策として付け加えておきたいことがある。百貨店商品券の撤廃を求めたとしても、それが容易に受け容れられない限り、百貨店商品券の脅威は現実にはなくならない。そうすると、その現実問題への対応が必要となってくる。1930（昭和5）年の年末商戦にあわせて、大阪商工クラブのチェーンストアは百貨店の商品券を現金のように一般小売店の店頭で支払手段として受け取る方向で大阪府を経由して政府に打診したが、その返答が得られないまま、12月16日に実施に踏み切った。「商品券と商品との個人的な物々交換を禁止する法律はない」というのが、その理屈であった[63]。

主として贈答用に用いられた商品券は、本来であれば消費者が百貨店で買い物をすることによって、百貨店に直接環流する。それが百貨店の主たる集客源だとして、その商品券を一般店でも取り扱うというのである。その商品券を受

け取った商店が百貨店で買い物をすれば別であるが、そうしなければさらに他店で利用するか、商品券交換所で手数料を差し引いて換金されるのであろう。それを前提として、こうした手段が発想されるのは、百貨店商品券がそれだけ広く出回り、紙幣類似の流通をしていたからにほかならない。それにしても、その商品券もいずれは百貨店に環流するはずのものであり、もし死蔵されてしまうとすれば、その分だけは純粋に百貨店の「利益」になるのだから、まことに不思議な取り組みというほかない。それでも、百貨店に拘束されている取引関係を取り込みたいという誘惑がそれだけ大きかったことが、このような対抗措置をとらせたのであろう。

　これをどのように判断するのか、大阪警察部は内務省・大蔵省と協議した結果、22日、紙幣類似証券取締法に違反するとの判断が下り、わずか1週間でこの試みは頓挫した[64]。しかし、実はこれと同様の方法が、神戸市では8月頃からすでにいくつかの商店街で行われていたという[65]。信用力のある大手百貨店の商品券を現金代わりに受け取るという慣行は、それをどこまで広く告知するかは別として、広く静かに浸透していたようである。小売商がさまざまな「工夫」を凝らしていたのは事実であった。

4　商品券取締法の制定

4-1　商品券に対する当局の態度

　度重なる不況が中小小売商を圧迫したのは確かではあるが、同時に一般国民をも襲っていた。消費者は不況の中で少しでも合理的で、安価に提供する小売業を求めていた。その意味では、百貨店は小売業における経営革新の旗手であり、関東大震災後に大衆化した後は、大衆品の分野でも小売業改革の先陣を走るものであることに間違いはなかった。

　したがって、中小小売商からの運動が盛り上がったからといって、政府は簡単に百貨店規制に乗り出すことはなかった。商工省ではさまざまな調査を行い、外国の施策や制度についても検討を行ったが、1929（昭和4）年時点では、まだ「社会問題としては注目すべきであるが経済問題としてはさまで重要の問題

ではなく之に対し政府が兎角の人為的政策を取るは適当でなく」「現在の儘自由放任方針を以て行く方針」であるとしていた。新聞に伝えられた中橋徳五郎商工大臣の談話の概要は次の通りである[66]。

中小小売商問題についての中橋徳五郎商工大臣の談話（1929年5月）
　現在小売業者に対し特殊の制度を取っているのは伊太利位のものだろうが之は我国と国情を異にするので手本にはならぬ。百貨店の出現が小売物価の抑制、サービスの改善品質の選択等に於て消費者の利益となっていることは動かせない。小売業者が之との競争に堪え得なくなるのは自然の勢で已むを得ない。殊に現在は過渡期であるから小売業者が動揺するのであるが、政府が斯る問題に干渉がましいことをするのは宜敷くない。商工省は斯る問題には手を触れぬ方針だ。只だ心配するのは中小商工業者の金融問題だけだ。共通商品券の問題は大蔵省が認めれば差支なかろうし、商品券課税の問題は地方団体で適当にやればよかろう。

　要するに、百貨店経営の中に近代的改革を見る商工省としては、これを積極的に取り締まる必要性を認めていなかった。商工省は中小小売商の金融問題に関心を寄せるとともに商品券問題にも注目していたが、いずれも基本的には大蔵省に理解を求める以外に方法はない問題であった。
　しかし、共通商品券は容易には実現せず、百貨店商品券に対する風当たりはいよいよ強くなり、政府当局も次第にその判断を迫られることになる。警視庁は百貨店商品券を「今までのところ紙幣類似とは認めていない」とはいうものの、「市場の実情によると…いささかそれは制限を越えたもの」として検討し始める[67]。大蔵省もまた「他の小売店においても立派に通用することが多」く、「ブローカーの手を通じて転々流通[68]」するなど、紙幣類似と言わざるを得ない状況があることを認めるようになる。発行禁止という極限状態を避けられないほどの弊害があるのかどうか、それを見極めつつ、発行禁止までは至らずに何からの規制を導入するという方向に議論はだんだんと集約してゆくことになる[69]。
　商品券規制への気運の高まりは、中小小売商の疲弊の一層の進化とそれへの何らかの対処の必要性を政府が認めはじめることを意味していた。その結果、「一般小売店の競争者たる百貨店に対し、法律を制定して其の営業上に或る程

度の制限を加へ、両者共に其の独自の方面に於て発展を講ぜしめ、以て共存共栄の実を挙げ」させるため、商業組合法と百貨店法の立案に着手した。

　こうした政府の動きに対して、百貨店協会は百貨店法制定を阻止すべく、百貨店自身による「小売店圧迫の現状を排除する協定」を結ぶことを声明した。いわゆる百貨店の自制協定であり、10月1日から実施された。その詳細は第8章で改めて振り返るが、この時期、百貨店も「過当競争」に苦慮しており、自制協定は相互の過当競争排除の性格をもつとの指摘があったが[70]、商品券に関しては基本的に「自主的に協定事項を作成提出することは不可能」で、現在以上圧迫せらるゝ場合は、之を廃止するも亦止むを得ない」としたものであった。この自制協定を受けて、政府は百貨店法の国会への提案を見送り、商品券取締法のみを提案することとなった。

4-2　商品券取締法の審議経過

　商品券取締法案は1932（昭和7）年8月28日、商業組合法案とともに第63回帝国議会に提出された。その提案趣旨説明の中で、中島久萬吉商工大臣は次のように商品券取締法の趣旨を説明した[71]。

> **中島久萬吉商工大臣による商品券取締法案の趣旨説明**（1932年8月）（概要）
> 　商品券の発行並びに利用は、我が国特殊の慣行で著しく発達し、百貨店の商品券の発行額は東京市だけでも、最近一年間の市税の賦課をうけた額に限っても、1,300万円余りの多額に上っており、全国では相当巨額に達するはずである。その商品券の発行により、百貨店のような大商店は多大の営業上の利益を得ているが、それが中小小売商の最も苦痛とするところでもある。そこで、中小商業者の苦痛を緩和して業界の安定に資する必要がある。さらに現在の商品券の発行には取締規定が何ら存在しないため、種々の弊害が発生している。特に、商品券発行者の責任に関する法制がないため、発行者の破産または営業上の停止に際して商品券所有者に不測の損害を与えた事例が多く存在する。そこで、中小商業者の苦痛を緩和するとともに、商品券発行者の責任を保証させるため、毎年2回、一定日における商品券の発行額が一定額以上に達するものには、その3分の1以上の金額に相当する国債を提供する義務を負わせ、発行者の破産とその他の場合、商品券所有者にその供託物について優先救済を受ける権利を与えることとした。

　ここでは商品券取締法提案の趣旨として、中小小売商の救済と発行者の責任

＝消費者保護という2つの観点が示されている。これに対する審議は、8月30日、9月1日に行われ、9月2日の本会議で一部修正の上可決し、貴族院に送られた。貴族院では9月4日に上程され、特段の意見もなく可決成立した。こういえば原案がすんなり受け入れられたようにも聞こえるが、実際の審議はかなり白熱したものであった。

その9月1日の審議の中で、商業組合法案に対する付帯決議のほか、商品券取締法案に対しては修正動議が、政友党、民政党、国民同盟の全委員から提出された。それは供託金を発行額の3分の1以上から2分の1以上に引き上げるとともに、大臣の命令の中に百貨店の商品券の発行額面を5円以上とする旨の規定を設ける、というものであった。

これらの法案に対する議員の反応は概して厳しいものであった[72]。要するに、中小商工業者の救済策としては「頗る貧弱で、寧ろ無いと云うが如き有様」で、「是が果して臨時議会まで招集し、時局匡救の為に此案が出された云うことに対しましては、吾々は頗る不満に感ずる」というのであり、この法案には「無いよりはマシ」という意味で賛成するといった趣旨の発言が多くの委員から出される始末であった。供託金を3分の1から2分の1に引き上げるのも、その趣旨からだというのが大勢を占めていた。「無利息の金を濫用」して、中小小売業者を圧迫していることが、最大の問題だというのである。

その中にあって、大山斐瑳麿委員は供託金制度は中小小売商保護というよりも消費者保護が目的であると強く主張した。「努めて政府案の修正と云うことは避けたい」にもかかわらず、その修正案を提出する根拠として、次のように述べた。商品券は、日時を定めずに不特定の商品の売買を契約し、それに対して代金を先払い受けるものであり、発行した商人は商品券発行の全額に対して保証の責任を負うべきものである。その点からすれば、少なくとも3分の2程度の保証金が必要と思われるが、それではすでに発行している百貨店その他の業者に対して「酷に当たる」ことから2分の1としたものである。これは「百貨店虐めの為」などではなく、商品券責任制度を打ち出したのは、「消費者保護の目的」であり、「決して商工業者を保護するのが直接の目的でない」「立法の精神なるものは消費者保護のためである、顧客保護のためである」「少くとも商品券取締法と云うものはそうあらねばならぬものである」と繰り返した。

この主張を額面通りに受け止められるかどうか、疑問の余地はあるかもしれない。それにしても、消費者保護が国の政策の中に登場するのは、戦後の高度成長期以降と考えるのが一般的である中、戦前のこの時期に、これほど強く消費者保護を主張する意見があったことを確認することの意義は決して小さくない。

4-3 商品券取締法の施行

1932（昭和7）年9月7日に公布された商品券取締法の主要条文は次の通りである。

> **商品券取締法**（1932年9月7日公布）
> 第1条　商品券を発行する者は命令の定むる所に依り毎年2回の一定日現在に於ける商品券発行額の2分の1以上の金額に相当する国債を供託すべし但し商品券発行額が命令の定る額を超えざるときは此の限にあらず
> 　　　　前項の商品券発行額は商品券の引換未済の金額に依る
> 第2条　商品券の所有者は商品券の引換未済の金額を限度として前条の供託物に付他の債権者に先ち弁済を受くるの権利を有す…
> 第3条　前2条の商品券は券面に金額を表示したるものに限る
> 第4条　主務大臣は商品券の発行に関し取締上必要なる命令を発することを得…
> 附　則　本法施行の際現に商品券を発行する者は本法施行の日現在に於ける商品券発行額に依り第1条の供託を為すべし此の場合に於ける供託は命令の定むる所に依り分割して之を為すことを得

この商品券取締法は10月1日に施行された。同日はまた、百貨店の自制協定が実施される日であることは先に指摘した。百貨店と中小小売店との争いはすでに経済問題から社会問題に発展しており、この百貨店の自制協定も商品券取締法とともに百貨店取締りの「部分的実現」に過ぎず、「政府当局も早晩百貨店取締法の制定を余儀なくせらるるの情勢」と言われた[73]。実際、この第63回帝国議会には、政府提案こそ見送られたものの、議員提案の「百貨店法案」が上程されていた[74]。この百貨店法については第8章で詳しく取り上げる。

さて、法第1条但し書きの「一定額」は同法の施行規則第2条で3,000円とさ

れ、3,000円未満の発行者は供託金を免除されることとなった。3,000円以上の商品券の発行者は12月22日までに商工大臣に届け出るものとされたが、その届出結果によれば、該当業者は全国で38店、商品券の発行額は545万6,393円であったという。供託金額は273万円弱となるが、このうち14社が12月22日までに全額供託し、24社が分割供託となったが、第1回の供託金は132万円強にのぼり、残りの140万円強は翌1933年2月末までに供託されることとなった[75]。商品券を大量に発行していた三越などの大手百貨店にとっては、一時に支払うことが困難な額であったのかもしれない。

法第2条の優先弁済権は言うまでもなく消費者保護を目指したものである。法第4条による命令は、施行細則の第8条で「百貨店は券面金額5円未満の商品券を発行することを得ず」と規定された。これは議会における強い要望を具体化したものであった。但し、この「百貨店」とされたのは商工大臣が指定した大手の11社のみであった[76]。そのため、それ以外の百貨店はそれ以降も小額商品券を発行することができた[77]。百貨店の小額商品券は、1円券、3円券など、ちょっとした贈り物に重宝されていたといい、「百貨店にとっては相当の痛手」になったという[78]。商品券が券面に金額を表示したものと定義されていたため、百貨店では例えば「ビール1ダース」「鰹節1貫目」といった品目表示をも考慮したと言うが、その形の商品券の発行は確認されていない[79]。

しかし、この小額商品券は枚数は多くても総額はそれほどの額にはならず、問題はむしろ商品券の釣り銭にあったという見方もある。5円以上の高額商品券で券面以下の買い物をした場合、小額商品券で釣り銭を出していたが、それができなくなったというのである。釣り銭の出し方について百貨店協会では協議を行ったがまとまらず、関西部会では各社独自の方法で行うことを申し合わせたという。その結果、阪急が購入金額にかかわらず釣り銭を全額現金で支払うことにし、三越では商品券の裏側に金額を裏書きして再度利用することとし、高島屋では券面の半額以上の購入を依頼して残金は現金で支払い、松坂屋では商品券をクーポン券方式の切り取り可能な券としたという[80]。

4-4 商品券の流通

さて、商品券が実際にどの程度流通したのか、正確なことはわからない。大

阪市の場合、1931（昭和6）年8月1日から翌1932（昭和7）年7月末日までの1年間における商品券の発行枚数は112万3,300万枚、発行額は653万2,167円強であったというから、平均額面は6円弱ということになる。但し、百貨店の商品券は5円以上、10円未満の商品券が最も多かったが、飲食料品店では2円未満、その他の専門店では1円未満と、小額の商品券が多数を占めていた。主として贈答用に用いられることを反映して、発行額の約46％が12月と8月に集中している[81]。

　商品券は贈答用に用いられるのだから、発行者（例えば百貨店）から送り手（贈答者）を経て貰い手（受領者）の手に渡り、そこから発行者の元に環流するはずである。商品券の受領者にとって、本来、商品券はその発行者の店舗で商品を購入する以外に使用方法はない。共通商品券はこの流通の範囲を拡大しようとする試みであるが、それとは別に商品券そのものの流通を円滑化しようとする動きが現れる。商品券の売買業者である。今日の金券ショップに当たる商品券売買業者が最初に登場したのは、1907（明治40）年頃の東京市であったというが、商品券が徐々に普及するにしたがって、質屋、債券屋、両替屋、電話売買店、たばこ店など副業で始める店舗が増加する[82]。そうなれば他都市に拡がるのは時間の問題で、1914（大正3）年には大阪市にも売買業者が現れる。

　それと前後して百貨店の商品券が本格的に普及し始める。百貨店は総合的な品揃えを誇るから商品の選択範囲は広く、さらに大都市間では都市を越えて流通することも可能であった。まさに「受けて重宝、贈るに便利」なものとして急速に普及するが、それはこの商品券売買業者をも刺激する。1931（昭和6）年時点で、大阪市には少なくとも130店あまりの商品券売買業者がいたとされるが、その3分の2は百貨店の商品券が飛躍的に拡大する昭和期以降に営業を開始したものであった。

　商品券売買業者を媒介しても、発行店が独立の店舗の場合には、商品券の流通範囲は都市内部ないしその近郊に限定される。しかし、多店舗展開を遂げた百貨店となると話は別になる。特に、中元期、歳暮期になると、贈答用の商品券が増加し、受領者が自らそれを消化することができない場合が多くあったようである。その傾向は、華族や富豪、会社の重役等が集中した東京で顕著となり、その溢れた商品券が東京の商品券売買業者に流れ出す。そうなると東京で

は商品券の供給過剰状態となるが、そのはけ口を求めて商品券は大阪に流れる。その額は中元期には4～5万円にものぼったという。東京と大阪では中元期が1ヶ月ずれていることも、この流出を促進したようである。

この場合、東京の売買業者と大阪の問屋の取引価格は券面の2.5%引きで、問屋は0.2%の口銭を引いて2.3%引きの価格でブローカーに販売、ブローカーはさらに0.3%の口銭を得て券面の2%引きで大阪の商品券売買業者に販売する。市場の標準的な販売価格は1.5%引きであったというから、商品券売買業者の口銭は0.5%程になる。こうした東京から大阪への商品券の流出の9割は三越の商品券で、残りの大半は松坂屋のものだったという。東京と大阪の両方で百貨店としての名声があることが広域流通の前提となるからであった。

とはいえ、全体から見れば、こうした広域流通が商品券全体に占める割合は限られており、大阪で流通する商品券の大半は地元で発行されたものであった。その地元商品券の取引価格は発行者によって大きく異なっていた。業界団体がなく[83]、競争が激しい中、統一価格があったわけではないが、おおよその標準は次の通りであったという。

三越、大丸、髙島屋、松坂屋、十合(そごう)といった大手百貨店の商品券は、売買業者の買取価格は券面の2.5%引きで、販売価格が1.2%引きであるのに対して、専門店の商品券は有名店でも買取り12%引き、販売7%引き程度であり、以下順次格付けがあったようである。最も割引率の大きなものともなれば、買取価格40%引き、販売価格20%引きとなっている。信頼が高く、人気の商品券ほど割引率は小さくなり、それだけその商品券の流通が刺激される。そのため、ある百貨店は商品券販売業者の店頭に、自店の商品券の宣伝広告を行ったという。

5　商店街共通商品券

5-1　商業組合法の成立と共通商品券問題

商品券取締法を可決成立させた同じ第63回帝国議会で、商業組合法もまた同時に成立した。現場からは異業種店からなる商店街組合の法制化を求める声が上がっていたが、結果的に認められたのは同業種の組合であった。しかし、こ

の頃から商品券に対する考え方も微妙に変化してくる。従来の商品券撤廃運動から商業組合加盟店による共通商品券の発行をめざす新たな動きが本格化するようになる。1934（昭和9）年5月22、23日に大阪で開催された全国商業組合大会でもそれが中心的な議題となった。小売業界におけるこうした動きに対して、商工省は「デパートの商品券が許可されている位だから、当然商業組合の共通商品券も認められてよい」と前向きの姿勢を示すものの、「なにしろ大蔵省の紙幣類似証券取締法をも受けねばならぬので、甚だ困難であり、今のところ同法に牴触するものとみられるから、其の実現は甚だおぼつかない」と、困惑の様子を見せた[84]。

　共通商品券の発行について、商工省はほぼ一貫して道を開く方向で大蔵省に働きかけたようである。その間の経緯は明らかではないが、1936（昭和11）年7月8日に内務省で開かれた経済部長会議では中小商工業問題が協議されたが、そこで商品券問題も取り上げられ、「商店街や商業組合に共通商品券発行を認めては如何」との問に対して、「紙幣類似証券取締法の関係を考慮中であるが、商業組合に共通商品券を発行せしむることに就ては可能性があるから努力する」といった回答がなされたという[85]。

　共通商品券の発行は商店街関係者の悲願であり、夢であった。確かに、「商品券問題について或程度の途が開けたとしても消費者の方で百貨店と同様に利用して呉れるかどうか商品券に対する信用の程度を考える時、業者の自覚改善の必要を痛感する」といった声はあった[86]。まさに「商品券そのものが受用されるのではなく、その商品券と引き換えられる商品が受用される[87]」のであり、中小小売商の商品に百貨店のそれと比肩できるだけの信用があるかどうかが問題であった。それでも、その悲願に向けて、努力は継続的に行われていたと見てよい。

　こうした中、1936（昭和11）年9月3日、東京商工会議所は中小企業金融懇談会を開催し、中小商業金融の改善には各地の商店街を単位とする地区組合の発達助成を図り、商店会を整理して商業組合に改組させるよう指導する旨の方針を決定し、改善案をとりまとめた。その中には、商業組合の発展方向は従来業種別の組合に重点が置かれてきたが、商店街等の地区を基礎とする組合は、業種別組合に比し組合員の信用程度を詳細に知りやすく、組合員間の同業者競争

意識が少なく、また資金の需要期が一致せず金融の繁閑期がずれる点などで、「組合員に金融の便を図るに至極適切なるもの」と位置づけた。さらに、地区組合を基礎とした強固な組織の信用調査機関の創設を呼びかけ、共同設備資金、年末の仕入資金等の調達を円滑にするための日掛貯金の奨励などを盛り込んだほか、「手持商品を担保として共通商品券の発行を可能ならしむべし」として、商店街単位での共通商品券の発行を正式に働きかけることとなった[88]。

そうした流れを受けて、1936（昭和11）年9月、商工省は百貨店対策の一環として、商店街商業組合の共通商品券の発行を認める方針を決定して、大蔵省との折衝に入ったことが報道された[89]。それによれば、商工省は一地域の各業種に通用する共通商品券の発行を許す方針で、紙幣類似証券取締法の解釈に商業組合による共通商品券の発行と2種以上の業種に通用する商品券の発行という新例を設けるよう大蔵当局と折衝を進めているとされている。

さらに、1937（昭和12）年11月、商業組合中央会は、商業組合法成立以来の5年間の経験を通して、商業組合法の改正の要望書を提出した[90]。要望は地区組合（商店街商業組合）の設立要件緩和や一定条件の下での強制加入など多岐に及んだが、その1項目として「商業組合に対し倉庫証券並に共通商品券の発行を認められ度」が含まれていた。こうして、商店街の共通商品券問題は大詰めに近づくことになる。

その過程で、別の新しい動きがあったことを確認しておこう。各地の有力小売商が集まって全日本専門店会連盟（日専連）を結成したのは1936（昭和11）年11月であるが、各地ではそれに先行する形で専門店会が結成されていた。北海道旭川市の専門店会は、1934（昭和9）年12月に株式会社を組織し地方監督官庁の許可を得て商品券の売出しを開始した。石川県金沢市と宮城県仙台市の専門店会がこれに続いた。この中には、多様な業種の専門店が参加している。彼らはそれぞれの店舗で独自の経営を営む専門店であるが、共同の会社の株主であり、営業所ともなるという関係であった。これについて、商工省の担当者は「その効果から云えば商品券よりもむしろ共通商品券に近い性質のものと見るべきだ、従ってその合法性にも相当の疑点、研究の余地が残されている」と慎重な姿勢を示していた[91]。業種ごとに、1都市1店を原則とする専門店会であるので、その拡がりは大きくはないが、共通商品券が発行できないとなれば、

形式的に会社をつくるというのは、熟慮の上の方策であったと言えるであろう。

5-2　商業組合法の改正（1938年）

　1938（昭和13）年2月に開催された第73回帝国議会衆議院予算委員会において、中村梅吉が百貨店の巨額の商品券を禁止して、政府が愛国商品券を発行してはどうかと質したのに対し、吉野信次商工大臣は愛国商品券の考えがないこととあわせて、商店街による商品券発行の可能性に言及し「是は今折角大蔵省の方とも相談中であります。若し出来れば今期議会中に御協賛仰ごうかと思って居る次第であります」と答弁した[92]。共通商品券の発行をめぐる大蔵省との折衝がほぼまとまっていることを匂わせたのであった。商工大臣のこの答弁を商店街関係者はもちろん大歓迎し、早速にも商品券発行の準備にとりかかった[93]。

　その商業組合法の改正案は2月9日に貴族院に提案され3月3日に可決し、翌4日に衆議院に提案され、3月28日に可決成立した。この改正案の提案にあたって、吉野商工大臣は特に、商業組合の事業範囲の拡大と統制確保の方法の強化の2点を強調した[94]。商品券の発行はもちろん前者の1つであるが、それについては、従来は百貨店の商品券を抑えるという方向で行ってきたが、今度は商業組合の方でも適当な方針のもとに、商品券の発行を積極的に認めた方がよいのではないかと、その方針の転換を明言した。

　この商業組合法の改正は極めて多岐にわたっているが、商品券については、第3条の2以下、次の条文を新たに追加してこれを認めた。

　　商業組合法の改正（1938年3月）（商品券に関する条文）
　　　第3条の2　商業組合は命令の定る所に依り行政官庁の許可を受け其の組合員の取扱商品に付商品券を発行することを得
　　　第3条の3　商業組合商品券を発行したるときは組合員は之に対し其の取扱商品に付引換の義務を負う
　　　第3条の4　商業組合商品券を発行したる場合に於て其の組合員商品券の引換を為すこと能わざるとき又は其の引換を停止したるときは其の商業組合は商品券の所有者に対し券面に表示したる金額を限度として弁済の責めを負う
　　　第3条の5　商品券を発行したる商業組合自ら商品を販売する場合に於て前3条中組合員

とあるは組合及組合員とす

　第3条の2は一定条件の下に商品券の発行を認めたものであり、第3条の3は組合内における商品券の流通を確保するもので、第3条の4は商品券所有者に対する組合の保証である。第3条の5は組合自身が商品の販売を行う例外的な場合の定めである。

　第3条の2の規定を受けて「商業組合法施行規則」も改正され[95]、第7条の2以下で、商品券発行規程や商品券決済準備金の設置などの諸手続の明細を定めているが、その中で、組合が発行する商品券の種類は50銭以上30円以下とされ（第7条の3）、供託金は百貨店等が3千円以上の発行者であるのに対し、商業組合は千円以上の発行組合とされた（第7条の8）。

　この商品券に関する規程自身は形式的には商業組合全般を対象としたものとなっているが、実質上は商店街商業組合を念頭に置いたものであった。同時に地区組合の設立要件が緩和されたことによって、商店街は共通商品券の発行に大きな弾みがついたことになる。

5-3　商店街共通商品券の現実

　1938（昭和13）年3月28日に改正法が成立すると、商店街関係者は大いに期待を膨らませ、商品券発行の準備に取りかかった。東京では人形町通商店街が先陣を切ったようだが、これを機に商店街商業組合を結成しようとする動きも急速に高まったという[96]。大阪、神戸など他都市でも事情は変わらず、既成の商業組合は商品券の発行準備に、未組織の商店街では組合結成に向けた動きが活発化したようである。同年11月時点で、77の商店街商業組合のうち17組合が商品券発行を認められた。その中には、東京府の堤方町、人形町通、北澤通、麻布十番、武蔵小山、浅草いろは、庚申塚、高圓寺、山梨県の甲府銀座、兵庫県の六間道通、大正筋本通、西神戸学校通、灘八幡、元町一二会、神戸本通会、広島県の呉市中通、呉市本通の各商店街が含まれていた[97]。

　商店街では、百貨店の商品券が5円以上とされていることに伴い、それ未満の小額の商品券に特に力を入れるとしていた。例えば、神戸市ではすでに商業組合を結成していた商店街はいずれも商品券の発行をめざして準備を始めた。

中でも、元町一二会では、50銭、1円、2円、3円、5円、10円、15円、20円、25円、30円と、実に10種類もの商品券の発行準備を行ったが、特に力を入れるのは2円と3円の小額券だという。これに対して、百貨店側は、商店街の商品券自身については、利用されるのは著名な小売店のみだろうと楽観する向きもあったが、小額商品券については一定の影響を危惧したという[98]。

しかし、実際に商品券の発行という段になると、1つの大きな問題があった。改正法の第3条の2にいう「其の組合員の取扱商品」の解釈をめぐる問題である。具体的には、カフェー、蕎麦屋、料理店、寿司屋などの飲食店、クリーニング、染物などの加工業、理髪、美容、銭湯、旅館などの接客業などについて、商工省では1925（大正14）年の通牒の場合と同様に、これらは「労務の提供」をも含んでおり、組合員の「取扱商品」について認めた規程にはそぐわないという従来からの解釈を継続した。組合側では当初から組合員として行動を共にしてきた店舗を除外すれば脱会問題にまで発展するとしてこれを認める方向で準備したようであるが[99]、商工省がこれらのサービス業を不許可としたため、商品券の裏に印刷された利用可能店からこれらの店舗を線を引いて抹消する所もあったという[100]。

こうしたトラブルはあったものの、お盆商戦を控えた7月1日、東京の6商店街の共通商品券がスタートした。先陣を切った人形町通商店街の場合、6月から商品券の発行を開始したが、券面は50銭から30円までの8種類で、発行経費は印刷代、印紙税、包装代、熨斗代を含め、1枚あたり4.7銭程度であった。組合はこれを発行すると、希望する組合員に2％引きで現金販売し、決済時に決済手数料として券面の6％を徴収したから、組合は差し引き、券面の4％の手数料を得ることができる。50銭や1円の商品券では赤字でも、2円以上の商品券が普及すれば採算に乗ることが可能なはずであった。しかし、結果は発行枚数が少なく、赤字であったという。

関西では神戸市の灘八幡商店街が準備の先陣を切ったが、お盆商戦が1ヶ月遅れのため、ほかは準備に時間をかけたようである[101]。そして月遅れの8月1日、灘八幡商店街と元町一二会が商品券の発行をスタートさせた[102]。大阪市では申請が後れていたものの、9月23日に上福島聖天通淨正橋通商業組合が申請を決定し、九条通一丁目商店街商業組合でも歳末に向けて申請を準備していた[103]。

これらの状況から判断すれば、商品券の発行に乗り出した商店街はかなりの数に上ると思われる。そのほとんどはすでに商店街商業組合を設立し、共同事業に取り組んできたところであった。しかし、実際に商品券を発行して、十分な成果をあげたかというと、決してそうとは言えない。9月下旬に『中外商業新報』が行った対談の中で、同紙の記者は「商店街商組方面では新に共通商品切手の発行を許され、過ぐる中元売出しに一般に販売したが、その結果は余り芳しくなかった、準備期間もなく組合員を訓練する余裕もなかった事情はあるにしても、組合員中に商品券での買物を忌避した向もあったと」と語っている[104]。組合員にとってみれば、現金で販売した場合にくらべ、6％の手数料を組合に支払う必要があるのだから、これを販売促進費として割り切ることができなければ、6％の値引き販売を行ったのと同じことになる。先に百貨店関係者が、有力店でしか使われないだろうとした予想が、その限りでは的中したといってもよかった。

しかし、1938（昭和13）年のこの中元大売り出しは、自由な営業が行えた最後のシーズンとなった。それにしても準備期間も短く、組合内部での意思統一も十分に図れなかったことは容易に想像できる。鳴り物入りで百貨店に対抗できると意気込んで取り組んだものの、消費者に十分に浸透させることはできなかった。この中元セールで、商品券の売上高が1,000円を超えたのは、呉市本通の9,690円と人形町通の3,382円だけだったという。その人形町通にして発行額不足で赤字だったというのだから、他の商店街は推して知るべしである。外的な要因ももちろんあったであろうが、「百貨店のない地方の商店街商組が、大都市の猛者連を尻目にかけて圧倒的な成績を挙げてをるのを見ても、都会に於ては歴史の古い百貨店の商品券が、如何に一般消費者の間に牢固な根を張ってをるかが窺える[105]」というのが、至当な評価であるのかもしれない。

その後、日本経済は本格的な戦時体制に向かって進んでゆく。自由な取引は次第に制限され、1938（昭和13）年の後半期には、戦時体制下の増税が話題となり、商品券はその課税対象として注目されるようになる。もはや百貨店と対抗する商店街の共通商品券など、期待すべくもなくなったのである。

6　結　　語

　1937（昭和12）年7月に中国・盧溝橋で発生したいわゆる盧溝橋事件は、その後長く続く日中戦争、太平洋戦争の始まりであった。準戦時体制から戦時体制への転換を象徴したのが1938（昭和13）年3月、第73回帝国議会で成立した国家総動員法であった。同議会の閉幕を報じた『大阪朝日新聞』は、「戦時体制全く整う　七十三議会茲に終幕」との見出しを掲げ、「わが国が支那事変を契機として一転せしめた准戦時より戦時への体制移行にタイアップしたる諸立法はいよいよ整備の域に達した」と報じた[106]。時代は急速に戦時経済体制へと進んでゆく。商業組合法が改正され、商店街が期待と寄せた共通商品券の発行が可能になったのは、そうした時代背景の下であった。
　商品券は古くからの慣習として、贈答文化の発達した日本で定着してきた。それが複数の業者間で利用できる共通商品券として流通し始めるが、1925（大正14）年、大蔵省はそれが紙幣類似証券に該当するとして取り締まりを開始した。それはちょうど百貨店の商品券が急速に普及してきた時期であり、同時に関東大震災後の百貨店の大衆化に伴う小売商と百貨店の対立が本格化する時期と重なっていた。
　百貨店と小売商との対立は前章で見た同業組合問題から始まったが、それが百貨店側に有利な形で決着されると、問題は商品券に集中されるようになる。百貨店の急成長の背景には百貨店の発行する商品券の存在がある。百貨店は商品券の発行によって巨額の資金の流動性を確保している。その思いが商品券問題に集中した。まさに、「百貨店がその勢威及び信用を背景にして、あたかも藩札か、日本銀行券のように、自己の印刷した紙片によって、独占的に購買力を占拠することに対して一般の小売商が危機感を抱いた」のであった[107]。
　百貨店の商品券が許容されるのなら、中小小売商が共同で発行する共通商品券も認めて欲しい。これが要求のすべてであったが、1925（大正14）年に認められたのは、単一業種内での共通商品券だけであった。しかも、それは物販店に限られ、飲食・サービス業は除かれていた。小売商側からすれば、商品を特定しない百貨店の商品券が許容されるのに、小売商の共通商品券は大きく制限

され、商店街の商品券は禁止される。それならば、百貨店の商品券も紙幣類似証券として禁止して欲しい。運動の方向はこの両者の間を揺れ動いた。

　この問題は1932（昭和7）年の商品券取締法によって、百貨店に商品券発行額の2分の1の供託金を徴することで一段落する。これによって百貨店商品券の撤廃運動は消滅し、運動は商店街の共通商品券の認可に移ってゆく。そしてそれが最終的に認められたのが、1938（昭和13）年、第73回帝国議会であった。いくつかの商店街は勇んで共通商品券の発行に取り組んだが、その結果は惨憺たるものであった。商店街の信用がそれほどまでになかったのか、自由な商取引が制限されてゆく中で商品券が効果を発揮できなかったのか。いずれにしても、小売商が共通商品券に託した夢はまさに夢に終わった。

　その後の百貨店商品券に就いて一言しておく。1940（昭和15）年の「奢侈品等製造販売制限規則」（いわゆる「七・七禁令」）には「百貨店の営業等を規制すること」が含まれ、商品券発行の抑制も盛り込まれた[108]。これによって、経済はさらに萎縮してゆくことになる。さらに、1941（昭和16）年12月に商品券に関する監督権が商工省から大蔵省に移管されるや、大蔵省は商品券が主として贈答用に使用されており、不要不急物資の買い溜めにつながるとして停止の方向を打ち出した。それを受けて、百貨店協会は12月20日、申し合わせにより贈答品の廃止と共に商品券の発行を中止した[109]。百貨店としては戦時体制への協力を迫られる一方、贈答品が不要不急物資とされるに至って、商品券がもはや実質的な意味を持ち得なくなっていた。商品券発行の中止は、百貨店の自主的措置との体裁をとってはいるが、それが時代と政府当局の意向を強く反映したものであったことは明らかである。

《注》
1　前払い式の支払手段で、特定の小売店等に持参すれば、券面表示金額相当の商品と交換できる証券は、今日では一般に「商品券」と呼ばれる。但し、古くは「商品手形」ないし「商品切手」と呼ばれたが、1890年代頃に呉服太物券が登場する頃から、「商品券」という呼称が一般化したようである（大阪市役所産業部調査課（1933）8-9頁）。本章では、直接引用する場合のほかは、すべて「商品券」と表現することとする。
2　「NETWORK 租税資料　明治2年の商品券」（調査研究員・鈴木芳行）による。なお、

江戸では下って、1831（天保2）年に、現在の「にんべん」の祖となる鰹節商が発行した初とされてが最初とされている。(https://www.nta.go.jp/ntc/sozei/network/134.htm)。ほぼ同じ内容が大阪市役所産業部調査課（1933）でも確認できる。

3 「NETWORK 租税資料　明治2年の商品券」（同上）
4 　大阪市役所産業部調査課（1933）は、この「七宝券」を「共通商品券の元祖」としている（口絵および9頁）。
5 　以下、本項の商品券の歴史については、注記する外は基本的に大阪市役所産業部調査課（1933）5-10頁による。
6 　池田徳太郎（1935a）20-21頁。
7 　三越では1892年から「呉服切手」を発行していたが、呉服以外の取扱商品が増えたことに対応して、1906年に「商品切手」に名称変更し、2色刷りの新デザインを登場させた。なお、三越は1912年に「商品切手」を「商品券」に改称した（三越（1990）46、47、59頁）。
8 　切手（商品券）には有効期限はなく、死蔵されたり、数十年後に回収されることもあったが、多くは半年以内に回収されていたという（「百貨店の商品券はどうなる　発行店のみ通用で他への販売は禁止か　大蔵省も厳重制限の肚きまる」『神戸又新日報』1929年6月25日（経営3-029））。
9 　「便利になった商品切手（一〜三）」『中央新聞』1916年5月4日〜5月7日（商業1-077）。
10 　「物価引下急務　通貨縮小と商品券発行制限」『東京朝日新聞』1922年6月18日（物価11-029）。
11 　この取り付け騒ぎは実際に起こっている。商品券発行の老舗中の老舗、東京では最初といわれる鰹節の「ニンベン」が大正に入って流説による取り付け騒ぎに巻き込まれ、破産必至の状態に陥ったが、老舗の多年の信用によって、同業者が支援の手をさしのべ、破産を免れたという。（「弊害は寧ろ大商店の商品切手取締に対する当局の肚」『神戸新聞』1925年5月9日（有価証券4-058）。）
12 　当時の紙幣は兌換券で、日本銀行に預けられた準備金が金との交換を保証していた。しかし、商品券にはこの準備金がなく、ただ商店との信用だけを根拠に、紙幣類似証券が「通貨」のように流通することへの不安であった。もっとも、兌換券であるからといって、簡単に兌換できたわけではなく、金との交換は実際には極めて困難であった（「日銀当局の兌換態度（上・下）」『時事新報』1925年1月18日〜1月20日（貨幣及兌換銀行券10-292）。
13 　その盛況ぶりに「三越や大丸などデパートメントストア方式の商店はその店が発売している商品券の利子によってアノ堂々たる建築物が出来上がったのだ」と言われたという。（「従来放任されていた商品券の大取締　発行額の相当する商品を自店に積んでいないのがある　警察部で内情調査に着手」『大阪朝日新聞』1923年4月27日（有価証券3-076）。
14 　「夥しき商品券発行高」『大阪毎日新聞』1922年9月9日（有価証券3-029）。但し、別の報道では、未回収残高は200万円弱であるとの推計もある。（「昼寝している二百万円

顧客の手にある商品券調べ」『大阪朝日新聞』1923年1月18日（有価証券3-054）。
15 「従来放任されていた商品券の大取締」『大阪朝日新聞』1923年4月27日（有価証券3-076）。
16 「共通の商品券も出して銀座商店が大団結　軒を並べた両側の249軒が京新連合会を組織して新しい試み」『中外商業新報』1923年7月12日（有価証券3-092）。
17 「銀座通共通の商品券、売出さる」『国民新聞』1923年7月21日（有価証券3-098）。
18 心斎橋筋商店街ホームページによる。
19 「貨幣類似の共通証券　大蔵省の取締」『大阪朝日新聞』1925年4月28日（有価証券4-053）、「共通商品券の差止　取締規則違反である　全国に流行してる」『東京朝日新聞』1925年4月29日（有価証券4-055）。
20 大蔵省では発行者の規模や業種に関係なく、単独企業の発行する商品券は貨幣類似証券に当たらないが、複数企業にまたがる共通商品券はこれに該当するという判断をしていたという（池田徳太郎（1935a）22頁。
21 「紙幣類似の共通証券　大蔵省の取締」『大阪朝日新聞1925年4月28日（有価証券4-053）。
22 「共通商品券　紙幣類似ではない」『大阪毎日新聞』1925年5月29日（有価証券4-064）。
23 「共通商品券規定　内務大蔵両省より正式通牒」『大阪毎日新聞』1925年9月15日（有価証券4-099）、大阪市役所産業部調査課（1933）14-15頁。あわせて、神戸商工会議所（1933）12-15頁参照。
24 但し、東京市内では、不況下の中小小売商救済のため、1930（昭和5）年12月から、中元、歳末売出に限り、警視庁の許可を得て、3ヶ月以内に回収する共通商品券を、区域を限定して、臨時に発行することを認める方向を打ち出し、翌1931（昭和6）年7月、大蔵省もこれを認めた（池田徳太郎（1935b）35-37頁）。他都市で類似の措置がとられたかどうかは確認できない。
25 池田徳太郎（1935a）21頁。大阪市でも同様に、共通商品券は大阪菓子同業組合の別働隊が発行する菓子共通商品券のみが残った（大阪市役所産業部調査課（1933）16-20頁）。
26 しかし、これで商店街の共通商品券発行の動きが完全になくなったわけではなかった。実際、1929（昭和4）年には東京商店会連盟が共通商品券の発行を計画し、大蔵省に許可申請を行っている（「共通商品券の計画」『大阪朝日新聞』1929年2月27日（資金16-042））。
27 「百貨店物語り　一〜五　経済百態」『京城日報』1928年6月6日〜6月13日（経営2-039）は、その一節を「三越の繁盛振り　商品券でボロ儲け」と題し、商品券が百貨店の利益にいかに貢献しているかを述べている。それによれば、三越の年間商品券発行額は3千万円に達し、常に外部にある未回収の在外高は1千万円にも達するという。
28 竹島富三郎（1929）35頁。
29 公開経営指導協会（1983）142頁。
30 「小売商店と百貨店の抗争　新法実施を機会にどう展開する」『大阪毎日新聞』1932年

10月3日（経営6-082）、粟屋義純（1931）11-15頁。
31　大阪市役所産業部調査課（1933）21-22頁。
32　「商品券撤廃の運動　百貨店に圧迫され勝ちの小売商人代表府庁に陳情」『大阪朝日新聞』1929年1月15日（経営2-067）。
33　大阪市役所産業部調査課（1933）22-23頁。
34　商品券に紙幣類似証券に該当するような記載がないのは当然であるが、それをもって実態として、商品券、特に有名百貨店の商品券が紙幣類似証券の役割を果たしていなかったと言えないことは明らかである。実際、百貨店の商品券を「現金同様に取扱います」とショーウインドーに貼り出す小売店が少なからずあったし、中には料理店への支払いにまで用いられることもあったようである（「問題になった百貨店の商品切手（上・下）　百貨店と小売商　喧嘩の飛沫」『中外商業新報』1929年3月5日〜3月6日（経営2-080）。百貨店からすれば、それは取締り上の問題で、百貨店側の問題ではないということになるが、紙幣類似性が問題となるのは、発行者側の意図ではなく、現実の商品券の流通のあり方そのものであるはずであった。
35　大阪市役所産業部調査課（1933）23-25頁。百貨店事業研究会（1935）も同様の指摘をした上で、その他の税を含めた百貨店の租税負担が中小小売業者に比べて軽すぎることはない点を強調している（117-136頁）。これに対して、水野祐吉はこの数字は「国家の拘束に対抗したものであるから、高率の割引料に相当する金額を前払いせることを強調」している、特に間接費の計上が過大ではないかと疑問を呈している（水野祐吉（1937）184-186頁）。実際、三越の元常務、浜田四郎は商品券の商店側の利点として、①商品券を売った以上いつかは必ずその店での買い物に返ってくる、②商品券発行額は無利子で運用できる、③商品券発行にかかる費用その他は無利子で相殺できると指摘していたという（公開経営指導協会（1983）115頁による）。ことから考えても、ここでの百貨店側の主張には誇張があると見るのが公平であると思われる。
36　「東京市で商品券に税金　毎月発行高の千分の五を課し年に十余万円」『大阪朝日新聞』1929年1月22日（地方税4-027）。
37　「共通商品券の計画　財界六感」『大阪朝日新聞』1929年2月27日（資金16-042）。
38　粟屋義純（1931）21頁。
39　「百貨店の商品券発行禁止を陳情　東京商議が再協議」『大阪時事新報』1929年6月8日（経営3-016）。
40　「大阪商議でも商品券撤廃協議　東西呼応して運動を開始せん」『神戸新聞』1929年6月19日（経営3-023）。
41　「商品券の論争　百貨店側に不利　特別委員付託となったが…体制は撤廃に傾く」『東京朝日新聞』1929年6月20日（日本22-020）、「商品券問題全国的となる　東商大商等の対策協議　大体禁止論に傾く」『時事新報』1929年6月20日（経営3-024）。
42　「商品券を禁止せよ　愈東京商議より政府に建議」『神戸新聞』1929年6月28日（経営3-037）、粟屋義純（1931）27-28頁。
43　「商品券廃止運動愈よ実行に入る　各組合結束して撤廃期成同盟を組織」『中外商業新

報』1929年8月2日（経営3-061）。
44 「商品切手の売上百八十万円を超ゆ　平月の六倍の激増ぶり　好景気出現の兆？」『大阪時事新報』1932年1月19日（経営6-006）。
45 松井辰之助（1930）65-67頁。ここでは代表的に松井を引用したが、商品券が日本の贈答文化に根ざして定着したものであるという点は、例外なく指摘されている点である。
46 「商品券の発行禁止は無理だ　大阪商議の対策」『神戸新聞』1929年8月10日（経営3-064）。
47 「問題になった百貨店の商品切手（上・下）　百貨店と小売商の喧嘩の飛沫」『中外商業新報』1929年3月5日〜3月6日（経営2-080）。
48 「百貨店の商品券新課税　新課税反対陳情　財務省は課税妥当意嚮」『神戸又新日報』1930年2月2日（経営3-138）。
49 水野祐吉（1937）188頁。
50 「百貨店と小売店　財界六感」『大阪朝日新聞』1929年6月25日）（経営3-028）。
51 松井辰之助（1930）72頁。
52 神戸商工会議所（1933）17-19頁。
53 水野祐吉（1937）189頁。
54 大阪市役所産業部調査課（1933）28-41頁。百貨店の支店20店の中には、髙島屋十銭ストア14店が含まれている。なお、この大阪市の申請を受けた大阪府は百貨店側の猛反対を受けて対応に苦慮し、主務省に送達した結果、1935（昭和10）年までの許可が得られたとして、同期間の限定をつけた条例を制定した。また、大阪府でも1933（昭和8）年度から1％の課税を決定したため、百貨店の負担は2％となった。「二重の課税にデパート渋面　大阪府も商品券に目をつけ　来春から新財源に」『大阪朝日新聞』1932年11月27日（経営6-102）。
55 「大阪市で商品切手が月に三百万円動く　その内の一割、年百万円紛失　発行後二箇月で回収」『大阪時事新報』1931年9月25日（経営5-127）。
56 百貨店事業研究会（1935）219頁。なお、中村金治郎の主張については、第4章参照。
57 「仕入方法改善のため保証会社設立計画　東京の呉服商間に擡頭」『神戸新聞』1929年7月28日（経営3-058）。
58 「実質的に協力しデパートに対抗　営業不振に目覚めた小売店が申し合せ」『大阪時事新報』1929年7月4日（経営3-045）。
59 「商品券発行の取締法が必要　小売商は共同動作をとれ　大阪会議所の意見」『中外商業新報』1929年7月31日（経営3-060）。
60 公開経営指導協会（1983）265〜266頁、稲川宮雄（1936）74-75頁、木村安次郎（1936）63頁。
61 「時代の最も尖端を行く新らしい商売が生まれました。御便利なる買い物の好機を、大神戸市八十万市民諸君の前に提供致します」『大阪毎日新聞』1930年10月3日（経営4-105）。
62 村本福松（1941）を参照。

63 「百貨店相手に小売商の新戦術　九十店結束して商品券を現金扱い」『東京日日新聞』1930年12月17日（経営4-135）、「愈々商品券の現金取扱を開始　主務省の回答待たずきょう『断行』の旨を店頭に貼出す」『大阪毎日新聞』1930年12月19日（経営4-136）。

64 「商品券融通は禁止と決る　歳末商戦の苦肉策もあわれ禁止の憂き目」『大阪時事新報』1930年12月19日（経営4-139）。

65 「神戸では軽率に禁止して貰いたくない　小松三郎氏が個人的に当局へ陳情　商品券の『横取り戦法』」『神戸又新日報』1930年12月25日（経営4-141）。また、同年歳末の警視庁の取締り項目の中に「近時小売商人中各デパート発行に係る商品券と引換に物品の販売をなすもの増加の傾向あり、取締上甚だ遺憾につき特にこの点に留意取締ること」が含まれていたという（鈴木安昭（1980）101頁。但し、原記事は『中外商業新報』1930年12月3日）。

66 「小売商の百貨店対抗運動　商工省は放任主義」『大阪時事新報』1929年5月18日（経営3-008）。同じ記事が、「百貨店問題政府か干渉せず―中橋商相語る」『時事新報』1929年5月19日（経営3-010）。

67 「理屈ばかりでは行かぬ　関係当局の態度　百貨店商品券問題」『大阪朝日新聞』1929年6月27日（経営3-032）、「いささか度を超えたもの…　百貨店の商品券問題　大蔵当局の意向」『東京朝日新聞』1929年6月27日（経営3-031）、「商品券問題を当局も重視　現行法に触れる点をも認め対策は研究の上決定」『中外商業新報』1929年6月27日（経営3-030）。

68 「発行日を明記し新旧交替を禁ず　商品券問題に対する大蔵当局の意向」『大阪朝日新聞』1929年6月28日（経営3-036）。

69 「紙幣類似か――大蔵省が調査　商品券存否の如何はいよいよ近く決定する」『大阪毎日新聞』1929年6月28日（経営3-039）。

70 松井辰之助（1932）89頁。松井はここで、むしろ商業組合の事業に商品券事業を結びつけるという「試論」を述べているが、これが現実化するのはもう少し後のことである。

71 『第63回帝国議会衆議院　第6類第7号　商業組合法案外一件委員会議録（速記）第一回　昭和7年8月28日』。

72 以下の議論は、9月1日の質疑からの引用である。『第63回帝国議会衆議院　第6類第7号　商業組合法案外一件委員会議録（速記）第五回　昭和7年9月1日』。

73 「百貨店対小売商問題に対する新考察」『神戸新聞』1932年9月28日-9月30日（国際金融13-133）。

74 『官報号外　衆議院議事速記録第十号　百貨店法案外一件　第一読会』昭和7年9月3日。

75 「商品券供託調べ」『大阪毎日新聞』1932年12月25日（経営6-113）。但し、この38社の中には、百貨店以外の小売店も含まれている。1932年に成立した商業組合法に基づいて百貨店商業組合が結成されるが、その加入有資格店舗は36店であった。（「百貨店商業組合一月末認可せん　商工省デパート統制本筋へ」『中外商業新報』1932年12月27日（産業組合6-104）。

76 指定されたのは、三越、松坂屋、白木屋、大丸、髙島屋、松屋呉服店、十合呉服店、

野澤屋、ほてい屋、丸物、阪神急行電鉄の11社であった。(大阪市役所産業部調査課 (1933) 37頁。

77 「百貨店組合に内部対立 商品券問題で」『大阪毎日新聞』1933年10月20日（経営7-079）。

78 1931年4月から32年3月までの1年間に日本百貨店協会会員11店中10店が発行した商品券の枚数では、膨大な量に上った10銭、50銭の小額券を除いても、5円以下の商品券が、枚数では72%を占めていたという。そのことから、水野祐吉は「5円未満の禁止はよほど社会に影響を及ぼしていることが察せられる」としている（水野祐吉（1937）190頁）。

79 「商品券の最低制限百貨店に大打撃 今後の対策品名表示の券を発行か 剰銭をどうするか」『東京日日新聞』1932年10月2日（経営6-083）。

80 「五円券のおつりはどうなる？ 商品券の発行制限で関西百貨店の対策」『大阪朝日新聞』1932年10月28日（経営6-091）。なお、クーポン式切り取り商品券は松坂屋のほか白木屋も発行した。これについて名古屋税務署は違法と判断したが、大蔵省主税局はこれを違法ではないと判断したため、三越以下、髙島屋、松屋、ほてい屋などが、こぞってこれに追随したという。（「利札式商品券発行差支ない」『時事新報』1932年12月27日（経営6-116））

81 大阪市役所産業部調査課（1933）41-46頁。

82 以下、本項の叙述は、基本的には大阪市役所産業部調査課（1933）53-83頁による。

83 大阪でも、業者間の連絡と売買価格の協定を図るために商品券売買業者組合が設立されたようだが、協定を破るものが続出した上に、不況下での競争激化によって有名無実化して自然消滅したが、東京では1932（昭和7）年現在で、業者の組合が存在したという。

84 「共通商品券の許可行き悩む 紙幣類似証券取締法適用か 商業組合猛然起つ」『中外商業新報』1934年4月25日（経営7-092）。

85 「中小商工問答共通商品券の発行可能性あり 八日の経済部長会議」『時事新報』1936年7月10日（経営8-039）。

86 「小売業者の更生 本社主催小売業振興座談会 小売業の統制 真に至難なことだが法の力で又道徳的に」『大阪時事新報』1935年1月25日～2月9日（経営7-151）における大阪府事務官の発言。

87 竹島富三郎（1929）32頁。

88 「地区組合単位に中小商業金融改善 東商決議」『中外商業新報』1936年9月4日（信用組合1-188）。

89 「百貨店を真似て共通商品券 商業組合に発行許す 商工省が大蔵省と折衝」『中外商業新報』1936年9月10日（有価証券7-166）。

90 「商業組合法の改正が実現するまで―裏面に涙ぐましき奮闘―」『商業組合』第4巻第4号、1938年、25頁。

91 「目的は商品券発行 仙台専門店会株式会社を組織 全国で三番目に」『東京朝日新聞』1936年12月26日（経営8-067）。

第 3 章　商店街発行の共通商品券　115

92　『帝国議会議事録第73回衆議院予算委員会第10回』昭和13年2月3日による。
93　「"商相でかしたり！"」「共通商品券」の色よい議会答弁に商都の中小業者大喜び」『大阪朝日新聞』1938年2月4日（経営8-099）。
94　『官報号外　貴族院議事速記録第11号』昭和13年2月15日、および『官報号外　衆議院議事速記録　第22号』昭和13年3月5日。
95　施行規則は「商業組合法改正に伴ふ改正施行規則の全文　同時に商工省訓令も発せられる」『商業組合』第4巻第6号、1938年による。
96　「生まれるぞ！"横の百貨店"さあ商品券発行だ　商組改正宿願叶った商店街がスクラム組んでお盆へ進軍」『読売新聞』1938年4月1日（経営8-105）。あわせて、「"街"の商品券発行　七月頃には実現か　改正法規六月までに公布」『大阪朝日新聞』1938年4月9日（経営8-108）、「横のデパートでも共通商品券を発行　中小商店の窮境打開のため七月一日から許可」『大阪毎日新聞』1938年5月11日（経営8-111）。実際、1938（昭和13）年に商店街商業組合を結成した東京十条銀座商店街では、定款の第81条に「商品券ノ発行」を置き、その体制を整えている。これは商業組合中央会ないしは東京市からの指導もあってのことであろうが、実際に共通商品券が発行されたか否かは確認できていない。
97　『日本百貨店組合調査彙報』1938年11月号、1235-1236頁。
98　「商品券"商的"ござんなれ　さあこの巨弾だ　元町一、二会ではもう印刷廻し　横のデパート猛進撃」『大阪朝日新聞』1938年6月20日（経営8-114）。
99　「起ち上がる商店街（1）〜（8）」『大阪毎日新聞』1938年6月26日〜7月5日（経営8-115）。
100　「"横のデパート"の商品券特殊店は法度　商工省の最低裁定に組合狼狽」『読売新聞』1938年6月29日（経営8-117）。
101　「小売商店の共通商品券お盆を控えて許可　但し厳重な条件つきで　デパートへの対抗策の朗報」『大阪毎日新聞』1938年7月2日（夕）（経営8-118）。
102　「あすから百貨店へ反撃商品券！　強みを期待する商店街」『大阪朝日新聞』1938年7月31日（経営8-120）。神戸市ではそのほか、林田大正筋、同学校筋、同六間道および元町五丁目の各商業組合が商品券の発行を申請していたという。（「復興の商店街を巡る（1）〜（5）」『大阪毎日新聞』1938年8月5日〜8月10日（災害及び災害予防8-151））
103　「商店街の機関銃百貨店に対抗豆商品券登場　五十銭→三十円で浄正橋商組先ず申請　九条その他にも氾濫」『大阪時事新報』1938年9月24日（経営8-123）。なお、この時点で、東京では人形町、麻布十番、堤方、浅草いろは通、武蔵小山、北沢の6商店街がすでに商品券を発行していたという。
104　「これからの経営（A〜L）」『中外商業新報』1938年9月27日〜10月11日（経営8-125）。
105　井上貞蔵・土屋重隆（1939）254-256頁。
106　「戦時経済体制全く整う　七十三議会茲に終幕」『大阪朝日新聞』1938年3月27日（議会正当および選挙43-133）。
107　公開経営指導協会（1983）11頁。
108　「"奢侈"を全面抑制　質実の国民生活再建　企画院要綱発表」『大阪毎日新聞』1940

年8月18日（社会事情8-086）。
109　三越（1990）131頁。

《参考文献》————————————

粟屋義純（1931）『百貨店対抗　新経営法』青山堂書店。
池田徳太郎（1935a）「共通商品券に就いて（一）」『商業組合』第1巻第2号。
池田徳太郎（1935b）「共通商品券に就いて（二）」『商業組合』第1巻第3号。
稲川宮雄（1936）「商店街商業組合に関する調査（二・完）」『商業組合』第2巻第2号。
井上貞蔵・土屋重隆（1939）『戦時戦後の中小商業』昭和図書。
大阪市役所産業部調査課（1933）『大阪の商品券調査』大阪市役所産業部調査課。
木村安次郎（1936）「商店街商業組合と小売業者更生」『商業組合』第2巻第1号。
公開経営指導協会（1983）『日本小売業運動史　戦前編』公開経営指導協会。
神戸商工会議所（1933）『商品券取締法と小売商』神戸商工会議所。
白地辨二（1936）「商店街商業組合の振興繁栄策」『商業組合』第2巻第9号。
鈴木安昭（1980）『昭和初期の小売商問題―百貨店と中小小売店との角逐』日本経済新聞社。
竹島富三郎（1929）「百貨店の商品券存廃問題―百貨店対小売店問題の一端―」『経済時報』第1巻第4号。
百貨店事業研究会（1935）『百貨店の実相』東洋経済新報社。
松井辰之助（1930）「商品券並にその課税問題の社会的背景」『経済時報』第2巻第1号。
松井辰之助（1932）「商品券問題短評」『経済時報』第4巻第6号。
水野祐吉（1937）『百貨店論』日本評論社。
三越（1990）『株式会社三越85年の歴史』三越。
村本福松（1941）「最近大阪に現れたる商業経営型態に就いて」『経営問題』第3巻第7号。

第4章

商業組合と商店街商業組合

1 昭和戦前期の小売業と公共政策

1-1 小売業に対する公共政策の考え方

　昭和初期は中小小売商問題が本格的に意識された最初の時期であった[1]。打ち続いた不況は小売業への過剰なまでの参入をもたらした。農村から職を求めて都市に出かけた人びとにとって小売業がほとんど唯一の駆け込み先であった。さらに、1923（大正12）年に発生した関東大震災は首都東京を壊滅させたが、その復興過程で百貨店の大衆化路線が定着し、中小小売商との間に直接的な摩擦が発生するようになる。加えて、アメリカで急成長し始めたボランタリーチェーンが新たな小売形態として注目されるとともに、メーカーによる直接販売も具体的な姿を現し始めていた。

　要するに、小売業は不況の中で大量の労働力の流入場所となり、過剰就業にあえぎながら新たな競争環境に直面していた。しかし、そうした中でも小売商が置かれた立場は決して一様だったわけではない。新たに参入した大量の小売商が底辺で苦しむのに対して、中心部の商店街に立地する老舗小売商の多くはそれなりの資金力をもち、経営を近代化し、共同事業を行うことによって百貨店と対抗しようとする意欲をもっていた。本章で取り上げるのはそうした小売業者による先駆的取り組みである。

　さて、不況下での小売業の苦境は公共政策の関心を引きつける。しかし、百貨店にしろチェーンストアにしろ、新たに登場しつつある近代化への動きを抑制すべきではないというのは、当時の学界を含めた大宗の意見であった。むしろ、前近代的な経営と過当競争に苦しむ小売業を近代化と自主統制によって「救済」するというのが基本的な考え方であった。それをもっとも典型的に表現しているのが、1929（昭和4）年12月に商工審議会第3特別委員会が答申した「小売制度の改善に関する方策」である。小売市場に関する部分は第1章で触れたが、改めてその全体の概要を示しておく[2]。

小売制度の改善に関する方策（総論部分）（1929年12月）
第1　我が国の小売商制度としては大規模組織の小売商と相並んで中小小売商の存在するを要すること勿論であるが、しかし中小小売商は今のままにこれを放置してはますます窮境に陥るの懸念があるのみならず、これが国民の消費経済に及ぼす影響もまた頗る大なるものがあるから、この中小小売商制度に適切なる改善の策を立つることが必要である。しかしてその改善策は進んで大規模小売商を抑圧することであってはならず、むしろ遅れたる中小小売商を大規模小売商と同列に進ましむることを主眼としなければならぬ。同時にまた徒なる救済にのみ堕することを避け、かつ消費者の利益を害せざるを期せなくてはならぬ。即ち中小小売商自助自衛の精神に本づき自ら救はんとするものに便宜を与へ、自救力を助長し、これを善導することにつとむべきである。

ここでは中小小売商の存在意義を認めつつ、むしろそれゆえにこそ、中小小売商の経営改善の必要性を強調し、自助自衛の精神による自救力の必要性を強調している。これは経済省としての商工省のほぼ一貫した態度であった。これに続く本編ともいうべき部分の概要は以下の通りである。

小売制度の改善に関する方策（各論概要）（1929年12月）
第2　この見地より中小小売商をして先づ左の如き方法に依り自らその経営を合理化せしむることが肝要である。
　1　経営上の無駄を省き営業費の低減を計り、家計と営業費の混同を避くる
　2　商品の安価仕入を計るため左の方法によること
　　1）共同して商品の仕入を専門家に一任して、割当双互融通し、大量仕入れを行ふ
　　2）生産者、輸入商、中央卸売市場と連絡を保ちなるべく直接購入をなす
　　3）その他、倉庫、制作、加工工場の施設などを共同にする
　3　左の方法により販売の合理化を計ること
　　1）建物、陳列法、サービス、広告、販売員の養成等に注意し、顧客吸収策を講じ、売上高の増加を計ること
　　2）回転率本位に商品を取扱ひ、余剰手持品を少くすること
　　3）掛値、駆引等をなさざること、配達の有無、現金売と掛売とにより価格に差別を設けること
　　4）掛売はなるべく廃止して現金売の励行に努め、貸倒なき様厳重に警戒し損失を防ぐこと

5）正味数量を明確にすること
　4　現時の中小小売商の金融難はこれを緩和することに努めねばならぬ。…
第3　前述の如き合理化施設は中小小売商個々の単独の力では十分な効果を収め得ない場合が多く、多数の中小小売商人がその資力と能力を合成することが最も有効である。中小小売商が相集まって株式会社組織によって大規模経営を行うのが望ましきも、その実現困難なる故、店舗そのものは中小なるも互いに融合提携して大規模経営と同一の利益を収めしむることに努めねばならぬ。その方法は左の如くである。
　1　現物出資を中心に百貨店を設け、大規模経営に入ること
　2　問屋、製造家を中心とするの外、中小小売商相集りて連鎖店を組織すること
　3　一町内の中小小売商連携して商店街を形成し、連絡的経営をなすこと
　4　多数の卸商小売商が一団となり購販組合を組織し、仕入、販売を共同すること
　5　連帯保証人の方法により金融を講ずること
第4　略（本書第1章34頁参照）
第5　上述の如き方法により相乗りて共同企業化する場合は、政府において一定の条件を付して低利資金を融資する外、各種の便宜を図ることが望ましい

　見られるように、無駄の排除や家計と経営の分離に始まって、共同事業のあり方に至るまで、幅広く問題を指摘したものとなっている。但し、小売業問題の最も基本にあった過剰参入問題には触れず、中小小売商の共同事業によって経営に合理化を図り、規模の利益を追求すべきだというのであった。確かに、第三の3で商店街による「連絡的経営」が触れられてはいるものの、「一町内の中小小売商」の「連携」について具体的なイメージは示されていなかった。
　以下ではこの小売商の共同化が具体的にどのように推し進められたかを見てゆくが、共同化の中でも特に重要視されていたのは同業者による統制と仕入れの共同化であった。それによって過当なまでの価格競争を回避するとともに、大量仕入れが可能になり、仕入れ価格の低減を実現できるとの期待があった。そして、そうした動きを支援するものとして準備されたのが、1932（昭和7）年の商業組合法であった。

1-2　商店街の概要

　本章では商店街商業組合に関心をもつので、商業組合法を見る前に、当時の商店街の概要を見ておくことにしよう。疲弊を伝えられた中小小売商ではある

が、その全貌をつかむことは難しい。1935（昭和10）年12月、商工省は初めて全国的規模での商店街調査を実施した。それによって、当時の商店街のあらましを推測することにしよう[3]。

調査対象となったのは、全国87都市の284商店街である。この時点で、全国に商店街は600〜700程度存在するものと推計されていた[4]。現在の商店街が全国で約1万3,000〜1万5,000と推計されているところから考えると、まずその数の少なさに驚かされるであろう。しかし、これにはもちろん理由がある。この時期、「商店街」として認識されていたのは、買回り品店が主体となった商業集積であった。最寄り品のかなりの部分は御用聞きや振り売りなどの行商によって販売されていたし、店舗を構える場合でも集積を形成することなく、居住地の近くに単独立地で点在することが少なくなかった。もちろん、生鮮食料品を中心に店舗が集積を形成する場合もあったが、それらは「市場」と呼ばれ、商店街とは区別されていた[5]。その意味からすれば、この時期の「商店街」は今日でいう広域型ないし超広域型の商店街であったと考えることができる。戦前の商店街がしばしば「横の百貨店」に擬えられたのも、まさに商店街がこのような性質のものだったからであった。

商店街の規模は50店舗未満（12.6%）から351店舗以上（3.3%）まで広く分散するが、多数を占めているのは50〜100（31.1%）、101〜150%（21.9%）であり、実際、優良組合として各地方で発展しているのは、150店内外のものが多かったという。あまり小規模では資金難に陥ることが多い反面、あまり多数になると組合としての統制が困難になることが多いからだとされている。

商店街の長さでは、2〜3町、ないし3〜4町の商店街が過半を占めた。1町が約110mであるから、300〜450m程度ということになる。そのことを見ても、商店街がかなり大規模な集積であることが分かる。もちろん、大都市となればさらに商店街の規模も大きくなる。当時、「盛り場八町」という言葉があったようだが、東京の巣鴨が9.5町、銀座が8町、京都の四条が8町、大阪の心斎橋が10町、神戸の元町が7町と、大規模な集積を形成していた。これらはいずれも大都市の中心商店街で、今日まで賑わいを維持している代表的な商店街であった。

商店街の幅員は大都市中心部では10〜20mが多くなるが、中小都市では5〜

9m程度が多かった。商店街はいずれも道路の両側に形成されており、電車やバスなどが通行していなければ、両側の商店を見るには、5～9m程度が最適ではないかとされている。道路面は大部分が舗装されており、未舗装はわずか11.6%であった。当時の一般的な道路の舗装率は明らかではないが、この商店街の舗装率は極めて高いものと推定される。

商店街の店舗構成では、商店街戸数の70%以上を小売商店が占めている商店街が60%を超えており、純化度は相当高いと評価されている。純化度の高い商店街には地方都市の2～3番手の商店街が多く、大都市の中心部では、百貨店、金融機関をはじめ、高度化した機関が存在して純化率が低下するとともに、飲食店や興業物などを取り込んだ「盛り場的商店街」でも同様に小売商店への純化度は低くなっている。

この調査とは別に、大阪商工会議所が1937（昭和12）年末に行った調査によれば[6]、半径500m内の顧客が70%超える商店街が過半を占めており、顧客の過半が1kmを越える商店街は、当時の大阪市の中心街であったミナミの商店街に限られていた。上の商工省の調査の、商店街内部を電車やバスが通行しているか否かという設問には、大阪の商店街のほとんどは「無」と回答していた。しかし、大阪は公共交通網が比較的発達していた都市であり、商店街の近くまでは電車やバスでのアクセスが可能であったはずである。そのことを考えれば、他都市では、この商圏の感覚は大阪市とほぼ同じか、むしろやや狭い程度であったと考えてよいだろう。

2　商業組合法

2-1　商業組合法の成立

先の商工審議会の「小売制度改善策」について、東京実業組合連合会を中心に小売業の現場からは強い反対があったが、政府はその改善策を具体化するための新たな組合制度を整備する方向へと舵を切ってゆく。それが具体的な形となって表れたのが1930（昭和5）年12月に発表された商業組合法案であった。その概要は次の通りであった[7]。

商業組合法案要綱（1930年12月）
1 主務大臣の指定する商業を営む者は同業者又は密接の関係を有する営業者相集まりて商業の改良発達を計るため共同の施設をなす目的をもつて商業組合を組織ることを得ること
2 商業組合は出資制度とすること
3 組合員の加入及び脱退は任意とすること、但し必要ある場合においては組合員以外のものにまでその統制力を及ぼすことを得ること
4 組合は左の事項を行ふことを得るものとすること
　(1) 商品の共同仕入、共同保管、共同配給、選別、包装、荷造等の共同施設
　(2) 営業上の弊害を矯正するために必要なる検査その他の取締又は営業上の制限
　(3) 組合員の貯金の取扱及び資金の貸付
　(4) 組合員の債務の保証
　(5) 指導、研究、調査
　(6) その他組合の目的を達するに必要なる事業
5 商業組合において営業上の弊害を矯正するため必要なる取締制限をなさんとするときは主務大臣の認可を受けしむること…
7 商業組合又はその組合員はその営業に関する重要物産同業組合法による同業組合に加盟せず又はこれより脱退することを得ること
8 組合の設立には地区内における組合員たる資格を有する者の三分の二以上の同意を要すること
　（以下略）

　この第7項は同業組合の力を弱めるものとして東京実業組合連合会は強く反対した。そのため、当初1930（昭和5）年12月開催の第59回帝国議会に上程される予定であった商業組合法案は1932（昭和7）年8月開催の第63回帝国議会に持ち越されることとなった。
　要するに、小売業の疲弊を解消するためには小売業の統制と共同化が必要であり、それを推進するために政府が準備したのは、農村部を中心とした従来からの産業組合や1925（大正14）年の工業組合とは別に商業固有の組合を組織化することであった。産業組合は当初の信用組合中心から1920（大正9）年には販売、購買組合に力点を移しており、小売商との衝突が始まっていた。その意味からすれば、組合化をすることの経済的利益もさることながら、産業組合の進出に対抗して産業組合法に似た「商業の方に組合を拵へて、其方を助けて行

つたならば、産業組合の方に反対する理由も幾分か薄くなると云ふやうな、まあ『政略』と申してはどうか知れませぬが、権衡上からも此法律が出来た[8]」という側面があったことは間違いないだろう。

その背後には「独占体制」と呼ばれた大企業の成立、さらには1931（昭和6）年に成立した重要産業統制法があった。この大企業体制分野における私的統制に対して、中小業者の組合統制を対峙させる。これが当時の中小商工業政策の基本であるといってよかった。その意味では、「商業組合制度は統制経済の時代における所産[9]」だということもできる。

内容を多少改めた商業組合法案は1932（昭和7）年8月に衆議院に上程されたが、中島久万吉商工大臣はその提案趣旨説明の中で次のように述べた[10]。

中島久万吉商工大臣の商業組合法案提出趣旨説明（1932年8月）概要
　我国現下の経済的不況は産業の有ゆる部門に及びまして、その影響が頗る甚大なるものがございます。就中、中小商業者の困窮は殊に甚しく…、之が匡救は最も緊急を要するものと認めらる、所、是等中小商業者困窮の原因を繹(たず)ねて見まするに、一般財界不況の影響に依ること勿論…中小商業自体の組織、経営上にも多大の欠陥がございまするし、且同業者が如何にも多数ございまして、其間統制なく、無謀の競争をいたしまして、随て業務の安定を失ひ、金融上常に梗塞を免る、能はざる等に由来する所が又多き…、従来政府に於ても之が匡救の為に、低利資金の融通其他の施設に鋭意努力致して居りまする…けれども、是が根本的政策と致しましては、新に中小商業者に適切なる組合制度を立てまして、以て各種の経済的共同施設を致さしむることが出来まするやうに致しまするし、組合の鞏(きょうこ)固なる統制の下に相互の規律協調を維持せしめまして又金融疎通の機関たらしむることが、現下の中小商業者の窮状を打開致しまして、其自力更生を図る最も緊要なる方策と認めました次第でございます。

ここでは個々の経営上の問題とともに、過多性による無統制、無謀な競争が困窮の原因として強調されており、それを組合による統制によって規律協調を取り戻そうという意図が読み取れる。その商業組合法は商品券取締法とともに9月2日に貴族院を通過して、成立する。その商業組合法の主要条文は次のとおりである。

商業組合法（1932年9月）
第1条　商業者は其の商業の改良発達を図る為共同の施設を為す目的を以て商業組合を設立することを得但し特別の事情あるときは二種以上の商業者を以て設立することを得
第3条　商業組合は左の事業を行ふこと得
　1　組合員の取扱商品の仕入、保管、運搬其の他組合員の営業に関する共同施設
　2　組合員の営業に関する統制
　3　組合員の営業に関する指導、研究、調査其の他組合の目的を達成するに必要なる施設
　　組合は前項の事業の外組合員に対し其の営業に必要なる資金の貸付又は組合員の貯金の受入を併せて行ふことを得…
第5条　商業組合は定款の定る所に依り其の経費の一部を組合員に分賦することを得
第6条　商業組合は定款の定る所に依り定款違反者に対し過怠金を課すことを得
第7条　商業組合は定款の定る所に依り組合員の営業に関する統制を行ふ場合に於ては之に関する規程を定め行政長官の認可を受くべし…
第8条　営業上の弊害を予防し又は矯正する為必要と認るときは行政長官は商業組合に対し必要なる施設を命じることを得
第9条　営業上の弊害を予防し又は矯正する為特に必要と認るときは行政長官は商業組合の組合員又は其の組合の組合員に非ずして其の組合の地区内に於て組合員たる資格を有する者に対し其の組合の統制に従ふべきことを命ずることを得
第12条　商業組合を設立せんとするときは予め地区を定め其の地区内に於て組合員たる資格を有する者の過半数の同意を得て設立総会を開き定款其の他必要なる事項を定め役員を選任し行政長官の認可を受くべし但し組合員たる資格を有する者の営業の種類二以上あるときは各其の過半数の同意を得ることを要す

　この第1条が同業種の組合を想定していたことは但し書から見て明らかである。業界の統制を強化するとともに、小規模ゆえに生じる規模の不利益を共同化によって解消しようということからすれば、同業種店の結集を想定するのは当然ともいえた。その中での但し書にいう異業種店の組合については、例えば薬種商の多くが同時に化粧品を取り扱ったり、酒屋の多くが木炭や味噌・醬油を取り扱うというように、営業上きわめて密接な関係をもっている場合や、農村部などで店舗数が少なく同業種店の組合の結成が困難な地域における地区商業組合が想定されたものであった[11]。

さらに、そうした過当競争を解決するための統制となれば、業界を挙げての組合への結集が必要となるはずである。第12条が有資格者の過半数の参加を求めたのはそのためであった。しかし、反面では多数の中小商業者の参加は、例えば共同仕入れといった高度な共同の経済的利益の追求を困難にすることは明らかである。

　この商業組合法は一方では統制事業を期待するとともに、他方では経済的共同事業を期待するという二律背反的な制度設計になっていたと言わざるを得ない。その結末を詳述することはできないが、「一定地区内業者の過半数原則は必然的に経営実質の差等を無視して一定の量的条件に組合を拘束する。その結果、協同主義の二人三脚機構は、事実において六尺の身長の業者と五尺、四尺、三尺とをともに一様に前進させやうとする結果になり易いが、これでは二人三脚は前進することが困難である」と評される[12]ような結果となったことだけは指摘しておこう。また同業組合に関する規定が削除されたのは、業界の強い反対への配慮からであろう。

　第1条の規定に戻っていえば、小売業者の側からは、既に商店街商業組合の設立に向けた要望を出していたという。当時のリーダーの1人であった中村金治郎（大阪府商店会連盟理事長）によれば、1929（昭和4）年に小売商業組合法の制定を提唱し、1932（昭和7）年には「私共は商店街の商業組合の必要性を認めて、この趣旨のもとに制定せられんことを要望したのであつたが、愈々法案として発表せられたものを見ると、相当の隔たりがあつたので、同法案の上程せらる、衆議院に対し特別委員会を通じて、其の修正を求めた[13]」という。それでも、商店街商業組合は商業組合法の中に位置づけられることはなかった。まさに、「立法者の意識の中には、商店街組合の如きは重要なる問題として認識されてはいなかつた[14]」のである。

2-2　先駆的商店街商業組合の設立

　上でみた通り、商業組合法の趣旨の中には商店街商業組合は含まれていなかった。しかし、商業組合法が施行されてから2ヶ月余り後の1932（昭和7）年12月に横浜市の弁天通商業組合が設立された。これが日本における最初の商店街商業組合であった。それ以降、わずかずつではあるが、商店街商業組合が設

立されてゆく。いま、商業組合と商店街商業組合の設立状況をみると、**表4-1**の通りである。

表4-1　商業組合と商店街商業組合の設立状況　　　（各年末）

	1935年	1936年	1937年	1938年
物品販売業	713	951	1,270	2,144
その他商業	91	127	183	254
雑種商業	79	112	189	277
うち商店街商業組合	?	22	57	96
連合会	4	7	11	31
合計	887	1,197	1,653	2,706

（資料）『商業組合』第2巻第1号、第3巻第1号、第4巻第1号、第5巻第2号の各「商業組合の現勢」より作成。

　弁天通商店街商業組合の設立経緯は明らかではなく、その後の組合活動の記録も残っていない。しかし、雑種組合の1つとして商店街の組合を立ち上げた意義は大きく、それに追随する商店街が現れる。例えば、1933（昭和8）年には東京市の新橋仲通商業組合と堤方町商業組合、名古屋市の大松通商業組合、大阪市の四貫島春日出商業組合が、1934（昭和9）年には大阪市の上福島聖天通浄正橋通商業組合が、1935（昭和10）年には大阪市の十三商店通商業組合や奈良市の柳町商業組合が、さらに1936（昭和11）年には東京人形町通商業組合や大阪市の浦江本通商業組合、姫路市の二階町通商業組合などが設立されている。さらにそれ以降はかなり急速に商店街商業組合の設立は増加してゆく[15]。

　商店街商業組合は当初の想定にはなかった雑種組合の、そのまた想定外の形であり、まさに「例外的組合のまた一つの例外」として設立されたことになる。商店街商業組合が実際に取り組んだ活動については節を改めて取り上げるが、その結果、当初商店街組合を想定しなかったこと自身は「必ずしも当時の立法者の責任ではない」としても、その後の状況の変化からすれば、商店街商業組合をこうした位置づけに置き続けるのは「法律上の一つの不備」ともいうべきものと評価されるようになる[16]。先進的な商店街の取り組みこそが商店街商業組合を商業組合の1つの型として位置づける途を拓いたのである。

その結果、1937（昭和12）年にもなれば、例えば「理論的に見て大中都市の商店街は、商業組合を結成するには、最も適当なる種々の条件を具へてゐる」とまで言われるようになる。谷口吉彦は、その条件して、①大都市の商店街の構成店舗は150店を標準とするが、これは商業組合を結成するに最適である、②商店街の構成店の資力に大差がないため平等出資に理想的である、③商店街の店舗は1つの地域団体をなし、隣保互助の精神を持つ人間関係が成立している、④同一の地域にあるため連絡、統一、集会、協議、通達などに便利である、⑤各店の業態、資力、信用状態などについて相互に知りうる関係にあることが金融事業の運営に有利である、⑥取扱い商品が異なるから競争関係が希薄で商売敵という意識がない、の6点を挙げている。そのうえで、谷口は商業組合を、業種別商業組合、地区商業組合、商店街商業組合の3つに区別して理解すべきことを主張するようになる[17]。

　しかし、業種別商業組合を想定したはずの制度の中に、都市部における商店街を単位とした商業組合を設立するとなれば、両者の関係をどのように理解するかが問題となってくる。この点についての代表的な見解としては、中西寅雄の「業種別商業組合は実質的に所謂自由連鎖店に該当するものであり、その事業は共同仕入を中心としこれを基礎とする統制である。而して業種別商業組合に於る共同事業及び統制は、これによつて各組合員の直接的費用の節約又は利益の確保を結果する。これに反して商店街商業組合はいはゞ横の百貨店又は市場を形成せんとするものであり、従つてその事業も統一感を有する商店地区を形成し、顧客を吸引するを中心とし、各組合員の経営の内容に直接的に関与するものではない。両者は等しく商業組合の形態を採るも、実質的には全く異なるものなることを知らねばならぬ。[18]」という位置づけが、最も標準的なものと言ってよい。

　言い換えれば、業種別組合の場合には同業種店による共同仕入れに代表されるボランタリーチェーン型の共同事業が主要な事業として想定され、この場合にはそれに参加した組合員にのみ利益が還元されるのものと考えられる。それに対して、商店街商業組合の場合には顧客吸引施設が主要な事業となり、その多くはその地区内のすべての小売商が参加しなければ十分な効果を発揮しえない性質のものが多い。ここにいわゆるアウトサイダー問題が発生する。この点

についても、中西寅雄は「本来商業組合なる制度は…統制経済の一環として、その商業部門に於ける現れであり、小売業全体の利益を中心とする建前からこれを強制加入とすることは、何等不合理ではなく、少くとも商店街商業組合に関しては根本的に必要である。[19]」と言う。谷口吉彦も「商店街組合の特殊の性質から、出来うれば地区内有資格者の強制加入を認ることが望ましい」とした上で、さらに大都市では商店街区の中に約25％の他業者（銀行、理美容店等のサービス業と喫茶店を含む飲食店）が存在することを指摘し、共同撒水、共同照明、共同装飾などの統制事業は「是等の混在者を一々除外しては、その効果を半減する」として、「是等を組合の賛助員または利用者として、共同施設の経費の一部を之に賦課しうるの途が必要となる。[20]」とも指摘している。

要するに、商店街商業組合は本来想定された商業組合とは異質の性質をもった特別の、しかし重要な商業組合の一形態としての地位を獲得してゆくのであり、しかもその活動の特性から、実現こそしなかったものの、組合でありながら地区内全事業者の強制加入さえ求められるようになったのである。

2-3　商業組合法の改正

ここでは商店街商業組合に注目しているが、商業組合そのものとしてみれば、業種別組合が大宗を占めていたことは間違いない。法施行から5年半を経た1938（昭和13）年初には1,700を超える組合が結成されていた。その中には優良組合ももちろん存在したが、開店休業の「睡眠組合」も少なくなかったようである。その原因の一端は商業組合法の制定当時の誤りがあったとして、法改正の要求が強まってゆく。先にも指摘したとおり、商業組合法は商業組合に統制事業を実施するとともに、共同事業への取り組みを期待するという建前になっていたが、商業組合法改正実行委員長であった長谷川亀蔵によれば、共同施設等によって経済行為を行う組合では相当の成果をあげたのに対し、統制を行う組合は「全々失敗」であったという。「当局は、実施の当初に於て統制を慫慂(しょうよう)せられ、統制をなさざれば認可せざる方針すら堅持されて居た程であつたが、之が為め失敗した組合も枚挙に遑がない」という[21]。

こうした背景の中で、商業組合中央会は1937（昭和12）年11月、商業組合法改正の要望書を提出する。その要望項目は次の通りである[22]。

商業組合中央会による法改正要望項目（1937年11月）
1　商業組合中央会を法人組合とせられ度
2　商業組合を業種別及地区組合の二種に分別し地区組合の設立は地区内有資格者全員の過半数を以て認可する様改められ度
3　行政長官特に必要ありと認るときは商業組合の設立を命ずることを得る様法律を改正せられ度
4　一定条件を具備する商業組合には地区内に於ける有資格者の強制加入を認められ度
5　商業組合法第9条の規定に依る命令を強化し其の適用範囲を拡張すると共に命令を簡易迅速にせられ度
6　商業組合に対し倉庫証券並に共通商品券の発行を認められ度
（以下略）

　要望の範囲は広範にわたっているが、ここでは商店街商業組合に関連するものに限って簡単にコメントしておく。要望の第2項は組合の設立要件にかかわるもので、商店街を含む地区商業組合の場合、業種ごとの過半数の同意から、地区内全有資格者の過半数への変更を求めたものである。
　それと密接に関連するのが第4項の強制加入問題である。ここでは商業組合一般の問題として語られているが、それは明らかに商店街商業組合の問題であった。第6項の共通商品券については、すでに第3章で詳述した。
　商業組合法の改正要求は中央会を中心に強力に推し進められ、その結果、改正案は1938（昭和13）年2月8日に閣議決定され、第73回帝国議会において通過成立し、同年3月29日に公布され、5月16日に施行されることとなった。この法改正について、当時の商務課長・末永術は、「今度の改正の狙ひ所は所謂自力更生、商業組合本来の使命の線に沿つて行くといふことが一つ、それから配給統制といふ国策の線に沿つて行くことが一つ」と述べ[23]、統制強化の国策に沿うものとしている。
　結果的に改正された主な点は、当時の商務局長・新倉利廣の整理によれば、以下の通りである[24]。第1は事業範囲の拡張で、債務保証事業、共通商品券の発行、倉庫証券の発行が商業組合に認められた。第2は統制の強化で、統制命令の発動に伴う臨検・検査等の規定が盛り込まれるとともに、商業が過剰と判断された場合には営業許可制度を導入して「無秩序なる濫立」を防止すること

を可能にした。第3に必要と認めるときには、行政官庁の命令を以て強制的に組合が設立可能となり、第4には組合の役員認可など組合に対する監督規定を強化した。第5に商業組合中央会を法人化し、各単位組合に対する統制を強化した。第2以下は明確な「統制強化」であるが、「尚其の外にも地区及び商店街商業組合の設立要件の緩和其の他の細い点の改正」が行われた。しかし、当局にとっては「細い改正」の一部に過ぎなかった商店街商業組合の設立要件の緩和は、商店街関係者にとっては長年の懸案だったのであり、この改正によって大きく前進することになった。

商店街商業組合に関心をもつここではその「細かい点」に今少し立ち入ってみておくことにしよう。まず、商店街商業組合の設立要件の緩和は法律第12条の改正（但書の追加）という形で行われた。

商業組合法改正（1938年3月）第12条但し書
第12条　…但し組合員たる資格を有する者の営業の種類二以上あるときは命令を以て定むる場合を除くの外各其の過半数の同意を得ることを要す

その上で、「命令の定むる場合」について、次の通り施行規則第1条の2を追加した。

商業組合法規制施行規則（1938年5月）
第1条の2　商業組合法第12条第1項但書又は第13条の但書の規定に依り営業の種類別に同意を得ることを要せざる場合は一定地区内の商業の改良発達を図る為多種類の商業者を以て組合を設立する場合とす

この法第12条からの除外規定によって、商店街商業組合は業種毎の過半数要件が不要となり、有資格者総数の過半数の参加をもって設立が可能となった。商業組合法が設立されて以来、商店街商業組合の設立数は少なかったが、ようやくその要件が緩和されることによって、1938（昭和13）年度には設立組合数が増加してゆくことになる。

しかし、それによって商店街商業組合が本質的に持っていた問題点が解決で

きたわけではない。すでに、1935（昭和10）年に商店街商業組合に関する調査に携わった商業組合主事の稲川宮雄は、同業種組合と比較したときの商店街組合の長所と短所として、次の点を指摘していた[25]。先ず長所として、①地区を比較的狭い範囲に限定でき、隣保共助の地縁団体として各種の連絡や集金に便利なこと、②異業種であるため、組合員間の競争関係は希薄で、顧客調査や顧客名簿の交換など商売敵では到底不可能な共同事業が可能になること、③商店街であるからこそ、共同撒水、道路舗装、聯合装飾、共同日覆、共同照明、聯合売出し、共通景品券など、多くの共同事業に取り組むことができることである。

　反面で、商店街商業組合には短所もある。稲川は特に次の4点を指摘した。①制度上、例外的取扱いを受け、組合設立に業種毎に有資格者の過半数の同意が求められる。この点は1938年の法改正によって緩和された。②組合員が異業種であるため、大規模経営が困難で共同仕入なども販売商品ではなく営業用品に限られる。③商店街組合は積極的な経済活動によって収益を生むことが困難なため、各種の事業に要する費用は組合員から徴収しなければならないが、組合には任意加入であるから便益を受ける非組合員から費用を徴収できない。④統制事業として特に最重要な価格統制は販売商品が異なるため商店街組合単独では解決できない。稲川は、さらにこれに加えて、業種別組合との二重加入の問題を指摘している。業種別組合はすでに商店街組合に先行して結成されており、以後、商店街組合が発展するとすれば、業種別組合との軋轢が生じかねないというわけである。

3　商店街商業組合の活動

3-1　商店街商業組合の定款事業

　さて、では商店街商業組合は実際にどのような理念を掲げ、どのような活動を行うことによって理解を広め、支持を獲得していったのか。その活動の実際を見てみることにしよう。まずはいくつかの商店街商業組合の定款に掲げられた事業内容を見ることから始めよう。もとより、定款に掲げられた事業がすべ

て実際に行われたわけではないが、これによって商店街商業組合の意図したことは理解できるであろう。まずは戦前「北の心斎橋」と呼ばれた大阪市の上福島聖天通浄正橋通商業組合（1934年設立）の定款事業である。

上福島聖天通浄正橋通商業組合の定款事業
第35条　本組合は其の目的を達する為左の事業を行ふ
　1　営業に関する共同施設
　　イ　商品及営業用品の共同仕入
　　ロ　共同販売及聯合販売
　　ハ　商品陳列所の設置
　　ニ　顧客の奉仕待遇に関する施設（具体的には休憩室、化粧室等）
　　ホ　店舗の構造の改善
　　ヘ　飾窓及店頭の装飾陳列
　　ト　共同広告及聯合広告並にその機関の設置
　　チ　共同配送機関の設置
　　リ　組合員商店マーク及組合員取扱商品マークの制定
　2　営業に関する統制
　　イ　販売価格の協定
　　ロ　不当廉売及不正競争の取締
　　ハ　景品販売及見切り販売の制限
　　ニ　商業の種類及分布の整理統制
　　ホ　取扱商品の品質の取締
　　ヘ　包装の統一
　　ト　正札売の実行
　　チ　営業時間及休日等の協定
　3　営業に関する調査研究
　　イ　小売店の営業時間、休日、業務制度に関する調査研究
　　ロ　定員制度改善に関する調査研究
　　ハ　営業費の軽減に関する調査研究
　　ニ　小売店を大衆に理解せしむる方法に関する調査研究
　　ホ　小売店の欠陥及改善に関する調査研究
　　ヘ　買物習慣、方法、顧客の欲望、要求に関する調査研究
　　ト　百貨店、公設市場、購買組合に関する調査研究

チ　商店街の移動盛衰に関する調査研究
　　4　営業に必要なる資金の貸付及貯金の受入
　　5　其の他組合の目的を達するに必要なる施設
　　　イ　小売店の経営及広告、装飾、陳列に関する資料の蒐集
　　　ロ　青年店員の指導訓練に関する講習会及実地指導に関する施設
　　　ハ　商報の発行
　　　ニ　模範店員の表彰
　　　ホ　店員の慰安会、体育会等の開催

　現在確認できる定款はそれほど多くはない。大阪市の十三商店街商業組合（1935年設立）の定款事業は上福島聖天通浄正橋通商業組合のそれとそれほど大きな違いはない。設立年時から見ても、十三は上福島をモデルとしたと見て間違いないだろう。しかし、東京市の人形町通や十条銀座商店街、名古屋の大松通商店街商業組合（1933年設立）の内容は今少し異なっている。人形町の定款は極めて興味深いので、その一部を掲げる。

東京人形町通商店街商業組合の定款事業
　第35条　本組合は其の目的を達する為左の事業を行ふ
　　1　組合員の為商店街の装飾、照明、看板の統整其の他の整備施設を為すこと
　　2　組合員の為買上品の配達、休憩所、案内所、陳列所、共同販売所の設置、売出、宣伝、広告其の他の顧客吸収施設を為すこと
　　3　組合員の為商店街店舗の統整を為すこと
　　4　組合員の為営業用品の仕入を為すこと
　　5　組合員の為運搬に関する設備を設け之を利用せしむること
　　6　正札販売の励行、営業時間の統一、個々売出しの統制其の他商店街繁栄に必要なる営業統制を為すこと
　　7　組合員の営業に関し商店街として必要なる指導を為すこと
　　8　商店街繁栄に必要なる調査及び研究を為すこと
　　9　以上に付随する一切の事業其他組合の目的を達するに必要なる施設を為すこと
　第47条　本組合は買上品の配達、陳列所共同販売所の利用に対し組合員より売上代金の百分の五以内に於て理事会の定むる金額を手数料として徴収す（但書き略）
　第48条　本組合は商店街地区の土地及家屋の所有者又は之に付権利を有する者と協定して商店街店舗の統整に当るものとす

第53条　本組合は（営業用品の一石原）仕入又は其の斡旋に対し組合員より百分の八以内に於て理事会の定むる金額を手数料として徴収するものとす（以下略）

第58条　組合員は共同設備の利用に対し左の範囲内に於て理事会の定むる利用料を支払ふものとす。但し買上品の配達に付ては第47条の規定による

1　自転車利用料　　　1時間金5銭以内
2　自動三輪車利用料　1時間金1円以内
3　自動車利用料　　　1時間金3円以内（以下略）

第68条　組合員地区内に於る家屋又は土地を広告に供せんとするときは組合に申出で其の承認を得ることを要す

第86条　本組合は組合員資格を有せざる者にして組合地区内に於て営業し若は居住する者又は其の地区内に所在する土地、家屋若は施設物に付所有権又は管理権を有する者を協力員と為すことを得

第87条　協力員は本組合の整美施設に関し組合員と同一の負担方法により之に参加するものとす（以下略）

第88条　組合員は本組合に於て行ふ営業統制を遵守すべきものとす

第89条　協力員は総会其の他本組合に於て適当と認むる会合に出席することを得　但し議事に加はることを得ず

　上福島聖天通浄正橋通商業組合の事業内容は、人形町通の定款の第35条に相当する部分である。大阪の組合の定款はこの部分が極めて詳細であるのが特徴的である。名古屋市の大松通の定款も比べると、実際に取り組む事業内容が異なることから、細部に相違が出ることは当然としても、装飾照明等の商店街の環境整備、配達・売出し・広告・休憩所等の共同施設、正札販売・営業時間等の営業方法、営業用品の共同仕入れ、共同運搬施設などは、ほぼ共通して盛り込まれている。

　大阪市の2つの組合や大松通では存在が確認できないが、少なくとも人形町通の定款では、第48条で地権者との協議を規定し、第86条以下で商業者以外の協力員に関する規定を設けている。これらの規定が実際にどのように運用されたかを知ることはできないが、間違いなくこれらは今日でも重要な課題となる問題である[26]。これによって商店街商業組合がかなり高度な問題にまで関心を寄せていたことが理解できる。

3-2　商店街商業組合の実際の活動

　では、商店街商業組合は実際にどのような事業に取り組んだのか。以下、代表的な事業について簡単に見てゆこう[27]。但し、資材の共同購入や共同（聯合）売出し、共同宣伝、街路灯、共同撒水、休憩所など、広く実施され、その内容が容易に想像しうるものは割愛し、やや特徴的なものに限って取り上げる。また共通商品券についてはすでに第3章で取り上げたのでここでは触れない。

(1)　共同通帳による信用販売：百貨サービス

　昭和初期と言えばまだ御用聞き、掛売りがかなり残っていた時代である。その場合、売掛金は月末に概算清算、年末に清算というのが一般的であったようだが、それでは顧客は常連客に限られるし、各店舗の売掛金管理と資金繰りの負担は小さくない。それに対して、百貨店では通帳を発行して、この通帳の持参者に各売り場で通帳による決済を実施していた。それに対抗する方法として取り組まれたのが、共同通帳による信用販売である。

　人形町通ではこれを「百貨サービス」と呼んだ。その概要は次の通りである。会員10名を1グループとして登録し、代表者を選出してもらう。代表者は組合から毎月送付される会員券（物品購入券）を会員に配付する。会員は受け取った会員券を百貨サービス加盟店に提示することによって、商品を購入する。代金は当月から3ヶ月均等分割払となる。組合は各月20日現在で会員個人別の利用額を集計し、代表者に各会員の当月支払残額を送付し、それに基づいて代表者が組合員から代金を回収して、組合に引き渡す。組合では、代表者への謝金を含めて8％の手数料を差し引き、残りを組合員に支払う。

　顧客でもある会員に通帳の配付だけではなく、集金をも委託するという、今日では考えられない仕組みであるが、それだけ地域の人間関係が濃密であったことの証であろう。これとほぼ同じ形式の事業が東京・武蔵小山商店街でも実施された。いずれの場合も、貸倒れはほとんどなかったと言われている。

　共同通帳による掛売りは、このほか大阪市浦江本通商店街や名古屋市大松通商店街でも実施されている。ここでは個人契約の月末払いで、会員による回収代行は行われていないようだが、浦江本通では1937年度に680冊の通帳を発行

したという。また、大松通では、共同通帳に加え、組合専属の外務員を置き、御用聞きを併用して顧客確保に取り組んだという。

　商店街商業組合の事業ではないが、これに類似した事業が民間事業として取り組まれている。例えば、大阪市では1937（昭和12）年6月に市内優良小売商を加盟店、一般俸給生活者を会員とする「株式会社ショップガイド」が資本金2万円で設立された[28]。会員は市内の官公署、銀行、会社、商店等の勤務者で、同一勤務場所における勤務者5名以上をもって1団体とし、団体ごとに代表を置く。会員1名につき毎月1枚の会員証を交付、会員はこの会員証を提示し、伝票に自署することで月額20円以内の買い物を加盟店で行うことができる。10円迄は当月末、10円超15円迄は2ヶ月、15円超は3ヶ月の分割払いが可能となっている。

　このショップガイドの事業は順調に進んだようで、1938（昭和13）年2月に資本金を5万円に、さらに同年9月には10万円まで増資している。会員も当初は2,000人程度であったものが1939（昭和14）年5月には5万5,000人を超えるまで増加している。加盟店も当初の心斎橋筋、戎橋筋の80店舗余りから天神橋筋、九条通、聖天通など市内有数の商店街を含む250店舗余りにまで増加し、1939（昭和14）年3月からは京都ショップガイドとの会員証の共通利用を開始したという。

(2)　**共同配送**

　購入した商品を自ら持ち帰るのではなく、無料ないし安価で配送して欲しいというのは、昔も今も変わらない消費者の要求である。百貨店では、もちろん一定の制約はあるものの、すでに広く無料配送が実施されていた。それに対抗すべく行われたのが、商店街の無料配送サービスである。この共同配送を最初に実施したのは、1929（昭和4）年の大阪市の心斎橋筋商店街だと言われている。心斎橋筋商店街では、配送そのものは大阪タクシー会社に委託し、1日3回集荷し、配送先は京都、神戸、奈良、岸和田にまで及んだという[29]。

　京都市では四条繁栄会商業組合も同様の共同配送事業に取り組んだ。配送区域は原則として京都市内とし、組合事務所を中心に市内を4区分し、各区に1名の配達員をおき、1日3回の集荷・配送を行った。配送手段としては自転車、自

動三輪車のほか、貨物自動車を利用した。この共同配送を利用する場合は、組合員はあらかじめ配送手数料に相当する配達票を組合から購入し、配送を委託する際にこの配達票を商品に貼付する方法を採った。1934（昭和9）年4月から翌1935（昭和10）年3月までの1年間で配達を全休したのは7日間のみで、その取扱高は年間3万1,777個（1日平均約90個）、年間の手数料は2,100円に達していた。貨物自動車は大型の重量商品に限定されたが、配送は大阪、神戸、奈良、亀山にまで及んだという。

このほか、奈良県生駒郡の柳町商業組合（1935年設立）でも市内無料の共同配送を行っている。また、共同配送ではないが、配送用の自転車や自動三輪車を組合で購入し、これを組合員に貸し出す事業は、名古屋市の大松通や東京市の堤方町商店街でも実施された。また、堤方町では、販売商品ではないが、営業資材を共同保管するために倉庫を建設していた。

(3) 人材育成

人材育成は今も昔も商店街の最重要課題の1つである。したがって、多くの商店街がこの事業に取り組んだ。中でも際立っているのが、東京市の武蔵小山商店街である。古くから存在した多くの町内会を商店街商業組合に統一した同組合では、補習学校や公立の青年学校といった一般の教育機関では小売業に特別な事情が考慮されないとして、小売店主と店員を対象に、独自の青年学校の設立を計画し、東京府知事の許可を得て1938（昭和13）年8月から開校した。就学時間は夏季は午前6時～8時、冬季は午前7時～9時で、授業内容は普通科では普通学（修身及公民、国語、国史、地理、数学等）、商業、音楽および体操で、本科および研究科ではこれに教練が追加された。教師は近在の商業高校教師や宗教家などに委嘱した。学費は就学者1人月額50銭であったが、この学費収入では大幅な赤字で、不足分は東京府からの助成金でまかなったという。就学希望者は多く、初年度は47名であったのが、次年度には173人にまで膨らんだ。さらに中央部に隣接する土地400坪を購入して、そこに演芸場を設置したほか、テニスコート、鉄棒その他簡単な運動用具を設置した。これらは顧客誘引の手段となったばかりか、店員の運動・娯楽施設としても役立ったという。

また東京市の北澤通商店街では、1937（昭和12）年5月、商店員の減少は希

望者が少ないことが原因だと判明したことに危機感をもち、店員道場の建設に踏み切った。敷地175坪、建物は2階建てで建坪132坪余り、講堂、事務室、炊事夫の室、浴室、脱衣室、食堂、炊事場、舎監の居室（2）、15畳の店員の寝室（4）、休憩室を備えた施設で、予算総額は1万9,113円強であった。東京府等からの援助を受けたとはいうものの、商店街がこれだけの投資を行う財力と気力を持ち合わせていたことになる。この道場は1939（昭和14）年4月に開校したが、その運用の実態は確認できていない。ただ、「田舎の実情は私共が東京に戻つて考へて居る以上に商店が不評判であることと待遇問題も思ひ切つて改善しなければ当分店員難は解消しそうもない」という現実に正面から向き合う取り組みであった[30]。

(4) 商店街における統一感の演出

　商店街を1つの経営体として運営するためには、商店街構成上の施設、特に表現の強化、店舗の構造統一、看板及び表示媒体の統一が必要であるというのも、昔からの変わらない考え方であった。街路灯や天幕などの共通施設は商店街を1つのまとまった空間として演出するための取り組みであり、街路灯は多くの商店街で実施された。

　これら共通施設に対して、店舗や看板は基本的には各小売店の所有物であり、普通、その設置は各個店の裁量に委ねられる。その結果、商店街の看板は、大きさや材質・形状が不統一であるばかりか、表記も邦語・欧語、縦書き・横書き、右書き・左書きが入り交じり、外観的には商店街としての統一感はなく、雑然とした印象を与えていた。

　大阪市の上福島聖天通浄正橋通商店街では、1934（昭和9）年に室戸台風に襲撃され、屋上看板がほとんど破損するという大被害を受けた。それを受けて、国からの補助を得て看板を新設するが、その際、屋上看板の統一を図り、激論の結果、邦語、右・横書きに統一した。右・横書きというのが時代を反映しているが、これによって商店街の雰囲気は一新されたと言う。

(5) 家主と協力した店舗統制

　商店街全体の統一感という点からすれば、店舗のハード面だけではなく、

もっと根本的に店舗の構成そのものが問題となってよい。東京市の北澤通商店街ではこの難問に取り組んでいる。同商店街では、店舗の統制、休日の制定、商店法に関する統制、店主並びに店員の服装に関する統制を行ったというが、店舗の統制以外はいずれも組合員に苦痛を与えるものであるだけに、時の理事長は組合員の認識の浅い段階ではこれらに取り組むには危険だとしている。

それに対して、店舗の統制は組合員に苦痛を与えるどころか、組合員を庇護する反面で家主に苦痛を与える事業となる。そのため、家主の理解と協力なしには実現できないとして、数回にわたって家主に働きかけたが失敗し、仕方なく「強硬なる決意」のもと「最後の段階」に入ったところ、数人の家主の理解を得ることができ、その家主が他の家主を歴訪して最終的には69軒の家主のほとんどの賛意を得たという。

合意された規約はごく簡単なもので、左右各5店舗、前方10店舗には同業者を置かない、新規入店者は明るい小売商店でなくてはならないという2条件だけで、組合は家賃や権利金については干渉せず、家主の希望には積極的に協力することにして同意を得た。その結果、その後1年半の間に78件の新規契約があったが、いずれもきわめて円満に処理できたという。ただ、この店舗の統制は「同業過多を防ぐ一つの方法でありますけれども余りに保護に走つてしまふと結局組合員を温室育ちの植物と同じに非常に抵抗力の弱い、克己心のないものにしてしまふ虞がある」だけに、「その中間が何処にあるか」が難しい問題であることも理解されていた。

(6) 金融事業と小売市場の経営

小売業は日銭が入る商売ではあるが、逆にお金が頻繁に動くからこそ、将来に備えて資金を確保するという習慣がつきにくいところがある。そんな中で、毎日の売上高から一定額を徴収して「強制的」に貯金をさせる日掛け貯金が多くの商店街組合で行われた。東京市の堤方町や北澤通もその1つであるが、奈良県の柳町では日掛け貯金（簡易貯金、1口、毎日20銭、月30回、25月）のほかに月掛け貯金（特別貯金、毎月2円60銭×3年、または毎月1円50銭×5年）も受け付けていた。前者の日掛け貯金は「組合員相互に貯蓄を奨励し資金の融通を図る」ことを目的とするもので、25口をもって1組とし、1組単位で毎月割引

貸付を行っているから、実質的に「講」の役割をも果たしたことになる。これら貯金事業の実績は高く、特別貯金は事業開始後7ヶ月で契約金額は10万円に達し、簡易貯金も4ヶ月で契約高は3万円に上り、貸付も月平均2千円に達したという[31]。また、これら金融事業を手がけた商店街の多くは、あわせて火災保険の代理業務をも行っている。

　金融事業の収支明細は不明であるが、これらは商店街組合に収入をもたらす可能性のある事業である。特に目玉となる収益事業のない商店街組合が事業を行う場合、その採算性をどのように確保するかは一大問題であるが、すべての事業で採算性を確保できるわけではない。とすれば、いかにして収益事業を確保するかは組合にとって重要な課題であったはずである。

　そうした意図がどこまであったかは確認できないが、名古屋市の大松通商店街では、商店街内に「共栄大松市場」を開設し、その経営に当たっている。戦前期、小売市場は生鮮食料品を中心とした最寄品の買い物センターとして広く定着し、消費者の支持を獲得していたことは、第1章でみた通りである。商店街が買回り品店中心に構成されるとしても、最寄り品店によって近隣顧客に利便性を提供することは、顧客の来街頻度を高めることにつながるが、そのためには小売市場は当時考えられる最善の形態であった。これが収益事業としての側面を併せ持ったことはほとんど間違いないだろう。

(7)　**献立材料配給**
　商店街商業組合が純粋に機能できた期間は短い。すでに見たように、商店街商業組合が正当な商業組合として法的に位置づけられた1938（昭和13）年3月以降、急速に戦時色が強くなってゆく。そんな中、東京市の巣鴨地蔵通商店街商業組合では、1938年に組合員の生活改善を目指して共同炊事事業を計画するが実現できなかった。それから2年後、物資不足が顕著となってきた1940（昭和15）年中頃から、炊事を除いて食材の配給事業に取り組んだ。商店街内の2ヶ所に配給所を設置し、配給所内の栄養士が作成した1週間分の献立表を仕入商人（組合員）および受給者に配付した。それによって受給者は配給内容をあらかじめ知ることができ、予約注文票によって商品を前日に申し込むものとした。配給所ではそれらをとりまとめ、当日午前中に商人から商品の納入を受け、

各受給者から届けられた容器に献立表による数量を配分し、午後、現金と引き換えに配給を行った。献立表による配給価格は1人1日当たり25銭程度であったという。当然、切符配給品はこの献立表から除外されたが、必要な数量のみが1ヶ所で入手でき、青果物その他も優先的に確保できたことから、かなり大きな成果をもたらし、翌1941（昭和16）年9月には1日600人分にまで達したという。その後の記録はないが、戦時統制がさらに強化され、切符配給制が進展するなかで、この事業そのものが困難に直面せざるを得なかったことは間違いない。

4　商店街リーダーの考え方 —中村金治郎の世界—

4-1　中村金治郎の現状認識

　政府の政策眼中にない中でも、商店街の商人たちは自ら商店街商業組合を設立し、多様な活動を行うことによって政府の政策を動かした。では一体こうした流れを誰が主導したのか。この点について明確なことは分かっていない。しかし、間違いなくその中心の1人に中村金治郎という人物がいたことは確かである。中村は大阪市にあって、戦前期には「北の心斎橋」といわれる程の賑わいを見せた上福島聖天通浄正橋通商店街の呉服商であり、同商店街の理事長、大阪府商店会連盟の理事長を務めた。中村はまた、1936（昭和11）年から1939（昭和14）年にかけて、商業組合の機関紙『商業組合』に5本の論文を発表し、商業組合、特に商店街商業組合について、鋭い見識を披瀝した[32]。同誌には中村以外にも現場の商業者が寄稿しているが、そのほとんどは自らの組合活動の実践を紹介した報告であるのに対して、中村のそれは商店街全体を見渡した広範な議論となっている。そのことからも、中村がこの時期の商店街商業組合運動の少なくとも中心的人物の1人であったと判断して間違いないだろう。本節では、以下、その中村の主張を振り返ることによって、戦前期の商店街商業組合をめぐる問題の理解する手掛かりとしたい。

　さて、中村は最初の論文を次のような現状認識から書き起こしている。少し長いが引用する。「一概に論断することは出来ないけれども、往時に於ける買

い物は、大体に於て経済的打算の下に行はれた。換言すれば買い物に附加して、種々の要求が少なかつたのである。寧ろなかつたと申しても過言ではないと思ふ。故に良品廉価は、我国商道の極意として遵奉せられた。良品廉価は今も昔も、商道の極意なることには相違ないけれども、昔は良い品を安くさえ売れば、如何なる場所如何なる店でも、所謂千客万来で商売上の工夫研究を要せず、繁昌致したのである。…然るに、世の中は変わるもので、今日は良い品を安く売つても経営位置（場所）と、店の設備、待遇等のやり方によつては、お客が来て呉れない。これは時代の致す所であつて、顧客の心理は実に微妙なもので、買い物を為すとともに、諸種の要求があるのである。この要求を満足すると否とによりて、店の消長が岐れるのである。今日の商売は品物を売るとともに、満足を売らなければならないのである。[33]」

　中村によれば買い物には大きく2種類のものがあった。米、酒、薪炭、実用的荒金物などの簡単な品物は、わざわざ百貨店や商店街に行かずに御用聞きで済ませるか、近隣の個々の独立した小売店で買い物が行われるのに対して、呉服・洋品類、子供服、装身具などは、買い物が総合的に行われるため百貨店や商店街に出かけるというのである。中村にとっても、「商店街」は今日でいうところの買回り品を中心とした広域型の商店街であった。

　そのような商店街であればこそ、個々の商店の単なる集まりであってはならない。すなわち、小売店は1つの経営型であるべきであるが、商店街こそその経営型の基本型であり、それを軸に小売店の振興を図る必要があると言う。その上で、現代的経営型としての商店街が備えるべき要件として次の4点を指摘した（52-54頁）。第1に、商店街は各種商店の単なる一連鎖ではなく、「現代的買物街」としての1つの統一的形態（1つの店としての構成）をもたなければならない。第2に、商店街の構成店舗は経営上共通性を持ち、利害共通性を持った商業の有機的結合体でなければならない。そして、この点が「現商店街の最も弱体とする所」だとも指摘している。第3に、商店街は現代人の要求を満足する設備上、経営上の能力を有していなければならない。第4に、商店街は地理的に一定の顧客を持っており、顧客との間には個人的なつながりもある。これこそ商店街の最も強みとするところであり、企業的な百貨店よりも「一層の社会的経済的意義と強みを有して」おり、「商店街の経営は、この特質を現代

化し、充実し、拡張する所に存在する。」

では、第3点で指摘した「現代人の要求」とはどのようなものか。中村は「今日の顧客の共通心理」として次の12点を挙げている[34]。

現代人の共通心理（中村金治郎、1936年）
1. 誰に遠慮気兼ねなく、縁日や夜店で物を買ふやうに買い物したい
2. 品物は勝手に手に取り、見もして自由に選択したい
3. 品物を買ふと共に、心の満足を得たい
4. 愉快に、気持ちよく遊び半分で買い物したい
5. 今日はスピード時代で、お客はせつかちである
6. 買い物は帰りがけに持たないで、配達して欲しい
7. 小さい店よりも、代表的な大きな店で買い物したい
8. 暑いときは涼しい処で、寒いときは暖かい処で買い物したい
9. 雨が降つても、風が吹いても、雨に当たらず風に吹かれず買い物したい
10. 危なくない安全な処で買い物したい
11. 自由に休憩も化粧もできる処で買い物したい
12. 此処彼処かけ廻らずに、一処で入用を揃へたい

言葉は古い。しかし、今日の感覚から見ても、内容は決して古くない。商店街をこうした顧客の要求にあわせてつくり変えることこそ、中村が掲げる商店街商業組合の目的であった。

だが商店街組合を設立すれば、どのような商店街でもその目的を達成できるかと言えば、決してそうではない。「商店街の盛衰消長は、交通関係と殆ど正比例を致して居る。商店街の生命は交通系統と、大衆を吸引する媒体の存在にかゝつて居るといふても、大なる誤がないと思ふ。…商店街として本質的に生命のない場所に於ては、商業組合化によって回春が覚束ない。挽回が困難である。…本質的に亡び行く運命にある商店街を、商業組合化することに私は反対である。」「商業組合は生命を創造するが如く観察して、無理やりに商業組合を設立せんとするものゝあることを見る。これは大なる謬見である。」という指摘からすれば、初期の商店街組合の中には過大な期待をもって組合化したものが含まれていたのかもしれない。

商店街商業組合を設立するに当たっては、地区は明確に区画し、安易に連続

した地域に延長しないことが重要だと言う。地域が広くなれば、営業関係上の利害の一致が困難となるからで、先の4つの条件の第2に対応する（54-55頁）。それと同じ視点から、組合員としての資格商業も有機的結合が可能な業種に限定すべきだと考え、「有機的結合を妨ぐるものは、断然除外せねばならぬ」と言う。特に問題となるのは喫茶店、飲食店等の接客商業である。これらは商店街の階層性によって一概には言えないものの、「商店街の実体は、物品販売業を以て構成することを相当と考へて居るが故に、商店街商業組合の資格商業を決定する上に於ては、原則として除外する方がよいと思ふ」と言う（55頁）。

では、商店街組合は具体的にどのような事業を行うべきなのか。この点について、中村はこう述べている。「商店街商業組合の事業計画は、商店街の建設、調整、強化、充実に重点を置かねばならない。其の建設は商店街の近代化であり、其の調整は機能の実際化であり、其の強化は一個の形態としての強化であり、其の充実は一個の統一体としての充実であらねばならぬ。…単一商業組合の事業計画は、組合自体よりも、組合員各個の経営充実を以て、第一義的とするに反し、商店街商業組合は、商店街自体の充実を先にすることを要するのである。」（56頁）

その「商店街自体の充実」を図るための共同施設（事業）として中村が指摘したのは、以下の通りである（56-57頁）。

商店街の共同施設の概要（中村金治郎、1936年）
1. 商店街構成上の施設
    (1) 表現の強化、(2) 店舗の構造統一、(3) 看板及表示媒体（…）の統一
2. 商店構成要素としての設備
    (1) 共同日覆（天幕）、(2) 共同街路照明、(3) 共同奉仕待遇設備（休憩室、化粧室）、(4) 共同街路舗装
3. 営業上の施設
    (1) 共同配達機関、(2) 共同広告、宣伝、(3) 聯合販売、(4) 共同装飾・陳列・共同ウインド又は商品陳列所、手形保証等による仕入支援、(5) 共通商品券
4. その他組合の目的を達するに必要なる施設
    (1) 小売店に関する調査研究、(2) 小売店の経営に関する資料収集、(3) 経営の指導、訓練に関する講習会、座談会、見学、青年店員教育等、(4) 店員の慰安会・体育会、

(5) 模範店員の表彰

　このうち、共通商品券については第3章で指摘したとおり、この時点では「小売店の多年要望する所」であるにもかかわらず、「紙幣類似」を理由にその発行が認められていなかった。その結果、「大資本小売業と弱小小売店との間に、実際上大なる不均衡」をもたらしているとし、商店街の組合員間での流通を禁止することによって流通性を制限すれば問題の解決は可能であると具体的に提言した。この商店街共通商品券は、それから2年後の1938（昭和13）年の商業組合法の改正によって認められることになるのは、第3章でみた通りである。

　これらの事業を行うという観点からすれば、商店街組合を例外的にしか認めない商業組合法は極めて不十分と言わなければならなかった。商店街商業組合を考慮の中に入れない現行の商業組合法には数々の不便があるとして、法改正の要望を表明するのは当然であった。中村がこの段階で特に強調したのは、商店街商業組合地区を法定地区とすること、商店街商業組合が必要とする統制に関する規定を明確にすることの2点であった。

　前者については、事後的な地区の変更が「商店街として重要なる一角を破壊」することがあり、「地区を重点とする商店街商業組合は、その生命を失う場合がある」として、法的保護を求めたものである。

　後者については、例えば、商店街全体としての表現の強化、店舗構造の統制、店舗設備の整理統制、広告表示の統制、商業種類分布の統制等は商店街の近代化に欠くことのできない急務とするものであるが、これらはいずれも営業の自由や所有権の制限を伴うものであり、組合の自主統制では実現困難として法的統制を求めたものである。さらに、営業の統制については自主統制を相当とするものの、組合の定款によるのではなく、組合に自治権を付与することによって統制を行う法的根拠の明確化をも求めている。

　一見して、極めて強い統制を志向していることが分かる。まだ今日のショッピングセンターのような共同店舗形態は登場していないが、中村の目標の先にはほとんどそれに類する統制があったと見てよいだろう。それが先にみた「1つの経営体」と言うことの意味であった。営業の自由や所有権の制限にまで踏

み込んで、なぜそこまで強い統制を求めたのか。中村によれば、「大都市の小売店問題は、商店街と百貨店との対立競争の問題」であり、百貨店の圧迫が最も強いのは散在的な小売店ではなく商店街であり、だからこそ小売店対策は商店街の更生対策でなければならず、その「商店街の更生策は、如何にせば百貨店に対抗し得るか」にかかっている。だからこそ、「私は商店街の機能の充実を以て、大都市に於る小売店更生の根本策とし、商店街の充実に力点を置き、其の対策方法として商店街の商業組合化を企図したのである」(61頁)と、その熱い想いを吐露している。

4-2　商店街は「横の百貨店」であるべきか

長引く経済不況の中でも、長年にわたる確かな経験を持つ専門店が集まり、都市における華やかな中心部を形成した商店街であればこそ、自らを組織化することによって百貨店と対抗できる道が開けるという強い信念が、中村にはあったように思われる。それが私権の制限にまで踏み込んだ強い統制を主張させたのであった。

有力な専門店はこうした状況の中で、決して手をこまねいていたわけではない。例えば、組織としての全日本専門店会連盟が結成されるのは1936（昭和11）年であるが、その流れは遠く1909（大正8）年に開催された京都のタンス店と大阪の祝儀洋品店との合同展覧会まで遡るという。その後、有力店の共同事業は各地で誕生するが、1931（昭和6）年には大阪市で有力店が1つの店舗をつくって「専門大店」を組織している。経営こそ統合しないが、まさに形式的にも百貨店を目指す動きであったと言ってよい[35]。

そうなれば、余計に商店街を「横の百貨店」とみなす声が強くなるのは当然であった。1つの建物の中で縦に積み上げることはできなくても、横につながる専門店が強力に連携できれば百貨店に近づくことができる。それが百貨店に対抗する最善の途であるというのは、学界も含めて当時の意見の大宗であった[36]。中村の整理によれば、通説は小売業の疲弊の原因を、(1)内部的原因（同業者の過多、経営の不合理、金融の不円滑）、(2)外部的原因（百貨店等の大商店の勃興、産業組合の発達、生産者売店の出現）とした上で、(3)克服方法（経営の合理化、自治的協同、金融改善）が必要であるとし、その方向で百貨店化

を唱道するものとなっている[37]。

　しかし、中村はこの「横の百貨店化」に疑問を呈する。商店街の百貨店化は実際問題として不可能であろうが、仮に可能だったとしても、それが小売店の進むべき途であるのだろうか。百貨店と小売店は果たして同じ使命を持ち、同じ道に進むべきなのか。「百貨店には百貨店としての特有の機能があり、存在理由があり、小売店にも特有の機能と存在の理由とがあつて、両者の間に自ら異つた使命と任務がないのか。」と問いかける。中村自身は小売店の百貨店化は不可能だと考えていたが、仮にそれができるとしても、精々のところ「小百貨店化」に終わるであろう。だが今日は大百貨店時代に至っており、大都市における小百貨店はすでに存在理由の乏しい現実を直視すべきだと言うのである（60-61頁）。

　だから、商店街の経営方法も、「小売店の性能に適合した、別の方法」を考えるべきだとし、次の点を強調する。「小売店には商品の配給といふ、経済的使命と任務の外に、もつと重要な任務がある。こゝに小売店の社会性と存在の理由とがあるのである。…小売店は百貨店以上に社会性がなければならない、また要請せられて居るのである。」（61頁）中村が言う「社会性」が顧客との人間的なつながり、言い換えれば地域密着性ないしコミュニティ機能であることは明らかである。「企業」としての性格を前面に押し出す百貨店に対して、地域に目を向け、地域とともに歩もうとする姿勢が強く読み取れる。

　商店街の百貨店化は不可能だと、中村が主張するのにはもちろん理由がある。百貨店が計画的に設立されたのに対し、商店街は「実際社会の現実的要求に促されて、自然的に発生した地域団体」なのであり、その結果「計画もなく、従つて系統もなく、出来合の組織」であり、「百貨店と比較すれば、不合理の存する原因」となっている。この点を無視しては商店街の振興更生の道を考えることはできない。「小売店の振興更生を論ずるに当つて、現実の状況を棚に上げて置いて、直に百貨店と比較」するのは早計である（62-63頁）。

　中村はその自然発生的な商店街の統制を商店街商業組合に求めたのであるが、その体制と運用に当って特に考慮に入れなければならない点として、次の4点を挙げている（67-72頁）。第1は商店街相互の依存関係である。商店街は地理的に見れば、相互に依存関係に立つことが多い。「一商店街の移動と盛衰消長

は、関係商店街に大なる影響を及ぼす。」ある商店街が都市計画事業などによって打撃を受けると、その延長、あるいは横丁など、周辺の競合関係にあった商店街も寂れることがある。「商店街は各孤立して、各々其の機能を発揮することが出来ない。」それゆえ、「商店街商業組合の組織に当たつては、一定地域内の全商店街を、綜合的に観察せねばならない」ことになる。先に、組合の範囲としては無闇に区域を拡張しないことを求めたが、影響の範囲は組合の範囲を大きく超えるというのは、まさに現実的な指摘である。

　第2は小売店が経済革新期に直面しているという点である。小売店に対して講じられる各種の施策が効果を発揮しないのは、それらが「経済安定期時代に処すべき対策」であって、「変革の大荒浪の中に漂ふて居る小売店を更生せしむべき根本対策ではない」と批判する。現行商業組合制度も経済安定時代を想定して制定されたもので、時代は法制定当時とはすでに大きく変化したのだから、少なくともその運用に当たっては、この点を十分に考慮すべきだとしている。1932（昭和7）年から1937（昭和12）年までの間に、小売業の環境が一層悪化したという認識がここにある。

　第3は小売業が統制時代に入ったという点である。今や「自由放任の経済の修正が余儀なくせられ」る時代であり、それを受けた小売店統制の実際問題として特に次の点を指摘している。小売店更生策の議論においては、常に「小売店自身の自覚と、経営の改善」が説かれるが「こんなことは分かり切つて居ることで、問題に答へるに問題を以てするに過ぎない」という。小売店の意識改革は永遠の課題であるが、そこに問題を置くのではなく、そのための方法、具体的方策をこそ議論せよと強く指摘する。

　百貨店を含む外部からの重圧を受けるのは商店街の統制がつかないからであるから、全商店が共同結束する組織が必要になるが、「現在の商店会といふやうな団体は、権利義務の組織的なものではなく、単なる一種の実在関係であって、組織体ではない。…権利義務の関係の下に立つ組織にあらざる限り、統制が望まれるものではない」として、組合制度そのものに問題を提起している。これは、先に指摘した、1つの経営体としての、私権の制限にまで踏み込んだ組織を可能とする組合法制度を求めたのと同じである。その上で、個々の組合の活動だけでは百貨店等に十分に対抗できないとして、「全商店街商業組合が、

ガッチリとした、スクラムが必要」だとして、商店街商業組合の一大ブロックの形成を呼びかけている。

　第4は小売店更生策として考えることであるが、商店街商業組合が業種別組合とは根本的に異なった性格のものだという点への理解を強く求めている。「現在に於ては商店街は、小売店唯一の経営体であつて、更生の対象であるといふことは、最早議論のない所であるから…単一組合以上に奨励し指導する必要がある」。

　では、小売店の更生はどのような方向に進むべきなのか。それは究極するところ、現代の顧客の心理に沿うことをおいてほかにない。「商店街はこれら（現代顧客の共通心理）を満足する機構と内容を備つて居ることが、更生の出発点である。翻つて商店街の現状を観察すれば、思ひ半に過ぐるものが多い」。前項で見た顧客の共通心理がほとんど満たされていないのであり、これを矯正することこそが更生の前提条件となる（74-75頁）。「（百貨店等の）新形態商店によって満足せらるゝことが、小売店に於て充実すれば、近接した便利な位置にある小売店を無闇に排斥する謂はれはない。畢竟小売店が、時代の推移と大衆の心理要求の変遷に伴うて、其の機構と経営方法を改善せず、依然として旧来の機構の下に、同じ経営方法を繰返して居つたから、大衆との距離が出来たのである。この距離がないやうに改善すれば、更生の天地が開拓せらるゝのである。」(76頁)

　もちろん、こうした更生の道は小売店に任せるだけで達成できるものではなく、国家の指導が必要になるが、更生計画の実現には自ずから限界がある。この観点からすれば、次の4つの事業を区別しておく必要がある（76-77頁）。すなわち、(1)商店街商業組合機能によって計画実現可能なもの、(2)商店街商業組合機能によって達し得べき事項なるも、経営上、経済上、現在の小売店の能力にては実現不能のもの、(3)国家または公共団体（府県市町村）が助成を為せば商店街商業組合の機能によりて、実現可能のもの、(4)商店街商業組合の計画の中、実現の方法として、立法または国家若くは公共団体の施設を要するもの、とした上で、特に第4点に関連して「新たなる法律を制定して、商店街商業組合の地区内の商業の種類を制限し、商店街構成上障碍となるべき他業者其の他の夾雑物との関係を調節し、商店街の各店舗には一定の制限を加へて統

制し、商店街の機構を調整することを要す」(78頁) と、ここでも法律に基づく強い統制の必要性を強調している。

　しかし、国や自治体に対して要求するのは、こうした制度の整備が主であって、個別の事業支援についてではない。上の(2)や(3)はそれを求めるもののようにも見えるが、この点について中村は極めて禁欲的である。商店街商業組合の経営者に宛てて、施設計画を行う場合に上記の限界をよくわきまえるべきだとした上で、さらに次のように述べている。「先づ自力にて実現可能なものより着手し、今日の言葉を以てすれば、自力更生の範囲を出ないことである。他力によらざれば（補助金を待つが如きもの）実現不能の施設計画は避けなければならない。施設計画事案が多いことのみが能ではない。小売店更生の根本に触れたものでなければならない。然るに今日の実際に於ては、政府または府県の助力を仰がんとする傾向が甚だ濃厚である。これも必要であらうけれども、其の施設計画が自力にて実現可能の本質を有するものたることを限度とせねばならない。自力のない他力によるものは、後日困難を残すことが多い。」(78頁)

4-3　商店街の経営構造

　商店街は1つの経営体として運営されなければならないと中村が考えたことは、繰り返し強調してきた。商店街は自然発生した集団であり、共同経営上、多くの欠陥と障害を持つ「商店街商業組合にあつては、それ自身に於て既に困難がある。[38]」これに工夫・工作を加え、本質的に競争摩擦相克の関係にある商店を有機的に統合し、共同経営を行うのでなければその生存を維持し拡充することが出来なくなったのだが、その商店街組織の経営上最も重要なのは商店街組合の経営構造であると中村は考える[39]。「経営構造が出来て、始めて経営が出来る」(74頁) からである。

　その経営構造について、中村は3つの点から考察する。第1は商店街の全体構造であるが、「これが吾等の買物街といふ感じを与ふる雰囲気」が必要で、そのためには表現の強化統一とネオン装飾等による美観の整備が必要である。顧客は単なる散歩で来街するのではなく、現在か将来かはともかく、購買意図をもって来街するのだから、その気持ちを捕まえて購買を誘引する施設が必要となる。ウインドウや陳列・装飾、休憩室、便所、化粧室等は必要な施設である

が、雑多な装飾や広告物は排除してすっぱりとした明朗な商店街を建設すべきである。各種の商店が150〜200店舗程度集積すれば「時代の経営体として社会的機能を発揮し得る」とともに、「近代経営も出来、消費者の要求を充足することも出来る」と主張する（74-77頁）。

　第2は「組合商店の構造」である。商店街商業組合は商店街全体としての施設の統一を強調するが、個店の経営はバラバラで、「内部的に実質上の矛盾と障害」が存在するのは避けられない。したがって、組合の結成に当たっては、「商店街の商店から、一定種類の商店を抽出して、再組織する」必要があるという。「組合商店は、共同経営を為し得べき、互いに本質を有することを要し、相互に結合上利益の共通性のあることを要する」という。商店の分布については、「買物の便利連絡を考慮した」集中型分布がよいと考えているものの、実際に商店が存在している現状では実現が困難であることは明かである。それでも、「実際に於ては、1年に全店舗の1割内外は、異動交代するを以て、各種の機会を利用して、組合に於て統制処理するときは、商店種類の分布は、不可能事ではないと思ふ」と述べている（77-79頁）。

　第3は「補助商業及び他業者との関係的構造」である。中村は飲食・サービス業等の補助商業を組合員から除外すべきだと考えていたが、彼らをそのままにしたのでは運営に障害が生じる。「商店街を打つて一丸とした真に1つの共同体を完成し、組合の目的に向かつて、一致活動する」ためには、「組合の施設に協力せしむるように、組合の組織内に織り込み協力せしむる」ことが必要で、そのためには「組合の協賛員または賛助員として定款中に規定しその権利義務を定め」ることが必要だとしている（79-80頁）。

　では、商店街商業組合そのものの経営形態はいかにあるべきか。中村は、百貨店形態、専門店形態、関連商店の綜合形態、サービス・ステーション形態、自由連鎖店形態の長短を比較した後、自由連鎖店形態が最も適切であると結論している。すなわち、独立小売店を現状のまま団体に組織し、独立小売店を経営的共同体に組織するという経営法則が、商店街商業組合のそれと近似しているというのである。しかし、自由連鎖店形態そのままではない。商店街向けの「再構造」が必要である。ここでも強調されているのは、組合と組合員との間の権利義務関係の明確化である。

具体的に挙げられたのは次の点である。飾窓装飾、店頭設備、幟旗等の禁止等、組合員が整備すべき施設と事項を定め、その実施を義務化し、これに反する場合は組合員の資格を喪失する。商品毎のプライスカードの付与ないし正札販売の励行、価格統制の遵守、販売員の服装及び店舗様式の統一、販売品の返品の受入れ、共同売出し・特価品・奉仕品の提供等による商店街としての画一的販売、経営方式・販売方法の統一等である。要するに、「商店街の特異性と自由連鎖店の長所とを巧みに調整」して、新たな経営方法を考える必要があるが、それに踏み込むには現行の組合制度では限界があるため、「組合自体に自治権を付与」することを求めている。自由連鎖店に対する過大な評価とも思えるが、中村が小売店の経営の独立性と自主性を尊重しながら、商店街全体の統一性を確保するために、かなり踏み込んだ考察を行っていたことは明らかであろう。

4-4　商店街商業組合の限界

　商店街商業組合は、1938（昭和13）年の商業組合法の改正によってようやく商業組合の1つの形態として認知され、それを契機に組合の設立にも拍車がかかるようになるが、それは商店街商業組合に楽観的な未来を約束するものではなかった。中村は商店街商業組合が予想以上の進捗を見せていることに慶びを見せながら、「同時に一面に於て、その事業及び経営の方法に就いて、深く検討を要するのを感ずるのである。私はこのまゝに推移するに於ては、内部的には自己の培養したる矛盾と不合理の為に経営の運行を妨げられ、外部的には組合相互間の衝突を来しはすまいかと憂ふる」として、「商店街商組の事業と経営の限界」と題する論文を発表する[40]。中村が最初の論文を発表してからわずか3年後であるが、時代は確実に動いていた。

　中村はまず、「法律上の限界」についてふれる。ここでは、商業組合の事業は法律の目的および法が掲げる事業種類に規定されることが強調される。すなわち、「商業の改良発達を図る」ための共同施設であり、それとは「全く関係のないまた縁遠い組合員を喜ばせる事業」に勤しむ組合があることに懸念を表明している（75-76頁）。

　しかし、もっと重要なのは「実際上の限界」である。この点に関連して中村

が強調したのは次の2点である。第1は「自己商店街を基準とすること」と、第2に「事業施設は商店街商業組合の目的を達するに必要なる限度を超えざること」であった（77-82頁）。

　先ず、第1の点からもう少し詳しく見てみよう。その1は「自己商店街の地位に相応すること」であり、「時代の傾向よりすれば、相当とされても自分の地位に応はしくない事業施設は為すべきではない」として「身分相応の事業施設をやること」の重要性を指摘している。その2は「自己商店街の動向に順応すること」であり、「自己商店街の動向を見極めて、計画を樹てる」ことの重要性を指摘し、そのことは特に物的施設の場合にはさらに重要だとしている。その3は「事業施設は組合及組合員の資力に相応すること」である。ここでも「商業組合の事業施設は、原則として出資額を限度と」し、「借入金により営利を目的とする事業を為すことは、商業組合本来の目的ではない」と断言している。

　さらにその4として「事業施設は組合員の覚醒認識の程度を超えざること」をあげている。商店街組合の事業の正否は組合員の覚醒意識に負うところが大きい。以下、やや長いが、重要な指摘であるので、あえて引用する。「（商店街商業組合の）事業施設は革新政策の実行である。革新政策は覚醒した組合員により始めて実行せらるゝからである。…商店街商業組合は以上革新政策を実現して、始めて小売更生対策としての経営が緒につくのである。容易の業ではない。古き思想の下に伝統を尊ぶ組合員相手では、経営の改善を説いてもはじまらないのである。…私は深くこれを痛感している。…私は小売店の更生運動に、同志の驥尾に附してやつて来た。商業組合法制定の運動はなかなか手厳しかつた。私は小売店も大いに覚醒したと喜んでいた。商業組合法が制定せられたら、新らしい考で大にやるであらうと思ふた。これは私だけではなかつたであらうと思ふ。然るにいよいよ施行されたが、商店街の小売店は一向熱がない。却て傍観してゐた。卸商業が率先して商業組合を設立した。今日と雖も全国二千にも近い組合中、商店街商業組合は其の何パーセントか！実に情けないではないか。今の言葉で言へばこれこそ認識不足とでもいふのであらう。時代は急テンポに小売店の経営改善を要求して止まない。私は組合を設立してやつてみると、当の組合員に期待した熱がない。これは私の方の組合員のみではないと思ふ。

これはどこの組合にも共通の現象らしい、これは真実の告白である。組合の指導者経営者は、この現実の事実を断じて外にして考へてはならない。何とかせねばならぬといふことは何人も認めてゐるし、其の必要も迫つてゐるのであるが一向しないのである。組合の事業施設は理屈を外にして、この現実を無視してはならない。漸進的に進むことを賢明とする。私は一歩々々経営の改善の方途に前進して、累積的効果を期待することが最もよい方法と考へてゐる。現実は理想の延長であり、総て現実から築き上げたものでなければならない。」（80-81頁）

　中村の激しい息づかいが聞こえてくる。「小売店自身の自覚と経営改善」の重要性を指摘する声に対して、「そんなことは分かり切っている」「問題に答えるに問題を以てするに等しい」と両断したことは、先に紹介した。その中村が今、組合員の覚醒不足を憂うのである。初期には商店街組合を例外中の例外とした法制度が一因だと考えていたが、今はそれも改善された。それでも思ったほどの反応がない。もっと沸き上がるようなうねりを期待したがそれがない。覚醒不足が商店街組合の活動を阻害するにもかかわらず、それを受け入れながら進むしかないことへの苛立ちが爆発したようにも見える。

　「実際上の限界」の第2は「事業施設は商店街商業組合の目的を達するに必要なる限度を超えざること」である。ここでは特に次の点が強調される。事業施設は「経営を大衆の要望に副ふやうに改善する」ことによって「小売店の改良発達を図る」ことにあるのであり、「経営改善事項にあらざる在来のことを唯組合の名に於てやるといふことは、組合の事業施設といふことが出来ない」。あわせて、主たる事業施設と付属的な事業施設との区別を明らかにすべきことも指摘している（81-82頁）。

　さらに経営上の限界を指摘しているが、ここでは4-2で述べた「更生施策上必要な施設」のレベルに関する議論とも関連し、現状では更生計画が不能な事項と自力のみで更生が可能な事項を区別し、「他力に依存せず自力で出来得る事業施設より着手する」ことを勧めるとともに、助成すれば更生計画が可能な事項については、政府に助成を求めている。その上で、小売店が百貨店に比べて、仕入価格面で不利を被っていることにふれ、それを改善するには「組合、生産者、問屋の三位一体化を描いて他に方法はない」と、生産者や問屋との連

携に期待を寄せている (82-85頁)。

4-5 商店街商業組合連合会の役割

　中村はさらに上の論文の続編として、商店街商業組合連合会の経営と事業の限界についての論文を発表する[41]。中村は連合会の経営及び事業は以下の方向で計画されるべきであると考える。それは大きく分けて、指導精神にかかわるものと経営と事業にかかわるものからなる。

　まず第1の「経営及事業の指導精神並に其の実現方法」から始める。最初に、「商店街の更生振興を図つて、小売店の発展を期することは、一商業組合によつて、これが実現を期することは、実に困難であり寧ろ不可能ではないかと思はれる」ことから、「(1)商店街の有機的関係を図つて、共同体制の機構を確立し、(2)商店街の有する特長特異性を集中発揮し、(3)欠陥を矯正補完し、(4)個々の経営力を総合化して大経営化し、以て商店街の更生計画を実現することが、連合会の任務であると同時に所属組合の共同の目的を達する所以である」ことを確認する (33頁)。順に簡単に見てゆく。

　(1)の「共同体制の確立を図る方法としては、相互関係に存する摩擦相克の事情と、これを激化する事情とを除去し、これと同時に商店街の自由連鎖店構造によりて、共同体としての実質を具備すること」が重要だとし、具体的に連合会が行うべき統制として、販売価格の協定による価格競争の弊の矯正、商業の形態と販売方法に対する一定の制限、共同売出しの時期と方法の統一をあげている (33-34頁)。

　(2)の商店街共通の特徴の拡充については、商店街の特徴の1つである「顧客への近接の利益を時代化し、合理的に経営化して商店街の特徴を益々発揮するやうに、計画指導することは連合会の役目の一つ」としているが、連合会としてはあくまでも一歩引いた指導・統一に限定すべきだとしている (36-37頁)。

　(3)の商店街商業組合共通の欠陥の矯正については、「商店街商業組合の目的を達成する為には、販売、広告、装飾等横の経営の拡充改善を要するとともに、商品の仕入れ等縦の経営の拡充改善を要する」にもかかわらず、「今日まで組合としては大体に於て、横の経営に重点を置き、商品の仕入れ等の縦の経営は各組合員各個の経営に任して置いた」のが実情である。政府の配給も同業組合

本位となっている今日、「商品の配給を受くる為に業種別商業組合を設立せんとし、商店街商業組合を無用視せんとする傾向」さえ現れる。これに対して「商店街商業組合の商店の各商品を部門別に組織して、部門々々によつて、共同仕入等縦の経営を充実すること」を提案している（34-46頁）。

(4)の大経営化は「百貨店の有する特長または長所を取り入れて、商店街化する」ことを提案している。その一例は、あまりにも旧式な販売方法の立体化である。「連合会は…百貨店の有する長所を商店街化し、販売員の訓練指導機関を設置して、百貨店の販売員と、同一の技能知識を統治し、以て商店街の販売に新しい境地を開拓せねばならない。」（37-38頁）

次に第2の経営及び事業とその限界では、連合会が所属組合に対する補佐役であることを強調し、連合会自体が自らの利害に基づいて経営事業に乗り出すことを戒めている。具体的には、(1)所属組合の独占事業は為さゞること、(2)経営及事業は所属組合の経営及事業を阻害せず常に援助の方法を撰ぶこと、(3)所属組合に於て出来る事業はこれを為さゞること、(4)所属組合に於て出来ない事業を撰ぶこと（例えば、保管事業、店員療養所の設置、共同配達機関の設置等）をあげている（38-41頁）。

5　結　語

本章では、戦前昭和期の商店街問題を振り返った。昭和初期は中小小売商問題に初めて関心が集まった時期であった。不況とそれに伴う過剰参入に加えて、百貨店の進出、製造企業の小売進出、産業組合の参入といった「外部からの圧力」が小売業を苦しめた。その中にあって、政府は百貨店等による近代化を抑制するよりも、同業種店の共同化・自主統制によって、中小小売商の経営の経営近代化を図ろうとして商業組合法を制定した。

商業組合法の制定過程で、現場からは商店街を1つの単位とする組合の要望が強く出されていたが、結果的に1932（昭和7）年に制定された商業組合法は業種別組合を想定したものとなった。それでも、先進的な商店街は「例外中の例外」といわれながらも、商店街商業組合を結成して、多様な活動を展開していった。そこには今日から見てもかなり高度な事業も含まれていた。

商店街商業組合は、1938（昭和13）年の法改正によって商業組合の中に正式な位置づけを得、念願であった共通商品券の発行権も手に入れる。しかし、それが商店街組合としての最後の輝きで、それ以降は急速に進展する戦時経済統制の中に呑み込まれてゆく。戦時体制の初期にはまだ辛うじて商店街組合らしい活動も可能であったが、商店街商業組合は実質的には6年余りの「実験」をもって、その活動を終結せざるを得なかった。それでも、その中には当時としてはかなり意欲的で高度な取り組みも含まれていた。

　この商店街商業組合運動を誰がリードしたのか、明確なことは分かっていないが、そのリーダーの1人に中村金治郎がいたことは間違いない。本章の第4節では、最も多くの論考を残した中村金治郎の所論を振り返った。そこには今日から見ても色褪せない輝きを放つ洞察を見ることが出来る。その中から特に重要だと思われる点をいくつか抜き出して、本章の結びとしたい。

　第1に、中村は商店街が顧客の要求に応えるべく、商店街と個店の経営を改善し続けなければならないと考えていた。百貨店に押され、苦境に陥ったのは、旧態依然の経営を続けることによって、大衆との間に距離ができたためにほかならない。小売店は単に商品を販売するだけではなく、大衆の要求に向き合い、満足を売らなければならない。

　第2に、この課題に応えるためには、商店街を組織的に大改造し、商店街を1つの経営体として、顧客の買物街に再構築する必要がある。商店街にはその可能性がある。商店街商業組合はその具体化であるが、それは単に形式的な組合ではなく、権利義務関係を明確にした組織でなければならない。

　第3に、しかし商店街商業組合化によってすべての商店街が救済できるわけではない。商店街にとって特に重要なのは立地環境、特に交通関係であり、そのポテンシャルのないところでは組合を結成してみても十分な効果は期待できない。

　第4に、商店街の進むべき道は一般に「横の百貨店化」であるとされるが、それは単に不可能だというだけではなく、方向が間違っている。商店街には企業主義の百貨店とは異なり、地域に根ざした社会性がある。それこそが商店街の強みとなるべきものであり、商店街の存在理由でもある。

　第5に、商店街の事業としていえば、商店街全体を1つの統一した空間として

演出するための施設が欠かせない。それは共同のハード設備の整備はもちろん、表現の統制や業種の統制といった、私権にかかわる問題にも及ぶ。上で権利義務関係を強調するのも、こうした踏み込んだ統制を行うためであった。中村が求めた統制の内容は、今日のショッピングセンターにおける管理方法に極めて近いように思われる。

　第6に、商店街商業組合そのものは比較的狭い範囲（店舗数150～200店程度）が最適と考えるが、周辺の商店街とは盛衰をともにすることが多いので、立地環境の分析や取り組みに当たっては、周辺地域の状況への十分な配慮が必要である。

　第7に、商店街商業組合の会員は、結合して経営する上での利益の共通性がある者に限られるべきであり、その意味からも、飲食店やサービス業などの補助商業は組合員からは除外した上で、賛助会員（又は協賛会員）として位置づけ、権利義務関係を明確にすべきである。

　第8に、商店街が抱える課題の中には、自らの努力で解決できるものから、助成を必要とするもの、国等の法ないし枠組みの整備が必要なものがあるが、まずは自らの力で解決可能なものから始めるべきである。特に、補助金等の助成を前提とすることは避けなければならない。他力によるものは後日に禍根を残す。また、商店街事業は原則として自己資金の限度内で行うべきである。

　第9に、組合員の覚醒度合いは商店街活動の大前提となる。覚醒度合いが低い段階では高度な事業を展開することはできない。いかにすればその覚醒を促すことができるのか。中村は組織と事業の中に可能性を期待したが、それも決して容易ではなかった。それでも、一歩一歩前進して、累積的効果を期待することに賭けている。

　第10に、連合会はそれ自身の収益事業に手を出すことなく、単位組合の支援に徹すべきである。商店街組合は横の経営に重点を置かざるを得ないが、商店街の商店を部門別（業種別）に組織して、共同仕入れ等、縦の経営を促すことも連合会の任務である。

　商店街商業組合運動が輝いた期間は確かに短い。しかし、現場の商人は現実問題に真摯に向き合い、多くの努力を重ねてきた。そこには今日まで続く商店街問題の多くが凝縮されていたように思われる。

《注》

1 鈴木安昭 (1980)。
2 通商産業省編 (1980) 171-173頁、朝日新聞社政治経済部編 (1930) 65-70頁による。
3 以下、この期の商店街に関する記述は、特に断らない限り、川上為治 (1937a) (1937b) (1937c) (1937d) (1937e)、および稲川宮雄 (1936a) (1936b)。
4 調査対象都市の人口3万人規模の都市には商店街は1、人口5~6万人都市には3、人口10万~30万都市には4~5、人口60~70万都市には5~6、人口100万都市には7~8、人口200万都市には10の商店街が存在したことからの推計。
5 「本来の商店街は、米・味噌・醤油・酒・油・粉等或いは普通の野菜肉類を売る店を主軸として成るものではない。是等の商品は、御用聞き、配達の制度で充分間に合って行く。…一流の商店街にはかうした、きまり切った商品を取扱ふ店は無いと云って差支ない。…此の意味では公設市場的な店とは全く異るものである。」(奥井復太郎 (1938) 63頁。
6 大阪商工会議所 (1937)。
7 通商産業省 (1980) 173-174頁。
8 小林行昌 (1936) 4頁。
9 中西寅雄 (1937) 3頁。
10 『第63回帝国議会衆議院昭和7年8月27日速記録』第5号、84頁。
11 小笠公韶 (1934) 23ページ。
12 松井辰之助 (1939) 6頁。
13 中村金次郎 (1936) 58頁。
14 谷口吉彦 (1937) 4頁。
15 各商店街の設立については、商業組合中央会 (1938)『商業組合一覧』による。
16 谷口吉彦 (1937) 4頁。
17 谷口吉彦 (1937)「7-8頁、10-11頁。
18 中西寅雄 (1937)「13頁。
19 中西寅雄 (1937)「12-13頁。
20 谷口吉彦 (1937) 7-8頁、12-13頁。
21 長谷川亀蔵 (1938) 20-21頁。
22 商業組合中央会 (1937) による。
23 末永術 (1938) 15頁。
24 新倉利廣6-9頁。なお、改正法の詳細は、小出榮一 (1938a) (1938b) を参照。
25 稲川宮雄 (1936c) 85-88頁。
26 名古屋市の大松通商店街では、後に見るように、商店が小売市場を経営することから、この小売市場の設置・経営に関する規定が盛り込まれることになる。
27 以下、事業の事例は、特に断らない限り、稲川宮雄 (1936a) (1936b)、商工組合中央金庫調査課 (1940) (1942) による。
28 以下、ショップガイドについては、六大都市共同編纂 (1940) 237-252頁による。こ

の事業は数年前に東京で開始され、以後、全国に普及したという。但し、大阪市では「百貨サービス」が1937（昭和12）年4月に類似の事業を開始したが、同社は1938（昭和13）年9月に会社を解散したという。

29　公開経営指導協会（1983）265〜266頁。
30　東京北澤通商店街については、後述の(5)とともに、藤野一之（1939）256-282頁による。
31　東京の北澤通商店街商業組合でも、1日1口10銭（15口まで）の日掛け貯金を行い、積立金額の倍額までは保証人なしで貸出を行っていた（藤野一之（1937）99-100頁）。
32　順に、中村金治郎（1936）（1937）（1838）（1939a）（1939b）。
33　中村金治郎（1936）50-51頁。以下、本項の引用は断らない限り同文献による。
34　この「現代人の要求」は、一部修正の上、中村金治郎（1937）73頁に再掲されている。
35　村本福松（1930）、大鬼優造（1937）。
36　この通説的な理解に対して、平井泰太郎（1937）は、商店街の最大の問題は「家賃が高すぎる」点にあり、これに対処するには「商店街で1つの百貨店を建て」る方向に向くべきだという。百貨店の強みは高層の店舗を建設することによって家賃負担を軽減するところにあるのであり、「横の百貨店」は到底不可能で、「縦の百貨店」をつくるべきだと主張した（25-27頁）。横の百貨店構想に反対するという点では中村と同じであるが、その理由は異なる。中村はあくまでも平面の商店街にこだわっている。
37　中村金治郎（1937）58-59頁。以下、本項は同文献による。
38　中村金治郎（1938）73頁。以下、本項は同文献による。
39　商店街が自然発生的な性格を持つことに異論はない。多くはそれをいかに克服するかに腐心するが、それが内部に抱える矛盾と摩擦を重視すれば、「対立と矛盾のない、有機的、非内部摩擦的な統一的構成物に再組織するといふためには、相当根拠のある研究と費用とを要するであらうし、このことは差し当り現在の商店街には単に一の理想として、その実現は半ば自然淘汰の問題で、もあつて、これが現実化を一挙に望むがごときは到底不可能に近い」（松井辰之助（1936）11頁）という冷めた見方もあった。
40　中村金治郎（1939a）74頁。以下、本項は同文献による。
41　中村金治郎（1939b）。本項は同文献による。

《参考文献》

朝日新聞社政治経済部編（1930）『中小商工業の話』朝日新聞社。
稲川宮雄（1936a）「商店街商業組合に関する調査（一）」『商業組合』第2巻第1号。
稲川宮雄（1936b）「商店街商業組合に関する調査（二・完）」『商業組合』第2巻第2号。
大阪商工会議所（1937）『大阪市に於ける商店街の顧客分布調査』大阪商工会議所。
小笠公韶（1934）『商業組合概説』巌松堂書店。
奥井復太郎（1938）「商店街の等級（商店街研究の二）」『財政経済時報』第25巻第12号。
川上為治（1937a）「商店街調査を終りて（商店街調査報告一）」『商業組合』第3巻第1号。
川上為治（1937b）「商店街の位置・形状・長さ及街路の構成（商店街調査要録二）」『商業組合』第3巻第4号。

川上為治（1937c）「商店街に於ける業者の構成（商店街調査報告ノ三）」『商業組合』第3巻第6号。
川上為治（1937d）「商店街に於ける業者の構成（中）（商店街調査報告ノ四）」『商業組合』第3巻第9号。
川上為治（1937e）「商店街に於ける業者の構成（下ノ一）（商店街調査報告ノ五）」『商業組合』第3巻第11号。
小出榮一（1938a）「商業組合法中改正法律の解説（上）」『商業組合』第4巻第4号。
小出榮一（1938b）「商業組合法中改正法律の解説（下）」『商業組合』第4巻第5号。
公開経営指導協会（1983）『日本小売業運動史　戦前編』公開経営指導協会、昭和58年。
小林行昌（1936）「小売商の更生と商業組合」『商業組合』第2巻第12号。
商業組合中央会（1937）『商業組合法改正の要望』商業組合中央会。
商業組合中央会（1938）『商業組合一覧』商業組合中央会。
商工組合中央金庫調査課（1940）『商工組合経営事例輯　第1輯』商工組合中央金庫調査課、昭和15年）
商工組合中央金庫調査課（1942）『商工組合経営事例輯　第2輯』（昭和17年）。
白地辨二（1936）「商店街商業組合の振興繁栄策」『商業組合』第2巻第9号。
末永術（1938）「商業組合法改正の眼目」『商業組合』第4巻第6号。
鈴木安昭（1980）『昭和初期の小売商問題―百貨店と中小店の角逐―』有斐閣。
大鬼優造（1937）「専門店会の沿革」『日・専・連』第1号。
谷口吉彦（1937）「商業組合の発展性」『商業組合』第3巻第2号。
通商産業省編（1980）『商工政策史　第7巻　内国商業』商工政策史刊行会。
中西寅雄（1937）「商業組合の史的意義」『商業組合』第3巻第9号。
中村金治郎（1936）「商店街商業組合と諸問題」第2巻第1号。
中村金治郎（1937）「商店街商業組合と其の運営」第3巻第3号。
中村金治郎（1838）「商店街商業組合の経営構造に就いて」第4巻第5号。
中村金治郎（1939a）「商店街商組の事業と経営の限界に就て」第5巻第3号。
中村金治郎（1939b）「商店街商業組合聯合会の経営及事業の限界に就て」第5巻第6号。
新倉利廣（1938）「商業組合法の改正に就いて」『商業組合』第4巻第4号。
長谷川亀蔵（1938）「改正商業組合法の実施に対する要望」『商業組合』第4巻第4号。
平井泰太郎（1937）『小売商振興策としての商店街統制』大阪市産業部、1937年。
藤野一之（1937）「東京北澤通商店街商業組合」『商業組合』第3巻第12号。
藤野一之（1939）「商店街商業組合の行き方」松浦誠之『商業組合の新目標』昭和図書（株）。
松井辰之助（1936）「商業組合の研究調査事項とその方法」『商業組合』第2巻第7号。
松井辰之助（1939）「商業組合の自己批判と再整備」『商業組合』第5巻第12号。
村本福松（1930）「最近大阪に現れたる商業経営型態に就いて」『経済時報』第2巻第7号。
安田元七（1940）「商業組合法の改正に就いて」『商業組合』第6巻第5号。
六大都市共同編纂（1940）『大都市産業情報　第2巻』東京市経済局。

第5章

ボランタリーチェーンの模索

1　ボランタリーチェーンの日本への紹介

　ボランタリーチェーンを同業種の複数の小売商の共同事業組織と理解するならば、その歴史はかなり古い。緒方清によれば、ボランタリーチェーンの先駆は、1887年に設立されたニューヨーク薬品合同会社およびその翌年のフランクフォード食品会社（フィラデルフィア）であるが、1929年に至るまではほとんど見るべきものはなかったという[1]。実際、F. E. Clark は1936年の書物の中で、小売共同チェーン（cooperative chain）の発展が広く注目を集めるようになったのは、ここ5〜6年のことだと言っている[2]。当時、アメリカ最大の規模を誇るとされた IGA（Independent Grocers' Alliance of America）が設立されたのが1926年であるから、ほぼその成功がきっかけとなったとみてよい。
　この時期にアメリカにおいてこの「変形的連鎖店[3]」が誕生し、「ボランタリーチェーン」という名称が与えられて大きな注目を集めるようになるのは、1920年代を通してチェーンストアが急成長し、猛威を振るったからにほかならない。アメリカでは1920年代は「チェーンストアの時代」と呼ばれるほど急速にチェーンストアが普及し、伝統的な中小小売商との激しい対立にまで発展した。ここでは詳述できないが、それは1920年代から30年代にかけて、チェーンストア課税、価格差別の禁止（ロビンソン・パットマン法）、再販売価格維持の合法化（公正取引法）、不当廉売を禁止する不公正取引法など、さまざまな法的規制を生み出した[4]。こうした政治的運動とは別に、急成長するチェーンストアに経済的に対抗すべく、既存業者による共同事業として誕生したのがボランタリーチェーンであった。
　但し、この種の連鎖店は初めから「ボランタリーチェーン」と呼ばれていたわけではなかった。上の F. E. Clark によれば、チェーンストアについて詳細な調査を行った連邦取引委員会（FTC）が、チェーンストアに対抗するために独立小売商が採用した様式を小売共同チェーンと呼び、それには小売商自身による共同組織と卸売商と共同するものとの2つのタイプがあることを指摘したのに対して、AIFD（The American Institute of Food Distribution、アメリカ食品流通機構）が、1930年に食品業におけるこのタイプの組織に「ボランタ

リーチェーン」という名称を与えたという。その上で、Clark はボランタリーチェーンには、小売店が独立して店舗を所有し運営すること、ボランタリーチェーンの名は食品流通に適用されること、その組織の目的はチェーンストアとの競争に対抗するものであるという、3つの重要な側面が含まれていると指摘している[5]。

しかし、この種のチェーンの大半が食品業界であり、しかもそこでは卸売商を中心とした共同形態が主流を占めたころから、ボランタリーチェーンという呼称が広く卸売商主宰のチェーンに適用され、ボランタリーチェーンと小売共同チェーンが併記されるようになり、さらには両者を含めた広義の意味でも用いられるようになったようである。実際、1939年に出版されたアメリカでの当時の代表的なテキストの1つは、ボランタリーチェーンをこの広義の意味で用い、それには卸売主宰と小売主宰の2種類があるという整理を行っている[6]。日本でも、ボランタリーチェーンはこの広義の意味で用いられるのが一般的となっているので、本章でも主宰者を問うことなくすべてをボランタリーチェーンと呼ぶこととする。

そのボランタリーチェーンが日本に本格的に紹介されるのは、ほぼ1930（昭和5）年前後のことであるから、アメリカで注目されるようになって間もなく、日本にもこの組織が紹介されたことになる。しかし、後にも詳しく見るが、日本の実務界、特にメーカーの中には、早くからアメリカの新しい流通の動向に注視し、1920年代の初めころにすでにこの形式にヒントを得るところが存在していたのも事実であった。それをも含めて言えば、日本へのボランタリーチェーンの導入はかなり早かったということができる。

こうした経緯からも容易に推察できるように、ボランタリーチェーンの組織形態は1つではない。チェーンストアに対抗する組織形態としては、さまざまな試みがあることがむしろ自然であった。例えば、C. Davidson は、①独立任意連鎖店、②連合（syndicate）任意連鎖店（名前のみ）、③連合任意連鎖店（完全サービス）、④小売商の任意連鎖店、⑤卸売店を所有する小売商の任意連鎖店、⑥卸売商と共同する小売商の任意連鎖店、⑦卸売商が完全に統制権をもつ任意連鎖店の7種類の組織形態を識別していた[7]が、AIFD はもっと簡単にボランタリーチェーンを①小売共同グループ、②小売商が卸売商を所有す

るもの、③卸売商が主宰するグループに3分類し、FTC の調査報告書も①小売共同チェーンと②卸売商と小売商の共同チェーンに2分類したこと[8]で、それ以降、分類はほぼこのいずれかに集約されていく。その中でも、本部を持たない小売商の共同組織は十分に機能できず、やがて AIFD の3分類の第1の形態が意味を持たなくなり、卸売商主宰のチェーンと小売商が中心となりつつ本部機能を備える共同チェーンの2種類に収斂されていくことになる[9]。

しかし、ボランタリーチェーンに関する理解について、日本ではアメリカの場合ときわめて大きな違いがあった点は注目に値する。すなわち、ボランタリーチェーンの1つの形式として、メーカーが中心となって運営される組織が日本では新しい共同組織として大きく位置づけられたのである。例えば、萬田一治はボランタリーチェーンが連鎖店に対抗するために生まれたと述べた後、「一度この新しい販売組織が発表されるや、製造家、問屋、小売商とも、何れも重大な関心を持ち、愈々その実績が挙がると見るや、忽ち、この組織を取り入れるやうになり、俄然、ボランタリー・チェーンの勢力は、小売業界に重きをなし、現今では、連鎖店をも凌ぐ勢いとなつて来てゐる[10]」と指摘し、それが単に流通内部の問題ではなく、メーカーをも含んだ取り組みに拡がったことを示唆している。しかし、アメリカにおいて、メーカーが中心となる販売組織をボランタリーチェーンの1つの形式として取り上げたものは確認できていない。

あわせて、ボランタリーチェーンの邦訳語について一言しておく。初期の雑誌連載にあたって「小売商特志連鎖店」を用いたという記述があるが、その雑誌は確認できていない。最も初期の紹介者の1人である大江新吉は「随意連盟組織」と呼んだが[11]、「自由連鎖店」や「任意連鎖店」は比較的初期から用いられていたようである。しかし、伊藤重治郎は、それらはただ原語をそのまま日本語に置き換えただけでこの組織の本質を表わさないと言い、「共同連鎖店」ないし「持ち寄り連鎖店」という訳語を提案する[12]。それに対して、森永製菓でベルトラインを担当した萬田一治は、「協力連鎖店」は小売商による共同チェーンを強くイメージさせ、「自由連鎖店」は加盟脱退が自由だとの誤解を生むとして「同志連鎖店」なる訳語を当てている[13]。さらに、花王石鹸で実務を担当した岡田徹は、このほかにも「有志連鎖店」や「義勇連鎖店」などが

あったがいずれも適当ではないとして、自身は「独立連鎖店」の訳語を用いている[14]。このように見てくると、戦前期の論者がボランタリーチェーンの訳語に、単なる字義的な意味だけではなく、その組織としての意義や本質を盛り込もうとしていたことが理解できる。

戦後には、ボランタリーチェーンの名称は狭義には卸売商主宰のチェーンのみを指し、広義には小売商主催の共同チェーンをも含むものとして用いられるようになる。訳語も任意連鎖店ないし自由連鎖店が多く用いられたようである。しかし、日本ボランタリーチェーン協会は、この「任意」という言葉を「自分の気に入ったところだけを勝手につまみ食いする」と解釈して行動するのでは成果は得られないとして、ボランタリーチェーンが「チェーンオペレーションを展開するために、独立自営者が自発的に結成した組織」であることを強調して、「同志結合体」という名称を与えている[15]。このボランタリーチェーン協会の悩みと同じ問題が、この組織が紹介されて当初から議論の対象となっていたことは興味深い。

2　乱売対策として注目されたボランタリーチェーン

2-1　大量生産体制の確立と過剰生産

アメリカではボランタリーチェーンは猛威を振るったチェーンストアに対する対抗上の手段として、小売商の中から、あるいは卸売商を巻き込みながら誕生し、発展していった。そのアメリカでは1930年を境として、チェーンストアの急成長に対する陰りが見え始め、「新たに自由連鎖店の時代に入った」いう見方もあった[16]。反チェーンストア運動の影響はあるものの、ボランタリーチェーンは誕生から数年にして急速に注目を集めたのであった。

しかし、日本では事情は明らかに異なっていた。チェーンストアはすでに組織として紹介されてはいたが、実際には流通の内部でそれが定着するところまでは進んでいなかった。ボランタリーチェーンが対抗すべきチェーンストアが未成熟だったのである。その中でボランタリーチェーンという新しい組織形態が紹介されたのだから、これに注目して積極的に取り入れようとしたのが、ア

メリカとは異なった主体となるのはむしろ当然であった。

　この新しい組織に最も早く関心をいだき、積極的な導入を図ったのはメーカーであった。明治維新後に近代的産業化への道を歩み始めた製造業は、業界によって多少の前後はあるものの、ほぼ20世紀の初頭頃から大量生産体制を確立し始める。当然のことながら、大量生産は大量販売を求める。その大量販売の役割を担うのは、もちろん従来からの問屋中心の流通組織である。東京、大阪に成立した大問屋が頂点に立ち、何段階かの問屋を経て全国の末端小売商に到達し、そこから消費者に流れていく。この問屋中心の流通組織が大量生産体制に向き合うことができなければ、メーカーは「過剰生産」に直面し、大量生産によって獲得できるはずのメリットを享受することは不可能となる。

　「過剰生産」は通常、マクロ的に供給量が需要量を凌駕する状態として定義されるが、この定義は現実的な世界ではあまり意味をもたない。需要量は個別のメーカーにとっても産業全体にとっても、あらかじめ確定されているわけではないからである。需要は販売過程の中で開拓され、創造されなければならない。

　ここでは個別のメーカーの問題として考える。生産規模が比較的小さい場合には、限定された地域内の需要で十分に対応できたとしても、生産規模が拡大するとそうはゆかなくなる。その時、既存の流通組織が円滑に地域を拡大して新たな需要量を確保すれば、過剰生産は発生しない。しかし、メーカーに中立的な旧来の問屋任せの流通組織が特定メーカーの販売組織として機能することはあり得ない。したがって、生産力を拡大するメーカーは、少なくとも潜在的には常に「過剰生産」の危険、恐怖に直面することになる。

　過剰生産は業界全体における供給量と需要量とのギャップではなく、個々の生産者の生産力と販売力のギャップとして現れる。業界として過剰生産が問題になるのは、主要な生産者の多くが過剰生産に直面するようになるからである。もとより、こうした状況下でも、小規模な生産者は従来からの販路で十分に需要を見出し、過剰生産を意識しないことはあり得る。

2-2　過剰生産へのメーカーの対応

　メーカーの生産力が従来の問屋の販売力を凌駕するようになる。それでも、

問屋中心の流通組織に依存しなければならないとすれば、メーカーは問屋に従来以上の販売量を求めることになる。そうなると、問屋段階での在庫が膨張するが、問屋はその在庫の処理を求めて新たな販売ルートの開拓に乗り出す。こうして、問屋にかけられる販売圧力は、流通組織の末端にまでくまなく製品を送り込むルートを作り上げていく。伝統的なチャネル論が開放的流通（widespread distribution）と呼んだ流通様式である。そうすることが、大量の製品を可能な限り消費者に近づける最善の方法とみなされる。

　それによって十分な販売量が確保できれば過剰生産は現実化しないが、その保証はもちろんない。販路が広く確保されても、そこになお多くの製品を送り込もうとすれば、問屋も小売商も、価格を切り下げて製品を販売するほかなくなる。それでは問屋や小売商の負担が増え、利益が減少し、取扱いインセンティブが減少する。メーカーはそれを補填するためにリベート等の形で問屋にインセンティブを提供しなければならなくなる。しかし、いったんこのリベートが提供されるや、今度はそのリベートが原資となって、値引き競争が激化する。乱売である。その意味では、「乱売は過剰生産の潜在的圧力が現実的に姿を現したもの[17]」だったのである。

　大正末期から昭和初期にかけて、日本の多くの消費財産業ではまさにこうした事態が絵に描いたように現れていた[18]。メーカーは乱売に大いに悩まされることとなったのである。メーカーは乱売を抑制したいという欲求を強くもちながらも、過剰生産の様相が明らかな中では問屋に対して販売圧力をかけ続けるほかはなかった。その意味では、乱売の最も根本的な原因はメーカー自身にあったが、市場を拡大することこそが過剰生産を吸収する唯一の方法であってみれば、メーカーは乱売の根本原因を根絶することはできなかった。

　これは単なる一般的な可能性の問題ではない。例えば、森永製菓のボランタリーチェーンとされるベルトラインの課長を務めた萬田一治は、小売商が乱売に対して悲痛な声をあげており、「小売商は、その解決策を製造本舗に求め、濫売の起こるのは、製造本舗の販売政策宜しきを得ないからであると、その責任を、問ふのが常である。内には、濫売は結局製造本舗が問屋を重要視し、歩引きを多くするところより発生するのであるから、この点を改善して欲しいと、強く主張する向きもある」と述べている。しかし、だからと言って「実際問題

として、製造本舗が問屋に向かって、協定値段の厳守強要などは出来ぬのが、一般の状態」であり、メーカー、問屋、小売商の三者ともが、乱売に苦しみながら、乱売を根絶できない状態にあることを認めていた[19]。

さらに、問題は乱売だけではなかった。メーカーからすれば、問屋が競争製品を取り扱うことへの不満も蓄積していく。メーカーは「その競争製品の取扱ひを禁止し、自己商品の販売に、全力を挙げんことを望んでゐる。そして、その競争商品を取扱ふ余力を奪って、それだけ、自己商品の取扱数量を、増加させやうとするものである。」そして、もし「問屋が旧来の保守的な経営を維持し、製造家の希望を考慮せず、新しい事象に無感覚でゐるならば、到底、製造家と協調していくことは困難で」あり、メーカーは「代理店をつくる、通信販売をする、百貨店、連鎖店、市場、消費組合等に直接に販売をする。また共同仕入団体や、現金仕入問屋の注文に応ずるようになる」というのは、メーカーの正直な告白であろう[20]。潜在的な過剰生産の圧力はそれほど強く、販売力の強化のためには手段を選ばないというほどの決意を見て取ることができる。

では、この乱売問題がメーカーにとって、ボランタリーチェーンとどのようにかかわることになるのか。いくつかのケースで具体的に見ていこう。

3 メーカー主導のチェーンストア

3-1 ホシ連鎖店[21]

日本に連鎖店が始めて紹介されたのは、当時、化粧品の最大手企業であった中山太陽堂の桑名定逸が1913（大正2）年に出版した『商略』の中で、イギリスのマルチプル・ストアを「連系商店」として取り上げたものとされている。そこで、桑名は連系商店を「中央機関即ち本部で大量に廉価に仕入れ（若くは製造し）た商品を各所に設けてある自家の小売店に分売せしめるといふ仕組み」と紹介した。そして、日本では小売業の分野にはまだこの形態は現れていないが、演芸や飲食店の分野では類似の形態があるとしていた[22]。

さらに、1917（大正6）年に、早稲田大学の円城寺良が、連鎖店と日本伝統の支店・分店との相違を指摘したうえで、「第一は製造家がやって見ては何う

か」と呼びかけた[23]。上の桑名が自ら製造した製品を販売する小売組織を連系商店に含め、円城寺がメーカーに連鎖店を呼びかけたことからも理解できるように、連鎖店は当初から小売業の組織というよりも、もっと広い意味で用いられていた。連鎖店は本来「店舗の連鎖組織の意味である…が、転じて中央管理権の下に活動する二個以上の販売店を持つ小売組織を指す[24]」ことになったと考えられる。ただし、桑名が製品の販売網を連系商店として紹介した時点では、まだボランタリーチェーンはアメリカでも誕生しておらず、おそらくは通常の連鎖店を想定してのことであったろうし、円城寺の呼びかけもその可能性が強い。

この呼びかけにいち早く応えてチェーン化に乗り出したのが星製薬であり、アメリカ型の連鎖店方式を採用して全国的な販売網を計画、新聞広告を打ち出したという。その内容は、25円を会社に払い込むと25円分の薬が送られ、星製薬の特約店となり、地域の独占的販売権を与えるというものであった。メーカーと小売店が独立の資本であることから、これがボランタリーチェーンと呼ばれることになるが、そうだとすれば、このホシ連鎖店が日本で最初のボランタリーチェーンだということになる[25]。

1村に1店が原則で、1村から2店以上の申し込みがあった場合には貧しい方の店を選定したという。星製薬の製品は、胃腸薬を中心に69種であったが、1915（大正4）年には特約店は全国で3万店、郡と県に設けられた元売店は200店に達した。

それ以上の詳しい経過は明らかではないが、1917（大正6）年には、特約店のうち好成績の店主を東京に招待し、工場見学の後には徹底した特約店教育を行った。後にはこの講習会は店主だけではなく、夫人の講習会や子弟だけの会も開催し、1923（大正12）年には、東京地区130名、大阪地区270名、九州地区150名の参加があったという。こうした加盟店の講習会も当時は例がなく、極めて先進的な取り組みであったとされている。

特約店は最終的には5万店に達したというが、1924（大正13）年以降、急速に解体することとなる[26]。おそらくそのためであろう、日本で最初のメーカーによる小売チェーンの組織化であるにもかかわらず、チェーン化が本格化する昭和初期にはほとんど記録は残されていない[27]。

3-2 資生堂チェインストアー[28]

　20世紀初頭、化粧品専門店はまだ存在せず、化粧品は主として小間物店や薬店で販売されていた。化粧品業界では、当時「乱売」が深刻な問題となっていた。当時の小売店の粗利は「1ダース2個儲け」が標準で、16.6％に相当する。ところが、実際の販売価格は3割引きから4割引きが普通で、仕入原価を割っていた。問屋には取引数量に応じて支払われる歩戻し制があり、それが原資となって問屋間でも値引き競争が行われていたのである。中でも、化粧品、特に有名ブランド品は囮（おとり）販売の対象され、小売店は価格表示のない小間物雑貨を高く販売して利益を上げていた。そのため、「化粧品はもうからない」というのが業界の常識となっていたという。「もうからない化粧品から、経営の安定した化粧品への転換と、化粧品産業の主体性の確立は業界の宿願であった。」（資生堂（1972）147頁）

　1923（大正12年）9月の関東大震災は東京を壊滅させ、工場の被害は供給不足をもたらした。その中で、化粧品業界では、トップメーカーであった中山太陽堂が同年10月と11月に『大阪化粧品商報』に「濫売行為の矯正に就て」と題する広告を掲載して、この苦難に会し「我等業界の商取引上にも幾多の革新を加える必要を生じ申候。就中急務中の最大急務は、実に濫売行為の徹底的矯正にありと存候。」とし、2位の平尾賛平商店も同年12月に、同誌に「正価販売と報酬」という広告を掲載し、代理店に対して正味販売への協力を呼びかけた（資生堂（1972）147-148頁）。

　このような中で、資生堂はいち早く「連鎖店方式」を打ち出した。「本舗としては、製造した化粧品を問屋まで送りつけるのみで、その先が如何に販売され如何に消費されているかは全く把握することが出来ない」（資生堂（1957）170-171頁）状態から脱却するために、小売店の組織化を図ろうというのであった。資生堂の石鹸や歯磨類の大衆向け商品を取り扱う小売店は約7万店存在したが、それらを「セールスメンバー」と位置づけ、それとは別に、各種化粧品、化粧雑貨、石鹸、歯磨等資生堂の全商品を取り扱う「チェインストアー」を設け、この後者に対して連鎖店方式を導入したのである。当然、問屋との間の取引関係も整理され、問屋との間には「資生堂化粧品連鎖店取次店契約」を、

また連鎖店の加盟店とは「資生堂連鎖店契約」を締結し、それによって加盟店の粗利が20％、問屋の粗利は5％に設定された。

取次店との契約における主要な条項は次の3点であった（資生堂（1972）148-149）。

資生堂と取次店との連鎖店契約の主要条項
1. 乙（販売者）は資生堂化粧品連鎖店契約に遵ひて、甲（資生堂）の承諾の許に左記の販売区域内に限り一手取次販売店たること
   従て甲は乙と協議の上に非らざれば同地に於て同一の取次店を設置することを得ず
2. 乙は甲に対して右保証金として金　　円を預け置くべき事
   但乙は此保証金を其小売店（連鎖店）より預かることを得ず
   右保証金に対しては、年末に於て甲より乙へ年利金一割の利息を付して支払ふべき事
3. 乙は連鎖店規則に遵ひ、其連鎖店へは常備品を完全に備付けしめ、商品の有高並に定価販売に関し調査を可為は勿論、連鎖店以外の者へは絶対に製品を販売せざる事

第2項における保証金は、取引規模に応じて千円から5千円とされたが、関西総代理店の朝日堂株式会社だけは1万円とされた。当時の米価が1キロ21.68銭だったというから、千円が今日のほぼ200万円弱に相当するとものと考えられる。

それに対して、チェインストアーとの契約書の主要条項は以下の通りである（大塚（1934）107-108頁）。

資生堂のチェインストアー契約書の主要条項
1. チェインストアーの利益を確保する為めに資生堂本社及販売会社はチェインストアー以外へは資生堂化粧品を卸売せざる事
2. 従てチェインストアーは資生堂化粧品の代表販売店なるが故に最小限度所定のチェインストアー常備品を常に御備付け置き願ふ事
3. チェインストアーは資生堂化粧品全部必ず定価通り御販売願ふ事
4. 仮令定価を以てするも其れが更に販売の目的にて買はれるものと認めらるゝ場合は絶対に御売り渡し願はざる事及製品の貸与融通を為されざる事
5. 万一濫売者ありし場合は資生堂本社及販売会社と協力解決に御努め願ふ事
6. チェインストアーへの御値段は資生堂チェインストアー常備品型録記載の通りたる

事

　問屋には一手販売権を保証し、その見返りに資生堂全製品の常備を求める。販売に関しては定価販売を求め、チェインストアー以外への横流しを禁止する。チェインストアーに対しても同様に、チェインストアー以外には商品を供給しないことを約束し、資生堂製品の常備を求め、定価販売を求め、正規販売ルートからの遺漏を防止し、それでも乱売が発生した場合には、その解決への協力を求めたのである。さらに製品にはすべて番号が付され、転売等があった場合でも、そのルートが容易に特定できるようになっていた（大塚（1934）106頁）。これを見れば、このチェインストアーの目的が「こんにち再販売価格維持契約と呼ばれる制度に通じる方法」（資生堂（1972）145頁）であることは明らかである。

　それは資生堂自身が後に「わが国小売業界における画期的なチェインストアー制度」（資生堂（1957）170頁）と自認するものではあったが、トップメーカーではない資生堂一社では、業界の長い悪弊を改善することは難しいと、業界の大方は「冷笑で迎えた」という。しかし、当初、資生堂自身が200店と設定したチェインストアーの目標は東京だけですぐに達成され、翌年には2,000店に達した。加盟店が増加すれば取次店の利益も増加する。そのため、取次店の保証金も円滑に寄託されるようになったという。それだけ、問屋も小売店も乱売に悩まされ、メーカー系列のチェーンに参加することのメリットを感じたからにほかならない。

　この資生堂の契約関係がボランタリーチェーンと称される経緯は明らかではない。資生堂（1972）によれば、「小額の資本を集合して多量の共同仕入を行い、仕入価格低下の利益を各店でわかち合った」のがチェインストアであるが、「経営の主体がチェインストア本部にあるのがレギュラー・チェインストア方式、各小売店にあるのをボランタリー・チェインストア方式と称した。資生堂の場合はボランタリー方式に準じた。」（149頁）とあるのみである。しかし、この方式はその後、乱売に悩むメーカーに広く採用されていくこととなる。

3-3　福助足袋聯盟店[29]

　福助足袋でも古くから、いかにすれば「大量生産に伴ふ大量販売ができるかを科学的に、実際的に研究してゐた」という（福助足袋（1942）210頁）。1919（大正8）年には東京支店、翌1920（大正9）年には大阪支店を開設、その後矢継ぎ早に支店、出張所を開設、「3百の代理店、6万の販売店は、大販売網を全国に布き相呼応して水も漏らさぬ堅陣をつくつた」が、「販路拡張の反面には、濫売が行われる」。福助会を作ってこれに対応しようとしても、なかなか埒が明かなかったようである。

　具体的には、店の来歴等の異なる代理店を「福助足袋の販売の上だけで協調させやうとするのは、木に縁って魚を求めるやうなものだつた。」福助はこの問題を解消するために、福助足袋販売会社を設立して、卸売機能を統合することになる。その結果、1926（大正15）年の全国卸売業者418店が、1930（昭和5）年には販売会社31店、代理店97店にまで整理された（福助足袋（1942）325-326頁）。

　同じ頃、共同仕入れが円滑に進まないことにも頭を痛めたが、アメリカの小売業を観察する中で、顧客地盤の異なった、同一市場でない相隔たった都市の店と店が相合流して1つの協会をつくり、共同仕入れを行っていることに気づく。従来、福助では同じ顧客筋の地域で、歴史、老舗、資本力や販売方針など、さまざまな点で異なる店の間での、共同仕入れ、原価公開、販売方針の公開、経営の協調等を求めていたが、それがうまく行かない原因ではないかと、アメリカの共同仕入れの研究を開始する。彼らは共同仕入れや共同経営を行い、統制を行っていても、資本の合同は行っていなかった。この時、福助がみたチェーンがどこであるかは明らかではないが、それがボランタリーチェーンであったことはほぼ間違いない（福助足袋（1933）1-2頁）。そして、その精神に沿った1934（昭和9）年の改変が福助聯盟であった。

　先の福助会は1934（昭和9）年に発展的に解消して「福助聯盟」として生まれ変わる。「無統制から統制へ」「分散から集中へ」が一般業界の趨勢となる中で、福助足袋は福助聯盟によって「販売店の連鎖統合、販売の集中化」を目指すことになったのである。その規約によれば、目的は「経営の連鎖的統合を為

し、配給組織の範を世界に示し、相互依存、親睦、福利の増進を計る」ものとされ、下記の条項が含まれていた（萬田一治（1938）133-134頁）。

福助足袋聯盟規約（抄）
4. 聯盟店の資格
　(1) 本社の製品を誠意を以て、販売する優良店
　(2) 本社の延長なる思ひを以て、製造販売両業者の心的協力を高め、前項目的遂行に賛同共鳴せられし販売店
　(3) 1ヶ年（3月より翌年2月まで）の販売数量を、左記点数を以て換算した得点数に基づき、地域別に左の通り店格の区分を為す
　　（点数表および地域別店格表　略）
　(4) 毎年度本社の製造方針に則り、責任販売数量を完了すること
5. 本社は聯盟店に対し、他の販売点よりも優越したる便宜と、満腔の誠意を以て常に奉仕し、別項記載の諸事業を行ひ、以て聯盟店の合理的経営に資するものとす
6. 仕入価格は、本社の規定する全国聯盟店統一原価表に依るものとす

この聯盟規約とは別に「聯盟店優待」規定が設けられ、その中で本社が年1回、年間の販売額に応じた割戻しを行うことを明記したほか、「福助聯盟の事業」の「団体的販売工作」には以下の条項が盛り込まれていた（萬田一治（1938）136-137頁）。

福助聯盟の事業
1. 団体的販売工作
　(1) 会社製品販売数量の団体責任引受
　　　各年度始に於て、各聯盟全体として、一年間の販売見込み数量を定め、聯盟店各自は連帯責任を以て、この引受数量を完了すること
　(2) 会社製品の共同売出し
　　　本社と協議の上聯盟にて計画実施する
　　　売出宣伝物及び景品は共通化を図って、効果的ならしめる
　(3) 販売統制
　　　価格統制により正価を維持し、乱売を防止する

この聯盟の事業としては、ほかに宣伝、店頭装飾材料の提供、営業用度品の共同購入、決済方法の改善、聯盟店の相互保障、経営に関する研究、経営技術の奉仕、表彰、慰安旅行が盛り込まれていた。さらに、「福助聯盟の将来に対する抱負」において、連盟組織、顧客との関係等について、詳細な方向性を示している。

　ここでも、福助の乱売防止と販路拡張の意図が鮮明に読み取れる。福助はこの聯盟店会の発足にあたって、全国の加盟店を1万2,000店に絞り込み、他との関係を絶ったという。その結果は、「従来、真実に協力し合へなかつた特約店と関係を絶つて、会社自らが、従来、何ら関係のなかつた小売商と、手を握り、最も合理的な、そして、製造家の採るべき、唯一の道に、一歩足を踏み入れたといふことが出来る[30]」と評されるものであった。

　実際、この間、福助足袋がこの問題にいかに熱心に取り組んでいたかは、1933（昭和8）年に『米国における共同仕入に就いて』を出版し、1935（昭和10）年にCraig Davidsonの*Voluntary Chain Stores*の抄訳本を出版している[31]ことからも窺うことができる。

3-4　森永ベルトライン[32]

　森永ベルトラインは森永製菓と有力菓子小売商の団体が提携して作ったチェーンであり、1929（昭和4）年1月に研究を開始し、5月に設立に着手した。1938（昭和13）年時点で、内地はもちろん、朝鮮、台湾、樺太、満州にまで及び、加盟店は4,000店を超えていた。「ベルトライン」は新たな提携組織に対して与えられた名称で、当時まだ日本にボランタリーチェーンという言葉が紹介されておらず、本舗と加盟店が相互に繁栄する循環構造を表現しているという。

　組織としては、東京の本社が総本部となり、主要都市に設置される販売会社が本部となり、その下の販売店が支部で、そこから一般小売店（ベルトライン）で構成される部会が置かれ、この流れに沿って商品が配給される。東京の場合、1部会に30名程度の会員、5部会単位で1支部が置かれ、部会は毎月または隔月の集会を開催するなど、半自治的に運営を行ったという。地域によるが、ベルトライン（会員）の過密な地域（例：大連）では入会金500円を徴収し、会員数を抑制的に調整している。

ベルトラインへの入会時の誓約書の中に、次の条項が含まれている（147頁）。

森永ベルトライン入会時誓約書の条項（部分）
- 店舗は森永製菓株式会社の信用を保つに充分なる施設を為す事
- 森永5大製品（キャラメル類、チョコレート類、ビスケット類、ドロップス類、その他乳製品類）に限り類似商品を取り扱はざる事
- 貴社の定める小売値段を厳守する事

また「森永ベルトラインストアー取引契約書」は2種あり、森永を甲、加盟店を乙とする契約書の中には次の条項が含まれている（148-149）。

森永ベルトラインストアー取引契約書（A）の条項（部分）
- 乙は甲に対し乙が株式会社森永製菓に差し入れたる誓約書記載の事実を厳格に履行し殊に制限せる五種の特定商品に対しては絶対に類似品を取り扱はざるものとす
- 乙は毎月十四日、三十日の二期を以て仕入代金を完全に支払ふものとす
- 甲は乙に対し報酬として乙の仕入額に対する参歩の割戻を為すものとす
  但し割戻金は各期末に於てこれを支払ふものとす

他方、加盟店を甲、森永を乙とする契約書の中に、次の条項が含まれている（150頁）。

森永ベルトラインストアー取引契約書（B）の条項（部分）
- 甲は乙の指示する所定の施設を為し森永製品を毎月金壱百円以上取扱ひ為すものとす
- 甲は乙の製品中キャラメル類、チョコレート類、ビスケット類、ドロップス類、ビース類、ミルク類の六種類に限り之と類似の他製品を販売せず又乙の商品に限り卸売行為を為さざるものとす
- 甲は乙の指定する出張所より商品の配給を受くるものとす

さらに、1937（昭和12）年4月から適用された「森永ベルトライン待遇規定」では、「森永ベルトライン取引契約を完全に履行せられし方に限り毎年三月、九月の二期に仕入総額（但し伍助其他特定品を除く）の百分の弐に該当する販売補助金を贈呈し積立てを為すものとす」るほか、「御支払皆済奨励金」において、毎月現金での完済に対して奨励金を支給することが明記されている（151

専属排他的販売と価格維持、販売奨励金という名のリベートと決済リベートなどが、見事に埋め込まれている。森永製菓がこうした方針を打ち出した背景として、萬田一治（1938）は「本舗の方としては、徒に取引先を多く作ることは考へもので、それよりも有力な、一流小売店と相提携した方が、より有利である」点を挙げている。そうすることによって、「今までの販売意識からすれば、単なる売り手と買ひ手といふ関係に置かれてゐたものが、…今度は本舗も小売商も同じ側に立って売ることになり」、「小売店はその本舗の機能化された売場、と云ふやうに考へられ、その店員なり、店舗は本舗の販売員の延長」となるというわけである（152頁）。

　メリットはメーカーにのみあるわけではないと萬田は言う。小売商からすれば、百貨店等の新興小売機関との競争上、大きな有力会社の信用をバックにしうる上、ユニット店の独立性を失うことなく、独立の経営者としての機能と有利性を具備しつつ共同仕入れ、共同宣伝等を行い、本部からさまざまな経営指導や援助を受けることができる（153頁）。

　その他、特売品、専売品の提供から店舗外観の統一、備品什器の提供・斡旋など、実に細かな「販売店援助」が盛り込まれている（153-161頁）。さらに1934（昭和9）年から加盟店の上得意を組織して「M・B会」を結成、会費月50銭を徴収して、月1回、商品を定時に配給する体制も整えた。1938（昭和13）年時点で5万人であるが10万人も近いという状態にあった（158頁）。まさに「消費者の組織化」でもあるが、そうすることによって小売商にとっての上得意客を囲い込むことが出来る。「固定した顧客を有つと云ふことが、進歩した販売経営の動ぜざる定石であり、売上額を保持する前提だとするならば、これはまさにその理法にマッチした新たにして、力強き経済技術と云ふべき」だと自賛することになる（158-159頁）。

　こうした取り組みによって、加盟店の売り上げは3〜5倍に増加しているといい、店舗の改築・新築・増築の要望も増え、1店の平均売り上げも増加した。契約期間は1期1年であるが、満了時の退会はない。本舗のベルトラインの売上高も前年比で、1931（昭和6）年12％、1932（昭和7）年4％、1933（昭和8）年7％、1934（昭和9）年10％と順調に伸びている（161-162頁）。

3-5　瓢箪屋薬房ＳＳ[33]

　瓢箪屋という古い薬種製造本舗（現・エスエス製薬）が中心となって、1929（昭和4）年にチェーン組織「瓢箪屋薬房SS」が設立された。全国約1,500店の一流薬局薬舗と提携した団体であるが、加盟店は1931（昭和6）年の1,450店から、1935（昭和10）年には2,300店に増加した。SSは現在ではSocial Serviceを意味するとされるが、もともとは当時の社長、白井正助に由来するという。

　当時の状況を同社のHPは次のように書いている。「当時、強力な問屋支配と安値乱売が製薬メーカーにとって大きな問題でした。そんな中、当社は小売薬局への直接販売をはじめました。史料には『現在は禁止されている戸別家庭訪問による選挙運動の効果にヒントを得て』と記述されています。」また1932（昭和7）年に月報誌『瓢箪屋通信』を発行、「誌上には製品の広告宣伝のほか、経営指導を目的に財務経理のあり方、店頭における顧客対応、店内装飾、整備に至るまで、きめ細かな記事が毎号にわたって掲載され、好評を博しました。」という。

　全国組織として人口1万人に1店を標準として構想しており、「その潜勢力は誠に恐るべきものがあり」と評された。規約によって、会員には瓢箪屋製品の一定額を買うことを約束させるが、SSチェーン本部からは常に外交員が派遣され、会員との密接な連絡が取られ、販売指導が行われる。このチェーンでは、加盟店には利益率のいいものを与え、代金支払いに対しても割戻しを行うなど、加盟店に対する手厚い優遇措置が取られていた。加えて、瓢箪屋というメーカーには長年の歴史があったこともあり、このチェーンが比較的順調に全国組織を結成できたとされている。

　さらに、この本部はまた、加盟店に対して、以下のような奉仕を行っている。SS経営座談会、個別的直接指導、繁栄策の無料立案、効果的なチラシの半額負担、販売援助、連携繁栄策各種、経営比較指数通報、売上増進特別通信贈呈、月刊瓢箪屋SS通信、SSニュースの贈呈等といった販売店援助であり、その他代理品部では包装紙などの実費での頒布も行っている。

4　メーカー主宰のボランタリーチェーン：総括

4-1　ボランタリーチェーンという名の系列化

　これ以上、メーカーが中心となった「ボランタリーチェーン」について、詳細を追いかける必要はないだろう。それらはいずれも、戦前を代表する「ボランタリーチェーン」として取り上げられているが、これらの組織が導入された当初は、「ボランタリーチェーン」という言葉はまだアメリカでも誕生していなかった。いずれも、アメリカの流通事情を視察する中でヒントを得たとされているが、その元となった組織が、19世紀末に誕生していたフランチャイズシステム[34]なのか、レギュラーチェーンなのか、模索段階の小売共同チェーンなのか、明確なことは確認されてはいない。しかし、1920年代後半期には後にボランタリーチェーンと呼ばれる「変形的連鎖店」が注目され始め、それが急速に日本に入り込んできたことは間違いない。

　萬田一治（1938）は、この間の事情をこう語っている。「当時わが国では、小売商問題が、喧しく議論されていた頃で、従つてこのボランタリー・チェーンの出現は闇夜に光明を見出したやうな、或いは、旱天に慈雨を浴したやうなもので、有ゆる業界の、製造家、問屋、小売商から叟手を挙げて、喜び迎へられたものであつた。」「ボランタリー・チェーンは、萎縮した商業界に、活力を注入し、有ゆる商人に力と望みを与へ、真に、自力更生し得るところの、唯一無二の起死回生策と謂うべきである。[35]」

　これらの状況から判断すれば、大正末期から昭和初期にかけて、大量生産体制を確立しつつあったメーカーは、十分な販路の確保と乱売防止という2つの点で従来の問屋依存型の流通機構に限界を感じ、新たな販売組織を模索していたことになる。代理店の問屋を通しての「押し込み販売」がもたらした開放的流通は、メーカーの関与し得ない無統制な販売組織であったが、「第三者の、販売力の貧弱な、無統制な独立小資本商店に、商品の配給を一任して置くと云ふ事は、大量生産を不可能ならしめる危険が多い[36]」ことに気づけば、メーカーが販売組織により直接的に関与する選択的流通、そしてさらには専属排他

的流通（exclusive distribution）へと進むことは極めて自然な流れであった。

　そうだとすれば、この課題に取り組んだメーカーは、上に取り上げたよりもはるかに多くの業種の、多くのメーカーに及んだはずである。それらをつぶさに検証することはできないが、例えば岡田徹は一般の注目を集めていないにもかかわらず、森永牛乳と明治牛乳が共に「百パーセントにヴォランタリーチェーンである」と高く評価している[37]し、松下電器が1935（昭和10）年から始めた「連盟店」制度も[38]、これらの流れと軌を一にするものと言ってよい。

　新たな販売組織の確立に取り組んだメーカーに共通していたのは、卸売商を専属代理店ないし販売会社として組織化し、小売段階では既存の小売商を「連盟店」として組織化することであった。連盟店には販売区域の保護や特定商品の排他的販売を認める代わりに、一定量以上の取引を求め、正価販売を求める。

　自らが多数の小売店を展開するのではなく、既存の小売商を連盟店として横に繋ぐという発想は、形式的に見ればボランタリーチェーンの組織形態と酷似している。しかし、それらはあくまでもメーカーが組織した販売組織であって、チェーンストアに対抗するための中小小売商、あるいは卸売商の共同組織とは言い難い。ボランタリーチェーンには価格統制型と共同仕入型の2種があるとした商工省商務局の報告書が、この前者を「縦の団結にして即ち天降り式に生産者が小売商に其の団結に依り、価格の統制を為す時は生産会社小売商共に有利なることを解き、組織せるもの[39]」と位置づけたのは、極めて妥当な評価であった。

　実際、そこにはボランタリーチェーンの出発点であり、最も重要な特性とされた「共同仕入れ」の概念は存在しない。萬田は「森永ベルトラインは、一製造家を中心とした多数小売商の聯合であり、他のチェーンの如く共同仕入は行はないとしても、共同仕入を行ふと、同様の効果を受けるものである[40]」というが、それはメーカーの販売組織として、メーカーが加盟店に与えた優遇的販売にほかならない。その意味では、これらはボランタリーチェーンというよりも、後の言葉でいえば、むしろメーカーの流通系列化そのもの、より具体的に言えば再販売価格維持、テリトリー制、専属店制を組み込んだ店会制にほかならなかったという方が適切であるように思われる。

4-2 ボランタリーチェーンに乗せた製販連携の夢

　アメリカでは、ボランタリーチェーンの中にこうしたメーカー主導型のものを含める用法は確認できていない。それにもかかわらず、日本で、これらがボランタリーチェーンと呼んだのは、この新しい共同組織に「夢」を託したからではないか。岡田徹は最先端のボランタリーチェーンと呼ばれたIGAの中に進化を遂げた合理的な経営様式を見出し、全米の流通機構が「孤立的な独立商店から協同的な仕入団体へ、単純な協同的団体から卸兼営の団体へ、そして卸兼営の団体から、最後的な発展段階である、生産―配給―小売の一元化を目標として、全国的に（又は地域的に）広告して、聯盟独自の商標商品で戦ふところの近代的な組織へ」と改組されるに至ったと述べている[41]。
　ここに込められた「最後的な発展段階」は単なる共同仕入れに終わるのではなく、「生産・配給・小売の一元化」であった。それは、さらに言葉を換えて言えば、「近代大量生産組織を最も効果的に・経済的に・合理的に運転する為めには、製造業者と配給業者（卸売・小売業者）との、より完全な配給計画と配給組織とを、必要とする事は明らかである。独立連鎖店運動の時代性——大量生産組織への適応性とも云ふ可きものは、第一に、この連鎖店組織によつて配給線が直線化・最短化する事である。生産から小売までの配給運動を一元化する事によつてのみ、製造業者も小売業者も、計画的な生産、計画的な販売——従って計画的な経済が可能になる[42]」ということになる。
　生産と販売の一元化が目指すのは、究極のところ計画販売であり、その結果としての計画生産である。そうなれば、メーカーも問屋も小売商も、すべてが乱売の恐怖から完全に解放され、最も効率的な生産・流通体制を築くことができる。それが三者が共存共栄できる理想の姿でもある。萬田一治の言葉でいえば、「製造家・問屋も取扱商品の売捌き口が確立し、商品取引数量が判然とするならば、こゝに始めて、生産数量も知ることが出来る。つまり所謂、計画販売が可能となり、凡ゆる経営上のムリとムダとが省ける。[43]」ということになる。
　ボランタリーチェーンという組織に、あるいはメーカーによる販売経路の組織化にそれを実現するだけの力があるかどうかは別問題である。しかし、メーカーの現場にいて販売組織の整備に取り組んだ2人が共通して語ったのは、生

産・配給・小売の一元化による全体としての経営の効率化問題であった。小売の末端を組織化することによって、生産と流通が一元化され、合理化される。だからこそ、その組織化を最終消費者にまで拡張した森永の「M・B会」を、ボランタリーチェーンの延長線上で高く評価することになったと言ってよい。

そこではもはや、誰が主体となってその組織化を仕掛けるかは問題ではなかった。起点がどこにあろうと、最終的には同じ一元化に辿り着くはずである。そして、それが独立の小売商を含む団体として組織化されるのだから、それこそがボランタリーチェーンというにふさわしく思えたに違いない。

5　小売商の自力更生策としてのボランタリーチェーン

5-1　小売店共同化の背景

第一次世界大戦後の1915（大正4）年以降、日本経済は大幅な輸出超過を経験し、それに刺激されるように生産部門における産業化が急速に進展した。それが「過剰生産」の1つの背景となり、乱売につながっていった。しかし、その好景気も1920（大正9年）年3月の「戦後恐慌」によって終わりを告げ、その後は長期にわたる不況を経験する。そんな中で、1923（大正12）年9月、関東大震災が発生し、東京は壊滅的な打撃を受ける。

しかし、「過剰生産」と乱売を深刻なものとしたのには、もう1つ流通側の要因もあった。1920（大正9）年の以降の打ち続く不況の中で、労働力の流通業への過剰なまでの流入が行われた。詳細は第6章で述べるが、この間、大量の労働力が「零細な資金に依つて容易に開業し得る」小売業に流れ込み[44]。小売業は「増加人口転業人口の捌け場所」となった[45]。そして、その結果が財貨流通の多段階化であった。「特に消費財の流通部面でのこの現象は甚だしく、三段乃至四段の商人、特に問屋を横流逆流しつゝ消費部面に押し出される商品は稀ではな」く、「相対的薄利化を多売主義で補充すること」で、この多段階化が進行した。流通過程はまさに錯綜し、メーカーから見れば、直接の販売先である問屋の先はまったく統制不能な、想像することのできない世界であったと言ってよい。大量生産体制を確立し始めたメーカーが依存しなければならな

かった流通機構はこのような状態であった。

　そうした中で、共通商品券や反百貨店運動が盛り上がるが、政府を含め進歩的小売業の抑制に賛意を表する意見はなかった。むしろ、小売業の窮状を打開するためには、小売業自身の更生策が必要だというのが、大方の意見であった。まさにそうした状況の真っ只中で紹介されたのがボランタリーチェーンであった。先の萬田の引用文にもあったように、それが先進的な小売商に「闇夜の光明」「旱天の慈雨」のように、大きな期待をもって受け入れられたとしても不思議はない。「同一業者団結し、共同仕入を為し、従来の営業方法より幾分安価に仕入れ、団体の力を以て販売[46]」することによって、どれだけの成果が得られるのか。それは分からなくても、そこには光明があり、光明はそれ以外には見つからなかった。ボランタリーチェーンは先進的な小売商の更生策としての期待を一身に集めることになる。

　実際、『日本小売業運動史』の中には、1928（昭和3）年の清水正巳の次の文章が引用されている。「小売店同業者が糾合してチェーンを計画する——この叫びは私の聞いた叫びの中で一番大きなものがある。これを考えている人が一番多いらしい。ところがこれが一番やりにくいのである。[47]」先進的な小売商の間では、ボランタリーチェーンを模索する動きが盛り上がっていたのである。困難であってもそれしか道はなかった。

　しかし、メーカー主導型に比べると、この小売共同型のボランタリーチェーンについては、当事者による記録がほとんどないため、詳細な記録があまり残っていない。それでも、いくつかの代表的と目されるチェーンについては、その概要を確認することができる。以下、そのいくつかを見ていくことにしよう[48]。

5-2　全東京洋品聯盟[49]

　1929（昭和4）年10月、東京市内の8名の進歩的な洋品小売店経営者が匿名組合を結成して共同仕入れを行ったのが始まりである。当時、すでに大資本による大量生産が始まり、生産の統制・合理化が始まったにもかかわらず、小売販売機構は旧態依然の状態で、何ら統制がなかった。百貨店やチェーンストア、消費組合などが仕入れ、販売の両面にわたって合理的な統制を加えて発展しつ

つあるのに触発されての共同事業であった。彼らは「吾人は強力なチェーンを結成し百貨店に対抗するのみならず、日本の否世界の小売商の最尖端に立つて戦はねばならない使命をもつ」と、その意気込みを大きく打ち上げた。

同聯盟の規約第4条は次のように謳い、共同仕入れと共同宣伝を活動の中心に据えた。

全東京洋品聯盟規約（抄）
第4条 本聯盟は全員一致団結して共同責任仕入及責任支払を為し、商品の品質、マーク、売価を協定統一し、飽くまで正義に立脚して百貨店に対抗し、真の良品廉価を徹底的に断行して、吾等小売商の使命を果たし、将来は全日本の洋品商を糾合して株式組織の一大チェーンストアを起し、全世界の実業界に雄飛するを以て目的とす

夢は大きいが、その中心は共同仕入れであり、良品廉価の徹底であり、協定価格の統一である。共同仕入れは月2回、加盟店と問屋が事務所に集まり、問屋が見本を陳列し、見本取引の形で行われた。商品の引き渡しは問屋と加盟店の自由契約であるが、代金は問屋が23日締めの各店宛て請求書を本部に提出し、それに基づいて聯盟が加盟店に請求を行うことによって、問屋の資金回収業務を軽減している。代金が50円を超える場合は、加盟店は聯盟に約束手形を発行し、聯盟は問屋に為替手形で決済した。支払条件はいずれも60日手形であった。取引額は1935（昭和10）年時点で年間15万円程度に達し、これは各加盟店の仕入額のほぼ2割に相当したようである。加盟店はこれによって、1割から2割、ものによっては3割から5割も仕入れ価格を低減できたという。

さらに、加盟店の経営改善にも積極的に乗り出した。正確な記帳の習慣がなかったこの時期、簡易複式簿記の記帳様式を開発し、全店で採用した。これは簿記知識を持たない店員でもすぐに覚えられるものだったという。

それが良好な結果をもたらしたことで、1932（昭和7年）2月、13名が出資して、資本金4万5,000円の「株式会社全東京洋品聯盟」を設立した。加盟店は1935（昭和10）年には15店、1938（昭和13）年には26名と着実に増加し、本格的なボランタリーチェーンと称されるようになった。新規加盟は株主総会の決議によるが、「資力、信用厚き洋品店」であることが求められた。

会費は徴収していないが、積立金として3万円を持ち、取引先から2％の手数

料を徴収して、運営経費に充てている。聯盟は、その趣旨に賛同する問屋団体「聯友会」を組織し、この聯友会とのみ取引を行うこととなっており、問屋にもそれだけのメリットがあったとみてよい。資本金のうち、実質2万円程度が運転資金となったようで、格安品があった場合などは、この運転資金を用いて取引を行った。

　会員店舗は赤地に白抜き文字で「全東京洋品チェーンストアー」と記した看板を店頭に掲げるほか、陳列窓ガラスの上部に「Z・T・Y・R」を鎖の輪で囲った商標を掲げ、チェーンであることをアピールした。共同販売は、年末、年始、中元のほか、四季に加盟店一斉に売り出しを行う。抽選券付販売の景品は豪華で、例えば1932（昭和7）年の中元売出しでは、1等が前年に完成したばかりの羽田飛行場からフォッカー機で東京を一周するという「帝都上空納涼飛行御招待」、2等「横須賀軍港見学御招待」といった具合であった。1等当選で実際に飛行機に搭乗したのは67名に上ったという。

　加盟店は近代的広告を行い、正価販売に努め、値引きは一切行っていないという。そのほか、チェーンニュースの発行、市電内広告、チラシ、ポスター、共同包装紙、シール、レッテル等を共有するなど、宣伝面でも共同化を行っている。包装紙は美術的価値があり、百貨店の買い物包みの表側に持ってもらえるものをということで、豪華なグラビア印刷を採用して話題を呼んだ。

　店員の訓練としては、毎月1回、決まった日に集合して商品の取引方法、商品知識、陳列装飾等を内容とする講習会、一般商品、経営、接客サービス等に関する講演会を開催するほか、同業店の見学会も開催していた。その訓練は本格的で、例えば、各店員に「今月はウインドウ装飾を研究せよ」といった課題を与え、加盟店からの店員を班編成した上で、本部で視察条項を表にした視察カードを準備し、詳細に記入させ、理事者が講評するといた手順であった。この訓練による「目に見えない効果は想像以上であった」という。

　こうした共同事業は極めて順調に進むかに見えた。しかし、本部一括仕入れによる低価格を強く追求した結果、「商品の駄物化」が始まる。これは共同仕入れ団体が陥りやすい弊害とされるが、洋品聯盟も例外ではなく、問屋の側で品質の劣る商品を「聯盟行」とするものが現れ、「洋品チェーンの商品は安いかもしれないが粗悪だ」という評判が立つようになる。それに対処するため、

商品研究会を設け、チェーンとしての標準品の仕様書を作成し、賛同する生産者を専属工場として生産に乗り出し、チェーンの特製品として販売した。この特製品は今日でいうプライベートブランドの一種ともいえるが、ワイシャツ、カラー、中折帽子、毛メリヤスに始まり、足袋、パンツにまで及んだ。

しかし、1934（昭和9）年以降、この共同仕入れは低下することになる。その原因は、福富恒樹（1936）によれば、①問屋間の競争が激化し、問屋が個々の店舗を訪れて共同仕入れと同じ条件での販売を始めた、②共同仕入れの場合の価格交渉が厳しく、問屋に共同仕入れを忌避する傾向が現れた、③支払いに不始末をした会員が現れ、その面での監視に手間とコストがかかった、などがあげられるという。その結果、1936（昭和11）年4月には株式会社を解散して、元の任意団体に戻ることとなり、やがて「仮眠状態」に陥ることになるが、小売商の共同形態でのボランタリーチェーンとしてこの全東京洋品聯盟が果たした役割は大きく、多くの後続を生むことになる。

5-3　大東京文具商チェーン聯盟[50]

東京市内における文房具類の販売価格は百貨店の価格が標準となっており、その百貨店と対抗するためには、共同仕入れを通して大量仕入れを行うほかない状況にあると判断した東京市内の小売商15名が、1931（昭和6）年5月に組織を結成した。これは先行して結成された洋品聯盟の刺激を受けたもので、規約も洋品聯盟のそれに倣った。その後、会員は増加し、1935（昭和10）年時点で45店、1938（昭和13）年時点で48店となり、加盟店数では最大規模を誇っている。この聯盟の趣旨に30社のメーカー、問屋が賛同し、聯盟はこれらの専属問屋およびメーカーとのみ取引を行うこととなった。

初年度は毎月10円、2年目以降は毎月5円の積立金を行うほか、会員は月2円の会費と月1円の宣伝費を支出した。さらに、メーカー、問屋はその販売額（会員の仕入額）の1％に相当する額を歩合金として納付し、聯盟の運用経費に充てた。入会条件として、既加盟店と5町以上離れ、かつ会員の過半数の同意を得ることとし、会員の過度の増加による「過当競争」の回避も当初から盛り込まれた。会員は「大東京文具商チェーン聯盟」の加盟店であることを表示する共通看板を店頭、店内に掲げると共に、この聯盟と同趣旨の他の連鎖店組織

への入会を禁止するほか、聯盟以外の同業者との共同宣伝、共同販売も禁止した。

　共同による大量仕入れを実現するため、毎月8日に問屋と加盟店が、20日にメーカーと加盟店が事務所に集まり、取引を行った。仕入れは現金または60日の手形で行われた。但し、8日に行われる問屋出品の特別提供品に対する競争入札は、現金仕入れとされた。また、原稿用紙、糊、便箋、帳簿、筆壺、インク、鉛筆、万年筆等、50種にも上る商品について、メーカー、問屋と提携してチェーンのマークの入ったプライベートブランドを特製品として取り扱ったが、これらは通常の仕入れに比して1～2割程度、中には3割から5割も安く仕入れられるものもあったという。但し、そのために在庫置き場としての倉庫と事務員を含め月額200円程度の事務所費が必要となり、会費と特製品売上歩金から支出した。その結果、各店は取扱い商品のおよそ3割を聯盟経由で共同仕入れし、残りの7割は単独仕入れとなり、取引額は年間20万円（1937年、1935年は10万円程度という記述もある）程度に達した。

　洋品雑貨は利幅が低く、小売店としては全体に優秀品を取り扱うことを建前とすることから利益率の悪い商品の販売が困難になるのに対し、文房具の場合には品種が多く、数種の特別商品は共同仕入れによって大幅に安く仕入れることができ、そのため市価以下で販売しても利益を確保することができた。特製品のこの魅力が大きく、それがこのチェーンの統制を容易にするとともに、その発展を支えたという。

　販売面では、毎年4月と9月の新学期に共同売出しを実施した。この連合売出しは需要の最盛期に団体をあげての売出しを行うことから宣伝力もあり、かなりの成功を収めた。そのほか、有志が毎月共同で売出しを行っている。また、共同宣伝事業としては、毎年10月に文具祭を開催し、チェーンニュースの発行するほか、各店舗に同型のネオン看板を設置し、包装紙、シール、ノベルティの共同化を行っている。さらに、随時、新聞、チラシ、宛名広告等を行うほか、毎月1回、販売研究会を開催して仕入れ、販売価格の協定、商品知識などについて意見交換を行うとともに、工場見学等も行っている。

5-4　大東京履物商チェーン[51]

　1933（昭和8）年4月、東京市内の進歩的な履物商9名が共同宣伝を行うことを目的として「履光会」という組織を結成したのが始まりとされる。その会員が翌年には30余名にまで増加し、各種の会則を作成する。さらに37名の問屋からなる「履光親睦会」と称する団体を組織し、両者の間で共同仕入れを行った。それによって、自ら問屋機能を持つまでには至らないものの、共同仕入れ団体がボランタリーチェーンに一歩前進したもので、萬田一治が「現在、最も活躍してゐる小売商中心の団体」と高く評価し、福富恒樹もまた「小粒ながらも…可なり目覚ましい活躍を見せ」「今後一層進展する」と評するほどであった。

　正会員は入会希望者について調査の上その都度決定し、会員の子弟は準会員として入会させるものとしている。正会員は入会時に入会金を支払う。会の名誉を毀損するなどは別として、例会に3回以上無断で欠席したものは除名することとされた。会員は会費月額1円のほか、販促費月額1円、積立金月額5円を負担するものとした。準会員は会員店舗から独立して途中から入会したもので、積立金はなく、これまで正会員が得た利益1人分をもって入会し、各種共同事業に参加するが、支払の保証は受けられない。

　チェーンの規約に従えば、仕入れは大きく2種類の方法で行われたようである。1つが定例の「会場仕入れ」である。組合員と問屋が月に2回（10日と20日）、会場（事務所）に会して共同仕入れを行うもので、この場合には原則として1ヶ月後の会合の際に完済するものとされた。この会場仕入れについては仕入額の限度はなく、組合が全額保証を行う。この会場仕入れは毎月平均6,000円に達し、7月には1万6,000円、12月には2万4,000円にも達したという。今一つは会場外で会員が問屋会員と取引を行うもので、これに対する組合の支払保証は各会員の積立金の2倍までとする限度が設けられた。この取引についても、次回会合の5日前を締め切り日とし、次回会合時に完済するものとされた。会場仕入れと各店仕入れは白伝票と赤伝票で区別された。このほかに時期物の共同仕入れが加わった。

　共同販売は、毎月2回（第1、第3日曜日）を特売デーとし、各店主が一斉に同じ形式のチラシを配布することとしている。特売の成否は会員の販売努力に

比例し、中には平均の売上の10倍にも達する店もあったという。そのほか、ショーカード、プライスカード、包装紙、暖簾、宛名を共同化するなど、販促事業でも共同化を進めるほか、子供用の紙製玩具やゴム風船などのノベルティを大量購入、グループであることをアピールした。

さらにグループ内での金融機能も手掛けている。このチェーンでは、共同仕入れ額の1%を問屋から歩戻しとして受け取っており、それに積立金を加えると相当の額になり、しかも毎月増加する。それを利用して、組合員の共同仕入れ代金の決済用に、1口50円、1ヶ月を限度に40銭の利子で貸し付ける。さらに、問屋の希望に応じて、白伝票は日歩4銭、赤伝票は日歩5銭で組合が割り引くというサービスも提供した。そうなると組合の手持残高が減少するおそれがあるが、必要時には5,000円でも1万円でも拠出に応じるという組合員がいたという。これら短期金融の利用はかなりあったようで、その利子収入も相当な額になったという。

これら積立金、歩戻し、金利収入などによってかなりの純益金が組合に蓄積されると、その処分問題が発生する。そこで、各組合員の積立金の1割を配当し、その残りの6割を資金準備償却金、3割を販売援助資金、1割を次期繰越金とした。さらにこの豊富な資金を利用にて、問屋に有利な商品が出た場合には大量に現金で仕入れることができた。その場合の倉庫は組合事務所を利用することで、特別の負担とはならなかったようである。こうした金融事業によって、問屋へのサービスも可能になるとともに、組合員の統制も順調に進んだ。

また、帳簿、統計についても共同で研究し、同一様式の「売上図表」を毎日作成し、目標の売上高があったかどうかがその日に一目瞭然となるように工夫した。売上高が目標を超えたときには、店員に1人当たり5銭の大入袋をを出すが、その袋には「本日は本当に満足な売り上げがあつて、みんなが真から嬉しい――勝つて兜の緒を締めよ――明日からももつともつと優れた成績をあげるために努力し」と印刷されていた。この売上図表は例会日に持参され、売上は会員間では公開され、それをもとに、互いに業績を評価しあい、その原因を検討しあうことによって、個店の経営改善にも大きく貢献したという。

そのほか、看板の統一や商品陳列様式の統一、店員教育（年4回、講習会、交換教官、店員表彰など）に取り組むほか、「お預り証」「注文控伝票」「お履

き物お手入れ方法」など、各種の印刷物の共同化を行うなど、細部にまで気を配っている。

　組織としては、店主の会である履光会、問屋の会である親睦会のほかに、店員の会である「芽生会」と店主の妻で組織される「主婦の会」を結成し、特に主婦の会は年数回の会合を持っていたようである。また、問屋を加えた親睦会も組織されたが、親睦会規約によって、会員はチェーン指定の納品業者に限ること、新会員はチェーン加盟店全員に諮って決定することとされた。親睦会は「大東京履物商チェーン加盟店と連携し、商売の発展、業務上親睦を図る」ことを目的とし、「本会員は、会員以外の同業者に遜色なく、良品廉価の実を挙ぐる為、日夜努力すること」とされた。ここには専属的な契約は見られないが、かなり堅実な運営がなされたようである。

5-5　紅白会[52]

　東京市内の「急進派」と目される有力な売薬業者17名が、1929（昭和4）年3月に設立した組織で、1936（昭和11）年時点で正会員18名と会員店舗の店員から独立した準会員6名の構成であるが、年間の共同仕入額は実に75万円に達していたという。設立当初は共同仕入れによる廉売が目的とされたため、「乱売会」とか「業界の攪乱者」との評もあったようだが、同会が厳格な秘密主義をとったことが影響しているかもしれない。それでも、やがて、以下に示す事業「すべてが組織的な活動となって」おり、「水も漏らさぬ提携と、新商業組織への研究と努力によって完全に今日の不況を打開している」という評価を得るに至る[53]。激しい乱売に苦しんだ業界であればこそ、信頼できる中間による組織の結成を求め、その拡大に慎重になったものと考えてよいだろう。

　正会員は当初からの会員に限定し、会の運営は彼らが行い、その後に入会した準会員は共同販売品目の供給を受けるだけで、議決権を有していない。各会員の共同精神の高揚を高く掲げたため入会資格が厳密で、店舗設備、資産信用状態、売上高、保証人等について一流であることを求めるとともに、チェーン精神を理解し共同歩調を取り得るもの、店主が第一線に立って働く店であることを求めた。この原則に合致しない店は入会を認めないばかりか、会員でもこの条件に反するときは除名処分とするとの規定があったという。会費は月10円

と他のチェーンに比べても高く、積立金も1人20円と高額になっているのは、会員を厳選したこととも関連しているだろう。規約そのものは公開されていないが、その第1条には「各員は組合内部の事につき絶対秘密を守るべき事」という条項があったようで、それが徹底的に守られているともいう。

　紅白会の主要事業は、製剤と共同仕入れであるが、各店の仕入額には限度はなく、会員全体の連帯保証制度をとったことも、厳格な入会資格を設ける理由となったと考えてよい。共同仕入れについては、毎月2回、8日と20日に事務所に生産者、問屋、会員が集まり、競争入札の形式で行われた。決済は毎月10日締めで、翌月5日に現金で支払うものとしている。取引先のメーカー、問屋は120社にも及ぶが、同業2社以上を原則に、問屋もチェーンのメンバーであるとの考え方に立ち、歩戻しを求めず共存共栄を掲げている。それによって当初の「濫売屋の集合」と非難されたグループが、メーカー、問屋の理解を得ることに成功した。

　共同仕入れは、会の薬剤師が特別に調剤する約50種の「会製品」が2割、会が特定の工場と契約して製造する約50種の「指定品」（紅白会のマーク入り）が3割、他の問屋から仕入れる約千種の商品が約5割という構成であった。この会製品と指定品は紅白会のプライベートブランドであり、特段の広告をすることはなかったが、「安くて良い品を売る店のマーク」として広く知れわたるようになったという。

　これだけ大量の取引を行うため、専門的な有給仕入係が設けられるのは当然として、薬剤師を含む事務員9名、女工2名の有給職員を採用し、事務室・倉庫を兼ねた建物に150円の家賃を支払っている。各会員の積立金が2千円に達するなど、資金的にもかなりの余裕があるからこそ可能であったとみてよい。

　共同販売事業は連合売出しを行うなど、他のチェーンとほぼ同じ程度であるが、共同宣伝事業としては、パンフレットやチラシを共同化するほか、交換教官や講習会によって店員教育を行うとともに、毎月1回、加盟店を巡回して研究会を開催していた。機関紙『家庭の友』は1店当たり3,000冊から4,000冊にも達し、これを各店名入りで作成して得意先に配布している。大量の発行部数ということで、発行経費が相対的に安く済むことと、問屋の広告を載せることができるため、実際には無料同然で作成・配布でき、しかも「広告ばなれして、

実用記事が多い」と配布先でも喜ばれたという。各店主の学歴が高いこともあって、帳簿の整備を中心とする数字的、合理的経営への研究も進んでいる。

　店舗の構造を統制することにも取り組んだ。しかし、店舗全体を統制することは不可能であるが、「せめて入り口だけでも」と研究を重ねた結果、約半数の店舗で同一形式となった。ケースの形、陳列の模様、標識看板等も漸次統一され、チェーンの形式を整えていった。

　こうした活動の結果、「スケールの大きい点で、仕事の内容の完備した点で、団結的威力を発揮している点で、この薬局店の結合である紅白会は断然傑出している。この種団体中指を第一に屈せねばならぬ」「会そのものの進行はボランタリー・チェーン式の最高峰を歩むものといってよい」という高い評価が下されるに至ったのであった。

5-6　赤星靴チェーン[54]

　以上は東京市におけるボランタリーチェーンの取り組みであるが、大阪では1928（昭和3）年に12店の靴店が共同仕入れ、共同販売のために組織した赤星チェーンストアーが知られている。従来、靴はオーダーメイドが一般的であったが、この頃になって登場してきた既製靴は、大量生産の利益を活かし、家内工業的な従来の靴に対して価格優位を発揮していた。赤星靴チェーンはこうした状況に対抗するために生まれた。チェーンは順調に滑り出し、設立から半年後には15店に増加した。

　このチェーンの特徴は、何と言っても、加盟全店が看板、装飾窓の縁から店内のケース、カウンターに至るまで、およそ塗料を用いるところはすべて燃えるような真紅に統一した点にあった。その上で「赤星チェーンストアー〇〇店」と表示したほか、包装紙等も統一してチェーン加盟店であることを前面に押し出した。

　共同仕入れは、毎月2回、各組合員の仕入れを本部で取りまとめ、生産者あるいは指定工場に発注するという形で行われた。発足当初は各店に在庫があったこともあり、特価品のみが共通商品であったが、この共同仕入れの結果、ほぼ7〜8割の商品がチェーンの共通商品となった。靴の製造所を直営することは理想としながらも、巨額の資金を要するところから、協力の得られる製造会社

を指定し、毎日連盟から数名が工場監督に当たることによって、製造期日の短縮と品質の向上に努めた。取扱い品目は靴および靴付属品であり、各店とも正札販売、現金販売であった。革の種類、靴の種類等によって多少の差はあるものの、注文靴、既製靴を問わず、同一種類の靴については、各店がほぼ同じ価格で販売した。

広告宣伝費として各店から毎月20円を徴収したため総額で300円の宣伝費が確保できた。その大半は新聞広告に投じられた結果、「赤星靴」という呼称が消費者の間に広く知れわたることになった。しかし、もちろんそれが宣伝のすべてではない。1929（昭和4）年には「伊勢参拝招待売出し」を企画し、これに3,000円を支出しているが、それは臨時の徴収となる。この売出しで5,000足の販売を計画して各店に配分した。この5,000足の購買者の中から抽選で50名を伊勢神宮に招待しようというのである。当初は売れ残りが予想される場合他の聯盟店が引き取ることとなっていたが、結局は全店が予定数を販売したようである。

そのほか、「聯盟によつて信用が倍加し、且つ互助的の金融又は保証によつて各店頭に商品が豊富になり」という記述があることから判断すると、共同仕入れの支払い保証や会員相互の短期的な金融事業にも取り組んでいたものと思われる。それによって、単独で事業を行っていた時よりも品揃えを豊富にすることができたというのである。

運営経費は、各店が毎月10円ずつ拠出することでまかない、仕入価格の面では一定の成果をあげたが、「中央本部無く単に共同して営業を為すにすぎず。指導なき為日進月歩の現下に商業に尚不備と認められる憾あり」との評価もあった。この評価をそのまま受け入れるとすれば、既に当時において、ボランタリーチェーンは共同仕入れに始まるとしても、単なる共同仕入れや形式的な共同販売の機構ではなく、本部の役割の重要性が認識されていたことになる。この点については、後に改めて確認する。

5-7　十合特約チェーンストアー[55]

最後に、少し変わった形式のものとして、十合(そごう)特約チェーンストアーを挙げておく。十合は老舗の呉服店であるが、1919（大正8）年に本格的な百貨店経

営に乗り出した[56]。その十合が1932（昭和7）年に百貨店営業の一部に「チェーン販売部」を設け、各地の呉服店、雑貨店、日用品店と契約し、「十合特約チェーン」と称して、ボランタリーチェーンを組織した。組織範囲は北海道、関東、奥羽、台湾、朝鮮、満州に及んだ。当初は45店の加盟店がその後半減したが、1935（昭和10）年には30店舗にまで回復したという。

このチェーンの主導権はあくまでも十合にあり、十合が適当と認めた地域に1店に限りチェーンストアーを指定し、指定された加盟店は、債務を担保するため、保証金として1,000円を現金で納付する。この保証金に対しては、毎年2回、定期預金金利に準じた利息が支払われ、解除の際には返還される。

チェーン店は本部である十合呉服店とは法的には完全に独立の存在で、両者の取引は十合呉服店が責任を負うが、チェーン店と顧客との取引に対しては十合呉服店は一切の責任を負わない。十合呉服店は店内の十合チェーンストアー販売部に統制本部を設け、通信販売、チェーンの事務を担う。加盟店はチェーン加盟店を表示する看板を掲げ、正札販売を行うものとされ、これに違反したり、年間の販売額が2,000円に満たない場合には、チェーンストアーの指定は取り消されるものとされた。

販売は概略、次の手順で行われる。十合呉服店が『大阪朝日新聞』および『大阪毎日新聞』に掲載する十合呉服店通信販売部広告等、同部が発行する印刷物に広告された商品について、加盟店は見本の送付を受け、これを陳列すると共に、送付された広告印刷物を周辺に配布する。商品の送付は加盟店に対する売掛金の形をとるが、保証金1,000円の範囲内とし、送付商品の1割に相当する金額までは返品可能とする。加盟店は、十合呉服店に対して、その販売を20日締めで、翌月5日に販売数量の通知と共に現金を同封して代金を支払う。加盟店に対する手数料は毎月5％で、半期に2,000円を超える加盟店に対しては、販売額に応じて販売額の1〜2％の特別販売手数料を支払う。

このチェーン方式が導入された当時、都市部と地方では相当の価格差があることが想定されていたようであるが、実際に取引が開始されると価格差はそれほど大きくなく、この点では見込み違いとなった。加えて、百貨店間の競争激化と中小小売商への圧迫などを背景に、1932（昭和7）年10月には出張販売の禁止を含む百貨店の自制協定が実施されたことも相まって、販売は予想以上に

苦戦を強いられることとなった。加盟店が積極的に外販に乗り出したことも影響したようである。

　その結果、十合呉服店は当初、呉服中心にこのチェーンを活用する予定であったが、実際には呉服よりも雑貨、日用品が主流となった。しかし、その雑貨は消費者の嗜好の変化、流行が激しく、同じ商品の取扱い期間が短く、この種のチェーン販売には不向きであった。そのため、販売額が保証金の1,000円を超えることもほとんどなく、かえって返品が増加するありさまとなった。その結果、この制度導入からわずか3年の1935（昭和10）年には「漸次取引を減少しつつある」と言われるほどとなり、結果的にこのチェーンが機能することはほとんどなかった。

　それにしても、この時期、百貨店が地方の有力小売商を組織して、地方における販路を確保しようとしたことは注目されてよい。但し、この仕組みの実態は、本部となる十合呉服店の販売組織の拡張であり、その意味で先のメーカー主導の展開と変わるところはない。既存の小売商を組織化するものではあっても、これをボランタリーチェーンに含めることには、慎重であるべきだろう。ただ、それをも含めて、戦前期にはボランタリーチェーンとされていたことを確認しておきたい。

6　小売主宰のボランタリーチェーン：総括

6-1　唯一の更生策としての期待と現実

　1920年代後半から30年代前半にかけて、中小小売商が直面していた問題はメーカーのそれとは大きく異なっているようにみえるが、元をたどれば両者は同根であった。先にも指摘したが、当時の商業部門は、不況下での大量の参入による「過当競争」が深刻な問題となっていた。卸売段階は何層にも入り乱れて錯綜し、その各段階で厳しい価格競争が繰り広げられ、それが末端の小売商には低価格品として提供される。入り乱れた取引関係はさまざまな形の「裏取引」を生み出し、それが「取引上の妙味」の機会を作り出す。その原資となったのは、倒産等による「金融もの」を除けば、メーカーの押し込み販売に伴う

リベートであったが、それらがあげて激しい価格競争を刺激し、乱売を生み出したのであった。

不正常な取引ルートから仕入れた商品の場合は、小売商は極端な低価格で販売しても利益を得ることはできる。しかし、正規のルートで入手した商品ではそれに対抗することはできない。それでもやむなく対抗すれば、赤字となってしまう。このような状況の中で小売商はどのような方向に進もうとするのか。このような場合、一般的に行って、小売商は3つのタイプに分かれる。

第1はこの「混乱」の中に商機を求め、それを傍観する手はないと考えて、自らも不正常な闇ルートに手を染める小売商である。第2はこの混乱を時代の抗しがたい試練と受け止め、その環境を嘆きながら、ささやかに別の商機を模索しつつもじっと身を潜める小売商である。第3はもう少し積極的に事態を改善すべく、正規のルートの中で少しでも安く仕入れる方法を模索し、経営を合理化する方法を探る小売商である。ボランタリーチェーンの結成に向けて動き出したのは、この第3のタイプの商人であった。

ボランタリーチェーンはこの時期、特に小売商の唯一の更生策として紹介され、政府もそれを積極的に推奨した。それが不況に苦しむ小売商にとっても「闇夜の光明」「干天の慈雨」であったとすれば、全体としては第2のタイプの商品が多数を占めたであろうが、それでもボランタリーチェーンを名乗るグループが多数誕生した可能性はかなり高い。今、その全貌を詳細に検証することはできないが、萬田一治（1938）は「ボランタリー・チェーンと呼ばれてゐるものは、相当ある[57]」と書いている。

しかし、それらが十分な成果をあげることができたかと言えば、はなはだ疑問が多い。多くは共同仕入れを目指すものの、仕入れをまとめればそれだけ安くなるといった簡単なものではなかった。「半歳も経つと大抵は消え失せて了ふのが今迄の此の方面の大部分の状態[58]」だったというほどに、多産多死であったようである。小売商が中心となったボランタリーチェーンの成否がリーダーの人の側面に負うところが大きいと指摘する萬田一治は、次のように語っている。小売商中心で同志連鎖店を結成すると、「その中心となる人物は、普通の場合、その団体の、老舗とか、年長者とかが押されることになる。／この所謂、顔役は、その加盟小売商に、何等、反対がましいことを言はせないとい

ふ、力を備へてゐて、一見、団体を進展させる上に於て、都合がいゝやうであるが、しかしこの抑への効くといふことが、また、大きな害となって困る場合もある。[59]」言い換えれば、単に業界の長老や実力者を中心としたグループでは、真に経済面での共同行動がとり難いというのである。その結果が、小売商中心のチェーンはせいぜいが共同仕入れ中心で、「大局的から観て、本格的な同志連鎖店といふには、余りにも、内容が整っていない[60]」という評価につながっている。

6-2 進歩的チェーンの特徴

　もちろん、すべてのチェーンがそうだったわけではない。こうした厳しい評価の中で、「かなりの成績を挙げているもの」として例示されたのが、上で紹介したチェーンである。もとより、優秀な成果をあげているとして紹介されるチェーンはほかにもあったが、上記は当時、ボランタリーチェーンと呼ばれたものの「優等生」だったとみて差し支えない。

　彼らが最も重視したのは、もちろん仕入れを共同化することによる仕入れ価格の低下であった。実際、多くのチェーンは2〜3割程度の仕入れ価格の引き下げに成功したようではあるが、それは単に月に2回程度共同の仕入れ会を持つことによって達成できるほど簡単なものではなかった。加盟店の独立性を強調すれば、仕入れ商品の種類はもちろん、その品質、数量等について、加盟店が自由に決定するばかりか、本部の推奨する商品の仕入れを拒絶することとなり、「ボランタリー・チェインが大量購買割引率を獲得するといふ一つの目的を有し乍らも、時として其の効果が比較的に薄らぐ」こととなる[61]。安定して仕入れ価格を引き下げるためには、仕入れ先となる卸売業者を集中し、各店がそこからの仕入に理解を示す必要があったし、そうなると本部機能の強化が必要になり、事務職員を含めた本部費用の負担問題も発生する。共同仕入れ機構が多数誕生しながら、実際に効果をあげたチェーンが意外に少ないとされるのはこのためであろう。

　では、その優等生たちは具体的にどのような活動を行っていたのか。改めて要点を整理しておこう。いずれの場合も、会員はただ人数を集めるのではなく、入会資格審査を厳しくし、信頼できる「同志」のグループを結成しようとして

いる。そのため、設立当初の会員数は比較的少なく、その後も会員の増加には慎重であったように見える。

　共同仕入れはほぼ卸売商の提示商品について、各加盟店の注文量を取りまとめて本部の注文とするという方法で行われている。卸売商の提示商品に対して、事前に本部から注文を付けることはもちろんあったであろうが、発注の主体はあくまでも個々の加盟店にあった。この共同仕入れを継続するために、ほとんどのチェーンが入会金を徴収するとともに、月会費を徴収している。加盟店にとっての共同仕入れの利益がこの会費等をどれほど上回ったかは確認できないが、チェーンが継続されるかぎりではそれが達成されていたものと考えてよい。

　そのほか、ほとんどのチェーンが納入業者からも売上高に対する一定割合の協力金を求めている。卸売商に対しては、一種の排他的契約を結んで購入数量を取りまとめるほか、支払を本部経由で行うとともに、手形の期間を明示するなど、決済上の便宜も与えて協力を求めている。卸売商にとっても、それなりのメリットがあったと考えてよいだろう。

　この共同仕入れはチェーンによって異なるものの、ほぼ各店の取扱高の2〜3割程度に達したようである。残りの7〜8割は各店独自の仕入れルートである。それでも、チェーンはすべて「正価販売」を掲げ、「乱売」から決別することを表明している。そのことは、小売商もまた乱売に苦慮し、新たな秩序の形成に取り組もうとしていたことを意味している。但し、この時期、すべての商品にメーカーの小売標準価格が明示されていたわけではないから、ここでの「正価」は正常な商取引の下での通常の価格というほどの意味と考えてよいだろう。

　さらに、これらのチェーンは単に共同仕入れを行っただけではなく、もっと積極的に加盟店が共同のチェーンであることを訴えようとしている。店頭にチェーン名を明記した共同の看板を掲げ、共同広告をするほか、定期的に共同売出しを行い、景品やノベルティなどの販促品の統一も行っている。また各店の経営改善に資するため定期的に情報交換を行うほか、従業員などの教育にも取り組んでいる。さらにはチェーン独自の商品開発を行い、プライベートブランドの発売にまで取り組んだチェーンもあった。

　確かに、共同仕入れは2割程度というから品揃えは各店でかなり異なっていたであろうし、相互研修を除いて、本部から各店に対する経営指導があったよ

うにも見えない。それでも、独立の経営体でありながら、チェーンとしての統一商標や看板を掲げ、共同売出しを行うとともに、店内の陳列等についても統一を図り、チェーンとしての形式を整えようとしたことは、当時としてはかなり高度な共同事業だったと評価すべきなのであろう。

6-3　大都市に限定されたボランタリーチェーン

　では、そのボランタリーチェーンの動きは、全国的にどれほどの拡がりも持ったのだろうか。残念ながら、この点についても詳しいところは分からない。しかし、具体的な事例として挙がってくるのはほとんどが東京で、一部に大阪が含まれる程度であったことを見れば、その拡がりは大都市部に限られていたと考えるべきかもしれない。事実、1935（昭和10）年、小売商の改善に関する日本商工会議所の照会に対して、大阪商工会議所は「小売業再生を図らんとするには、第一は小売組織そのものを改革して小売商業の社会的機能を回復せねばならないが、其の方策として考へられるのは自由連鎖店（Voluntary Chain Stores）である。」として、ボランタリーチェーンを位置づけた。そして、その長所として、①大量仕入れによる安価仕入れ、共同広告共同宣伝を利用、共同商標品を廉売し得ること、②普通連鎖店は膨大なる単一企業となるために、「従業員の利害と企業の利害とが分離するものであるが、自由連鎖店は各店舗の独立を許すものであるから、この欠陥をなくすることが出来る。」と評価していた[62]。

　しかし、総じて、地方の商工会議所ではこのボランタリーチェーンに対する関心は低かったようで、日本商工会議所からのこの問いに対して、正面から回答していない。唯一この点に明確に回答したのが新潟商工会議所であるが、そこでは、自由連鎖店について「新潟市小売業者間には未だ考へられたことが無い。…新潟市の現状よりすれば新設は勿論既設商店を自由連鎖店に改廃することは期待できぬ」としていた[63]。定期的に共同仕入れを行おうとすれば、意欲をもってそれに参加する小売商が相当数、存在しなければならない。それも、当時の交通手段を考えれば、かなり狭い範囲に限られる。地方都市では、それだけの小売商の稠密度を確保できなかったからであろう。但し、その新潟市にも、「中央の大資本により来る連鎖店販売会社」である資生堂、森永製菓、明

治製菓の販売所が存在することを指摘していた。そのことからすれば、下って1938（昭和13）年の三重県と宇治山田商工会議所による紹介はあるものの、ボランタリーチェーンは同業者が多数存在する大都市部での取り組みに限られていたと考えてよいだろう。

7　結　語

　以上が戦前期に日本で「ボランタリーチェーン」と呼ばれた組織の概要であるが、これには2つの大きな違和感をいだくはずである。第1はメーカー主宰のボランタリーチェーンが多数を占めていることであり、第2は卸売商主宰のボランタリーチェーンがまったく登場してこないことである。この両者は互いに関連するが、日本ではアメリカとは全く異なった環境の下にボランタリーチェーンが導入されたことを物語っている。

　アメリカでは1920年代にチェーンストアが急成長し、そのチェーンストアに対抗するために小売共同チェーンを含めたボランタリーチェーンが誕生し、成長した。しかし、日本では同じ頃、ようやく消費財の大量生産体制が確立し、メーカーは旧来の流通機構では処理できない乱売問題に直面し、新たな流通経路の整備の必要性に迫られていた。メーカーは既存の小売商の中から優秀な店舗を引き付け、自社の販売経路の中に取り込んでチェーン化することを模索し、それをボランタリーチェーンと呼んだ。独立小売商をチェーンのように横に繋ぐという意味では、組織論的にはボランタリーチェーンと共通する点がないわけではないが、その動機は明らかに異なるし、その実態はボランタリーチェーンというよりもむしろ流通系列化そのもの、あえてチェーンという言い方をするとすればフランチャイズチェーンと呼ぶべきものであった。

　他方、流通業の内部では、本格的なチェーンストアはまだ登場せず、むしろ不況下での過剰参入が乱売を加速させていた。その中でも、都市部の有力小売商を中心に百貨店と対抗するための方向を模索する動きがあった。その切り札として注目されたのが小売商による共同仕入れであり、それを組織として具体化する小売共同チェーンであった。小売商の共同仕入れは主として卸売商からの共同仕入れであったが、主体はあくまでも小売商にあった。おそらく、有力

な卸売商はメーカーの流通経路再編の過程でその経路網に組み込まれ、メーカー主宰のチェーンの一員として囲い込まれていったと見てよいだろう。錯綜した流通の中で、小売商に最も近い最終卸商には小売商を巻き込んでチェーン化するほどの力があったとは考えられない。こうして、卸売商主宰のボランタリーチェーンが育たないまま、2つの様式のボランタリーチェーンに注目が集まったのであった。

戦前期の小売共同仕入れ機構は多産多死であった。闇夜の光明、旱天の慈雨としての期待を集めた新しい組織に多くの小売商が取り組んだとしても不思議ではなかった。しかし、共同仕入れは単に小売商の数を集めただけで成り立つものではなかった。経営の類似性が求められるのであり、そのためには結束した組織運営を行い、具体的な事業を精緻に展開していくだけ信頼できるリーダーが必要であった。

その意味では、ボランタリーチェーンとは言うものの、加盟店の独立性は必然的に制限されずにはおかない。ボランタリーチェーンが成果をあげるためには本部の強力な統制が必要であることは、すでに戦前から指摘されていた。メーカー主宰のチェーンがメーカーの強力な統制のもとにこの問題を解決したのに対して、小売主宰のチェーンは同業者の水平的な共同組織の中にこの問題の解決の糸口を見出さなければならなかった。ボランタリーチェーンの成否はこの問題を乗り越えた先に展望されるが、戦前の小売主宰のボランタリーチェーンはこの意味での先進的な取り組みであったということができる。

《注》
1 緒方清 (1935) 316頁。
2 F. E. Clark (1936) p.265.
3 萬田一治 (1938) 24頁。
4 J. C. Palamountain, Jr. (1955)、中野安 (1965) (1966) (1969) (1971) (1975) 参照。私自身、石原武政 (1980) の中で簡単に触れたことがある。
5 F. E. Clark (1936) pp.265-266.
6 H. H. Maynard, W. C. Weidler & T. N. Beckman (1939) p.161.
7 C. Davidson (1930) pp.6-7. あわせて、大江新吉 (1931) 353-357頁、北田内蔵司 (1931) 410-411頁参照。

8　F. E. Clark（1936）p.266.
9　萬田一治（1938）3-5頁、26頁。
10　萬田一治（1938）10頁。
11　大江新吉（1931）252頁。
12　伊藤重治郎（1934）14頁。
13　萬田一治（1938）23-24頁。
14　岡田徹（1936）1936年、27頁。
15　日本ボランタリーチェーン協会HP。http://www.vca.or.jp/vc/vc_transration.html。
16　谷口吉彦（1933）5頁。
17　石原武政（2004）347頁。
18　石原武政・矢作敏行（2004）第1部参照。
19　萬田一治（1938）31-32頁。
20　萬田一治（1938）42頁。
21　ホシ連鎖店については、公開経営指導協会（1983）231-233頁による。
22　桑名定逸（1913）390頁。
23　円城寺良（1917）237頁。
24　矢野剛（1931）1931年、1頁。
25　但し、星新一はこの時点では各都市に中継の店を置いて販売していたが、全店を本社と直結させ、現金仕入れ、現金販売を完全に実行するチェーン・ストア方式に切り替えたのは1926（大正15）年だと書いている（星新一（1967）240頁。
26　湯本城川（1924）によれば、星製薬は創業10年で資本金を100倍にし、次の10年目の1922（大正11）年にはさらに100倍の1,000万円にまで増資するなど、破竹の勢いで成長を遂げた（157-160頁）。1924（大正13）年以降、急速に業績を悪化させるが、公開経営指導協会（1983）は、その原因をモルヒネ製造をめぐる政府との訴訟（最終的には無罪）によるとしている。その間の事情は、星新一（1967）に詳しい。他方、高橋亀吉（1930）は、星製薬を「遣繰決算に依って破綻した会社の代表的一例」として取り上げている。大正末期の過大な固定資産投資と蛸配当がその原因であるという（390-395頁）。
27　但し、『商業界』第9巻第2号、1929年の「我国チェーン一覧　その組織とその状態と」には星製薬会社の名前があり、1912年のパンフレットから抜粋された規定が紹介されている（68-70頁）。
28　資生堂チェインストアーについては、基本的に、資生堂（1957）、資生堂（1972）、大塚浩一（1934）年による。なお、鈴木安昭（1980）は資生堂や以下に述べる森永などの動きを「製造業者による小売店系列化」として取り上げている（141-146頁）。
29　福助足袋については、基本的に、福助足袋（1942）および萬田一治（1938）によるが、一部、福助足袋（1933）によって補足した。
30　萬田一治（1938）133頁。
31　村田豊（1935）。
32　森永ベルトラインについては、萬田一治（1938）および商工省商務局（1935）による。

33 瓢箪屋薬房については、基本的に、萬田一治（1938）によるが、一部HPによって補足した。http://www.ssp.co.jp/corporate/history/003/。引用頁数は萬田。
34 フランチャイズシステムについては、T. S. Dicke（1992）参照。
35 萬田一治（1938）6頁。
36 岡田徹（1936）28頁。萬田一治（1938）もまた、小売商の疲弊が問屋にとって回収問題を困難化させ、多くの取引先を確保するよりも、確実な小売商への選択販売の重要性が高まったことを指摘している（56頁）。
37 岡田徹（1936）26-27頁。
38 松下電器については、さしあたり、崔相鐵（2004）参照。崔によれば、家電業界でもこの時期乱売は深刻であった。この他にも、例えば商工省商務局（1935）は、有田ドラッグ商会（薬品）、クラブチェーン（化粧品）、トウランプ連鎖店（電燈）を、この型のボランタリーチェーンとして紹介している。
39 商工省商務局（1935）31頁。
40 萬田一治（1938）164頁。
41 岡田徹（1936）28頁。
42 岡田徹（1936）29頁。
43 萬田一治（1936）818頁。
44 日本政治研究室（1942）217-220頁。
45 松井辰之助（1941）25頁。
46 商工省商務局（1935）31頁。
47 公開経営指導協会（1983）238頁。
48 小売主宰のボランタリーチェーンについては、1912（大正元）年の東京実業薬剤師会を嚆矢とするという記述もある。この点について鈴木安昭（1980）は「いわゆるボランタリー・チェーンの事業のうちある部分を遂行していた、あるいは一時的に遂行した組織も存在していたことであろうし、また卸売業者と取引先の小売業者との間の相互利益に基づいた関連の強化も、ボランタリー・チェーンの名称を使わなくとも行われていたことであろう」と述べている（148頁）。
49 福富恒樹（1936）69-90頁、商工省商務局（1935）41-43頁、公開経営指導協会（1983）239-246頁、宇治山田商工会議所（1938）による。記述に若干の相違があるが、その場合は基本的に本注の引用文献順に従った。なお、この東京洋品商聯盟については、鈴木安昭（1980）の中でも詳しく取り上げられている（149-153頁）。
50 福富恒樹（1936）91-94頁、商工省商務局（1935）35-39頁、宇治山田商工会議所（1938）61頁による。但し、後者ではチェーン名が「大東京文具チェーン聯盟」となっている。
51 萬田一治（1938）123-130頁、福富恒樹（1936）98-107頁、宇治山田商工会議所（1938）66頁による。
52 以下、特に注記するほかは、福富恒樹（1936）111-118頁、商工省商務局（1935）

65-67頁、宇治山田商工会議所（1938）63頁、高田琴三郎（1934）193-194頁による。
53 「各所に出現する小売商連盟　紅白会と共益会との目ざましい進出」『中外商業新報』1931年1月29日（合同および連合5-058）。
54 「同業小売店が合体しての赤星靴チェーンの成績」『商業界』第9巻第3号、1929年3月、107-109頁、久保田秀吉（1928）50-53頁、商工省商務局（1935）60-62頁による。
55 商工省商務局（1935）57-60頁による。
56 http://www.sogo-seibu.co.jp/sogo_top.html
57 萬田一治、前掲書、120頁。
58 「同業小売店が合体しての赤星靴チェーンの成績」『商業界』第9巻第3号、1929年3月、107頁。
59 萬田一治（1938）208頁。
60 萬田一治（1938）120-123頁。
61 林久吉（1930）303頁。
62 日本商工会議所（1935）50-51頁。
63 日本商工会議所（1935）4頁。

《参考文献》

Clark, F. E. (1936) *Principles of Marketing*, rev. ed., The MacMillan Company.
Davidson, C. (1930) *Voluntary Chain Stores and How to Run Them*, Harper（村田豊（1935）訳『ヴォランタリーチェーン』福助足袋、1935年。但し抄訳）。
Dicke., T. S. (1992) *Franchising in America: The Development of a Business Method, 1840-1980*, Univ. of North Carolina Press, 1992（河野昭三・小嶌正稔訳『フランチャイジング―米国における発展過程―』まほろば書房、2002年）
Maynard, H. H., W. C. Weidler & T. N. Beckman (1939), *Principles of Marketing*, 3rd ed., The Ronald Press.
Palamountain, Jr. J. C. (1955) *The Politics of Distribution*, Harvard Univ. Press.（マーケティング史研究会訳『流通のポリティクス』白桃書房、1993年）。

朝日新聞政治経済部（1930）『中小商工業の話』朝日新聞社。
石原武政（1980）「大規模小売商規制の日米比較」『消費と流通』第4巻第1号。
石原武政（2004）「流通100年を振り返って」石原武政・矢作敏行（2004）所収。
石原武政・矢作敏行（2004）『日本の流通100年』有斐閣。
伊藤重治郎（1934a）「小売更生策としてのヴォランタリー・チェーン」伊藤重治郎（1934b）所収。
伊藤重四郎（1934b）『小売商更生策―ヴォランタリー・チェーン中心の実證的研究―』立教大学販売広告研究会。
宇治山田商工会議所（1938）『非常時商店経営の指針』宇治山田商工会議所。
円城寺良（1917）『販売力増進策』佐藤出版部。

大江新吉（1931）『連鎖店経営法』春陽堂．
大塚浩一（1934）「資生堂の販売組織とチェインストアーの特質」伊藤重治郎（1934b）所収．
岡田徹（1936）「Voluntary chain を再検討する」『商店界』第16巻第10号．
緒方清（1935）『協同組合研究』同文舘出版．
北田内蔵司（1931）『百貨店と連鎖店』誠文堂．
久保田秀吉（1928）「百貨店問題を機会に生まれた大阪の売買改善会」『商店界』第8巻第3号．
桑名定逸（1913）『商略』同文舘．
公開経営指導協会（1983）『日本小売業運動史　戦前編』公開経営指導協会．
資生堂（1957）『資生堂社史：資生堂と銀座のあゆみ八十五年』資生堂．
資生堂（1972）『資生堂百年史』資生堂．
商工省商務局（1935）『連鎖店及均一店ニ関スル調査』商工省商務局．
鈴木安昭（1980）『昭和初期の小売商問題』日本経済新聞社．
高田琴三郎（1934）『明日の小売店経営』千倉書房．
高橋亀吉（1930）『株式会社亡国論』萬理閣書房．
谷口吉彦（1933）「小売更生策としての自由連鎖店」『経済論叢』第37巻第6号．
崔相鐵（2004）「家電流通」石原武政・矢作敏行（2004）所収．
中野安（1965）「30年代アメリカにおける小売配給の諸問題(1)」『香川大学経済論叢』第38巻第4号．
中野安（1966）「30年代アメリカにおける小売配給の諸問題(2)」『香川大学経済論叢』第39巻第4号．
中野安（1969）「小売商と再販売価格維持（上）」『香川大学経済論叢』第41巻第4号．
中野安（1971）「再販売価格維持の経済的諸問題」『香川大学研究年報（経済学部）』第10号．
中野安（1975）『価格政策と小売商業』ミネルヴァ書房．
日本商工会議所（1935）『小売商業改善に関する各商工会議所意見並小売業窮迫の実情』
日本政治研究室（1942）『日本政治年報　昭和18年度　第1輯』昭和書房．
日本ボランタリーチェーン協会HP．http://www.vca.or.jp/vc/vc_transration.html．
林久吉（1930）「ボランタリー・チエン・ストア（Voluntary Chain Store）と其の特質」『明治大学創立満五十年記念論文集　商学編』『明大商学論集』第10巻第5・6号．
福助足袋（1933）『米国の共同仕入に就いて』福助足袋．（大阪公立大学杉本図書館所蔵本では出版年が不明であるが，ここでは周辺の状況から1933年と判断した．）
福助足袋（1942）『福助足袋の60年（近代足袋文化史）』福助足袋．
福富恒樹（1936）『団体的商店経営法』トウシン社出版．
星新一（1967）『人民は弱し　官吏は強し』新潮社（新潮文庫、1978年版による）．
松井辰之助（1941）『新配給体制』富山房．
萬田一治（1936）「我国ニ於ケルボランタリー・チェーンノ現在並ニ将来」『産業能率』第

9巻第12号。
萬田一治（1938）『ボランタリー・チェーンの研究―団体経営の理論と実際―』トウシン社出版。
矢野剛（1931）『小売業とチェイン・ストーア』橋爪書店出版部頁。
湯本城川（1924）『財界の名士とはこんなもの？』事業と人物社。
「我国チェーン一覧　その組織とその状態と」『商業界』第9巻第2号、1929年2月。
「同業小売店が合体しての赤星靴チェーンの成績」『商業界』第9巻第3号、1929年3月。

第6章

産業組合と商権擁護運動

1　産業組合と初期の反産運動

1-1　産業組合法の成立

　よく知られているように、近代的な協同組合の歴史は1844年にイギリスのロッチデールで誕生した開拓者組合に始まるとされている。それは消費組合から始まり、信用組合に拡がり、さらに農事産業組合へと拡がっていった。その間の経緯を詳述する余裕はないが、一口に言って、それは資本主義経済の誕生に伴って発生する諸問題への底辺層からの抵抗であり、したがって先進国ではいずれも19世紀後半に誕生を見ている。特に、最後の農事産業組合は日本において後に産業組合と称されるものになるが、その誕生の経緯について、賀川豊彦・山崎勉治は次のように述べている。

　「資本主義社会内では単なる生産増加は必ずしも農民の生活を救ふものではない。無統制の生産増加は徒らに生産物の価格を低下させて、農民を苦しめるだけだ。農民も亦資本主義企業に於ける資本の集中集積に対抗できるだけの販売、購買、加工上の協同組織を持たなければ、徒らに都市商工階級の喰物になるだけだといふことが、段々農民に認識されて来た時に、農業生産品の販売、加工、農業生産用品の購買等を行ふ農事産業組合は発達した。[1]」

　こうした協同組合、特に農事産業組合が独自の販売ないし購買の機関を持つことになれば、必然的に既存の商業組織との間に衝突を生み出さずにはおかない。この点についても、賀川豊彦・山崎勉治はこう述べている。「運動発展の過程に於て、必然的に起って来るものは、反産業組合運動であり、特に資本主義商人の消費組合に対する反対運動である。…しかし、何れの国に於ても、反産運動は、それに依つて協同組合に対する唯僅か計りの法律上の特典を廃止する等のことが有り得ても、結果に於て反つて協同組合の組織と団結を強化し、直接生産者への路を開き協同組合の原理と利益とを大衆に知らしめ、協同組合促進の契機となつて居る。[2]」

　日本における産業組合の発達は先進諸国からはやや遅れて20世紀初頭に始まるが、それに伴って、反産業組合運動（以下、反産運動）もまた全国に、しか

し散発的に発生していった。そこまでは賀川・山崎が指摘する先進諸国の動向とほとんど類似していたといってよい。

　しかし、1920年代後半から1930年代初頭にかけて、こうした一般的な意味での反産業組合とは少し趣を異にする運動が始まった。うち続く大不況下において、農業救済のため政府は産業組合振興に特別の力を込め始める。それと歩調を合わせるように、産業組合側も産業組合拡張計画を開始するが、それは商業者の排除を全面に謳うものであった。それに対して、商業者たちが組織的な反産運動を開始する。当時、商業、特に都市部の小売業は不況下の潜在的失業者のプールともいえる状況にあった。その商業者たちが自らの「商権」の擁護を掲げ、産業組合との対等の競争を求めた運動は、「反産運動」として広く取り上げられることになるが、それはやがて日本商工会議所の支援を受けながら、「商権擁護運動」と称する一大運動へと発展していった。

　本章で取り上げるのは、こうした特殊な状況下で展開された反産運動、すなわち商権擁護運動である。それは確かに革新的流通機関に対する伝統的流通機関の反発という側面をもたないわけではないが、それ以上に大不況を背景とした農村と都市の戦い、資本主義経済の矛盾に対応する統制経済と自由競争との戦いといった側面を強くもっている[3]。それだけに、産業組合運動と反産運動の展開は多様な問題について、長期にわたって続けられることになる。その意味でも、この反産運動は昭和初期の流通問題にとって極めて重要な意味をもっている。ただ、本章では問題を小売業との関連に限定するため、この長期にわたる産業組合運動と反産運動の前段部分である商権擁護運動に限定されることをお断りしておきたい。

　さて、日本における産業組合の誕生は1900（明治33）年の産業組合法の成立まで遡る。産業組合法への取り組みは、古くより存在した民間の金融制度である無尽講・頼母子講の不備を補うため、先進国の信用組合を参考にして1891（明治24年）の第2回帝国議会に提案された信用組合法案に始まる。しかし、この信用組合法案は議会が解散して陽の目を見ず、1897（明治30）年の第10回帝国議会に信用組合のほかに新たに購買組合、販売組合、利用組合を加えた産業組合法案として提案された。この時点での産業組合法案は、衆議院は通過したものの貴族院において信用組合以外の組合の必要性が薄いとして否決され、

1899（明治32）年第14回帝国議会に再度提出されて、翌1900（明治33）年に成立・施行された[4]。その産業組合法の主要条文は以下の通りである。

産業組合法（法律第35号　明治33年3月7日）
第1条　本法に於て産業組合とは組合の産業又は其の経済の発達を企図する為左の目的を以て設立する社団法人を謂ふ
　1　組合員に産業に必要なる資金を貸付し及貯金の便宜を得せしむること（信用組合）
　2　組合員の生産したる物に加工し又は加工せすして之を売却すること（販売組合）
　3　産業又は生計に必要なる物を購買して之を組合員に売却すること（購買組合）
　4　組合員の生産したる物に加工し又は組合員をして産業に必要なる物を使用せしむること（生産組合）
　前項第1号に掲けたる事業は他の各号に掲けたる事業と兼業することを得す
第6条　産業組合には所得税及び営業税を課せす
　産業組合にして登記を受くるときは営利を目的とせさる社団法人と同一の登録税を納むへし…
第7条　産業組合は7人以上に非されは之を設立することを得す

見られるように、当初、第1条第2項で信用組合は他の事業との兼業を禁じられていたが、1906（明治39）年4月の第1回の法改正時にこの条項は削除され、信用組合も他の事業との兼業が可能となった。また、第1条第4号の「生産組合」は1911（大正10）年の第4次改正で「利用組合」に名称変更された。

この産業組合法の狙いについて、第14回帝国議会における政府委員の趣旨説明の一部を引用しておく。やや長いが、これによって産業組合法の当初の趣旨は十分に理解することができる[5]。

和田彦次郎政府委員の趣旨説明（部分）　1900年2月13日
　我国の農工業者一般の事情に照しますのに、中産以上の財産ある人々の事業に於ては、資本の供給に不便を感じませぬが、中産以下に於ては資本の供給に不便を来たして居るがために、十分の意思がありながら、其事業の発達を見ることが出来ぬと云ふ今日の有様でございます。…中産以下の基本金を信用組合に依て積立てしめ、且其運用に依て、利子の安き資本を得る道を講じさせたい。又販売組合に付いては現時日本の農産物

工業品に於きまして、随分見るべきものがありますけれども、品の一定を期することが出来ず、その額も大いなる需要に応ずることが出来ないがために、値がありながら其値を減じて売買致して居ると云ふやうな有様でございます。…又購買組合に於ては…民間に農家工業家に必要なる物を求めますことは、往々鉅萬の額に達するものもありますけれども、それを個々に買ふために一定の善良なる品を求むることが出来ない、且つ値が自然高きに至るものが実際に於てあります。依て是等には組合を設立して、保険の付いたる善良なる品を、個々に僅ず〻買ふよりも纏めて安く買入れて中産以下の者、即ち組合員に分けて便利を得せしむる方法を取るのは、今日必要である。…又生産組合と云ふのは…（巨額の資本を要するために熱望しながら出来ない加工について―石原）組合員共同致して資本を合し、若くは農工銀行などの融通を以て其機械を求め、共同の力を以て之に加工し生産力を発達せしむることは、今日の最も必要なることであります。

　また、1891（明治24）年の信用組合法案の起草者であり、品川弥二郎とともに産業組合の生みの親とされる平田東助は産業組合の目的・意義をこう述べている。「産業組合法の企図する所は、中産以下の小資本家をして相連合せしめて鞏固(きょうこ)なる一つの信用主体を構成し、此の信用主体を利用して諸般の経済活動を為すを得しめ、以て大資本家とともに産業場裡に角逐、併立せしむるの手段を与えんとするに在るものにして、本法に依り設立したる産業組合は、所得税及び営業税等を免除せらるるのみならず、無限責任の信用組合及び購買組合及び生産組合には、農工銀行に於て五箇年以内に於て定期償還の方法に依り、無抵当貸付を行うことを得るなり。[6]」要するに、資金力の劣る中小事業者を組合に結集することにより、資金融通、販売、購買、生産面において、大企業に比肩し得る力を獲得させようというのである。

　産業組合と言えば、後には農村部の組合一色のように見なされるが、ここでの意図が工業、商業を含む全産業をカバーするものであったことは明らかである。所轄する官庁も1881（明治14）年に設置された農商務省であり、それが農林省と商工省に分離されるのは1925（大正14）年4月になってからのことである。さらに言えば、工業組合法が制定されるのは1931（昭和6）年4月、商業組合法は1932（昭和7）年9月であり、それまではこの産業組合法が中小事業者を束ねる唯一の根拠法となっていた[7]。

　こうして産業組合法が成立したものの、産業組合の指導奨励に当たるべき農

商務省、地方庁、府県農会の担当者は少数の上未経験であり、組合の普及発達を図ることは容易ではなかった。そこで、1905（明治38）年3月、全日本産業組合中央会が設立されるが、その趣意書は産業組合の根本理念を高らかに宣言した[8]。

全日本産業組合中央会設立趣意書（部分）（1905年3月1日）
　自由競争は人事百般の進歩に欠くへからさるものたる如く、経済上の進歩に於て亦実に欠くへからさるものたること、固より多言を要せす。自由競争にして存するなからんか、百般の人事停滞し、経済上の発展得て期すへからす。…経済上の競争殊に文明の利器の利用は優勝劣敗に一大動機を当たへ、小農小商工は漸くその産業を失はんとするの傾向あり。…乃て今日その弊の甚たしからさるに先立ち、之を防御救済する計を立て、之を実行すること目下の急務なりと謂わさるへからす。…而して之に属するの道果して如何。曰く他なし彼らをして一致団結以て事に当らしむるにあり。夫れ零細の資本も之を集合するときは即ち大資本となり、小農小商工にして、相共同して団結を為さんか、その経済力は大農大商工の経済力と殆と同様なる活動作用を為すを得る。而して予輩は此の目的を達成する為に産業組合の方を措いて他に適法あるを認めさるなり。

　こうした経緯から見れば、産業組合が中小零細の農商工事業者が協同することによって大資本と自由に競争し得るという願望にも似た理想を読み取ることができる。とは言うものの、この産業組合中央会の設立に参集したのは、農林省、大蔵省、内務省の官僚や貴族院議員たちであり、地方産業組合の代表は全く関与していなかったというから、産業組合が上からの組織であったことは明らかであり、それだけ農民を含めた事業者の関心が十分に成熟していなかったことは間違いなかった[9]。
　ここで確認しておきたいのは、産業組合における協同の理念と農商工事業者の協同の2点である。前者についてはこれ以上詳論できないが、品川弥二郎と平田東助の理念であった。それは昭和初期、特に金融恐慌の頃から微妙に変化し始めるが、その変化をリードしたのは千石興太郎であり、彼こそ本章で取り扱う商権擁護運動に対応する産業組合側の主役となる人物である[10]。後者については、理念としてそうであったにもかかわらず、実態としては産業組合といえば農業関係者の団体とする見方が定着してゆくのであるが、それは産業組合

法に基づいて設立された産業組合の大部分が農業関係団体だったことによる。いま初期の産業組合の設立状況を示すと次の通りである。

表6-1　産業組合の産業別構成の推移

	組合数	農業（%）	工業（%）	商業（%）	その他（%）
1905（M38）	1,671	82.6	4.7	8.6	4.1
1915（T04）	11,509	82.8	3.7	4.8	7.9
1925（T14）	14,517	73.9	4.8	10.1	11.2

（出所）　澤本孟虎（1928）『日本産業史　下巻』帝国通信社、1315-1317頁、1321頁より作成。その他に林業、水産業、その他が含まれる。合計が100％にならないが原票通り。

　工業、商業の組合もなかったわけではないが、産業組合は圧倒的に農業分野で占められていたのであり、その状況はその後も変わることはなかった。
　昭和期に入ると、産業構造に大きな変化が現れる。規模別の企業数と産業組合数の推移をたどると表6-2の通りである。時代は打ち続く不況の真っ只中にあったが、その中で資本金50万円～1千万円までの中規模層が企業数を減らす一方、50万円以下の小規模企業と1千万円以上の大企業層が企業数を伸ばしている。特に5万円以下の零細層の増加が激しく、この間に中間層が倒産する一方、零細層が誕生したか、あるいは資本金が下方に向かって減資されていったことになる。同様に、産業組合もまた、この間に組合数を増加させるどころか、むしろ減少していた。零細企業と農村部に不況の圧力が重くのしかかっていたことが窺える。

表6-2　昭和恐慌期の規模別企業数と産業組合数の推移

	5万円未満	5万円～10万円	10万円～50万円	50万円～100万円	100万円～500万円	500万円～1千万円	1千万円以上	産業組合
1926年	100	100	100	100	100	100	100	100
1929年	150	120	106	97	102	101	118	98
1930年	176	127	107	96	101	102	118	98
1931年	204	132	108	93	98	99	118	99

（資料）　産業組合史刊行会（1965c）『産業組合発達史　第4巻』419、421頁より作成。企業数については、419頁の指数を再計算したため、421頁の数値と一致しないものがある。

1-2　農村の疲弊

　農民運動家・中澤辨次郎は、1924（大正13）年に次のように書いている。農民生活は一見したところ安全で手堅い職業のように見られがちであるが、その実、生産面では天候に左右され、販売面では価格決定権を仲介業者に奪われて自らの生産物に価格を設定することができず、不安定で危険の多い職業である。そのリスクにはいかなる保険も掛けられず、しかも操業短縮といった抗議活動も事実上禁止されている。さらに、国家も商工業者に比して農民に対しては冷淡であったとなれば、「今日の農業者はイヤでも自己独自の力で襲ひ懸かる農業上の不利なる条件を排除しなければ到底その地位を維持することは出来なくなって来た。…此処に農民は国家に頼らず社会に期待せず独自の力を以て生活改造を行ふの必要を有するのである[11]。」すでに産業組合法が成立し、全国で1万4,000ほどの組合が設立されていたとはいえ、必ずしも国家の支援を充分に受けられてはいなかったと言うのである。

　その中で、日本経済は1920（大正9）年の反動恐慌に始まって、相次ぐ恐慌を経験する。この恐慌は日本経済全体に大きな影を落としたが、とりわけ農村部に大きな影響をもたらした。金融恐慌は都市部において大量の失業者を生み出し、中には帰農するものも多くあったが、農村部においても彼らを受け入れるだけの余裕はなかった。「帰農者の多くは、ながく農村にとどまり得ないで、再び都市に流入したのみならず、農村の不況は新たに多くの人口を農村から都市に流入せしめ、ここに多くの家なく、職なく、食なき都市浮浪者を生じ」ることとなった[12]。

　この間、農業経済を直撃したのは農産物価格の下落であった。もとより物価は全般的に下落したのではあるが、農産物価格は工業製品以上に激しく下落した。工業製品の価格が相対的に下落しなかったのは、1931（昭和6）年3月に一連の不況対策として成立した重要産業統制法によって、カルテルが積極的に容認されたことも1つの要因となった。1924（大正13）年を100とした場合、恐慌の底と考えられる1931（昭和6）年の価格指数は、農産物5品の平均が36であるのに対して、肥料4品の平均は51、農村必需品の平均は61であったという。こうした農産物価格と工業製品価格との開差は鋏状価格差と呼ばれ、それこそが

「資本主義の農村搾取」だと考えられた[13]。その全体像を正確に捉えることはできないが、例えば表6-3はその一端を知るのに役立つ。

表6-3 昭和初期における農村経済の状態

	調査戸数	平均総収入	平均総支出	平均経済余剰
1925年	185	2,881円	2,579円	308円
1926年	169	2,733	2,541	189
1927年	181	2,402	2,300	101
1928年	207	2,391	2,283	207
1929年	219	2,312	2,246	75
1930年	220	1,615	1,693	△77
1931年	277	915	923	△7
1932年	282	1,014	949	65
1933年	284	1,155	1,036	119

（資料）　産業組合史刊行会（1965b）『産業組合発達史　第3巻』産業組合史刊行会、50頁より作成。

　1927（昭和2）年の金融恐慌まではまだ何とか収支をつぐなえた農村経済は、1930（昭和5）年の昭和恐慌によって一気に悪化している。しかも、1929（昭和4）年以降、収入が減少する中で支出も大きく削減し、それでもなお赤字となる。1932（昭和7）年になれば黒字を取り戻すとはいえ、支出額は恐慌以前の半額にも達していない。支出を半減させることで、辛うじて収支を償わせていた。恐慌はそこまで農村を追いつめていたのである。

　加えていえば、当時は小作制度がまだ一般的であったが、もちろん、この恐慌は小作を中心とした農業労働者に一層厳しいものであった。この階級の状況を示すデータは見当たらなかったが、木村靖二は、「優良農家」として農林省の経済調査に参加している小作農について分析した結果、次のように述べている。「農家の収入は、自作農・小作農とも、大正14年以降、年々減少し、昭和5年に至って急角度に落ちてゐる。支出も亦、同様の傾向に在るが、昭和5年恐慌には収支適合を失し、遂に自作農82円18銭、小作農は82円78銭の不足を示すに至つた。…この調査結果に於て、特に注意すべきは、自作農・小作農とも、農業丈の収入を以てしては、その生活費が支弁し得ないと云ふことである。こ

の辻褄を合はせるためには、農業以外の収入を求めなければならない。即ち、自作農に在つては財産の利用・食ひ込みであり、小作農に在つては、賃労働によつて、辛じて、生活費を生み出してゐるのである。[14]」優良農家にしてこれであるが、「恐慌の影響は、貧農階級ほど深刻」であったことを思えば、農村の疲弊はさらに深刻であったと考えなければならない。

　これ以上、農村の疲弊を具体的に追う必要はないだろう。打ち続いた恐慌が農村を直撃し、農家を極度の困難に陥れたことが確認できれば十分である。そして、そうした社会不安が時の内閣総理大臣・犬養毅を襲撃・暗殺するという1932（昭和7）年の五・一五事件へとつながってゆく。そうなれば、細民救済問題、特に農村の救済が政治問題化するのは避けられなかった。項を改める。

1-3　政府の農村支援政策

　こうした農村の救済を求める大合唱の中で1932（昭和7）年6月に開催された第62回帝国議会には、各種の農民団体からの請願が相次いだ[15]。その主なものは、借金の棒引きあるいは軽減または償還の延期、農産物の価格引上げ、国家による損失補償、肥料資金の国家補償、利子並びに税の軽減等に及び、時局匡救の焦点は農村問題に集中した。しかし、この国会では具体的な議論はなく、2ヶ月以内に改めて議会を開催することで幕を閉じた（298頁）。

　そして1932（昭和7）年8月に開催された第63回帝国議会で、総理大臣・斎藤実は演説の冒頭で「不況困憊の難局に直面して、農山漁村及び中小商工業の窮状に対し、之が匡救の策を講ずることは、今期議会の使命であります。…現下の梗塞せる金融の疎通は…産業組合系統に属する各種機関の活動に俟つ所大なるべきは、言ふまでもなきことであります」と述べ、中小業者救済に向けて産業組合に大きな期待を寄せた[16]。

　この第63回帝国議会では、商業組合法や商品券取締法が成立するものの、反面で「救農臨時議会」と称されるほど、農村問題に強い関心が寄せられた。時局匡救のための予算は国レベルで1億7,600万円、地方費を含めて総額2億6,300万円に及んだというが、新たに農林省に設置された経済更生部関連では340万円余りに過ぎず、これで産業組合等の組織を使って農山漁村の自力更生を図らせようとするものであったことから、当時「大山鳴動して鼠一疋の農村救済予

算」と評されたという。しかし、この経済更生部（初代部長・小平権一）こそ、産業組合のその後の転換と躍進に大きな意味をもつものであった（306-307頁）。

しかし、ここでは農村の救済問題に深く入り込む余裕はない。問題を産業組合に関連するものに絞る。この国会では産業組合法の改正、産業組合中央金庫法の改正など、産業組合関連の法律が改正された。その趣旨について、政府委員であった小平権一は次のように述べている[17]。

産業組合法改正等の趣旨（政府委員・小平権一） 1932年10月

今回の臨時議会に於て、政府が特に産業組合法及び産業組合中央金庫法を改正し、更に産業組合中央金庫をして、特別融通を為さしめ、其の損失を補填するの法律案を提出したるは、産業組合が農業、漁業、山家其の他の中小産業者の産業及経済を改善し、発達せしむるが為めの重要なる産業経済機関であるのみでなく、農山漁村の経済更生計画を樹立し、之を確実に実行せしむるには、組合が其の実行の中枢機関となつて、充分其の機能を発揮しなくてはならない。而して産業組合をして、此の重大なる任務を完ふせしむるには、其の信用限度を拡張し其の利用を普遍的ならしめ、真の相互扶助の機能を発揮せしむるが為めの必要なる法規の改正を為し、其の他各種の事項に付て、関連事項を改正する必要としたるが為である。政府が農村振興時局匡救の為めに特に召集したる臨時議会に於て、特に、産業組合法の重大なる改正を敢行したるは、斯くの如く産業組合をして、農山漁村経済更生の中枢機関たらしめんが為めである。

要するに、極度に疲弊した農村経済によって生じた信用組合の貸付の固定化、その結果としての金融機能の低下を補償するために、産業組合中央金庫に大幅な貸付を行おうというのである。

そして、農村経済更生中央委員会は1932（昭和7）年11月、「農山漁村経済更生計画樹立方針」を取りまとめて一般に配布した。その第5章は「農山漁村経済更生計画と産業組合の指導方針」と題するもので、その甲は次の通りであった（340-341頁）。

第5章　農山漁村経済更生計画と産業組合の指導方針
甲　経済更生計画と産業組合
1. 経済更生計画中販売、購買、金融、利用の経済事項行為に関する事項及其の実行に

付ては産業組合を中心として考慮すること…
2. 町村経済更生委員会の委員には成るべく産業組合に理解ある者を多く選定すること…
3. 町村に於ける産業経済の各部門に亘り、産業組合の目的たる事項は総て産業組合に統一して行はしむる様経済更生計画を樹立すること…
4. 産業組合拡充に関する計画を樹立すること
5. 経済更生計画樹立実行に伴い、産業組合の責務の重大なる所以を自覚徹底せしむること…

これを見れば、産業組合が農山漁村部の経済更生計画のまさに中枢に位置づけられたことがわかる。続いて、乙では産業組合の指導方針が示される（341-345頁）。

第5章　農山漁村経済更生計画と産業組合の指導方針
乙　産業組合活動の根本方針
3. 産業組合の設立普及
    (1) 産業組合の設立なき町村に於ては、速に之を設立せしむること
    (2) 新たに設立する産業組合の組合員は当初より区域内の全住民を目標として、その大多数を網羅せしむること
    (3) 新たに設立する産業組合は成るべく当初より信用、販売、購買、利用の4種事業を兼営せしむること…
4. 産業組合の組合員の加入奨励
    (1) 区域内の住民をして洩れなく産業組に加入せしめ、其の利用を徹底せしむること
6. 産業組合事業の促進
    (1) 一般事項
        (イ) 産業組合の活動を促進せしむる為、組合員に産業組合精神を徹底せしむること
        (ロ) 産業組合は成るべく信用、販売、購買、利用の4種事業を全部兼営せしめ、各事業間の連絡統制を図り、事業を拡充し、以て組合経営を合理化せしむること…
        (ハ) 産業組合は絶対的に系統的連合機関に加入せしめ、総て之が利用を為さしむることとし、已むを得ざる事由に依り、他と取引する必要ある場合に於ては、系統機関の了承を得せしむるが如き約款を定め、専属取引を徹底せしむること
        (ニ) 組合員の組合利用を促進する為責任出荷義務貯金等の制度を設け、之が励行に努めしむること

㈭　抜売、抜買の禁止、其の他約款、規約等の違反に対し過怠金を課する制度を設け、組合活動の徹底を期せしむること

⑵　各種事業に関する事項

㈠　信用事業（略）

㈡　販売事業

①組合員の生産物は総て組合を通して販売せしむること

②販売組合は系統機関を利用し、直接消費者又は消費者の団体と取引を為す場合に在りては、系統機関の統制の下に其の取引を行はしむること

③繭其の他主要なる生産物は成るべく加工調整の上販売せしむること

㈢　購買事業

①組員の購買品は組合を通じて購入せしむること

②購買組合の購買品の仕入は系統機関を利用し、直接生産者又は生産者の団体より購入する場合に於ては、系統機関の統制の下に之を行ふこと

③購買組合の配給品にして、組合又は連合会自ら生産し、又は加工するを適当とするものは、力めて之を生産又は加工し、組合の購買事業の徹底を期せしむること

④購買組合の取扱ふべき経済用品の購入に付ては、組合員の生活改善に重点を置き、之を選定せしむること

㈡　利用事業（略）

ここでは後の反産運動につながる産業組合の事業に関連するもののみを取り上げたが、これを見るだけでもこの計画がすべての農家を対象に、その生産財と生活用品の購買および生産物の販売について、すべてを各町村の単位産業組合に結集させ、それを系統機関に集約するという計画であることが伝わってくる。もしこれが実現すれば、農家の生産手段だけではなく、その生活必需品を取扱う商業者や農産物の流通にかかわってきた商業者が間違いなく大きな打撃を受けることが予想される。ここに反産運動が全国的に拡がる可能性を見出すことができる。

この「指導方針」の意図について、当時の農林省における原案作成の責任者でもあった小平権一はこう述べている。「農山漁村の更生計画は農山漁村の産業、経済、厚生、社会のあらゆる物心両面に亘りて、根本的の改革を行ひ、以て永久に農山漁家の繁栄と、其の福祉を持続せしめんとするものである。而し

て更生計画に於る村自体の更生は、終局する所、各戸の農山漁家が真に更生し、立派なる農山漁家たらしめん事を念願したるものである。故に、農山漁村の更生計画は村全体が改善せらるると共に、各戸の農山漁家が改善し、安定せらるる所に目標が置いてあったのである。[18]」

こうした意図をもつ「指導方針」は農山漁村の経済更生計画となってはいるが、産業組合がその中枢に据えられることで、事実上、産業組合の根本的な改革、てこ入れ案となっている。しかも、この壮大な計画立案が「産業組合中央会によってなされず、農林省の責任においてなされ、実施に当たっても、指導の主導的地位に農林省が立とうとするものであったので、当時政府がこれによって農村匡救の責任を産業組合に肩代わりしたと評された」(352頁)ほどであった。それほど強い政府の関与であった。

さらに、それまで産業組合制度の外に置かれていた農事実行組合を法人として産業組合に加入できるものとすることによって、全農家の産業組合加入を確実なものとした。加えて、1933(昭和8)年3月の第64回帝国議会では農村負債整理組合法を成立させ、農村における巨額の負債を国庫からの低利融資によって回収するための負債整理組合が設立するが、その整理組合の大半は産業組合が担うことになる。こうして、産業組合は農村経済更生に取り組む政府の実働部隊となった。政府からこれだけの期待がかけられれば、産業組合も当然にこれに応えてその活動を強化することになる。

1-4　産業組合拡充5ヶ年計画

産業組合中央会によれば、産業組合拡充5ヶ年計画は農林省の先の農山漁村経済更生計画に先んじて、1932(昭和7)年1月に役員会において話題になり、4月の大会においてその計画の樹立が決議されたという。1931(昭和6)年、1932(昭和7)年の状況は、そうした基本計画を樹立することなしには乗り切ることができないほど、農村経済は疲弊していたというのである(3頁)[19]。その意味では、産業組合側の対応が必ずしも政府の政策の後を追ったものだったわけではないようにも見える。しかし、産業組合の動きが農林省のそれとほとんど歩調を合わせるものであったこと自体は間違いない。

1932(昭和7)年4月25日、大阪市中央公会堂で開催された第28回産業組合全

国大会では、中央会からの産業組合強化案に加えて、複数の地方支部から改革強化の提案がなされた。それだけ地方経済が大きく疲弊していたことの現れであるが、それらの改革は一括して「産業組合拡充5ヶ年計画委員会」に付託され、その後の手続きを経て、翌1933（昭和8）年1月1日より実施することで決着した。そうして、同年10月に決定した5ヶ年計画は全体で100頁にも及ぶ大部のものであり、ここでその概要さえ紹介するのは難しい。以下、反産運動と関連する事業について、ごく簡単に概要を記述するに止めざるを得ない（45-144頁）。

産業組合拡充5ヶ年計画の概要（1932年10月）

第1　産業組合数及び産業組合員数に関する事項（50-62頁）

　　現在組合数は1万4,000余り、組合員数は500万人に達するがなお不十分であり、5年後には1万6,500組合、組合員数770万人を目指す。農村組合については、現状、組合員数340万人といえども農家全体の61.1％に過ぎず、産業組合未設置町村は1,800にのぼる。これらすべてに産業組合を設置し、全農業者を産業組合に加入せしめると共に、全組合が信用、販売、購買、利用の4事業すべてを兼営することを目指す。

第3　産業組合事業に関する事項（68-84頁）

　1　貸付事業（略）

　2　販売事業

　　米・繭其の他の地方的又は副業的に重要なる各種農産物の販売を統制し有利なる地位を占むることは、現下の不況対策として最も緊要事なるを以て、組合は道府県販連及全販連の全部利用を目的として進むものとす。

　　米については、産業組合及び農業倉庫の販売数量を、年間645万俵から5年後には1,800万俵にまで増加する。小麦については、1930年時点で3％余りに過ぎない全国生産額に占める組合販売額の割合を、5年後には34％にまで引き上げる。生糸については、現在の組合製糸の生産高5.5万俵を5年後に11万俵にまで高める。その他の生産物についても、可能な限り利用率を高め、初年度8,500万円の販売目標を5年後に1億4,500万円にまで拡大する。

　3　購買事業

　　購買事業に依り生産並に消費経済に於て優良且廉価なる物品を獲得することは、極めて必要なることなりとす。殊に、現下の不況に際して、組合は区域内組合員の必需品の可能なる限りの大部分を供給し得る様組織及び資金を準備し、組合員をして全部利用なさしめる。

特に肥料については、地方的に取引されるものを除いた全国金肥消費量320万トン
　　のうち、5年後には6割を取扱う。飼料については全購連の計画と相まって良質廉価
　　な飼料を農家に供給する。その他の購買品については、5年間に倍増するものとし、
　　初年度9,000万円を5年後には1億6,400万円に引き上げる。
　　4　利用事業（略）
第5　地方的産業組合連合会に関する事項（90-97頁）
　　地方的連合会は当該地方に於る産業組合統制機関たると同時に、全国的連合との連絡
　　機関として極めて重要なる地位にあるを以て、5ヶ年計画の遂行を機とし其の機能の
　　充実発揚に努力せざるべからず。地方的連合会は、其の事業の円満敏速なる遂行の為
　　組織の完成、事業の拡充に努力するものとす。
　　販売事業：米について、産業組合及び農業倉庫取扱いの50%を連合会において取扱い、
　　小麦・生糸については各連合会で全販連及び各所属組合の計画により5ヶ年計画を立
　　て、その他の取扱品については、5年間に取扱量を倍増する。
　　購買事業：組合取扱い肥料の1割は地方的連合会にて取扱い得ないものとして9割を取
　　扱う。飼料については全購連の取扱高を基礎として道府県で計画を立て、その他のも
　　のについては1932年を基準として5年間で倍増する。
第6　全国的産業組合連合機関に関する事項（97-115頁）
　　産業組合中央会及支会：組合中央会がその使命を果たすためには、全組合が中央会に
　　加盟する必要があるが、現行では不良組合を除いても81.6%に過ぎず、これを5年間
　　ですべて加入せしめる。
　　その他、産業組合中央金庫、全国購買組合連合会、全国米穀販売購買組合連合会、大
　　日本生絲販売組合連合会、全国産業組合生絲組合連合会、全国農産物販売組合連合会
　　等について、個別に目標を設定。

　ごく大雑把に言えば、全町村での組合設立、全農家の組合加入、全組合の中
央会加盟、各組合の4事業兼営、各事業の中央会・連合会への結集、販売・購
買事業の倍増といった内容といってよい。これは先の農林省の「農山漁村経済
更生計画樹立方針」に沿うものであることは明らかである。
　そして、実際に産業組合は政府の支援を受けながら、急速に拡大してゆく。
やや結論を急ぐ形になるが、その行きついた結果を、「第5年度末概況報告」か
ら確認しておく[20]。
　報告はその前言の中で、「産業組合拡充5ヶ年計画は遂に其の最終年度を了へ、
今吾々の眼前に次の如き成果を齎した。この成果は機械的に予定数と実績を比

較する限り可成り未達成のものも多く、一見不成績と認められるが、視角を変へてそれを計画以前の組合発展過程と比較し、或は満州事変の翌年に樹立せられて以来の諸反産的傾向に抗して遂行され来った経過に鑑みれば、明かに我国の組合に偉大なる画期を記録したものと断言して憚らない。」(166頁)と述べている。これからも容易に想像できるように、当初に掲げた全町村、全農家の加盟、全組合の4事業兼営、販売・購買組合事業の倍増といった大きな目標のすべてを達成できたわけではなかったが、大きな前進を遂げたことも間違いなかった。

しかし、この5年の間には、日中戦争が本格化し、経済体制も準戦時体制から戦時体制へと転換していた。当初の計画時には想定できなかった事態の中での達成度である点に留意する必要はあるが、5年間の達成を、組合数・組合員数、販売事業、購買事業に限って総括的に示しておく。

表6-4 組合数と組合員数

	全産業組合		うち農業組合	
	組合数	組合員数	組合数	組合員数
1932年末	14,280	4,945,291	12,331	3,602,390
1936年末	15,457	6,197,765	13,443	4,369,679
1937年末	14,512	6,275,466	12,740	4,401,741

(資料) 産業組合史刊行会 (1965c)『産業組合発達史 第4巻』171-173頁より作成。

表6-5 販売事業―取扱実数―

	米(千俵)	小麦(千俵)	生絲(貫)	その他(千円)
1932年	10,517	1,116	952,592	83,900
1936年	22,292	6,177	797,357	176,645
1937年	24,125	6,625	1,068,374	215,204

(資料) 産業組合史刊行会 (1965c)『産業組合発達史 第4巻』178-179頁より作成。188頁に1936・1937年の販売金額が掲載されている。

表6-6　購買事業―取扱実績―

	肥料	飼料	その他（千円）
1932年	749,309トン	86,494トン	75,347
1936年	1,678,657	216,234	155,745
1937年	1,935,146	254,978	188,528

（資料）　産業組合史刊行会（1965c）『産業組合発達史　第4巻』179-180頁より作成。

表6-7　産業組合及び農業倉庫の取扱比率

	米	小麦	繭	鶏卵	菜種	金肥
1932年	7.2	6.4	9.6	7.7	12.7	18.9
1937年	14.4	27.5	14.4	11.1	56.9	39.3

（資料）　産業組合史刊行会（1965c）『産業組合発達史　第4巻』434頁より作成。

　個別に見れば濃淡はあるものの、産業組合は確かに5年間で急成長を遂げた。それによって農村経済がどれだけ更生しえたかは不明であるが、産業組合としては十分な成果であったといってよい。しかし、それは都市部での反産運動を引き起こしたし、産業組合に新たな課題を突き付けることにもなっていた。

　なお、産業組合自体は、この5ヶ年計画終了後、第二次産業計画拡充3ケ年計画を作成して拡充を継続するが、その時点ではすでに戦時体制が本格化し、反産運動は当初の勢いを喪失し、全く別の方向に転じているので、ここでは産業組合の拡充についてはこれ以上立ち入らない。

2　反産運動の全国的展開

2-1　過剰参入による商業の疲弊

　1920年代の経済不況は、もちろん農村を直撃しただけではなく、都市部を含めて全国を襲っていた。先にも指摘した通り、農村で就業できなければ職を求めて都市に出かけ、都市で職を得ることができなければ帰農し、そして再び都市に出掛ける。その間、日本全体での就業構造の変化を見ると次の通りである。

表6-8　職業別人口の動き　　　　　　（単位：千人）

	農業	水産業	鉱業	工業	商業	交通業	その他	合計
1920年	14,128	534	424	5,317	3,188	1,037	2,632	27,261
1930年	14,139	566	231	5,184	4,435	1,080	3,300	28,935
増減	11	32	△194	△133	1,317	42	668	1,673

（資料）　上田貞次郎・小田橋貞壽（1934）「国勢調査に現はれたる我国民の職業」上田貞次郎編『日本人口問題研究第2輯』（財団法人協調会）226頁より作成。商業と合計について、増減が合わないが原表通り。

　1920年代を通して、170万人弱の就業人口増があったが、そのうちの130万人は広義の商業が吸収していた。都市部で期待されたはずの工業は、不況のせいもあってむしろ減少している。不況の中でも農業や水産業は増加しているが、その数はわずかにすぎない。しかも、その商業の約3分の2以上が物品販売業であり、残りの半分は接客業であったことからしても、狭義の商業（物品販売業）が圧倒的に雇用を吸収したことがわかる[21]。恐慌は人びとを商業、それも小売業に追いやったのである。それを上田貞次郎はこう述べている。「我国の如く失業保険又はその類似の制度なく、他方家族主義と温情主義の思想の強い国情においては、仮令失業者が生じても直ちに失業人口として表面に現れて来ない。少許の退職手当や貯金を資本としてささやかな小売業を開いたり、夜店商人になったりする。又親族、知己、友人等が少額の資金を貸与して小売商でも経営させてやる等の例が少なくない。斯くして失業者は一応失業者でなくなり、…有業者としての商業…として現れる。[22]」あるいは、同じ趣旨であるが、八木芳之助も「我国に於ては就職し得ない者にしても、また一旦就職しても離職した者などが、最後に観念して選ぶ職業は小商業であり、小商人となること」であり、「中小商工業、就中、小規模の小売業者が一種の失業者収容所となってゐる」と述べている[23]。商業、特に小売業は総じて開業のために必要な技能は少なく、元手も比較的少なくて済むことから、都市部に職を求めた人の多くは小売業に殺到したのである。
　特に、東京市においては、そうした人口流入の圧力を強く受けた。東京市の場合、同じ期間に就業構造は次のように変化していた。

表6-9　東京市における職業別人口の推移

	農業	水産業	鉱業	工業	商業	交通業	その他	合計
1920年	8,789	999	3,020	382,249	316,339	64,173	201,670	977,239
1930年	3,409	723	942	322,642	422,108	58,398	187,290	995,512
増減	△5,380	△276	△2,078	△59,607	105,769	△5,775	△14,380	18,273

(資料)　猪間驥一 (1934)「東京市に於ける産業別人口の変化」上田貞次郎 (1934) 282頁より作成。

　一見して明らかなように、この間、商業以外のすべての分野で就業者は減少している。ここでも、商業の6割超は物販販売業が占めており、この間の商業分野における10万人余の就業者増の3分の2を超える7万1,000人余が物品販売業で占められていた。その物品販売業における増加のうち8割強は商業使用人であったというから、自ら開業するというよりも、親類・縁故等を頼っての寄宿的就業が多くを占めたものと思われる[24]。

　産業組合の拡充5ヶ年計画が始まったとき、商業はまさにこのような状況にあった。そして、実際に産業組合の取扱高は、1932 (昭和7) 年から1937 (昭和12) 年の間に、販売事業については、米 (7.2%→14.4%)、小麦 (6.4%→27.5%)、繭 (9.6%→14.4%)、鶏卵 (7.7%→11.1%)、菜種 (12.7%→56.9%)、購買事業については金肥 (18.9%→39.3%) と、いずれも大きく伸ばしていた[25]。この計画が進行途中の1935 (昭和10) 年、『日本興業銀行調査時報』は「化学肥料の統制概況」を特集し、その結論部分でこう書いた。「若し、全購聯五ヶ年計画が予定に略ぼ近き成果を挙げ得たと仮定すれば、現在に於ける肥料商の約半数が廃業を余儀なくされるとの憶測も強ち過当ではない[26]。」肥料は1936 (昭和11) 年時点で、全講連の総売却額の76%を占めていたのであり、影響が特に強く表れるのも無理はなかった[27]。そして、実際、物品販売業者が増加する中で、肥料商が大きく減少したのであった。

　但し、肥料商が困窮に陥った原因のすべてを産業組合の責めに帰すことはできないことには注意が必要である。この間の肥料分野における生産構造の大きな変化があった。すなわち、販売肥料は古くは魚肥から始まったが、日清戦争後に魚肥は大豆粕肥に取って代わられた。それがさらに日露戦争後には過リン酸石灰等の調合肥料が増加し始め、第一次世界大戦後頃からは硫安等の化学肥料が主流を占めるようになる。その結果、肥料は農業的性格を色濃くもった商

品から完全な工業製品として安定的に大量生産されるようになり、それに伴って従来の小規模生産で、価格変動を前提とした流通機構の担い手としての肥料商に転機が訪れていた[28]。その点を差し引いてもなお、肥料商は大幅な減少に産業組合の進展が影響したことだけは間違いなかった。

　ここではこれ以上立ち入らないが、商業は一般的には、明らかに過剰参入、過剰就業の状況にあった。その過剰さは、ほとんどあらゆる規制に反対していた村本福松が百貨店法をめぐる議論の中で、「凡そ今日の一般小売商の困窮は、対社会の機能を果し得ると得ざるとに論なく、濫立せるところにその重大なる原因を見出さなくてはならない。従つて、如何に百貨店を抑制し、商業組合を設くるとも、同時に小売商自体の整理を伴はずしては一般小売商の真の更生と振興の実を挙げられない」として、小売業への参入規制を含む小売業法の制定を求めたほどであった[29]。しかも、不況下で参入した先の小売業の就業者たちは決して安定した生活を約束されたわけではなかった。産業組合の急拡張に立ち向かうのはこうした苦境にあえぐ商業者たちであった。

2-2　反産運動の過熱

　反産運動は個別的なものとしては産業組合の成立とともに古い。『小作年報』が、従来、小作人組合の中には共同購買、共同販売などの事業に取り組むものもあったとはいえ、ほとんど見るべきものはなかったが、「近年に至り小作人組合中に産業組合的事業を行ひ其の成績相当見るへきものあるに至り、将来益々拡大せんとするの傾向あるを認む」と書いたのが1928（昭和3）年であるが[30]、この時点でもなお、反産業組合運動は全国的なものとはなっていなかった。「組織的な反産運動が全国的に起こってきたのは、昭和大恐慌（昭和4〜6年）を契機として、中小商工業者が、独占資本の強圧と、産業組合の系統利用の強化、購買、販売、利用事業の発展にはさまれて、没落を早めさせられた時代に始まる[31]」という点では、見解はほぼ一致している。さらに、「昭和7年産業組合拡充5ヶ年計画が樹立され、国の農山漁村経済再生計画と協力しつつ、昭和8年1月から全国一斉に実行に入るや、強力な一大陣営の前進の如き圧迫感を、同種業務を営む中小企業者に与えた」のであった[32]。散発的・局地的に行われていた反産運動は、この産業組合拡充5ヶ年計画の実施によって強く刺激

されることになった。

しかし、反産運動を刺激したのは、こうした経済的要因だけではなかった。さらにより根深い問題が横たわっていた。産業組合側が5ヶ年計画の策定に当たって、資本主義経済機構の欠陥の是正、産業組合主義の経済機構の確立を叫んでいたことはすでに指摘した。産業組合側でこの運動を指導した千石興太郎はこう述べている。「農村は今や農村経済の独立自主化を要望してゐるのである。農業者自らの手によりて農業経済を支配することを実現せんとしつゝあるのである。農村で生産したる品物の販売でも、農村で需要する品物の購入でも、其の他農村諸般の経済生活の全面にわたりて、農業者自らの力によりて其の運営をなさんとする決心をなすに至つたのである。…従来の如き徒に他に隷属したる不合理や、不甲斐なさから覚醒したる、農業経済の独立自主化運動であつて農業者が経済人として一人前の人格者たらんと欲するのである。[33]」ここには、農村対都市という対立軸を越えた、経済体制についてのより大きな問題提起が含まれている。不況下にあって、自主的統制の名の下にカルテルを認め、統制経済への道を歩み始めた時代の大きな流れの中で、産業組合運動は資本主義経済の欠陥を是正し、農家自身による自主的統制の確立を目指そうというのである。

福田敬太郎はその点を捉えて、反産運動は「単に農村経済ブロックに対する都市経済ブロックの対立抗争のみではなく、実はそれ以上に深い意義を蔵してゐることを看過してはならぬ。それは強制経済主義に対する自由経済主義の争いの片影であり、計画配給制度に対する市場配給制度の戦ひの宣言である」と指摘している。福田によれば、現実の経済は強制経済主義と自由経済主義の間を揺れ動くのを常とするが、時代は今や強制経済に向かっており、それだけに反産運動側には多くの困難が伴う。「それだけ彼らの勇気と大胆とを称賛せざるを得ない。言ふまでもなく闘争のうちに幾分の進歩を認め得るゆゑに、出来得る限りその主張を押し続けて欲しい。斃れて止むまでである。」と理解を示し、「今や彼等には異国に住む旅人の心持、その緊張と忍耐が大切である。」というのである[34]。

福田はさらに「我国における強制主義は真に義務心に動かされての強制服従と云ふよりも、例えば制裁と云ふ圧力、あるいは特権と云ふ好餌による変態的

強制服従になりそうである。真の強制主義は協同精神の所産である。…事大主義を奉じ依頼心の富める者は隷属することを得ても協力することはできない。政府の力に頼り他人の褌で角力を取ることのみを考へてゐて計画経済とは聞いて呆れる沙汰である。」というが、これは歩み始めた産業組合主義への批判を込めたものであったに違いない[35]。

産業組合側のこうした統制経済思想に対して、反産運動側は産業組合を「古き社会主義的思想」に基づくものと批判した。産業組合側はそれは事実に反すると否定したが、本位田祥男は我が産業組合運動の若き理論家も、マルクス主義の一部だけを採用して得意となる危険性を反省する必要はないかと警鐘を鳴らしていた[36]し、後に『産業組合発達史』は「当時の消費経済における産業組合（…）運動の先頭に立った人びとの中に、社会主義思想（…）の持ち主が少なくなかった関係上、その組織宣伝活動の上においてまた一般社会主義運動において用いられると同様の、資本主義企業の利潤の性格や、商略の欺瞞に対するしんらつな暴露戦術が用いられたことが商業者や開業医側を刺激する原因の一つとなったこともまた否定することができないだろう。」と述べて、一部それを認めている[37]。

さらに、産業組合側が菜葉に油虫が止まっているポスターを作り、農民を葉に、商人を油虫に譬えたという。標語は「都市は農村を搾取する」であり「商人は農民を搾取する油虫なり」であった[38]。農村対都市という構図を前面に押し出し、都市の商人を農民が最も敵とする油虫に譬えるやり方は、これまで都市の商人に購買や販売を牛耳られてきたとの思いを掻き立て、反都市商人を訴えることによって産業組合への加入を促す上では有効であったかもしれない。しかし、逆に、そう譬えられた都市商人にとってはまさに耐えがたい比喩であり、反産運動に油を注ぐ結果となった。

2-3 反産運動から商権擁護運動へ

国による農山漁村経済更生計画と産業組合の拡充5ヶ年計画が1933（昭和8）年1月から「全国一斉に実行に入るや、強力な一大陣営の前進の如き圧迫感を、同種業務を営む中小企業者に与えた。…かねて商工会議所等を中心に、潜行的に準備されていた反産運動は各般の業種に亘って、全国的に燃え上がった。[39]」

以下、主として『日本産業組合発達史 第4巻』に沿いながら、その経緯を簡単にたどっておくことにしよう。

1932（昭和7）年7月、全国購買組合連合会（全購連）の神戸ゴム工場が事業を開始するや、11月、神戸商工会議所と神戸ゴム工業組合が農林省、商工省に対して全購連の自己生産反対の陳情を行った。さらに同年12月、全日本肥料団体連合会は東京商工会議所、首相、商工省に対して、全購連に対すると同様の保護を肥料商に与えるか、全購連に対する保護を撤廃するよう陳情した。購買組合に対する反対運動はこのほかにも米穀商、文具商など多くの分野に拡がっていった。こうした流れを受けて、日本商工会議所は1932（昭和7）年11月22日の第5回総会において、「購買組合の特典廃止並に取締励行に関する建議」を決定する一方、東京商工会議所は『購買組合の受くる寵遇と商工業者の蒙る圧迫』と題する冊子を発行した。これに対して、産業組合中央会は同年12月、『購買組合に対する反対意見を批評す。』と題する反論を行った（437-438頁）。

さらに、反対運動者たちは1933（昭和8）年2月に開催された第64回帝国議会に対して「相当なる猛運動を開始した[40]」。すなわち、衆議院に対して「購買組合に対する保護撤廃並取締に関する建議案」を提出した。その本文は「政府は中小商工業者匡救の為購買組合に対する過当なる保護助成を撤廃すると共に之が取締を励行せられむことを望む」であったが、理事者側の説諭を受けて、表題は「購買組合に対する取締に関する建議案」に、本文も「政府は中小商工業者匡救の為購買組合に関する取締を励行せられむことを望む」に修正の上可決された。産業組合に対する最大限の配慮であるが、この修正は提案者からすれば「洵に私の本日の建議案は骨抜きになってしまった」（提出者・磯部尚議員）のであった[41]。これが議会において反産運動が取り上げられた最初であり、当時の議会の様子であった。

さらに、1933（昭和8）年10月、日本商工会議所等9団体が「全日本商権擁護連盟」を結成する[42]。そこで最も中心的な役割を果たしたのは、産業組合、特に購買組合の躍進によって大きな打撃を受けつつあった肥料商組合であり、したがって運動の対象も特に農村部における購買組合に対する反発であった。さらに11月14日から開催された日本商工会議所定期総会において、以下の商権擁護に関する決議案を可決した[43]。

商権擁護に関する決議（1933年11月24日）

吾人は商権擁護の為め極力左記事項の達成を期す
1. 購買組合販売組合の事業に官憲の関与を厳禁すること
2. 購買組合販売組合に対する国費及地方費の補給を廃止すること
3. 購買組合販売組合に対する各種免税の特典を撤廃すること
4. 購買組合販売組合の違法行為脱法行為の取締を励行すること
5. 其の他購買組合販売組合に対する保護助長の特典を撤廃し営業者と均等の待遇を為すこと

吾人は本連盟の全国的結束を益々鞏固にし飽く迄全各項の趣旨貫徹に邁進せんことを期す

　　右決議す

　この商権擁護連盟の結成は反産運動側の勢力の一大結集であり、これを機に反産運動はそれまでの局地的かつ特定業種に偏った運動から、全国的な組織的かつ広範な業種に及ぶ運動に拡大していった。平井泰太郎によれば、この商権擁護運動は単なる反産運動の延長ではなく、まさに運動の質的な一大転機をなすものであった。すなわち、平井は反産運動側が産業組合絶対反対の立場を転じて、産業組合そのものの存在を認めた上で、攻撃の対象を購買組合、販売組合に限定し、「厳重なる取締勧告要望」から「産業組合の特典廃止」へ、さらには「産業組合の保護撤退」から「購買組合、販売組合の過当なる保護撤退」に修正・転換した点に重大は変化を読み取っている[44]。

3　商権擁護運動を巡る係争点

3-1　両者の主要な主張点

　これまでの記述の中から、両陣営の主張の主要な部分は理解できると思われるが、ここで改めて簡単に整理しておこう。本格的な論争は、産業組合拡充5ヶ年計画が開始されたのに対して反産運動が商権擁護運動に名称を変更した1933（昭和8）年に始まり、ほぼ1937（昭和12）年9月頃まで継続する。その間、特に激しい論争が行われたのは初期の2年ほどあるが、それまで産業組合につ

いて取り上げることのなかった新聞各紙もこぞってこの問題を取り上げた。その結果、それまで一般に知られることの少なかった産業組合の認知度が急増したという。

産業組合側を代表する論客、産業組合中央会主事（1933年時点）の千石興太郎は「反産運動に感謝する」という言葉を残している。反産運動が新聞各紙に取り上げられるようになれば、当然ながら、産業組合運動そのものの認知度も高まるとともに[45]、「中央会内の傲岸なる一首席理事として産業組合内だけの存在であつた千石氏を、今や経済を論ずる者にして知らざる者無き天下の人気男にし[46]」、「千石氏自身を英雄にした[47]」のも事実であった。

まず、反産運動側の主張を見ておこう。論争が短期の間に急テンポに繰り返されているので、論点は多岐にわたるようにみえるが、究極するところは単純である。反産運動を強力に牽引し、商権擁護運動という名称を与えた東京商工会議所理事の渡邉銕蔵は、繰り返しこう述べている。「購買組合が其の自力を以て農村の生活と生産を改善するために発達し活動することについては之に異論を挟む者は無い。然しながら我国の購買組合運動の如く政府があらゆる保護助長策を講じしかも組合の活動が其の許さるべき範囲を超ゆるに於いては、即ち不当に商工業者を圧迫し、公正の概念に反することゝなる。[48]」

これが「商権擁護の主張」の冒頭の一節であり、この短い一節の中に、反産運動の主張が要約されている。もう少し内容に触れておく。政府による産業組合保護の第1にあげられるのは、政府・農林省の産業組合に対する深いかかわりである。1925（大正14）年4月、農商工省が農林省と商工省に分離すると、直ちに農林省は産業組合課を設置、翌1926（大正15）年には各府県に産業組合課を設置、1932（昭和7）年には経済更生部を設けその中に産業組合課を移設、産業組合の拡大強化の支援体制を確立していった。その結果、「協同組合本来の理想たる組合自治の発現は我国の産業組合運動に於ては全くその影を没し、産業組合は完全に政府の機関に編成替され、実質的に政府機関の外局を形成するに至り、国家政策の担当者、農村経済の具体化機関たる役割を演ずるに至つた」と言われるほど、政府と産業組合の関係は一体化していったのである[49]。

その具体的な表れは各種の免税であった。ここではその税の種類を列挙することは避けるが、所得税、営業税だけでなく、ほとんどすべての直接税を免除

されている。それは産業組合の組織特性によるものとされているが、渡邉は「営業を以つて利潤を目的とするものとし組合を以つて然らざるものとするのは両者の形式的区別」にすぎず、「何が故に特に前者の利潤を圧迫し後者の利潤を保護するの理があらうか。」と問いかける。

その上で、「商工業者は営業にまでも課税せられ組合はあらゆる負担を免ぜらるゝのみならず補助金の支給までも受くる如きは全く継子より搾取して之を寵児に与ふるの類である。殊に購買組合が是等の特典に基き廉売主義を採り商業取引を攪乱するが如きは之全く政府の援助による不正競争である。…政府は…宜しく之を其の自然の発達に任せ、公正の観念に基き…今後は須らく営業と組合は全く平等の立場に於いて自由の経済戦を行はしむべきである。」という。平等の立場に立って競争させること、これが反産、商権擁護運動側の基本的主張である。

産業組合側はこうした商権擁護側の主張に対して、基本的に以下のような反論を行っている。もともと商業者が困窮に陥っているのは産業組合運動によるよりも、もっと大きな経済の流れ、つまりは打ち続く不況とその中での独占資本の生成、カルテル等の経済の統制化、百貨店やメーカーによる流通進出とチェーン化、さらには公設市場の普及といった流通の革新によるもので、産業組合の中小商工業者に与えた影響はそれほど大きなものではない。商権擁護運動はそれら真の原因に向き合うことなく、最も弱い相手に対する攻撃に過ぎない。さらに、各論については、産業組合が課税対象とならないのは組合という組織の特性によるもので、その点では工業組合や商業組合も同じ扱いを受けている点を指摘、補助金等の支援も同様で、政府が農村経済にそれだけの必要性を認めたことの反映であると主張する[50]。

こうした産業組合側の主張の背後には、就業人口の半数が農業であり、先の国会での議論にも見られるように、広範な支持が得られているとの強い自負が感じられる。そうした考え方は、1933（昭和8）年4月に開催された全国産業組合大会における千石興太郎の「反産情勢報告」の中の次の一節によく現れている。「農業者が自治的に農村経済を統制することの可否、是は農業者自身の問題でありまして、決して他人の容喙を許さん所であります。之に対しまして兎角の議論を為し、又兎角の運動を為す者は国内人口の過半を占むる農民と、国

内の購買力の過半を占むる農民と進んで連携を破るものであると云ふことを覚知すべきであります。[51]」

反産側が中小商工業者の苦境は産業組合の進出によると主張するのに対して、産業組合側はそれはより大きな時代の流れによるものだと主張する。反産側が産業組合の非課税問題を取り上げれば、産業組合側はそれは組合の特性によるもので、商業組合も同じだと主張する。反産側が政府の過剰な支援・保護を問題にすれば、産業組合側はそれが政府の農村重点政策なのだと主張し、何をもって過剰とするのかと問い返す。反産側が商権擁護を叫べば、産業組合側は擁護すべき農権さえ確立されていないと反論する。かすかに一致するのは、員外利用等にみられる違法な取引の取締りの必要性くらいであるが、これとても産業組合以外でも見られるものだとの反論もある。こうして、両者の主張はどこまでも平行線をたどり、交わることのないまま主張が繰り返されるが、ここでそれを振り返る必要はないだろう。以下、学界を含む第三者の意見をいくつか拾いだすことによって、当時の意見の分布を見ておくことにしよう。項を改める。

3-2　係争点を巡る第三者の見解 (1) ―学界―

先にも引用したが、平井泰太郎は反産運動が商権擁護運動に名称を変更することによって運動の思想的立場が変化したことを評価し、商権擁護運動側の主張に理解を示す。しかし、他方で「商権擁護運動と云はれて居る中には、…単に時代の推移に基く犠牲者又は勢力、能力其他の相違に基く敗残者の生存権の主張と云ふ意味に於て叫ばれるものがある」ことに懸念を示している。その上で、「弱小商業者は、各方面、殊に農村に於ては、産業組合の発達によってその存在意義を失ひつゝある。仮令、産業組合の有する保護特典を除くと雖も、遽かに従来の儘の形に於て立直り得べきものがあるとは考えられない」として、「商業者が自らその経営の適当性について再吟味を為しその将来における再組織を実現する機会となすことは真に必要なり」と、商業者が自らの経営革新に目を向けることを求めている[52]。

当時、都市の中小商業者が置かれた状況の厳しさはすべての論者が認めるところであり、その点で商権擁護運動への一定の理解はあった。例えば、福田敬

太郎は「最近数年間における中小商工業者の疲弊は農山村民の困憊にも劣らざるものがある。これら都会の中小企業者を保護することは農山漁村の救済と同時に必要である。しかるに現在に於ては（昭和7，8年―石原）為政者の注意は殆ど全く田園に向ひ、町の灯の消ゆるを意に介せざる如くである。ここにおいて自衛の策を講ずるの止むなきに至ったのが謂はゆる商権擁護運動の出現である。[53]」というが、これは商権擁護運動に対する最大の理解であるといってよい。

それだけではない。産業組合優遇の筆頭にあげられた課税問題についても、例えば小林行昌は「産業組合は一般に非営利団体と看做されてゐる。…（しかし）仮令自家の生産物や需要品でも、之を有利に売買することを目的とする組織は、是亦一種の営利的機構である。分業の結果商人が専門業務として行ふ仕事を、生産者か消費者が兼業として行ふに過ぎない。」として、産業組合も当然に課税対象となりうるとした上で、さらに「農村が我国の重要組織であり、其窮乏を救済することに異存はないが、社会の或る部分を救済する為めに、他の重要部分に大打撃を与へるときは、其政策は適当の制限を設けねばならぬ。…社会の或階級の発展の為めに他の階級が虐げられる場合、或は解消を招く場合に、一方を抑制して調和させるにあるから、農村のみの利益を図ることは決して社会政策とは言ひ得ない。」と、商権擁護運動側に理解を示している[54]。

同様に、中西寅雄も産業組合が農村行政機構の十分なる保護の下に育成され、「政府自身が産業組合運動の当事者たる役割を果たしつつある」と言われるほどにまで「産業組合官僚化」が進んだことを指摘し、「産業組合と中小商工業者とが平等の状態に置いて競争すべきとの主張は、全く正当である。併し平等状態を齎すために、産業組合が現に享受しつつある諸特典を撤廃する方向に商権擁護運動を赴かしむることは完全に誤謬である。運動の方向は寧ろ中小商工業者自身が産業組合と同等の諸特典を獲得する方へ向けられるべきである。[55]」と理解を示した上で、その運動の方向に異論を挟んでいる。

産業組合と中小商業者が対等の立場で競争すべきだという点では、配給論の立場から国民経済的視点に立って評価した谷口吉彦も同じだといってよい。谷口は彼が「組合的集中形態」と呼ぶ「小規模大経営の組織」は、産業組合だけではなく商業組合や工業組合も同じ原理だとした上で、「結局するところ商人配給と組合配給の何れが、より合理的・能率的に配給機能を果たしうるかの問

題に帰着する。商人配給はたゞ営利的なるの故をもつて排斥さるべきではない。組合配給はたゞ組合配給の故をもつて是認さるべきではない。」広く国民経済全体の立場より見て、いずれがより能率的な配給機能を果すが問題だとして、中小商業者の経営合理化を強く求めている[56]。

　両者を同等に競争させるべきだといっても、中小商業者が産業組合と同等の特典を求めるべきだという点については、異論が多い。例えば、先の平井泰太郎は産業組合が相互扶助や自治協同の理念とは裏腹に官権の称揚や「友誼的なる強制」によるものが多く、しかも経営の不振と業務の失敗によって解散した組合が多数に上るが、保護助成に依存するのでは「温室内の経営」に陥ると指摘する。経済的支援の目的は「その経営が確実に維持せられ、その目的を達成し得ることによってのみ是認せれるべき」だとの観点から、産業組合への手厚い支援に疑問を投げかける。そうなれば、商業者にも同様の保護を求めよという主張は受け入れられるものではない[57]。

　東畑精一もまた、休眠組合が多く、産業組合の活動が真に下層農民に届いていないことを指摘し、さらに「わが国の産業組合は近時夫の反産運動者の説く様に種々の国家の援助や補助を受け」ていると指摘する[58]。すなわち、第1は課税免除であり、第2は補助金、助成金等の交付であり、第3は低利資金の供与である。これらの支援の1つ1つは産業組合にのみ限られたものではないが、「一つの団体にして斯の如きを兼ねてゐるものは類少なしと言はねばならない」。これだけの支援を得るのだから、産業組合の競争力が他に比して強くなるのは当然で、「此の場合に産業組合事業が存続し得なかつたのならそれは余程能率に欠くる所がある…と見られなくてはならない。然るに驚くべきことには我が国産業組合の解散は実に多い」。しかもその大半は運転資金や内部の不一致など「組合自体より醸されし弱点」によるもので、解散した組合の平均存続年数は5年以上10年未満となっている。「問題は要するに国家補助の大存在にも拘らず、斯かる組合の短命なること之である。これでは補助が組合を哺育することの程度如何が問題視せらるるに至るのも当然である。」

　こうした視点から、東畑は政府の支援の在り方そのものについて問題を提起している。「補助金の存在理由は、それによって組合自体が成立後一定年限の後には自主自立し得るための訓練の機会を与へる」になくてはならない。とこ

ろが「実に多数の組合が斯かる域には達せず補助、援助の玉を懐きつつ倒る。驚くべき無効なる訓練である」と、補助金が実効性を持ち得ていないと指摘する。こうした結果をもたらした要因として、補助金等の永続化とその監視機会のなさを指摘、「外部よりの支持に慣れたものは内包的なる自己支持力を失ふ最大の危機にさらされる。補助政策は有期的でなくてはならない」と、補助金の既得権化の問題を鋭く問題視する。

さらに、連合会に対する援助や人事的連絡関連の問題点を指摘する。後者については、人事の密接化が「平等対等の夫れではなく行政機関への従属的関係を齎しやすい」ことを指摘、組合が「官僚化され硬直化せしめらるる憂が充分ある」ことに警鐘を鳴らす。「統制の美名によつて、今日の産業組合や連合会を官僚化せしむることは、統制するものに便宜であつても、自ら統制の創意と実力とに欠くる他動的集合体を作るに過ぎないであらう。」実際、産業組合はその後、戦時体制下の深化にしたがって、国家の統制機構の中に一層強く組み込まれていくことになる。

もちろん、反産運動側に対する根底的な批判もあった。その典型は本位田祥男（1933）であろう。本位田は産業組合の進展がそれまでの商人活動に対する不満の上にあること、商人の窮状に与える産業組合の影響は大資本の進出による影響に比べて決して大きくないこと、員外利用といえどもそれほど特異な形態ではないこと、国家の寵遇は中小商業者も受けていることなどを指摘した上で、「商人が其繁栄を希ふならば先づ自らを合理化し或は協同して信用を受け、協同購入其他の方法によらなければならない。…彼等は其生命を永らへんためにはあらゆる方法によつて消費者に安く供給することに努力しなければならない。而も尚ほ産業組合とよく競争し得ないならば、自らの運命の窮（きわ）まれる事と覚悟しなければならない。いかなる猛運動を起こしても社会発展の理法を妨げる事は絶対に不可能である。」と、厳しく批判した[59]。

八木芳之助もほぼ同様の趣旨で、中小小売商窮乏の原因は小売業が不況下で失業者収容所的な地位にあること、独占資本の価格支配・流通統制の影響を受けたこと、百貨店の進出の影響を受けたことだと指摘する。それに比べれば販売組合の影響は蒐集段階の商業（卸売商）に、また購買組合は農村部の小売業に影響を与えるに過ぎず、その影響は極めて限定的であると指摘している[60]。

こうしてみれば、反産運動（商権擁護運動）側の主張が全面的に受け入れられたということができないことは確かである。特に、協同組合研究者からは反産運動に厳しい意見が多く寄せられるが、しかし反面で配給論や経営学の研究者などからは、少なくとも一定の理解が得られていたことも確かである。自らの経営合理化を図ることなく、産業組合の運動を制限しようとすることに対する批判はもちろん強い。しかし、産業組合が受ける過度の優遇についての批判もかなり広く受け入れられていたのも事実である。それにもかかわらず、商権擁護運動は見るべき成果をあげることなく、急速に衰退していくことになる。その経緯を見る前にマスコミと政府の立場を簡単に見ておこう。

3-3　係争点を巡る第三者の見解 (2) ―マスコミ―

　先にも触れたが、反産運動が展開されるまで、産業組合がマスコミの関心を引くことはほとんどなく、新聞紙上で取り上げられることはまったくと言ってよいほどなかった。しかし、日本商工会議所が前面に立った反産運動（商権擁護運動）が展開されるようになるや、新聞は挙ってこの問題を取り上げるようになる。初期の論調のいくつかを見ておこう。

　まず、『大阪毎日新聞』は1933（昭和8）年10月30日、「農村不況を打開するためには、産業組合運動を促進して個々の農家から産業組合主義へと進行」させることは必要であるが、「同時に、中小商業者は配給組織の一要素として絶対必要」であるとし、「わが国の産業政策はあくまでも農業と商工業との連絡関係を合理化し、互に本来の使命を理解して協調的精神をもって共存共栄の途を講じ、これによって相互の購買力を増進し、わが産業の開発に努めることでなければならぬ。然るに徒らに産業組合と商工諸団体とが対立し、抗争を続けることは、結局相互の購買力を削減し、わが産業を全国的に萎縮せしめるのみである。」として、政府当局に対して、根本政策の確立を求めた[61]。

　また、『中外商業新報』も1933年（昭和8）10月31日、全販連、全購連の活動等に対して、「肥料商、米穀商を初めとして、一般にその商権擁護のために奮起して、営業の振作を図るのは、もとより当然」と理解を示しつつ、それがあまりに感情的となる傾向に懸念を示すとともに、産業組合に対しても、「一般商業者に対して、あまりに特権を持ち過ぎるという点は、少くともこの際、そ

の真相を明確にして、一般の公平な判断を仰ぐがよいであろう。」と注文を付けた[62]。

　こうしたやや「中立的」な意見に対して、『東京朝日新聞』は1933（昭和8）年11月30日、反産運動側に対して、やや批判的な意見を展開した。すなわち、中小商人の窮状が直ちに産業組合の圧迫にあるとして抗争を深めるのは問題だとし、「たとえ産業組合運動との利益上の衝突があるとしてもそれが中小商工圧迫の原因の全部でなく、その一部に過ぎないとすれば、むしろ商工業者の顧客の大部分を占めている農村との提携が絶対的に必要であるという点について、もう少し中小商工界の立場として反省をせねばならぬ」と、反産運動に自重を求め、「農村経済の重要機関である産業組合の既得権を放棄せしめよという如きは、到底問題とする余地ないものと言わなくてはならぬ。…購買組合、販売組合の違法行為に対する取締を要望するの程度に止め、又その内部的関係にあってはよろしく共同の力による更生策を講ずると言う、時代の共鳴する対策、運動に出ずるに如かずと思う」と、内部での積極的な更生活動に取り組むことを求めた[63]。

　『大阪朝日新聞』もまた、1933（昭和8）年12月13日の社説の中で、「小売業者の窮状…は文字通りの死活問題である」としながらも、彼等が標的とする組合の租税免除、金融上の特典、運送上の特典等の多くが、「欧洲大戦前後の物価暴騰時代における商人階級の暴利政策に対抗して起ったもの」であり、「彼等が好況時代における放漫な経営に殆んど反省をもたなかった事実とを併せ考えれば、彼等の主張が無条件に容認さるべきであるか否かになお大きな疑問の存することを否定出来まい」と、商業者を厳しく批判した。しかし、他方では、産業組合側に対しても、「役人がこしらえた産業組合という殻の中に、ただ他力的な存在を続けているというのが大部分だ」とし、「産業組合の進出を目の敵にする小売業者の態度にも遺憾はあるが、組合としても組合運動の本質と機能とについて、ヨリ高き自覚が必要とされる。…要するに中小商工業者の更生は、これを産業組合との提携に見出すほかに途はないのである。それが時代を解するただ一つの行き方なのだと吾人は信ずる。」と、むしろ産業組合と小売業者の連携を呼びかけた[64]。

　もうこれで充分であろう。見られるように新聞の論調は、どちらか一方に偏

ることなく、反産運動にも理解を示しつつも、農村の疲弊を救済するためには産業組合の発達は必須であることから、商業者に自ら更生政策に取り組むことを求め、そのための政府支援を求めるものが多かった。もとより、反産側に立って商工省の煮え切らない態度を批判した論調がなかったわけではないが[65]、全体としてみればそれは限られたものでしかなかった。

3-4 反産運動に対する政府の態度

1932（昭和7）年12月に召集された第64回帝国議会に対して、反産運動側は猛烈な働きかけを行ったことはすでに指摘した。反産運動側に立って、産業組合への過当な保護の撤廃等を求めた磯部尚議員の質問に対する政府の答弁書は以下の通りであった[66]。

磯辺尚質問に対する答弁書
1. 商工大臣、農林大臣に対する質問に対する答弁
 産業組合は一切の職業に亘る中小産者の相互組織に依り其の産業又は経済の維持発達を図るを目的とし、全然利益を目的とせざる公益組織にして、其の事業は組合員に限るを原則とし、…之に対し所得税営業収益税の免除、低利資金の供給又は助成金の交付等を為すは蓋し必要且つ妥当なる制度にして、これを撤廃すべきものに非ずと認む。
2. 農林大臣に対する質問に対する答弁書
 産業組合の投機的行為の禁止については法律は制裁を以て之に臨み、又常に監督に遺憾なきを期しつゝある所にして、購買組合及び販売組合連合会が特に投売等不正競争を敢てし市価を攪乱したるが如き事実は之を認めず。…
3. 大蔵大臣に対する質問に対する答弁
 産業組合及商業組合を営利団体と同様に取扱ふことは妥当ならず、之等団体に対しては其の性質に鑑み適当なる保護を加ふるの必要ありと雖も、他面之が中小商工業者並に国家財政に及ぼす影響等に付ては政府は篤と実情を調査したる上適当なる措置を講ずべし。
 昭和8年3月8日
 　大蔵大臣　高橋是清　　農林大臣　後藤文夫　　商工大臣　中島久萬吉

見られるように、基本的に産業組合の意義を認め、それに対する保護の必要

性を説く一方で、違法行為については取締りを行っているとの姿勢である。しかし、これでは反産運動側が納得するはずもなく、議会及び政府、特に商工省に対する働きかけは強化されていった。

この間、政府の対応は決して安定していなかったようである。例えば1933（昭和8）年7月、反産側からの強烈な運動を受けた臨時産業合理局販売管理委員会は、産業組合と商工業者の関係を調査審議した結果、以下のような決議を行ったという[67]。

臨時産業合理局販売管理委員会の決議（1933年7月29日）
　農山漁村の発展を企図せんがため産業組合に対し適正なる保護助長をなす要あるべしと雖も、これがため既存の経済機構を顧みざるが如きは必ずしも所期の効果を挙ぐる所以に非ざるべく、又穏健なる社会の発展上特に慎重に考慮すべき重大問題と謂ふべし、政府は宜しく国家の大局より総括的に根本政策を樹立せられ一方に偏することなく各種産業の保護助成と指導監督の任に当たられんことを希望すると共に、産業組合と商工業者とをして相互に其の本来の使命を理解し協調的精神を以て共存共栄の途を講ぜしむるを焦眉の急務なりと認む。

この決議は単なる決議に終わった感があるとも言われるが、その文面を見る限り、反産運動側が完全に浮き上がっていたわけではないことが理解できる。政府内でも商工省を中心に、商工業者に理解を示す声も上がったようだが、しかし、それらは決して大きな流れを形成することはなかった。

振り返ってみれば、1933（昭和8）年は小売業にとって実に多難な年であった。『朝日経済年史』は1933（昭和8）年の商業について、反産運動、百貨店問題、次官通牒問題（同業組合等の価格協定の容認）を取り上げた後、商工省の小売業対策として、「やゝもすれば没落過程を歩まんとする小販売業者の救済については、それがあまりにも無制限に多きところに悩みの深化が胚胎すとの見解に基づき何らかの法的措置を設けることが妥当ではないかとの結論に達した。」上で、小売業の実態調査を実施する必要を感じ、1934（昭和9）年度に調査会設置の予算を計上した、と指摘している[68]。実際、この調査は1935（昭和10）年、全国的規模での日本初の商店街調査として実現するが、それは現場の商業者からすればあまりにも迂遠な対応に見えたであろう。

政府の産業組合支援の背後に、国防国家建設に向けて統制経済組織を樹立しようとする陸軍の意図を見た商権擁護運動連盟は、1934（昭和9）年1月、陸軍省に荒木貞夫陸軍大臣を訪問して陳情を行う[69]など、商権擁護運動と名称変更した反産運動は激しさを増していった。当然、国会に対する働きかけも強化され、1934（昭和9）年1月に開催された第65回帝国議会でも、産業組合問題は大きなテーマの1つとなった。

その冒頭、内閣総理大臣・斎藤実は次のように述べた[70]。

内閣総理大臣・斎藤実の貴族院本会議における所信表明演説（1934年1月23日）
　農山漁村の疲弊困憊を匡救し以て其生活の安定を図ることは、政府の鋭意努力し来ったものでありまするが、幸い政府諸般の施設と国民自力更生の精神と相俟って其成績の見るべきものあるに至ったのは喜ばしきことであります。／政府は農民精神の作興に務め農村協同組織の普及徹底を期し、重要肥料の統制を図り、其他農村対策に付きましても引続き考究の上速かに是が成案を得むことを期して居る次第であります。／中小商工業者の匡救に付きましては…組合制度を活用し、其共同事業を助成して当業者の自力更生に資し進んで金融の改善統制の促進に力を致し…。

ここでは中小商業者の救済策についても触れてはいるが、1932（昭和7）年に成立した商業組合法を念頭に置いた組合制度の活用に言及している程度であるのに対し、農山村問題については「農村協同組織の普及徹底」が強く語られている。当然、農林大臣・後藤文夫の演説もこれと同趣旨であるので直接の引用は避けるが、要するに「後藤農林大臣が特に強調して居るのは『農村協同組織の徹底』である。これを基調とし根幹として諸農村対策を実行せんとするのである。『農村協同組織の徹底』は産業組合の徹底的普及である。[71]」農林省が産業組合の徹底普及を訴えるのは当然と言えば当然であった。

他方、強烈な働きかけを受けた商工省は当初、この問題に対する態度を決めかねていたという。しかし、反産運動の盛り上がりと強烈な陳情を受け、1933（昭和8）年12月、省議を経て次の通り態度を発表した[72]。

反産運動に対する商工省の態度（1933年12月）
1. 産業組合に対しては社会改良主義的立場において助長方針を取ることとし、今直ち

に特権、すなわち補助金等を廃止し、あるいは課税することには反対する。
2. しかし配給機関としての中間商人の経済機能を無視するごとき産業組合運動に反対する。
3. 殊に産業組合の員外販売のごとき違法行為は、中小商業者を不当に圧迫し、産業組合の精神に背反するものとして厳重に取締る。
4. 中小商業者自体の配給組織の合理化を計る。すなわち小売業者の自治的な小売市場を助成し、中央卸売市場と連関せしめ、小売価格の合理化を計る。商業組合制度を普及発達せしめて共同購入による原価安を計り、販売購入量方面における合理的経営によって中小商業者の自力の更生を計らしむる。

　配給機関としての中間商人の経済機能を無視する産業組合運動に反対するとはしながらも、反産運動側が最も求めた過剰な優遇措置や官権の過剰な関与の撤廃は商工省においてもかなわず、わずかに員外利用等の「違法行為」の取締りが盛り込まれただけであった。ここまでくれば、問題の帰趨はほぼ明らかであった。そして、実際、この頃から反産運動は急速にその勢いを失ってゆくことになる。
　1934（昭和9）年を振り返った『中外商業新報』は次のような総括を行っている[73]。

『中外商業新報』による1934年小売業の総括
　　われわれは1934年こそ反産運動の喧しい年であると想像し、新らしい小売商問題の擡頭としてその活躍を期待し且つ注目しつつあったのである、しかるに反産の言葉が商権擁護という文字に置き換えられただけで、そして全国大会が日比谷公会堂に華々しく開催されただけでその後は漠としてその姿をボンヤリとさせてしまった、日比谷公会堂における最初の叫びが文字通り「ただ一声」に終ったことは何といっても淋しい極みであった。／何が故に其後の商権擁護聯盟が予定通りに進捗しなかったのであろうか…一口にいえば産業組合の最近の勢力のために一押しに押しつけられたと見るべきで、…都市中小商工業者の困窮と購買組合による農村の困窮打開とが天秤にかけられたところに既に商店側の敗北が見られたわけだった、時の動きからいって、また社会的同情からいって今日の中小商工業者は農村の比でないことを最も簡単な方法で証明された様なものだった。

商権擁護運動そのものに理解が得られなかったわけではない。しかし、中小商工業者の困窮は打ち続いた農業恐慌の影響をもろに受けた農家の困窮に比べれば、まだマシと受け止められたというのである。その時点で、商権擁護運動の「敗北」は避けられなかった。

4　商権擁護運動の挫折と終息

4-1　商権擁護運動の挫折

　華々しく商権擁護を掲げた反産運動が急速に勢いを失ったのは、ただ産業組合との政治的戦いに敗れたからだけではなかった。1934（昭和9）年2月、日本商権擁護連盟の常任委員・鈴鹿和三郎が辞任した[74]。この鈴鹿は有力肥料商である鈴鹿商店々主であり、全日本肥料団体連合会の重鎮として、第一線に立って反産運動を牽引してきた人物であった。表面上の理由は静養のためとされているが、実際には反産運動内部での意見対立によるものと見なされた。反産運動は肥料問題から火が点いた勢いで、肥料団体は反産運動の中心にあった。その肥料団体の重要人物を欠くことになったのである。

　この鈴鹿の辞任を報じた『大阪朝日新聞』は、辞任の理由を反産運動内部の矛盾からの活動の行き詰まり、特に地方農民の反感の高まりを指摘している。その結果、総会を開いて反産決議を行うものの、開会中の帝国議会に対しても充分な働きかけが行えず、肥料商団体間で反産運動に対する自己批判まで行われるようになったという。すなわち、中小肥料商の窮状を打開するためには産業組合の特権の剥奪だけではなく、肥料カルテル及び大商業資本の横暴に対抗することが必要だといった意見が主張されるようになる。しかし、大資本と戦うには日本商工会議所という組織は適格性を欠くと言わなければならない。反産運動はその中核を担ってきた肥料団体において大きな岐路を迎えることとなった。

　さらに決定的となったのは、反産運動に商権擁護運動の名称を与え、一貫して強力に運動を牽引して来た渡邉銕蔵が、1934（昭和9）年8月、日本商工会議所と東京商工会議所の理事を辞任したことであった。『時事新報』によれば、

直接の原因は渡邉が講演会で軍部批判を繰り返したことにあるようだが、渡邉の強引さもあって、日本商工会議所内部でも3首脳が反渡邉でまとまる事態となったという[75]。渡邉は反産運動に「性根の限りを尽くしていた」だけに、その渡邉を欠いては反産運動の勢いは失われ、「全く影薄くなって了った」というのも当然とも言えた[76]。

　もちろんそれで反産運動が完全に終結したわけではなかったが、運動そのものは停滞してゆくことになる。しかし、1935（昭和10）年2月、第67回帝国議会に米穀自治管理法案、産繭処理統制法案、肥料業統制法案などが上程されるに及んで、再び反対運動が盛り上がった。特に米穀自治管理法案は米穀の統制組合事業を販売組合に担わせるという内容を含んでおり、これが産業組合（販売組合）の一層の強化につながるとして産業組合が歓迎するのに対して、米穀商が猛烈に反対することで反産運動が息を吹き返したのであった。

　しかし、その運動はもはや以前の運動とは大きく性格を異にするものとなっていた。すなわち、初期の反産運動は肥料商団体が牽引したことから想像されるように、農村部における購買組合を主たる標的とするものであったが、1934（昭和9）年の秋以降、運動の中心は米穀商団体に移り、標的も農村における販売組合に移行していった[77]。その米穀商団体も小売商ではなく卸売商が中心となってゆくのは当然であった。だが、この第67回帝国議会を舞台とした反産運動の盛り上がりは、3法案がいずれも審議未了となることによって、表面上の平静を取り戻す。

　一方、反産運動に対する反対運動は1935（昭和10）年頃から一層拡大していった。すなわち、1935（昭和10）年2月頃から、それまで政治的活動において、農村産業組合と行動をともにすることが少なく、農村の地主富農中心や官僚指導に対して対立的態度をとってきた全国消費組合連合会などが、農村産業組合と協力的関係に立つようになる。その結果、「反産運動に対する反撃は、農村産業組合ばかりでなく、協同組合運動、無産政党、労働組合ならびに農民組合を以て、社会運動の三位一体を成すものとする自主的労働者、消費組合運動をも含む全産業運動の統一戦線であった」と言われるほどになる[78]。

　要するに、反産運動側は戦線が乱れ、組織力を削がれてゆくのに対して、反・反産運動側は組織力を拡大していったのである。こうなれば、反産運動が

急速に減退していくのは避けられなかった。

4-2　その後の産業組合

　もちろん、これで産業組合問題、あるいは反産運動問題が完全に終息したわけではないが、小売業問題としてみる限りの反産運動は実質的に終息したといって差し支えないので、ここでは以下の大きな流れだけを整理しておく。

　先の米穀自治管理法案は1936（昭和11）年5月、改めて第69回帝国議会に提出されて可決成立した[79]。ここでも反産運動側は猛烈な運動を起こしたにもかかわらず、その主張は退けられたことになる。

　産業組合をめぐるその後の展開は産業組合に対する課税問題に移っていった。すなわち、1936（昭和11）年9月、大蔵大臣・馬場鍈一が産業組合への課税を含む税制改革案要綱を発表したのである。その中には産業組合に対して、資本利子税、有価証券移転税、所得税、家屋税、取引税を課すという内容を含んでいた。政府はこの税制改革案を発表するにあたって、「是に依つて国民負担の不均衡を是正し、直接間接に国民生活の安定に資すると共に、相当程度の増税を挙げ、財政の強化を図り幾多重要国策の遂行を容易ならしめんとするものである」と声明していた[80]。時はまだ日中戦争開戦直前、準戦時体制にあったとはいえ、すでに相当の増税を掲げなければならない状況に追い込まれていたのである。

　この問題について、『大阪毎日新聞』は社説の中で、次のように書いた。すなわち、産業組合への課税問題はイデオロギー問題として扱うか、戦時財政における収入主義として扱うかによって決定的に変わってくるとした上で、「産組課税によって獲る国庫の収入がよし大きな額でないにしても、国民全体が大増税を負担し、国家があらゆる税源を求めている際に、産業組合がその対象となることは少しも不思議でない。…この時局財政に協力するということは、協同体精神の実践者こそ最も理解があるに違いないのである。産組に課税する理論上の根拠があってもなくても、それを超越したことである。」と、一定程度の税負担を求めたのである[81]。

　おそらく、これが当時の一般的な世論であったのだろう。産業組合の側でも、内部に「一部承認已むなしの妥協軟論が横行」したが、千石興太郎は一貫して

原則論にしたがって反対論を貫いたという[82]。その結果、産業組合としては、折からの国防の充実等に関する税負担の増加そのものについては理解を示しつつも、産業組合への課税に対しては「全面的に、絶対反対」の姿勢を貫くことになる。それを『産業組合年鑑』は次のように要約している。「夫れは産業組合の本質より考へて、産業組合に課税することが不当であるとし、敢て課税の種目や税額の多寡はこれを論ずるのではない。産業組合を普通の資本主義的組織の営利機関と同一視して課税せんとする根本理念に対して反対するのである。[83]」

この課税問題は1937（昭和12）年2月、廣田弘毅内閣が瓦解して林銑十郎内閣となり、馬場鍈一蔵相から結城豊太郎蔵相に代わることで大きく緩和され、有価証券移転にのみ課税する案となったが、これも第70回帝国議会で否決されることで落着した[84]。圧倒的な数の農業者を背景とした産業組合にはまだそれだけの政治力があったことになる。

1937（昭和12）年7月、盧溝橋事件が勃発、遂に本格的な日中戦争がはじまった。そうなれば、「時局下産業組合と中小商工業者の相克摩擦はこれを厳にいましめ、両者相寄り相助して以て銃後の護りを完備せねばならぬとの建前から」、同年9月24日、農相官邸に商業組合、工業組合の各中央会会長、商工会議所理事、全購連、全販連各代表者等、関係者の懇談会が開催され、両者間の協力方針を採るべきことで意見の一致を見た。さらにその方針は商工、農林両次官通牒として全国の地方長官に伝達され、徹底を期すこととなった[85]。戦時体制下での産業組合と中小商工業者間の休戦であった。これが戦時下での「国内総親和」の合唱に追従する動きであることは明らかであった。

しかし、この休戦協定はただ精神的なもので、具体策を伴わなかったため長くは続かなかった。1938（昭和13）年12月に召集された第74回帝国議会で、米穀配給統制法が提出されるや、商業者側は、この法律が成立すれば、産業組合は米穀市場にまで進出することになり、産地買集商、移出商など米穀の卸売商が全面的に職能を奪われると猛反対、「そのまゝ放置すればこの運動は戦時下に憂慮すべき事態にまで発展しさうな雲行き」になったという[86]。その打開策として、農林大臣・櫻内幸雄が中小産業調整委員会の創設を提案するに至った。しかし、調整委員会は設けたものの、商工省と農林省の間でこの委員会に対す

る考え方が一致せず、そのため実質的な議論に入ることは出来なかった[87]。

　時代はすでに本格的な戦時体制に入っていた。1938（昭和13）年4月には国家総動員法が制定され、統制色はいやがうえにも高まっていた。1939（昭和14）年8月に成立した阿部信行内閣では、伍堂卓雄が商工大臣と農林大臣を兼務することとなった。その背後には、商工省と農林省を統合して1つの産業省を設置する案が検討されていたようである[88]。すなわち、「現在の如く両省が対立して産業を二元的に統制してをることは、単に商業組合対産業組合の問題ばかりでなく、他の各所管事業の間に摩擦相克を激化するに役立つのみであるとも考へられる」といった意見も打ち出されていた[89]。

　しかし、伍堂といえば1938（昭和13）年に日本商工会議所および東京商工会議所の会頭に就任した商工畑の人物であったことから、産業組合側をはじめとする農業団体はこれに猛反発した。その結果、同年10月には伍堂は農林大臣を辞任、酒井忠正が新たに農林大臣に就任することで決着し、両省の統合案は立ち消えとなった。

　産業省案が立ち消えになったとなればなおさら、商工省と農林省の意見の対立は解消されることなく残ったままであった。例えば、農政協会発行の『農政』は1939（昭和14）年6月に「産業組合問題と中小産業調整問題」を特集するが、そこでの両者の主張は以下のようである。

　すなわち、商工省商務課長の安田元七は「産業組合のやつている行為は…之を経済上に見れば商行為であつて、商人のやつている行為と異なる處はない」とし、「商業者は各種の租税を負担し、一部の産業組合論者からは無用の存在なりと非難されつゝ仕事をしてゐるのである。即ちこれを一千米競走に例をとれば、産業組合はハンディキャップをつけてもらつて二百米ほど前に出して貰ひ、至つて軽装で周囲からの声援の下競走を始めようとしてゐる。商人は後に下がらされた計りでなく、重い服装を已むなく着せられ、また周囲からは罵詈雑言を浴びせかけられながら此の不利なる競走を初めようとする様なものである。かゝる考え方が今尚続けらるべきであらうかどうか。」と、政府の産業組合に対する過剰な支援を厳しく問いかけた[90]。

　それに対して、農林省官房会計課長の岡本直人は「我々は中小商業者困窮の原因乃至それと産業組合とが如何に関連するものなりや…を論ずる前に、先ず

日本国として中小商業者を特に顧慮して維持せねばならぬ国家的必要が何辺にあるかを明確にきゝたいのである。…現在の中小商業者が半分に減じても日本国の存立発展上は少しの苦痛なきのみならず却つて民族存続上相互の負担を軽減するに役立つのである。」「惟ふに商業者の使命は物資の配給機関たるにある。国民の為に配給上支障だになければそれで可いのであつて現在の中小商業者中に疲弊落伍する者を生じて為に商業者人口が減少してもそれでいゝのではないか…。」と、激しく商業者の過剰そのものの問題を追及した[91]。

まさに水と油であり、この両者を1つの省に統合したところで、この対立を解消することがほとんど不可能であろうことは、容易に想像できる。そして、この両省が独立して存在することで、この対立はそのままに、戦時体制の中に組み込まれてゆくことになる。

5 結　語

大正末期から昭和初期にかけて打ち続いた大不況は日本経済に大きな影を落とした。特に1930（昭和5）年に始まった昭和恐慌は農村を直撃し、農村救済が日本経済再生の最重要課題となった。政府は農村再生に向けて、産業組合への支援を打ち出すが、産業組合側でもそれに呼応するように拡充計画を樹立し、実行に移していった。それは、すべての自治体に産業組合を設け、全農民を産業組合に結集し、肥料や機械類の生産財だけではなく、生活を支える消費財の購入を産業組合（購買組合）に結集するとともに、農産物の販売についても産業組合（販売組合）を通した系統的販売を目標に掲げる壮大な計画であった。政府は手厚い人的支援のほかにも、各種の免税、補助金を含めて、全面的にこれを支援した。

しかし、不況による打撃を受けていたのは農村部だけではなかった。都市では工業部門も価格低下に悩み、そのため自主統制という名のカルテルが合法化されたが、そのことが鋏状価格差をもたらし、かえって農村部の疲弊を加重することにもなった。しかし、カルテルを結んでもなお、工業部門の雇用吸収力が回復することはなかった。農村部で職を失った人びとは都市へ出かけるが、都市でも職を見つけることは困難であった。都市に流入した人たちが最終的に

行き着くところは小売業であった。小売業はいわば潜在的失業者の溜り場のような形で、就業者を増やしていった。そんな中での産業組合、特に購買組合、販売組合の拡充計画であった。

　産業組合の進出に対する反対運動は局地的、散発的には古くからあったが、拡充5ヶ年計画が開始された1933（昭和8）年に、その名も商権擁護運動として、全国的規模での組織的運動として高まっていった。運動は産業組合の存在そのものの否定ではなく、産業組合に対する過剰ともいえる政府の人的・物的支援や各種の免税措置や補助金の撤廃と、員外利用に典型的な違法行為の取締強化に向けられた。運動の中心となったのは肥料商団体であり、農家に肥料を販売する小売商であった。

　その限りでは、商権擁護運動に理解が広がるかに見えたが、実際にはそうではなかった。当時、全国の就業人口の約半分は農業によって占められていたが、産業組合はそれを背景に反産運動に対して猛然と反発した。小売業を含む中小商工業者の困窮の原因は産業組合にあるのではなく、不況下での独占資本の価格支配や流通介入、百貨店の進展などによること、困窮する商工業者を救済するには産業組合を抑制するのではなく、商工業者自身が組織化し、近代化への途を模索すべきだというのが、産業組合側の主張であった。

　反産運動は1933（昭和8）年に商圏擁護運動と名前を変えて華々しく立ち上がったが、結果的には翌1934（昭和9）年の上半期に、この運動を先導してきた有力肥料商の鈴鹿和三郎と日本商工会議所理事の渡邉銕蔵が辞任することによって、急速に弱体化してゆく。その後、産業組合に対する課税問題は別にしても、1936（昭和11）年の米穀自治管理法案や1939（昭和14）年の米穀配給統制法案などが上程されるたびに、中小商業者は産業組合の強化だと反発したものの、その運動の中心は販売組合に対する卸売商の反発に移っていった。小売業について言えば、戦時体制の進展はやがて小売業整備という形で、強制的に小売業の過剰問題の解消に向けた力が働くことになる。

　小売業の側から見れば、小売業への過剰な流入それ自体は小売業のせいではなく、むしろ小売業は不況下での潜在失業者を受け止める最後のシェルターであった。そこに吹き溜まった商業者に罪はないはずだったし、そのことに対する社会の理解は一定程度存在していた。それにもかかわらず、商権擁護運動が

短期間で急速に終息していったのは、産業組合に対する政府の強い支持・支援と産業組合側の圧倒的な組織力が強く影響していた。産業組合側は、人口の半分を占めた農業者を背景とした圧倒的な政治力に加えて、商権擁護運動側の主張を、員外利用の規制を求める声まで含めて、すべて産業組合に敵対する「反産運動」として宣伝した。「当初から小売業者が問題にしたのはあくまでも購買会、消費組合、購買組合に対する規制の運動であった。しかし産業組合指導者はこれを産業組合全体に対する攻撃である、として、大々的に反論すると共に、農民全体を反商人的に煽動する、というねらいをもって動いていたように見られる。[92]」という評価は正鵠を得ているように思われる。加えて、商業者の中には、農業者を相手に商売をする者も少なくなく、産業組合との全面的な敵対は自らの首を絞める行動にもつながる。そうなれば、商業者を商権擁護・反産業組合でまとめることは難しくならざるを得なかった。

加えて、いかにシェルター状態にあったとはいえ、マクロ的に見れば、過剰状態のままにすべての商業者を救済することが不可能であることもまた明らかであった。その限りで、小売業の近代化を求める声が反産運動に対する批判として投げかけられるのもまた避けられなかった。商権擁護運動が、こうした商業者自身の経営の近代化・合理化に十分な目を向けることなく、シェルターに避難した小売商全体の救済を求めるかのように受け止められたとすれば、それに対する支持の継続は困難とならざるを得なかった。

反産運動に商権擁護運動なる名称を与え、一貫して強力にこの運動の前半期を主導した渡邉銕蔵は、後に「当時の農村匡救政策、産組拡大運動は『商権擁護運動』の如きものを以て対抗し得るような生ま優しいものではなかつた」と述懐している[93]。小売業は確かに大不況下の過剰参入に喘いでいたが、人口の半分を占めた農村はそれ以上に困窮していたのであり、産業組合はそのことを背景に国家の全面的な支持を勝ち取っていたのである。商権擁護運動は大きな時代の流れの中で押しつぶされるように終息するが、その主張自身が根本的に受け入れられなかったわけではない。ただ、小売業をシェルターとした時代そのものが、そのシェルターの積極的保護、したがってシェルターに荷重をかけた産業組合に対する反発を許さなかったというべきかもしれない。そして、戦時経済の進展は産業組合を統制経済の中に巻き込みながら、小売業を解体する

方向に進んでゆくことになる。

《注》
1　賀川豊彦・山崎勉治（1938）16-17頁。
2　賀川豊彦・山崎勉治（1938）21頁。
3　例えば、公開経営指導協会（1983）は「この『反産運動』は…昭和初期から戦争の時代へ入る段階での一つの典型的な営業の自由をめぐる対立であった」と述べている。268頁）。
4　以上、経緯は平田東助（1900）246-253頁による。
5　『第14回帝国議会　衆議院産業組合法案審査特別委員会速記録　第1号』明治33年2月13日、111頁。
6　平田東助（1900）255頁。
7　1900（明治33）年には重要物産同業組合法が制定されているが、生産者、卸売商、小売商の全員参加を求め、品質、価格等についての統制を行おうとした同業組合はここで議論する協同組合とは性格を異にする。同業組合については、第2章参照。
8　辻誠（1929）102-104頁。
9　公開経営指導協会（1983）270頁。
10　辻誠（1929）233頁以下。
11　中澤辨次郎（1924）1-32頁。
12　産業組合発達史刊行会（1965b）47頁。
13　木村靖二（1934）21-22頁。
14　木村靖二（1934）26-32頁、特に32頁。
15　以下、本項の叙述は、特に断らない限り、産業組合発達史刊行会（1965b）298-353頁による。
16　『官報号外　第63回帝国議会衆議院議事速記第3号　昭和7年8月26日』12頁。
17　産業組合発達史刊行会（1965b）311頁による。
18　産業組合発達史刊行会（1965b）349-352頁より引用。
19　以下、断らない限り、本項の記述は、産業組合発達史刊行会（1965c）による。
20　この「第5年度末概況報告」は産業組合発達史刊行会（1965c）162-203頁に全文収録されている。以下は、これによる。
21　上田貞次郎・小田橋貞壽（1934）237頁。
22　上田貞次郎・小田橋貞壽（1934）250頁。
23　八木芳之助（1938）291頁。
24　猪間驥一（1934）286-288頁。
25　産業組合発達史刊行会（1965c）434頁による。
26　『日本興業銀行調査時報』（1935）（昭和10年7月号）38頁。

27　平野常治（1938）508-510頁。
28　近藤康男（1935）250-253頁。
29　村本福松（1936）10頁、村本福松（1938）19頁。
30　農林省農務部（1928）第2編　2頁。
31　産業組合発達史刊行会（1965c）417頁。
32　産業組合発達史刊行会（1965c）436頁。以下、本項の記述は断らない限り、436-481頁による。
33　千石興太郎（1933）3-4頁。
34　福田敬太郎（1934）188頁、191頁。
35　福田敬太郎（1934）191頁、192頁。
36　本位田祥男（1936b）133頁。
37　産業組合発達史刊行会（1965c）433-434頁。
38　渡邉銕蔵（1950）27-28頁、渡辺銕蔵（1956）137-139頁。
39　産業組合発達史刊行会（1965c）436-437頁。以下、断らない限り、本項は同書による。
40　千石興太郎（1934b）75頁。
41　『第64回帝国議会衆議院建議委員会議事録（第11回）』昭和8年3月15日、32-35頁。『第64回帝国議会衆議院議事速記録第31号』（官報号外、昭和8年3月26日）833頁。
42　全国商権擁護連盟に参加したのは、日本商工会議所のほか、全日本肥料商団体連合会、全国米穀商組合連合会、全国醤油醸造組合連合会、東京府商店会連盟、東京実業組合連合会、東京玩具卸商同業組合、日本護謨工業組合、東京商工会議所の9団体である。
43　渡邉銕蔵（1934）24-25頁。
44　平井泰太郎（1934）13-14頁。
45　それまでは、少くとも都市部においては、「さんぎょうくみあい」と言えば、「芸妓屋、料理屋、並びに待合の『三業組合』と混同され勝ちであった程、社会的関心の外にあった『産業組合』が、反産運動を契機として、一躍ジャーナリズムの寵児となり、一般社会をして産業組合の本質を理解せしめる上に、大なる効果があったばかりでなく、産業組合運動内部の組織と統制を強化するのに役立った。」（産業組合発達史刊行会（1965c）458-459頁）。同趣旨の指摘は本位田祥男（1933）にもみられる。また、菊澤謙三（1940）は入社試験や学内の試験において、反産運動について問われた学生が、反共産主義運動や反産児制限運動と誤解して回答した例を紹介している（368頁）。
46　賀川豊彦・山崎勉治（1938）134頁。
47　石井満（1939）463頁。
48　渡邉銕蔵（1934）1頁。但し、この文章は大貫将（1934）に、1932年11月初出として採録されている。以下、渡邉の引用は渡邉（1934）による。
49　向井鹿松（1938）77頁。
50　例えば、日本農業研究会（1934）141-151頁。
51　千石興太郎（1933）および千石興太郎（1934）72-77頁による。
52　平井泰太郎（1934）11頁、24頁。

53　福田敬太郎（1934）187-188頁。
54　小林行昌（1935）113-115頁。
55　中西寅雄（1936）5-9頁。
56　谷口吉彦（1935）465頁、469頁。
57　平井泰太郎（1934）20-25頁。
58　東畑精一（1935）318-329頁。
59　本位田祥男（1933）、本位田祥男（1934）368-398頁による。
60　八木芳之助（1938）290-298頁。
61　「反産業組合運動」『大阪毎日新聞』1933年10月30日（産業（一般）6-072）。
62　「反産運動の因由」『中外商業新報』1933年10月31日（産業（一般）6-074）。
63　「反産運動は理拠薄弱」『東京朝日新聞』1933年11月30日（産業（一般）6-083）
64　「反産運動を続りて　中小商工業の産組化へ　社説」『大阪朝日新聞』1933年12月13日（産業（一般）6-091）。
65　例えば、「弱腰の商工省　反産運動に対し頗る微温的」『神戸新聞』1934年1月25日（産業組合7-020）。
66　日本農業研究会（1933）141-142頁。
67　桑名智（1939）126頁。
68　朝日新聞経済部（1934）82-84頁。
69　渡邉銕蔵（1956）138頁。
70　『官報号外第65回帝国議会貴族院議事速記録第3号』1934年1月24日、8頁。
71　大貫将（1934）86-87頁。
72　通商産業省（1980）197頁。
73　「小売商問題(1)〜(5) 本年回顧録」『中外商業新報』1934年12月20日（日本25-130）中、(1)。
74　「資本の横暴排撃へ反産運動転向か　鈴鹿市常任委員辞任　商権擁護連盟は何処へ」『大阪朝日新聞』1934年3月11日、産業組合7-029）。
75　「闘士渡辺の失脚で衰えた反産運動　東商幹部は日和見論」『時事新報』1934年12月29日（産業組合7-074）。
76　担当の理事が反産運動に消極的態度をとった背後には、副会頭の1人が反産運動に反対していたからだという指摘もある。(「『反産』陣営みだる　『産業会議案』に衝動」『東京日日新聞』1934年11月17日（産業組合7-065）参照。)
77　菊澤謙三（1940）166頁。なお、この間の産業組合側の動きについては、産業組合発達史刊行会（1965c）380-385頁参照。
78　産業組合発達史刊行会（1965c）393-385頁。
79　角田八郎（1937）3-9頁。
80　産業組合発達史刊行会（1965b）563頁。
81　「産組課税の問題　社説」『大阪毎日新聞』1939年11月18日（産業組合8-079）。
82　協同組合懇話会千石興太郎編纂委員会編（1954）25頁。

第6章　産業組合と商権擁護運動　257

83　『産業組合年鑑　昭和12年用』第4節、産業組合発達史刊行会（1965b）564頁。なお、産業組合による反対声明文は、同566-567、568-569頁に収録されている。
84　協同組合懇話会千石興太郎編纂委員会編（1954）25-26頁。
85　桑名智（1939）126頁。
86　ここでは立ち入らないが、米穀配給統制法をめぐる第74回帝国議会の模様については、森徳久（1939）第3部を参照のこと。
87　桑名（1939）127頁、千石興太郎（1940）536-537頁。
88　協同組合懇話会千石興太郎編纂委員会編（1954）26頁。
89　井上貞蔵・土屋重隆（1939）343-344頁。
90　安田元七（1939）123-124頁。
91　岡本直人（1939）100頁。
92　公開経営指導協会（1983）268-269頁。
93　渡邉銕蔵（1956）28頁。

《参考文献》

朝日新聞経済部（1934）『朝日経済年史』朝日新聞社。
石井満（1939）『千石興太郎伝』産業組合新聞社。
井上貞蔵・土屋重隆（1939）『戦時戦後の中小商業』昭和図書株式会社。
猪間驥一（1934）「東京市に於ける産業別人口の変化」上田貞次郎（1934）所収。
上田貞次郎（1934）『日本人口問題研究第2輯』（財団法人協調会）。
上田貞次郎・小田橋貞壽（1934）「国勢調査に現はれたる我国民の職業」上田貞次郎（1934）所収。
大貫将（1934）『反産？』丸の内出版社。
岡本直人（1939）「刻下の中小産業者問題」『農政』6月号。
賀川豊彦・山崎勉治（1938）『産業組合読本』春秋社。
菊澤謙三（1940）『協同組合経営論』巖松堂書店。
木村靖二（1934）『農村変革期の経済』白揚社。
協同組合懇話会千石興太郎編纂委員会編（1954）『千石興太郎』協同組合懇話会。
桑名智（1939）「『産組攻勢』と中小商工業者」『農政』1939年6月号。
公開経営指導協会（1983）『日本小売業運動史　戦前編』公開経営指導協会。
小林行昌（1935）『商品配給論』巖松堂書店。
近藤康男（1935）「肥料を通じて観たる農物心両面に渡りて工業の交錯」農業経済学会編『日本農業の展望』岩波書店。
澤本孟虎（1928）『日本産業史　下巻』帝国通信社。
産業組合発達史刊行会（1965a）『産業組合発達史　第2巻』産業組合発達史刊行会。
産業組合発達史刊行会（1965b）『産業組合発達史　第3巻』産業組合発達史刊行会。
産業組合発達史刊行会（1965c）『産業組合発達史　第4巻』産業組合発達史刊行会。
千石興太郎（1933）『反産業組合運動批判』全国農村産業組合協会

千石興太郎（1934b）「産業組合大会に於ける反産状況報告」大貫将（1934）『反産？』丸の内出版社。
千石興太郎（1940）『我が農村建設』産業組合実務研究会。
全国農村産業組合協会（1933）『反産業組合運動批判』（全国農村産業組合協会）
谷口吉彦（1935）『配給組織論』千倉書房。
通商産業省（1980）『商工政策史　第7巻　内国商業』商工政策史刊行会。
辻誠（1929）「日本産業組合史」『産業組合講座　第6』産業組合中央会。
角田八郎（1937）『米穀自治管理法解説』雄松堂書店中沢弁次郎（1924）『農民生活と小作問題』巌松堂。
東畑精一（1935）「現代産業組合運動の批判」田中茂ほか『産業組合問題』東京高陽書院、318-329頁。
中澤辨次郎（1924）『農民生活と小作問題』巌松堂書店。
中西寅雄（1936）『産業組合運動と商権擁護運動』（商業組合関係資料　第4輯）商業組合中央会。
日本興業銀行『日本興業銀行調査時報』（1935）（昭和10年7月号）3。
日本農業研究会（1933）『日本農業年報』第3輯（昭和8年度上半期）改造社。
日本農業研究会（1934）『日本農業年報』第4輯、改造社、141-151頁。
農林省農務部（1928）『小作年報　第3次　第2編　地主小作人組合』。
平井泰太郎（1934）『商権擁護運動批判』神戸商業大学商業研究所（商業研究所講演集第66冊）。
平田東助（1900）『産業組合論要義』246-253頁（本位田祥男・東畑精一・川野重任監修（1970）『協同組合の名著　第1巻』家の光協会）。
平野常治（1938）『商業政策概論』巌松堂書店。
福田敬太郎（1934）『市場研究　第壱巻』宝文館。
本位田祥男（1933）「産業組合反対運動の批判」『改造』1933年12月。本位田祥男（1936a）による。
本位田祥男（1934）「小売商窮迫の原因と其の対策」『中央公論』1934年7月（本位田祥男（1936a）による。）
本位田祥男（1936a）『協同組合研究』高陽書院。
本位田祥男（1936b）「マルクス主義的な産業組合論の批判」『産業組合』11月号、本位田祥男・東畑精一・川野重任監修（1971）『協同組合の名著　第10巻』家の光協会所収。
向井鹿松（1938）『日本商業政策』千倉書房。
村本福松（1936）「百貨店法か小売業法か」『経済時報』第8巻第9号、
村本福松（1938）「中小商業者の更生振興と百貨店法」中西寅雄編『百貨店法に関する研究』同文舘。
森徳久（1939）『戦時農業政策の全貌　附・第74議会農村問題の論戦』農村経済調査局。
八木芳之助（1938）『協同組合論』千倉書房。
安田元七（1939）「産業組合と中小産業者問題」『農政』6月号頁。

渡邉銕蔵（1934）『中小商工死活の問題』千倉書房。
渡邉銕蔵（1950）「商権擁護運動の思い出」『東商』創刊号。
渡邉銕蔵（1956）『反戦反共四〇年』自由アジア社。

第7章

商業労働と使用人問題

1　工場法と鉱業法

　1868年の明治維新を契機として、日本は近代的な産業国家への脱皮を開始する。西欧諸国から遅れて産業化のスタート台に立った日本は、富国強兵、殖産興業を一大政策目標に掲げ、政府の強力な主導のもとに産業国家への道を歩んでゆく。急速な産業化はそれまでに経験したことのない労働市場を新たにつくり出した。明治初頭の日本は圧倒的な農業国であったが、そこに急速に産業化の波が訪れる。地方における農村は決して豊かとは言えず、都会で成立し始めた工場は農村にとって「救い」であった。農村は大量の労働力の供給源であった。そうなると、労働市場は買い手市場となり、工場労働の現場はかなり過酷なものとなる傾向があった。後に語り継がれる「女工哀史」はその一コマであった[1]。

　そうした事態を背景に、工場における労働環境を保護するための立法、工場法に関連する議論が始まる。日本では、1896（明治29）年に政府が農商務省農商工高等会議に「職工の保健及び取締りに関する件」を諮問したのに始まるという[2]。その上で、1898（明治31）年に農商務省が工場法案を立案したことによって法律制定に向けた動きが具体化する[3]。しかし、農工商高等会議で大筋の決定を見たものの、産業界を中心に外国の法令や国内の工場の実情を調査すべきとの議論が強く、1900（明治33）年から1903（明治36）年の間、毎年1,000円の予算で調査が行われた。

　その間、農商務省は1902（明治35）年には工場法の条例案を公表し、多少の意見はあるものの大筋の合意は得られたとして立案に向けて作業を開始した。しかし、翌1903（明治36）年から日露戦争の機運が高まり、戦後処理が終了するまで工場法問題は「第二に置かれ」ることとなり、その後多少の曲折はあったものの、1911（明治44）年の第27回帝国議会においてようやく可決成立した。政府が最初に諮問してから実に15年の歳月が経過していた。同年3月28日に公布された工場法の主な内容は以下の通りである（なお、法の施行は1916年9月1日）。

工場法（1911年3月）の主な内容
- 常時15人以上の職工を使用するもの、危険または衛生上有害のおそれあるものに適用する（第1条、1923年に常時10人以上に変更）
- 原則として、12歳未満の者を工場で就業させることを得ず（第2条、1923年工場労働者最低年齢法で14歳未満に。第2条は削除）
- 15歳未満の者および女子に1日12時間を超えて就業させることを得ず、但し15年間に限り、主務大臣は業務の種類により、2時間以内延長することを得（第3条、1923年に16歳未満の者に11時間、猶予期間は13年間に変更）。
- 15歳未満の者および女子に対し、午後10時より午前4時まで就業させることを得ず（第4条、1923年に16歳未満、午前5時までに変更）
- 職工を2組以上に分けて交替させるときは、15年間は第4条を適用せず（第6条、1923年に削除）
- 15歳未満の者および女子に毎月2回以上の休日を与えること。昼夜交替で午後10時～午前4時の勤務には毎月4回の休日を与え、1日の就業時間は6時間超の場合は最低30分、1日10時間超の場合は1時間以上の休憩時間を就業時間内に設けること（第7条、1923年に16歳未満に変更）

今日の基準から見れば、何とも緩やかな規制というほかないが、これでも厳しすぎる規制とされる時代であった。特に、ここでは適用される工場が、さまざまな異論はあったものの、結局は規模によって決定されていたことに注意しておこう。最終的には15人以上で落着したが、政府案でも10人以上の職工を使用する工場のみが対象となるのであり、それ未満の零細工場はこの法律の適用外であった。

工場のほかに、鉱山でも労働規制が行われていた。1905（明治38）年に制定された鉱業法は農商務大臣に鉱夫の年齢、就業時間、婦女・幼者の労役を制限する権限を与えたが、それに基づいて制定された「鉱夫労役扶助規則」では、鉱夫の1日10時間を超える就業を禁止するとともに、16歳未満の者及び女子の11時間を超える就業、坑内就業、午後10時から午前5時までの就業を禁止することが盛り込まれていた（1935年時点）[4]。

2　商店法をめぐる国際環境

2-1　先進諸国での商店法の実情

　商業の営業時間（閉店時刻）を限定しようとする試みは、1842年にイギリスの商店時間連盟（Shop Hours League）が法律の力を借りることなく、自主規制の形で閉店時刻の繰り上げを試みたのが最初とされる[5]。しかし、この試みは失敗に終わり、そのことからこの種の規制には法律が必要であり、しかもその法律も店員の有無に係わりなくすべての商店に適用するのでなければ、店員のある商店がかえって不利益な立場に立ち、効果が充分に発揮されないことがわかった。そして、1885年、オーストラリアのビクトリア州はイギリス本国に先立って、閉店時刻に関する法律を制定したが、これが商業分野での世界で初めての法律による営業時間規制であった。その後、この種の法律はオーストラリアの他の州およびカナダに拡がり、好成績を収めたという。

　ヨーロッパでは1900年にノルウェーとドイツで営業時間規制法が制定された。ドイツでは原則として午後9時を閉店時刻と定めたが、この時、ドイツの新聞などは、こんな法律が実施されると国際都市ベルリンは地方の小都市並みとなり、「情緒ある名高い夜の生活が消失する」と主張したが、2年後には誰も夜9時の閉店を怪しまなくなったばかりか、1906年には午後8時に繰り上げられた。さらに、1916年には第一次大戦後の事情があったとはいえ、食料品店を除くすべての商店は午後7時、土曜日は午後8時を閉店時刻とした。

　こうした営業時間規制の動きは、1904年にはイギリスとアイルランドからヨーロッパ諸国へと拡がっていった。もとより法律の内容は異なるが、各国とも、何らかの意味での営業時間規制の導入に乗り出したのであった。その傾向は第一次大戦後さらに加速し、1930年時点でこの種の法律を制定していないのは、フランス、オランダ、ベルギー、アルバニア、トルコ、エストニアなど、少数国に限られていた。しかもフランス、オランダ、ベルギーは就業時間に関する規制があるため、世界の主要国のうち、この種の労働時間規制を持たない国は、アメリカ、日本、中国、インドなど、ごく少数にとどまることとなって

いた。

　規制の内容は各国の事情を反映してさまざまであるが、通常時の閉店時刻は午後7時ないし午後8時で、午後9時は例外的である[6]。ほぼ7割の国（スイスは州）で開店時刻も規定しているが、ほぼ午前6時ないし午前7時で、例外的に午前5時がある。この店舗の開閉店時刻とは別に、商業使用人の就業時間についての規制も拡がっており、フランス、オランダ、ベルギーを含めた多くの国が実施している。そのほとんどは、1日8時間、1週48時間で、この制限は商業使用人だけではなく、広く賃金労働者、給料被用者を対象としている。「近代的大規模商業の発展は次第に商業使用人の労務関係と工場労働者の労務関係との間の本質的差異を消滅せしめるに至り両者を規律する労働立法の間にも亦自ら統一化の傾向が見られる[7]」こととなったのである。さらに、休日についても多くの国が法律による規制を設けているが、日曜日の週休制を強制している国が多かった。

2-2　国際労働総会の勧告等

　上のような各国の取り組みは、やがて国を越えた国際条約の締結に向かう。1921（大正10）年に開催された第3回国際労働総会において、「商業に於ける週休の適用に関する条約」が92対0で採択された[8]。その内容は、①すべての商業従業者に7日の期間ごとに少なくとも継続24時間を含む休みを取らせること、この休日は可能な限りすべての従業者に同時に与えられること、②各締盟国はこの勧告の適用を確保する措置をとるとともに、必要な例外を定める表を作成すること、③各締盟国はその例外の表を国際労働事務局に通告すること、であった。あわせて、この総会では「商業に於ける労働時間統制に関する決議」が行われ、「国際労働総会は商業に於ける労働時間統制の必要を認め労働理事会が本件を将来の会議に上程するの適否を審査せむことを希望す」とする決議を行った[9]。

　これに先立つ1920（大正9）年、1921年の国際労働総会において商業使用人に対する週休制の適用が議題となることが決定されたことに伴い、農商務省は各地の産業団体に諮問を行った。その中で、この決議がほとんど問題なく決定されるであろうという見通しと、決定された場合には余程の特殊事情がない限

り日本もそれに拘束されることを指摘した上で、週休制は当然1日8時間、1週48時間を伴うが、すでにこれに近い状態となっている欧米「諸国に於ては、仮令総会に於て可決通過を見るとも別に影響なかるべきも、本邦に於ては現時之れ実行し居れるは比較的小範囲に限らゝる状勢より見て之が採用に付ては相当の考慮を加ふるの要あるべし」と述べている。

この諮問に対する産業界の答申は、例えば東京のようにそれを受け容れた上での緩和措置を求めるものもあったが、その他の都市では概ね時期尚早が多数を占めた。その東京実業組合連合会の答申は下記の通りであった[10]。

商業使用人の週休制に関する東京実業組合連合会の意見
政府に提出せる建議（要旨）
1. 商業使用人に1週1日の休暇を与ふるは原則として之を認め統一的に日曜日を休日とすることとし猶予期間を設くること
   但猶予期間は卸売業及之に準ずる営業にありては5ヶ年間小売業及之に準ずる営業にありては10ヶ年間とす
2. 前項の休日たる日曜日に於て終日休業し能はざる相当理由を有するものにありては許可の方法により或時間内営業し得る事
3. 営業の種類に依り相当の除外規定を設くる事

この答申を字義通りに読めば、急激な変化は無理だとしても、使用人の週休制そのものについては一般的な理解を示したことになるが、しかし10年という猶予期間の長さから考えると、強硬には反対を唱えられない状況の中での問題の先送りのようにも見える。それに対して、名古屋と大阪を含む他の主要都市の団体はより直接的に時期尚早を訴えた。中でも大阪商工会議所は、日本と欧米では商業組織そのものだけではなく、休日に対する考え方や慣習が異なることと、娯楽施設や修養施設が不十分であること、交通機関の発達が不十分であることなどを、時期尚早の理由としてあげていた[11]。その結果、8大商工会議所の協議会は下記の決議を行うこととなった[12]。

商業使用人の週休制に関する8大商工会議所の意見
商業使用人に対して一週一日の休日を与ふるの制度は我国の風俗慣習並びに商業組織

の現状に於ては実行を許さざるが故に須く除外例を設くるを必要と認む

　日本では工場法がようやく施行されたばかりで、商業使用人の問題などまったく眼中にないに等しい段階であった。そのような意見が支配する中での国際労働総会での決議は、まさに「従来殆どその存在すら認められなかったかの観あるこの商業使用人の問題が此度の国際労働会議を機として我国朝野の注意を喚起」するものであった[13]。
　さらに、1926（大正15）年に開催された国際社会進歩協会の大会において、給与被用者に対する8時間労働制、土曜日半休制を国際的に規律すべきとの決議が採択され、翌1927（昭和2）年の第10回国際労働総会において「工場労働者以外の一切の労働者（商業使用人）の労働時間を国際的に規律する問題を近き将来の議題とするの可能性を考究せんことを要求す」との決議が可決された[14]。これは先の第3回国際労働会議での決議を一歩進めたもので、1930（昭和5）年の第14回国際労働総会で、「商業及事務所の就業時間の規律に関する条約案」として上程され、86対31で採択された[15]。
　これは第1回国際労働総会で採択された工場労働者に対する8時間制の労働条約[16]の趣旨を商業労働者にも拡張したもので、そこでは、就業時間（使用者の指揮に服しない休暇時間は含まない）は原則として1週48時間とし、且つ1日8時間を超えない旨の規定があった。但し、1週の就業時間は1日の就業時間が10時間を超えない範囲で配列することができるほか、地方的祭日や災害、その他、国等公の機関が定める例外を認めている。そのほか、「一切の使用者のなすべき注意」として、①始業および終業の時刻を公示すること、②休憩時間の公示、③恒久的および一次的例外における一切の増加就業時間およびこれに対する支払を記録することがあげられ、「就業時間外にまたは休憩時間内に被用者を使用することは違法行為と見なす」との条項を含んでいた[17]。
　これらをみれば、20世紀の比較的早い段階で、ヨーロッパでは商業従業者の労働環境に対する関心がかなり高まっていたことが理解できる。ここでは、小売業における問題に関心をもっているので触れないが、この総会ではあわせて、旅館、料理店、劇場、その他公衆娯楽場などに対する勧告をも行っており、広い産業における労働環境の整備が問題になっていたことがわかる。

3　商店法案の模索

3-1　商店法制定運動前史

　すでにみたように、労働者の就業時間に関する議論は、ヨーロッパ諸国でも工業分野から始まった。それを追いかけるように、日本でも工場法の議論がわき起こり、難産の上ではあるが、1911年（明治44年）に工場法が成立した。1日12時間という内容は諸外国の8時間に比べて極めて緩やかな規制ではあったが、第1回国際労働総会が工場における労働時間の規制を勧告する8年前のことであった[18]。ヨーロッパ各国では、その後比較的速やかに工場以外の労働現場にも同様の考え方が拡がり、商業の分野にも適用されるようになるが、日本では自発的な運動はほとんど起こらなかった。商業への適用が本格的に問題になるのは、1921（大正10）年の第3回総会の勧告以降であった。

　もちろん、議論がまったくなかったわけではない。例えば、1913（大正2）年の『大阪毎日新聞』は「女子と社会問題」という特集連載の中で、女性の社会進出にあたって労働者保護法を制定して女子に対する労働時間を制限すること等の必要性を指摘し、工場法の早期施行を求めるとともに「工業のみが女子の職業でない」として、その保護の範囲の拡大を求めた[19]。また、『大阪朝日新聞』は1915（大正4）年8月にオーストラリアとニュージーランドの社会政策を紹介する特集を組み、その中で両国の工場法、商店法では8時間制を採用し、これを超えて使用するときは割増賃金を支払わなければならないことを紹介した[20]。

　第3回国際労働会議を目前に控えた1921（大正10）年6月、河津暹は日本の商業労働の現場が「彼の徳川時代よりの遺物たる年期制度の変形」状態で、店員の修養を困難にするばかりか、「居眠りを為しつつ従業する」等、低能率の原因ともなっていると指摘した。その上で、商業における営業時間の規制は顧客の購買時間が移動するだけで売上総額には影響せず、かえって営業経費の節約となること、顧客の不便は規制によって新たな習慣が出来れば自然に解消することを指摘して、商店法の速やかな制定を求めた[21]。

さらに1921（大正10）年には交詢社内の有志研究会が次のような内容の決議を行った。

交詢社内有志による営業時間規制に関する決議
1. 商店の週1回の休業並休日制を実施すること
2. 閉店時刻は祭礼、縁日特殊営業に於る除外例を除き、午後8時とすること
3. 商店使用人の勤務時間は1日9時間半、1週57時間、幼年使用人の勤務時間は1日8時間、1週48時間とし、尚補習教育を施すこと
4. 以上の諸項は法制に依り3ヶ年以内に実行すること

この決議は第一次世界大戦後に拡がった人道主義的な雰囲気や無産者運動の台頭などの進歩的風潮の中で行われたものとされるが、その内容は当時の状況からすればあまりに急進的であり、それから数年間、具体的な進展を見ることはなかった。しかし、それは先に見た国際的な流れを受け「封建時代の長き夢を尚見続ける我国商業界に覚醒の最初の機会を与え」、「我が国商店法其の後の発展に対する1つの stepping stone として看過し得ざる大切な役割を演じた」と評価されるものであった[22]。

内務省社会局でも1923（大正12）年から商業使用人の保護立法に関し調査研究を開始したと伝えられるが[23]、それが具体的な形となって現れることはなかった。後の経緯との関係から見ても、商業使用人に対する伝統的な考え方は根強く、また小売業における競争が激化する中で、営業時間の短縮について当業者の理解を得ることが困難であったことを反映してのことであろう。

しかし、こうした商業使用人の問題が関心を呼んだのは、単に業界や行政の中だけではなかった。日本経営学会は1930（昭和5）年10月の大会で中小商工業問題を取扱い、店員制度の中で商店の早仕舞い、就業時間の短縮、休日の問題を取り上げ、進んで改善案を提案した[24]。この学会の意見は、商店における劣悪な労働環境に照らして、単に社会政策的観点から改善を求めるだけではなく、企業経営的観点、国民経済的観点からも、商店法の制定を支持するものであった。

3-2 小売業の営業事情

　では、実際の小売店における商店員の労働実態はどのような状態であったのか。この時期の詳細な調査としては、1924（大正13）年に社会局が行ったものが唯一である。同調査では「商業」には広く金融保険業や賃貸業、旅館・料理店、理髪業などのサービス業が含まれているが、その中から物品販売業について取り出すと、概略次の通りであった[25]。物販業は立地、業種、規模などにより極めて多様で、一貫した使用人の労働時間を挙げることはできないが、会社組織にあっては午前7時～8時から午後5時～9時の営業で、多くは10時間内外の勤務であった。これに対して、一般の中小店では午前5時～8時の始業、午後5時～11時就業で、一部に会社組織に近似するものもあるがこれは例外的で、ほとんどは午前6時～7時から午後11時まで、15時間ないしそれ以上の就業であった。

　休憩時間は店の繁閑が一定しないため、閑散時に適宜休憩をとるほか、食後に30分～1時間、午前と午後に小許の休憩が与えられる程度であったが、それでも休憩時間を与えるのは漸次増加中とのことであった。休日も会社組織の商店で週休制が導入されているものもあるが、地方都市ではまだ年間数日の年休制が多かった。京都の大商店64の調査では、週休7（10.9％）、月2日28（43.8％）、月1日26（40.6％）で、ほぼこれが都市部の状況であろうとしている。給料も区々であるが、月5円以上60～70円程度であるが、住み込み店員の下給の者は見習いと称する年季奉公で、月1～2円の小遣い程度のものも多く見られた。大商店では通勤が普通となるが、個人商店の場合は特に独身者は主家への住み込みが多いが、特に寝室があるわけではなく、店頭その他の場所を閉店後に整理して寝所とする程度で、1人当たりの面積は1～4畳程度であった。雇用に当たっての契約は口約束程度のものが多かったようだが、年季奉公のような長期に及ぶ拘束的な形態は減少してきたといった状態であった。

　「我国に於る商業労働関係には未だ多分の封建的関係が残存してゐる」というのは、この問題の最も熱心な研究者であった井上貞蔵の言葉であるが、この状況を見れば、それが決して誇張ではないことが理解できる。その井上によれば、1929（昭和4）年に東京市が行った20歳未満の中小商店員、140名に対する

調査で、年季契約が52名、年季によらない者62名、不明26名で、減少したとはいえ、まだ相当の割合で年季契約が残っていた[26]。百貨店などの大商店では近代的雇用関係が導入され始めるが、中小店では依然として住み込みが多くを占めていた。よく言えば、まだ若い少年少女を商店主家族の家に預かり、商業の実践を教え込むと同時に、行儀見習いなども親代わりのように教育するというのが建前ではあるが、その反面で24時間、店主家の監視下にあり、ほとんど自由時間を持ちえない環境にあった。したがって、就業時間は小売店によって区々だとはいうものの、閉店は多くが午後11時内外で、就業時間は実に14〜15時間にも及んでいた。まさに「旧幕時代そのままの慣習を後生大事に受継いで、夜となく、昼となく、漫然来客を待つような悠長にして怠惰な営業[27]」だといわれるような実態であった。百貨店における就業が大体午前9時から午後6時までの9時間程度（冬季は短い）であったことに比べると、その劣悪さは歴然としていた。

当時、東京商工会議所が行った給料被用者の就業時間についての調査によれば[28]、銀行、保険業、信託会社、無尽会社、保険会社、保険代理店等、倉庫業、運送業など、すでに「会社」の形態をとっていたと思われる業種にあってはほとんどが午後5時ないし6時までの勤務で、勤務時間は9時間を超えてはいない。終業時刻が11時を超え、勤務時間が9時間を超えるのは百貨店を除く物品販売業と飲食業であるが、飲食業の場合、終業時刻は遅くても開店時刻も遅いため勤務時間はさほど長くはならず、卸売業もほぼ10時間前後であった。その中で、小売業のみは「個人組織なるにより極めて区々」としながらも、勤務時間が14〜15時間に及ぶものがあることがここでも確認されている。

使用人の労働時間と商店の営業時間は直接的には同じではないし、営業時間は閉店時刻と完全にリンクするとも言えない。しかし、百貨店などの近代化した大商店は別として、住み込みの中小店ではこの3者は密接に関連する。そのことを社会局の閉店時刻調査によって確認しておこう[29]。社会局の調査では福岡を含めた7大都市のデータが示されているが、ここでは煩雑を避けるため、東京、大阪と7大都市計についてのみ示す。

表7-1　商店街における商店閉店時刻（夏季）

	～午後9時	～午後10時	～午後11時	～午後12時	午後12時～
7大都市計	3.8%	9.6%	50.5%	35.1%	1.0%
東　京	3.4	7.4	57.4	31.4	0.3
大　阪	1.0	9.3	59.5	29.3	1.0

（出所）　全国産業団体連合会事務局（1933）『商店法に関する調査』172頁より作成。

表7-2　商店街における閉店時刻調（冬季）

	～午後9時	～午後10時	～午後11時	～午後12時	午後12時～
7大都市計	3.6%	13.6%	53.1%	28.8%	0.8%
東　京	3.0	9.1	65.2	22.3	0.3
大　阪	1.0	11.8	62.3	24.5	0.5

（出所）　全国産業団体連合会事務局（1933）『商店法に関する調査』173頁より作成。

表7-3　商店における休業日（営業休止のもの）

	休業日なし	月1日	月2日	月3日	週休
7大都市計	86.7%	8.7%	3.8%	0.2%	0.5%
東　京	95.3	2.4	1.7	0.3	0.3
大　阪	92.6	4.4	2.0	—	0.5

（出所）　全国産業団体連合会事務局（1933）『商店法に関する調査』174頁より作成。

表7-4　商店における使用人の休日（営業は継続）

	休日なし	月1日	月2日	月3日	週休＊
7大都市計	6.6%	59.5%	30.9%	1.6%	1.1%
東　京	4.5	70.8	22.3	1.4	1.0
大　阪	2.0	48.7	46.7	2.0	0.5

＊　「月4日」が数店あったが、「週休」に合算した。
（出所）　全国産業団体連合会事務局（1933）『商店法に関する調査』175頁より作成。

　これを見ると、一般商店の場合、「旧幕時代の慣習をそのままに」という表現も決して誇張とは思えない。夏季の場合、7大都市全体で見て、実に76.7%もが午後11時以降の閉店であり、冬季になってもその比率は相変わらず71.3%と高い。午前9時の開店としても拘束時間は14時間で、日の出からとなれば16

時間以上にも及ぶ。商店の休業はほとんどなく、使用人もせいぜい月1日か2日の休日が与えられるに過ぎない。「居眠りしながらの従業」とはいえ、商業使用人の労働がいかに過酷であったかが窺える。

こうした商業使用人の長時間労働を正当化するのは、先にも指摘した家族主義的な「教育・訓練」と後の「暖簾分け」などによる独立支援であった。しかし、この時期になると、「暖簾分け」「別家」などはほとんど行われず、商業使用人は「生涯給与被用者たる使用人の地位に甘んぜねばならぬ」のであり、「徒なる『家族主義』『温情主義』の美名のもとに法律に依る商店員保護を忌避することは理由なきこと」という評価[30]が、外部ではむしろ一般的であったと言ってよい。「昔は丁稚から叩き上げれば大抵一かどの店主に独立し得て安泰な生活を送った。だが今は変わった。千本の富籤には一本の当り籤がある。一本の籤が魔力であり神秘である。…併しそれは資本主義の勃興期のことで、今の如き高度資本主義時代ではその富籤は一万本に一本、更に十万本に一本、否富籤たるの性質をさえ失ってきたかもしれぬ[31]」のであった。

いや、商店における労働という点からいえば、過酷であったのは使用人だけではない。大商店ならいざ知らず、数人の使用人しかもたない中小商店では商店主やその家族も同様に過酷な労働を行っていたはずである。商店における家族従業についての詳細な調査は見当たらないが、規模が小さくなればなるほど、家族従業者の占める割合は高くなる。彼らは住み込み従業者同様、まさに「経営に刻苦精励するの余り、自らを酷使」する「自己搾取」ともいうべき状態にあった[32]。商店労働に携わる人の健康問題という点からいえば、これら商店主や家族従業員もまた深刻な課題を抱えていた。

これとは別に、社会局が常時100人以上を雇用する大商店を対象に行った調査がある[33]。対象となったのは、全国の百貨店と百貨店に酷似する多様な商品を取り扱う店舗72店である。これらの店舗の開店時刻は年間を通じて午前9時が最も多く、夏季は午前8時半・冬季は午前9時を合わせると76.4％に達する。年間を通じて午後7時以降の夜間営業を行わない店舗はわずか6店舗で、40店が常時午後7時以降の営業を行い、残りの26店舗は盆暮れ・土曜日等に臨時に営業している。

従業員の就業時間については、全員が10時間以内の就業という店舗が24、全

員が10時間を超える店舗が29で、残り19は一部が10時間を超えるとしている。夜間営業を行う店舗のほとんどで2交替制を取っており、中には3交替、4交替の店舗も見られる。休憩時間については、規定をもつ店舗が42であるが、食事休憩のみ、食事休憩と普通休憩の両方を定めたり、時間も30分から1時間などさまざまである。今日の状況から判断するととても十分とは言えないが、それでも大商店においては一般の小売店よりもかなり改善された労働環境にあったということはできる。

3-3 業界からの陳情

国際労働総会の勧告にもかかわらず、日本での商店法の制定に向けた動きはなかなか具体化しなかった。そんな中で、1930（昭和5）年12月2日、東京呉服商同業組合が商店の営業時間短縮の法的規制を求める意見書を東京商工会議所に提出した。そして、これが商店法制定に向けた具体的な動きの最初とされている。その意見書の本文は下記の通りである[34]。

> **商店の営業時間短縮の法規制定に関する陳情**（東京呉服商同業組合）
> 　方今小売業にして其の経営上改革すべき点多々あるも、就中現在の如く無統制なる営業時間の冗長は百害あって一利なく、時勢の進運の沿はざるも甚だしきものにして、適当に之を短縮するは最も必要にして、現下の実情に鑑みれば午後10時の終業を以て最も適当と存ぜられ候（縁日及び飲食店を除く）。乍然之は各営業者一律に励行するに非れば到底実現不可能なる問題にして、其の実行を期する為には適当なる法規の制定に俟つ外無之ものと思料仕候。
> 　冀（ねが）くは貴所の於かせられて別所理由書御勘考の上右法制の実現に付、何卒尽力の程相願度此段陳情仕候

この本文に添付された理由書は長文になるので引用は避けるが、概略次のような内容のものであった。現在、都会における営業時間は一定しないが、深夜12時あるいはそれを過ぎることが普通で、従業者は疲労し、健康上の悪影響も来しており、修養の時間がないばかりか営業能率も低下し、店員の思想上にも憂慮すべき傾向がある。経営者においても、電灯料や消耗品等の無用の経費が増嵩するだけで、「深夜の営業は事実上経営業績の向上に寄与する処殆ど無」

く、これらを考慮すれば、現在のように無統制な営業時間の延長は、従業員、経営者のみならず国家経済上も百害あって一利なしと断じうる。この事実は経営者全般の認めるところでその是正を求めるものの、この問題は各営業者が一律に励行しなければ実現不可能であり、その実行を期するには適当な法律の制定を待つほかない。しかし、現状において急速に大きな営業時間の短縮を行うことは不可能で、現下の状況に照らして午後10時を以て最適と認められる。

　この陳情を受けた東京商工会議所は12月16日付で市内110の同業組合および準則組合の意見を徴し、59組合より回答を得たが、うち賛成が41、趣旨のみ賛成が11、時期尚早が5、研究中が2であったことからも、多くの経営者が長時間におよぶ営業時間問題に頭を悩ませていたことが理解できる。それでも、競争関係の中では、単独で営業時間を短縮することができず、やむなく深夜営業を継続していたというのが実情であった。

　おそらく、こうした動きを前提にしてであろうが、翌1931（昭和6）年3月26日、第59回帝国議会（衆議院）において次のような建議が可決された[35]。

商店の閉店時刻制限に関する建議
　政府は速やかに左の如き施設を実行されむことを望む
　　商店の閉店時刻は午後10時を過ぐることを得ず
　　前項の閉店時刻は業務の種類、時季、地域等に依り特別の事情ある場合に於ては命令
　　を以て之が特例を設くることを得
　右建議す

　この建議の理由として、商業者の健康被害、教養修養機会の喪失、経営の効率性のほか、「閉店時刻の限定は購買者側に対し多少の不便がある」ものの、業種、時季、地域の実情を配慮すれば、大きな不便にはならないだろうと述べている。

　東京呉服商同業組合はさらに、1931（昭和6）年4月、他の同業組合59団体、商店会33団体の賛成を得て、商店営業時間短縮の法的規制に関する陳情書を内務大臣に提出した。東京商工会議所や東京実業組合連合会でも反対意見や時期尚早論は至極僅少だったとして積極的な実行運動に着手することを決定した[36]。

　これらの陳情や建議では、過酷な商業使用人の問題もさることながら、長時

間営業が商店経営を圧迫しているが、その改善が個別の経営努力では不可能なことが一貫して強調されている。その先駆けとなった呉服商同業組合の陳情書こそ、1920年代の「欧州戦後に於ける世界思想界の趨勢を反映した所の人道主義的精神に立脚する商業使用人保護法としての色彩が濃厚」で、商店法が「最早単なる商業使用人保護のみを指標とする社会政策法たるに止まらずして経営難に苦闘しつつある商店主のために経営合理化の一方途を与ふる経済法としての役割」を演じることを明白にするなど、「我国の商業界の実情に立脚し商店法の必要を説きつくして余すところがない」と高く評価される所以である[37]。

3-4 商店法案に向けた初動

こうした流れを受けて、社会局は1931（昭和6）年6月、商店法の立案を計画し、次期第60回帝国議会に提出の方向で当業者との非公式な折衝を開始した[38]。上の経緯から見れば、小売商店の営業時間制限は比較的理解の得られやすい問題のようにも見えるが、実際はそうではなかった。商店法が実際に制定されるのはそれから7年後の1938（昭和13）年まで待たなければならなかった。その間の経緯をごく簡単に振り返っておこう。

この社会局の動きを報じた『神戸新聞』によれば、商業使用人の労働時間の制限には直接使用人の就業時間を制限する方法と商店の営業時間の制限する方法があるが、社会局では後者の方法を採用し[39]、その名も商店法とすることを内定した。報じられた商店法案要綱は次の通りである[40]。

商店法案要綱（社会局案1931年6月版）
適用の範囲
1. 店舗を設けて物品の製造、卸売、小売を営業する一般商店及び会社に適用すること（但し、若干業種について例外あり）
1. 住居と店舗が同一なる小店舗及び露天商人、縁日商人に対しては特別の規定を設くること

営業時間の制限
1. 一般商店の午前6時前の開店を禁じること、但し食料品店は除外すること
1. 一般商店の閉店時刻は午後8時（又は9時）に制限すること、除外さるべきものの最終閉店時刻は午前1時とすること

1. 使用人の勤務時間は11時間を基準時間とし適宜1〜2時間の延長を認むること、但し勤務時間中適宜1〜2時間の休息時間を設けしむること
1. 母性及び年少者に対しては月2回以上の休日を与えしむること
1. 商店の閉店時刻は都市農村の地方別及び季節別により1時間前後の長短を認むること

罰　則　本法規程の違反者に対しては5百円以下の罰金を課すること

　これが伝えられる日本で初めての商店法案（要綱）である。先進国が8時間を標準とする中で、勤務時間11時間を基準とするなど、極めて緩やかな制限ではあるが、後の商店法案との比較でいえば、開店時刻を午前6時以降と定め[41]、1〜2時間の休息時間を設けたことは注目に値する。さらに罰則規定を設けたことは、社会局が労働時間の短縮を、業種や小商店の例外はあるものの、基本的に強制力のあるものとして施行する意図であったことを窺わせるものである。

　この商店法案要綱に対して、『大阪朝日新聞』のコラムニストは、いち早く、商店法案は工場法や銀行法との釣合からいって当然のものであるが、営業時間制限であり就業時間制限でないことに懸念を表した。だからこそ「使用人の時間的解放」が必要なのだが、そうなると「家族的温情主義」の問題が顔を出す。彼らが「本当にその経営の合理化に目覚めなければ、この法制の趣旨の徹底は、労働市場相手の工業界における工場法の結果よりも、さらに遥かに困難であるだろう」とコメントした[42]。

3-5　揺れる賛否両論

　当然のことながら、先に建議を行った東京呉服商同業組合などはこれを歓迎するが、これに反対する当業者も多数存在し、同年7月以降、名古屋連合発展会、大阪実業組合連合会、大阪実業協会、横浜実業組合連合会が相次いで反対ないし時期尚早との態度を表明した。最初の陳情を受けて調査に乗り出していた東京商工会議所も、9月29日、「実情に鑑み時期尚早」との意見を決定した。こうした相次ぐ当業者の反対表明によって、社会局は「四面楚歌の声といふ状態」に至り、秋の議会への提案を断念せざるを得なかった[43]。その経緯と主張を、反対運動の中心となった大阪の事例を中心に見ておくことにしよう。

　商店法案が報道された直後、大阪を中心とした関西の商業者達の多くは午後

9時以降の客は多く、せめて午後10時までは認めてほしいといった意見であった。特に、一番の繁華街である心斎橋筋や戎橋筋ではその声が強かったものの、商店法の制定そのものに反対する声はほとんど聞かれなかった[44]。それどころか、東京商工会議所の書記長は「寧ろ遅きに失する程である、勿論私は双手を挙げて賛成しているし小売商業者やデパート経営者の自覚によってその機運も熟し、日本商工会議所首脳部は同意を表明している」と言い、大阪商工会議所の書記長も「本月十四日には東京に全国十四会議所の代表者が集まり社会局の人達と共に懇談した結果、いよいよ来議会に提案することとなったものである」として、すでに協議がまとまっていることを匂わせていた。閉店時刻も午後9時は適切で、月2日の休日も従来の慣行を大きく変更するものではないとの認識であった[45]。

　ところが、その直後の7月22日の役員会と商業部会では賛否両論が入り乱れ、最終的には商店法は「工場法と同様の性質を有するもので日本現在の実情から見て時期尚早」との意見を集約した[46]。続く8月4日の同会議所における意見交換会には市内15商店街から委員が出席したが、2商店街からの参加者が「時代思潮であり大局から見て必要」と条件付きながらも賛成したのに対して、他はこぞって反対意見を表明した。主な反対意見は、中小小売商はいくら働いても生活に追われているのに労働時間を制限されては商店は全滅するほかない、商店員の多数は商業見習いで独立が目当であるから閉店時間の早さを望んでいない、といったものであった。さらには、会頭自ら「外国の個人主義の欠点と我国の家族制度の長所」を語り、「国情を無視して堕眠をむさぼる」べきではなく、「政府のなさんとする処必ずしも良い事でない故に反対すべきものは断然反対するがよい」と、反対の方向を強く支持した[47]。その上で、大阪商工会議所商業部会は次のような趣旨の反対決議を可決した[48]。

商店法に対する大阪商工会議所の反対意見（1931年8月）
　社会局案商店法の実施は商店の繁栄を阻害するは勿論顧客の不便を来し、一面盛場の衰微を来す、而して商店員の労働に関しては商業の見習を目的とするもので労働が目的でない、搗て加えて現今経済界の不況時代に於て労働時間の短縮は排すべく同法の実施は時機尚早とする。

明確に「時期尚早」を打ち出したのはこの大阪商工会議所が初めてであり[49]、やがて全国に拡がっていくことになる。そんな中で、9月25日、社会局の商店法案要綱が改めて発表される。その概要は次の通りであった[50]。

商店法案要綱（1931年9月版）
1. 商店法は小売商業、理髪業及び理容業を営む店に適用すること
2. 店の営業を終止すべき時刻は夏季は午後10時その他の時季午後9時とし飲食料品の販売については右の終業時刻を1時間以内遅延し得ることとすること
3. 歳末3日間は営業時間を制限せず、その他繁忙なる時季50日以内終業時刻を1時間以内遅延し得ることとすること
4. 特別の物品の販売及び特別の店につき例外を設くること
5. 100人以上の使用人を使用する店につき女子及び年少者の就業時間を原則として10時間に制限すること
6. 3人以上の使用人を使用する店につき使用人に毎月2日以上の休日を与うべきことを定むること、100人以上の使用人を使用する店及び500人以上の使用人を使用する店については右の休日をそれぞれ毎月3日又は毎週1日とし営業を休止してこれを与うべきこととすること
7. 女子使用人のために座席を設けしむること
8. 右第1項に相当せざる店についても本法を適用し得ること及び露店についても営業時間を制限し得ることとすること

最大の問題である閉店時刻については、午後9時（夏季は10時）まで延長し、繁忙期の延長も認め、業種によっても例外を認めるとした。100人以上を常用する大商店では使用人の就業時間を10時間以内とし、休日も3人以上を常用する店舗では月2日、100人以上は旬休、500人以上は週休として、規模による差異を導入するなど、一定の配慮も行った。しかし、拡がり始めた商店法反対の運動は収まらず[51]、先にも見たように当初は賛成していたはずの東京商工会議所までもが9月末に反対決議をあげ、ついには議会提案が見送られることとなった。

この間、一般の小商店や露天商からも強い反対の声があがった[52]。当時、大阪では露天市が毎夜32ヶ所で開設され、露天によって生計を立てているものが6千数百人に上ると言われた。彼らの営業は午後6時か7時頃に始まり、午後11

時から午後12時ないし12時半頃まで継続したという。そのため、午後9時閉店では営業時間が数時間しかなく、死活問題だとして反対の声を上げた。小商店もまた「この競争の激甚な時に、一分間でも遅くまで営業して一厘の利でも揚げようとしている時だ」と強く反対した。

商店法制定に向けた動きは、その後も内務省社会局の中では継続し、1932（昭和7）年の秋[53]と1933（昭和8）年初め[54]、新聞紙上でも何度か商店法案が報じられ、国会提出間近かといった報道がなされたが、実際に国会に法案が提出されることはなかった[55]。度重なる商店法の挫折に対して、一般の声はその制定を求め、商店主に対して批判的であった。代表的な声として、次のような意見をあげることができる。

商店法の制定を求める新聞報道 (1)（『神戸新聞』1931年7月）
商店の営業時間短縮は、一般購買力の減少を意味せざるを以て何等不利益を来すに至らぬ。…商店法にかかる（一方の当事者のみを短縮するという―石原）不公平なき限り、制限によって何等の不利を被らざるのみならず、夜間長時間に亙る営業の為費す無用の出費を節約する事において多大の利益を受くるに相違ない。而して之が暫くにして一般公衆の習慣となるに至れば、購買者側も決して不便とする事なく亦苦痛とする事もなきに至るは、例えば銀行の営業時間を午後四時を三時に繰上げても、取引者は暫くにして不便を感ぜざると共に、銀行営業に不利を来した事実もなく、客足の減少した事実もないと同様である[56]。

商店法の制定を求める新聞報道 (2)（『大阪朝日新聞』1932年4月）
全般に亙りて甚だ微温的であって、工場法などとは全く均衡がとれず、むしろ商店営業に格外の特権を付与するやうなことになっている。これは長いあひだの慣習を尊重するといふよりは、当業者の強い反対を回避して、空虚な社会立法の美名に酔はんとするものである。…強硬な反対のされる方面に対しては回避的態度に出て、かくて名ばかりの法の成立を見るやうなことでは、却って従来の悪習慣に永続性を与えるやうなものである[57]。

商店法の制定を求める新聞報道 (3)（『神戸新聞』1933年1月）
今次の本法案は3年前の成案に比すれば非常に緩和されたものであるということであるが、緩和されたということは店主に緩であるという意味であるからこれによっても如何

に当初の社会局案が進歩的であったかわかるのであるが、3年後の今日この所謂緩和された案に対しても尚ほ且つ大阪の如き反対があるということはあまりに守旧的で、時勢を解せず、国家社会主義的であり、統制経済的時代に相反し逆行するものであるといわねばならぬ。いつの時代に於いても通例は政府当局が保守的であり、すべての実行に躊躇し、民間が進歩的であり、従って民間が政府当局を鞭撻するものであるに拘らず商店法に限り政府当局が進歩的で、逆に民間側が保守的で鞭撻される形にあり、これがために商店員保護の精神に出で而も店主苛めでないという社会政策的立法の実施を遅らせることは誠に遺憾であるといはねばならぬ[58]。

それでも、商店主の反対の声は収まらず、社会局では法案の基本的なスタンスこそ変えないものの、閉店時刻は4月1日から10月31日までが午後10時、それ以外は午後9時、繁忙期以外の延長は年間60日以内、休日は月1日とするなど、制限を一層緩和する方向で調整が続けられた。そのほか、業種や物品によって例外が認めるものとされたが、それでも反対意見を切り崩すことはできなかった。

全国的に見れば、社会局の諮問に対しては、商工会議所レベルでは賛否がほぼ拮抗しており、原案に反対とするものの中にも趣旨そのものを否定する意見は多くはなかった。その意味では、「条件闘争」的な要素もあるかに見えたが、大阪や名古屋といった有力商工会議所では反対が依然として根強く、東京でも工業倶楽部が反対意見を表明するなど[59]、事態が改善する見込はなかった。加えて、商工省がこの問題には積極的に動こうとしなかった[60]ため、ここでも法案提出までには至らず、再び立ち消え状態となった。

4 商店法の成立

4-1 商店法案の再構築

こうして当業者の間では強力な反対はあるものの、商店法に対する理解は少しずつ拡がりつつはあった。社会局の商店法制定に向けた意欲は衰えず、1933（昭和8）年1月の要綱をベースに原案を正式決定し、第68回帝国議会（1933年12月26日開会）に提出する準備を始めたが、議会が解散となり法案提出には至

らず、再び商店法の問題に関心が集まるのは1935（昭和10）年になってからであった。

1935（昭和10）年8月、社会局は地方長官を通じて当業者に対して、下記のような諮問案を発して、意見を求めた[61]。

小売商店の営業時間に関する諮問事項（1935年8月）
1. 何等かの方法に依り閉店時刻を定め営業時間を制限するの要なきや。
2. 法律以外の方法に依り営業時間を制限するの有効なる方法ありや。
3. 閉店時刻を制限するとせば原則として午後何時を以て適当とするや。
（先年の社会局案は自4月1日、至10月31日は午後10時まで、其他は午後9時を閉店時刻とし衆議院の建議及同業者団体の陳情は1年を通じて午後10時を閉店時刻とせり）
4. 閉店時刻を設けたる場合如何なる例外を必要とするや。
（先年の社会局案は緊急の必要ある場合には商品の種類を問はずして閉店後の販売を認め、関係商店団体の希望あるときは地域別営業別に閉店時刻の繰下げ繰上げを許可し得ることとし且60日の例外を認めたり）

この諮問ではあえてこれまでのような「規制原案」を提示することなく、規制の必要性やその方法について意見を求めた。おそらくは商店法に対する一般的な「理解」を背景にしながら、膠着した事態を打開しようとしてのことであった。この諮問に対する当業者の答申のうち71％は法律による営業時間の規制に賛成であったという。ただ、商工会議所に限っていえば、81商工会議所中、商店法の制定に賛成は34で、47会議所が反対であった。6大都市では名古屋と大阪が依然として反対していたが、他は法的統制に賛成した。1933（昭和8）年1月の諮問時に賛成したのは京都と神戸のみであったから、この間に東京と横浜が賛成に回ったことになる。

この答申に当たって、東京商工会議所は1935（昭和10）年10月に市内当業者に調査を行い3,200店余りから回答を得たが、営業時間の制限に賛成するものが81％を超えていた[62]。これに対して、大阪商工会議所では1935（昭和10）年9月16日に市内主要商店街の代表29名を招いて懇談会を開催した。一部に諮問事項に対する賛成意見はあったものの、全体としては時期尚早で意見の一致を見た。第4章でみた中村金治郎もこの問題に関しては「我々の営業を長時間な

らしめ、不衛生な處を、押してやらねばならぬやうな状態に駆りやる原因、之を先に芟除(さんじょ)して頂き度い」として、時期尚早意見を支持していた[63]。

　その頃になると、ほぼ並行して動いていた反百貨店の動きが新たな展開を見せ始める。次章で詳述するが、百貨店への激しい反対運動に対して、1932（昭和7）年に百貨店協会は自制協定を発表したものの拘束力がなく違反者が続出した。そのため、百貨店法制定を求める運動が再燃し、「商店法よりも百貨店法を」という方向が強まり[64]、商店法はまたしても陽の目を見ることはなく、先送りされることとなった。

　その百貨店法が国会に提出され、可決成立するのは1937（昭和12年）8月になってのことであった。これによって、百貨店法の先議を求めた商店主も商店法に正面から向き合わなければならなくなるが、さらにこの時期になって商店法の成立を促す新たな状況が加わった。1936（昭和11）年2月に発生した二・二六事件の後、軍の発言力が強まり、次第に準戦時体制の中でも戦時色を強めていくが、1937（昭和12）年に行われた徴兵検査によれば、甲種合格者の割合は職業別にみて、水産業（40.7%）、鉱業（38.5%）、交通（38.5%）、農業（36.5%）、工業（28.8%）の順で、商業（27.5%）は最も低く、逆に丙種合格者の割合が最も高かった。これによって、商店員の体位の劣性が明らかとなり、「国策上放置し難い重大問題」として「国防的見地」からの改善機運が高まった[65]。

　さらに1937（昭和12）年7月に勃発した盧溝橋事件以降、本格的な戦時体制に移行し、労働力の軍需産業への転換が急速に進み始める。軍需産業に動員されるのは、自由業であり、平和産業であり、商業であった。その結果、店員募集に困難を感じ始めていた商業分野における「店員の欠乏」が決定的となって現れる。「配給機構変革の渦巻く流れの中をさすらひながら前進できないでたち遅れていた商店は店員をめぐる諸問題に商業経営の側からも根本的な再検討を試みなければならない時期」を迎えたのである[66]。第4章でみた北澤通商店街の店員道場建設の試みはまさにこうした時代の中で進められたものであった。

　こうして、東京呉服商同業組合の陳情から7年余り、最初の国際労働総会の勧告から数えると実に16年余りの時を経て、ようやく商業従事者の労働環境整備についての法律の成立に向けた最後の動きが具体化することになる。

4-2 商店法案の評価

　1937 (昭和12) 年5月に発表された社会局案は、1933 (昭和8) 年当時のそれからさらに緩和された内容のものとなっていた。結局はこれが最終案となるのだが、それと1933 (昭和8) 年の案との間の主要な点の対照を示すと下記の通りである[67]。このほかにも細部の変更が加えられているが、ここでは労働環境に関する主要条文のみに限定した。

表7-5　商店法案新(1937.5)旧(1933.1)対照表

	新法案（1937年5月社会局案）	旧法案（1933年1月社会局案）
適用範囲	市及主務大臣の指定する町村	市及勅令指定町村
適用業種	物品販売業及び理容業 （非営利にも準用）	小売業、理髪理容業 （新法案の理容業には理髪業を含む）
閉店時刻 原則 例外	午後10時 イ）閉店時前より引き続き店内に在りたる顧客 ロ）緊急の事由を提示せる顧客	4月〜10月：午後10時 11月〜3月：午後9時 同左
閉店時刻の変更	①　行政官庁は命令の定る所に依り地域を限り閉店時刻を午後11時迄繰延ぶる事を得 ②　業務繁忙期（年60日以内）其他臨時必要時、行政長官は閉店時刻の規定を適用せず、又は繰延べうる	①　主務大臣は命令を以て地域、業種、店舗の規模又は季節を限り閉店時刻を繰上げ又は繰下げ得る ②　業務繁忙時には行政官庁は閉店時刻の規定を適用せず又は繰延べ得る（年60日以内）
休業	規定なし	月1回以上
休日	月1回以上 但し展示会場内等の店舗で、行政長官の許可を受けたものは例外	月1回以上 但し展示会場内等の店舗は例外

（出所）　神戸市産業課（1937）『商店法に就て』30-31頁より作成。

表7-6　商店法案新(1937.5)旧(1933.1)対照表
―大店舗における年少・女子店員の保護

	1937年5月社会局案	1933年1月社会局案
大店舗の範囲	常時50人以上の使用人を使用する店舗	常時100人以上の使用人を使用する店舗 煙草、マッチ、切手等は適用除外
就業時間	1日11時間以内	1日10時間以内
休憩時間	就業時間6時間以上：30分以上 就業時間10時間以上：1時間以上	食事毎に30分以上
就業時間の延長	業務繁忙時年間60日以内 其他必要時に行政長官の許可を受けて	臨時必要な場合、行政長官の許可を得て年60日以内
休日	月3回以上 業務繁忙時等、行政長官の許可を受け月1回に止むることを得	月4回以上 臨時必要な場合、月3日迄休日を廃することを得（年間10日以内）

（出所）　神戸市産業課（1937）『商店法に就て』31-32頁より作成。

　見られるように、適用業種を小売業から卸売業を含む物品販売業全般に拡大し、さらに煙草、マッチ等の適用除外業種を撤廃した。それによって、脱法行為に対する危惧が大きく取り除かれることとなった。さらに、閉店時刻を年間を通じて午後10時としたのは、業界の反対に対する大きな妥協であった。これには「一般的に見て閉店時刻が現在に比し三十分内外早められることを意味し確かに立法当局の言ふ如く『現実に僅か一歩を進めた』所の極めて漸進的な規定であって当業者に対し大なる打撃となるの恐れなく又一般的消費者の立場から観るも消費生活の合理化・規律化とこそなれ大なる不便を齎すものではない」という評価があった[68]。

　小売業の長時間営業は日本の伝統と言われるが、照明や交通が未発達であった時代にはほぼ夕暮れと共に店仕舞いをし、夕食後に読み書き・算盤などの教育を受けていたのであり、その意味ではまさに「早仕舞いこそが日本の数百年の伝統だ」という声もあった[69]。その意味でも、午後10時閉店というのは余りにも微温的であり、「将来更に一時間程度早めるべきであり又早め得る」ものとも考えられていた[70]。

　今一つ大きな変更は休業日を廃して休日のみを定めた点である。その休日も

月4回から3回に減じられた。休日は使用人に対する措置であり、これによって使用人は定期的に休日をとることができるが、個人商店にあっては、店主や家族従業員はその恩恵に浴することはできない。先に指摘した「自己搾取」状態はこれによって解決することは難しい。

さらに、百貨店等の大商店に対する規制では、百貨店協会の意向を受けて常時使用人が100人から50人に引き下げられ、適用対象を大きく拡大した。先にも触れたように、表面的にはこの規制は大商店における組織化された労働が一般の商店労働よりもむしろ工場労働に近似しているという労働の質の相違によるものとされているが、実際には「むしろ経済政策的なところに其の重点を置く」ものと考えるべきであろう。「『百貨店は中小商業者の敵である、中小商業を救ふ為には宜しく百貨店を圧迫すべし』といふ観念はその思想が必ずしも全面的に正しいものか否かは大いに疑問であるにも拘らず実に久しき間唱へられ来たって居り、売買業に関する法制を論ずる如き場合には百貨店に対し他の一般店に比し重い負担を担はしめることはあたかも自明の理であるかの如き伝統的社会通念が生じてしまった」という評価[71]が正当であるように思われる。

それにしても、商店法はなぜにこれほどまでに難渋したのか。ひとえに強硬な反対論を乗り越えられなかったからであるが、その反対論もまた社会政策的見地と経営経済的見地に大別できる[72]。前者の典型は、小売商店における従業員の労働は店の仕事を習得する「勉強」であって、工場労働のような「作業」とは異なるという点を強調する。この点についてはすでにふれたとおり、それをもって長時間の拘束を正当化できるかどうかは疑問である。

経営経済的見地からの反対論は、もちろん売上高の減少を心配する声である。この声は特に盛り場付近の商店街における店舗において多く聞かれたようである。しかし、これら反対論を展開する商店から、具体的に深夜の売上高が示されることはなかった。

1935（昭和10）年3月に内務省社会局が行った夜間（午後9時以降）の顧客数と売上高の割合は下記の通りである[73]。

表7-7　全国商店街の夜間における顧客と売上高の割合　　（全国116市）

	午後9時以前	午後9-10時	午後10-11時	午後11-12時	午後12時以降
顧客数	82.6%	12.1%	4.3%	0.8%	0.2%
売上高	86.4	10.1	3.0	0.5	0.1

（出所）　東京商工会議所（1938）『商店法の説明』18-19頁より作成。

　午後9時以降となれば、売上高ではまだ10％を占めるが、午後10時以降はその比率は急激に低下する。神戸市の調査でも、ほぼ同じ傾向が見いだせる[74]。商店法案が閉店時刻を午後10時としたのは、こうした現実を受け容れてのことであったに違いない。

　たとえわずかでも売上高がある限り、閉店時刻を繰り上げると、その分の売上げが失われることを懸念する商店主がいたとしても不思議ではない。競争下において自店だけが繰り上げれば確かにそうなるであろう。しかし、全店が一斉に閉店時刻を繰り上げる限り、顧客が買い物の慣習を変更し、購買力がより早い時間帯にシフトすることはほとんど間違いない。だからこそ、業界の自主的統制によって対応することが困難で、法的な規制を求めたはずであった。

　これ以上、法的規制に対する賛否の意見に深入りする必要はないだろう。反対論に十分な説得力があったかどうかは別として、有力な団体から強力な反対論がある限り、社会局はそれに理解を示し、妥協を行うほかはなかったのである。当初案から比べると、強硬な反対に押されるように閉店時刻は原則午後9時から、夏季は午後10時とし、夏季の期間を延長し、最後には年間を通して午後10時まで後退する。さらに繁忙期等の例外的延長も、年間50日から60日に延長され、休日も月3日から月1日に減少する。まさに妥協に妥協を重ねた法案作成の歩みであった。そうなれば、できあがった商店法に対して「余りに微温的」という批判が聞かれるのはまったく不思議ではない。その意味では、「規定甚だ簡にして又不徹底ではあるが、全然かかる法規の無きに勝ること萬々」であり、「工場法との釣合からいっても、先づ此の程度のもので満足するほかはあるまい[75]」というのは、当時の政治力学をふまえた上での最も好意的な評価というべきであろう。

4-3　商店法案の上程と審議

　長年の係争を経て、ようやく商店法が国会に提出されたのは、1938（昭和13）年2月の第73回帝国議会においてであった。徴兵検査において国民の体力の低下傾向が明らかとなり、それが国防の観点から問題とされたことをきっかけに、内務省社会局から厚生省が独立の行政機関として設立されたのが同年の1月であり、商店法は厚生省にとって真っ先に取り組むべき重要な法案であった。

　商店法案は、1938（昭和13）年2月26日、社会事業法案、簡易生命保険法の改正案とともに衆議院に提出された。提出された商店法案の主な条文は以下の通りである。

商店法案（1938年2月）
第1条　本法は市及主務大臣の指定する町村（…）に於て物品販売業又は理容業を営む店舗に之を適用す…
第2条　店主は本法の定むる閉店時刻以降顧客に対し前条の営業をなすことを得ず、但し閉店時刻前より引続き店舗に在る顧客に対しては此の限りに在らず…
第3条　閉店時刻は午後十時とす
　　　　行政官庁は命令の定むる所に依り地域を限り前項の時間を午後十一時まで繰延ぶることを得
第4条　業務の繁忙なる時期に付行政官庁必要ありと認むるときは期間又は地域を限り一年を通じ六十日以内前二条の規定を適用せず又は前条の時刻を繰延ぶることを得…
第5条　店主は使用人に毎月少くとも一回の休日を与ふべし
第7条　常時五十人以上の使用人を使用する店舗に在りては店主は十六歳未満の者及女子をして一日に付十一時間を超えて営業せしむることを得ず
　　　　前項の店舗に在りては店主は十六歳未満の者又は女子の就業時間が六時間を超ゆるときは少くとも三十分、十時間を超ゆるときは少くとも一時間の休憩時間を就業時間中に与ふべし
　　　　業務の繁忙なる時期に於ては店主は行政官庁の許可を受け一年を通じ六十日以内第一項の就業時間を延長することを得
第8条　前条第一項の店舗に在りては店主は十六歳未満の者及女子に毎月少くとも二回

の休暇を与ふべし
業務の繁忙なる時期其の他臨時必要ある場合に於て店主行政官庁の許可を受けたるときは前項の休日を一回と為すことを得
第14条　店主…第二条第一項、第五条、第七条第一項第二項又は第八条第一項の規定に違反したるときは五百円以下の罰金又は過料に処す

　提出された法案の内容は、妥協に妥協を重ねた法案要綱の最終版とほとんど同じであるが、さらに大規模店の幼年者、女子の休暇が月3日から2日に緩和された。この中に百貨店の閉店時刻と休業日数に関する規定がないのは、前年（1937年）に制定された百貨店法において、6大都市においては閉店時刻が4月1日から10月31日までは午後7時、11月1日から3月31日までは午後6時までと制限され、休業日も毎月3日以上と規定されたことによる。なお、百貨店法については第8章で詳述する。

　この法案の提出に当たって、国務大臣・木戸孝一は提案理由として、①商店の営業時間は冗長不規律で、休日も一般には普及しておらず、商店で働く者の保健衛生上はなはだ遺憾とするところである、②従来、我が国における労働者の保護に関する法律は工場および鉱山等で働く者に限定されており、商店で働く者には及んでいなかった点をあげた。政府としては、商店で働く者の保護に取り組む必要を認めてきたが、ここに成案が整ったので提案するというわけである。提案趣旨としては極めて簡単なものであった[76]。

　この法案に対する審議過程の詳細は省略するが、概して言えば、法律の制定に反対する者はないが、むしろその内容がはなはだ不徹底だという批判が強く投げかけられた。その典型は質疑の冒頭に立った政友会の高畠亀太郎であった[77]。

商店法案に対する高畠亀太郎の質疑（1938年2月）
今遅れ馳せながらも此法規の出現せんとすることは、私は此点に於て賛意を吝むものではないのであります。併しながら此法の内容を検討致して見ますると云ふと、極めて不十分であり、極めて微温的であって、法の適用に依って生ずる結果が現状の商店界にどれだけの影響を及ぼすことであるか、その効果の認むべきものが殆ど無いのに失望せざるを得ぬのであります。それゆえに此法は微温的なる点に於て、法の遅れたる点に於て、

出現せざるよりは稍々増しであり、法の有るは無きに幾分か優って居ると云ふ程度のものであって、極めて不十分なものであると信ずるのであります。

高畠が特に強調したのは以下の点であった。第1に、午後10時は大抵の商店が閉店する時刻であり、「現在商店に従事して居る店員から云へば、左程有難い制限ではない」にもかかわらず、例外規定が余りにも多い。第2に、商店法案は規模を問わず、すべての商店に同じように適用されようとしている。概して大商店ではすでにこの規定よりも有利な条件で使用人を遇しているが、小商店はたちまち法規の拘束を受けることになる。「大きな商店が昼多数の顧客を相手として居るならば、せめて夜の10時前後だけでも自分の店へ客を吸引して、僅に経営の余喘(よぜん)を保って居る如き小規模の者が、立ちどころに法に依って苦痛を嘗めねばならぬと云ふことは、如何にも現状を無視し、大小の均衡を失った立法であると言わざるを得ない」。第3に、この法の適用は商業地域に限っているが、実際の運用に当たって、その区域設定、境界が極めて困難となるのではないか。

また、社会大衆党の中村高一も次の点を質した[78]。第1に、今回の商店法案はただ閉店時刻を午後10時と規定するが、大都市では午後10時以降まで営業するところもあるが、地方都市ではもっと早く閉店しており、「やっても居ない所に向かって、午後の十時限りとするやうな法律を今時出すと云ふことは、甚だ吾々は時代に後れて居る法案であると思ふ」。閉店時刻については午後8時までとして、6大都市に例外規定を設けるべきではないか。第2に、常時使用人が50人以上の大商店には休日や休憩等の規定があるのに、それ以外の商店にはこの規定がない。それを同様に適用したのでは小商店が立ちゆかぬということであろうが、「小商店が苦しいから其処に勤めて居る従業員は犠牲になれという理屈は、何処からも出て来ない」。従業員の年齢も同様で、工場法には14歳以下の子供を工場労働者として使用してはならないという規定がありながら、小商店ではその規定がなくていいのか。「丁稚や小僧さんの中で、全くこの年齢に達しない者を十一時までも十二時までも店で居眠りさせて置いて、それで取締まらないと云うことは甚だ不都合だと思ふ」。

議会の質疑内容をこれ以上詳しく追いかける必要はないだろう。意見の大半

は、上で例示したように商店法案の規定があまりにも微温的に過ぎるというものであるが、政府側はその趣旨に理解を示ししつつも、現状に照らせばこの程度が最適だとの答弁を重ねた。

　法案は最終的に3月10日の衆議院本会議において、委員会における質疑内容とともに、以下の希望条項が報告された。

商店法案に対する希望条項
1. 商店使用人の現状に鑑み政府は速やかに左の諸点に関する保護立法の制定に努力すべし
　(イ) 商業使用人の最低年齢を制限すること
　(ロ) 開店時刻を規定し使用人の就業時間を制限すること
　(ハ) 週休制を採用すること
　(ニ) 退職手当制度を制定すること
　(ホ) 衛生設備、特に療病機関を整備すること
　(ヘ) 理容業者の閉店時刻はこれを午後九時とすること
2. 本法の適用に関し政府は監督官制度を設くべし

　その後、商店法案は貴族院に送られ、ここでもほぼ同様の議論が繰り返された後、3月19日、可決成立した。成立した商店法は同年3月25日に公布され、10月1日から施行された。なお、かねて議論のあった休憩用の椅子については、施行規則第7条において、常時50人以上を使用する店舗において立ち続けて就業する女子があるときには、店主は女子3人に1個の腰掛けまたは椅子を備え付けるものとされた。

4-4　商店法の効果

　商店法は1938（昭和13）年10月に施行されるが、当初懸念された点がいくつかあった。そのうち最大のものは、1時間の延長が可能となる「盛り場」の指定をめぐる問題であった。従来から深夜営業が多く行われていた地域では盛り場の指定を求める動きが盛んに行われたが、労働局では原則として1都市1盛り場とする程度に指定を限定して臨む姿勢を示していた[79]。法律の施行当初は閉店時刻が繰り上げられる商店街もあって、かなり抵抗感を感じていたようであ

るが、実際に施行されると、それほど大きな混乱もなく定着していったようである。「事変による配給難、価格統制或は消費者側の購買力増大等が商店街の繁栄並に商店経営に及ぼす影響が甚だしく大きく、それと時を同じくして実施された商店法の影響は全くその影に埋没し去っている[80]」という状況は、その意味では商店法の円滑な導入に貢献したといってよいだろう。

では、商店法施行が実際にどのような影響を与えたのか。その実情を示す全体的な調査結果は確認できていない。しかし、1939（昭和14）年1月に名古屋市商工会議所が、市内の常時使用人5人以上の商店（卸商を含む）を対象に行った雇用関係調査の中に、商店における勤務時間と公休日の調査が含まれている。以下は小売店のみについての調査結果である[81]。

表7-8　名古屋市における小売商店員の勤務時間（1日）　（商店数、％）

7時間以内	8時間	9時間	10時間	11時間	12時間	13時間	14時間	15時間	合計
1 (0.7)	11 (7.2)	11 (7.2)	58 (38.2)	13 (8.6)	33 (21.7)	11 (7.2)	6 (3.9)	8 (5.3)	152 (100.0)

（出所）名古屋商工会議所（1939）『名古屋市内商店に於ける小店員雇用関係の現状』48-49頁より作成。

表7-9　名古屋市における小売商店の公休日数　（1か月当たり）

1日	1日及び大祝祭日又は1、2日	2日	2日及び大祝祭日又は2、3日	3日以上	日曜、祝祭日	合計
26 (17.6)	8 (5.4)	91 (61.5)	14 (9.4)	5 (3.4)	4 (2.7)	148 (100.0)

（出所）名古屋商工会議所（1939）『名古屋市内商店に於ける小店員雇用関係の現状』50-51頁より作成。

商店法施行以前のデータがないので断定はできないが、勤務時間で1日10時間が多数を占め、12時間超が比較的少ないこと、公休日についても「休日なし」はなく、1ヶ月に2日が多数を占めているのは、商店法の効果の現れだと見ることはできる。

さらに、名古屋市商工会議所は商店法施行1年後の調査を行っている[82]。そ

れによれば、法の影響を受けなかった商店街が21であるのに対し、悪影響を受けた商店街は15あったとされるが、影響を受けたのは施行当初で、やがて「商店法施行の事実と同法の趣旨が顧客に徹底」するにしたがって、その影響も小さくなったとしている。売上高が減少した商店街が3割弱（13）存在したが、その多くは2割程度の減少であったという。それに比して、約半数近くの商店街が経費が減少したと回答している。

　商店員の勤務状況については、終業時刻が1～2時間繰り上げられ、それに伴って勤務時間も1～2時間短縮されたようである。商店員の勤務内容は開店時のみではなく、開店準備や閉店後の整理等、開店時間帯に直接拘束されない時間が含まれる。そのため、閉店時刻のみを定める商店法では商店員の就業時間を保護できないとする心配は当初からあったが、その点はほぼ順調に就業時間の短縮に結びついたという。それによって、店員の執務時間中の態度や保健・精神上も良好な影響を与えたものが多かったようである。閉店後の時間は、入浴、就寝するほか、読書、勉学、ラジオ等が多く、一部に心配された夜遊びなどの行為はほとんど報告されていない。

　下って、1941（昭和16）年に大阪市で行われた調査[83]によれば、商店員の休日は月2日が最多の66.2％、月1日が17.1％で、月3日以上の休日はわずか16％程度に過ぎなかった。閉店時刻の繰り下げは、開店時刻が変わらなければ営業時間の短縮をもたらすが、大阪市の場合、その変化は下表の通りであった。

表7-10　商店法施行前後の営業時間（大阪市）　　（％）

	9時間以内	10時間	11時間	12時間	13時間	14時間	15時間	15時間超
施行前	1.1	5.7	2.3	6.8	9.3	24.1	31.3	19.4
施行後	1.8	5.8	3.0	10.4	24.5	38.6	14.0	1.9

（出所）　大阪市社会部（1941）『大阪市社会部報告　第252号』33-34頁より作成。

　いぜんとして13時間から15時間が4分の3を超えるなど、長時間の営業であることに変わりはないが、全体として営業時間が短縮化されたことは窺える。営業時間と就業時間の乖離は小規模の小売店で特に顕著であるとされるが、それ

でも全体には短縮傾向が見られた。営業への影響では、売上高の減少をあげた商店が8％強を占めたが、その大半は繁華街かその周辺の小売店で、その他ではほとんど影響は見られなかった。他方で、電気代等の経費が減少し、閉店時刻が定まったことによって規律正しくなるなど、好影響が多く見られた。商店員の行動については、「夜間外出が増えた」や「金銭の浪費が増えた」とするものもないではないが、「健康が増進された」「勉学、修養の時間が十分出来た」などと、好影響を報告するものが多かった。

　名古屋の場合も大阪の場合も、閉店時刻の規制は大きな問題なく定着していたといえるが、それは半面では商店法の規定そのものが微温的で、小売業界の実情を追認する程度のものだったことを反映しているともいえる。それでも営業時間の短縮をもたらしたことは事実であり、それまでまったく法的保護のなかった商業使用人に対しては一定の役割をもったことは間違いない。

　それにしても、商業使用人に対して実際に与えた影響という点での効果は不明である。上の調査では、名古屋も大阪も、健康が増進され、勉学の時間が増えたというが、依然として12時間を超える勤務をしながら、なおそれだけの余裕を持ちえたかどうかは、疑問が残る。上記はいずれも商店主に対する調査であって、商店員に対する直接的な調査は確認できていない。実際には、午後10時に閉店しても、売場の整理や売上の計算、売掛金の整理、売場の片付けや戸締まりなど、さまざまな仕事が終わるのは10時半にはなる。その後、新聞、雑誌、風呂などの時間を考えると、店員が「毎日の余暇を利用しようというのはまず無理」で、余暇をどのように利用するかは休日の問題と考えるべきだ[84]というのが実情に近かったと見るべきかもしれない。

　いずれにしても、大商店は自社の中に各種の施設を準備することもできるが、工場法の適用を受けない小工場や小商店の従業員は、たとえ就業時間が短縮されたとしても、その時間を有効に使う機会が限られる。こうした事態に対処するため、東京府では「小商店、小工場の少年産業戦士子弟」のための「憩いの家」が建てられることになったという。これは「慰安施設のない小工場から多くの不良少年工が出る実情」に鑑みてのことであるが、東京府の担当課長は「府ではこれらの少年たちを救済するためいよいよ徒弟休養所といったものをつくり、東北や北海道といった遠いところから親元をはなれてはるばる東京に

まで働きにきている少年たちを収容して寮母さんを中心に鍛錬だの修養だのというむづかしいことを抜きにしてちょうど親元に帰ったときのようなゆったりとした気持で休息させたい」と述べている[85]。

わずかな時間を修養だ、鍛錬だと堅苦しくいわず、むしろのんびりと過ごすべきではないかというのは、別の方面からも指摘されていた。学生時代に陸上競技部の経験のある中島飛行機製作所附属病院長が、工場労働者の休憩時間のスポーツを全廃し、工場に緑地帯の設置を提唱したというのである。これは事変以来の過重労働による患者の激増を受けたものとされ、昼休みの50分間を緑地帯で寝転ぶという休養方針をとることで、1年間に過重労働による患者を2割減少させたという[86]。精神主義的な過重労働に加えて、過重な鍛錬が行われていた実態が窺えるが、これは工場だけではなく、商店においても同じであったと見て差し支えないだろう。

その後、1939（昭和14）年から1940（昭和15）年にかけて、厚生省から商店法による閉店時刻の繰り上げについて諮問がなされたものと思われる。日本商工会議所が全国の商工会議所に行った調査からすれば、その諮問内容は一般閉店時刻を午後9時とすることの可否と、その場合の例外規定の取扱いが主要なテーマであった。これに対して、期間を限定するなど条件付きでの賛成や、やむを得ないとしたものも含めて、賛成した会議所が60にのぼり、繰り上げを不適当とした商工会議所は24に過ぎなかった。東京は賛成し、商店法の制定に一貫して反対した名古屋と大阪も時局に照らしてやむを得ないと判断した[87]。商店法の改正は行われていないから、これに対応した具体的措置はとられなかったものと思われるが、やがて時局はこうした商店法に基づく営業時間の規制を不要とするほど厳しい状況に追い込まれていく。1943（昭和18）年ともなれば、「現在に於いては、時局柄、物資の不足、燃料照明の節約等のためにこれら商業における勤労事情は全く一変してゐる」状況となった[88]。工業や鉱業分野では、労働力不足の中での増産の必要性から、工場法及び鉱業法における就業時間の制限規定を緩和する措置がとられるが、ものづくりに携わらない商業がその中に取り込まれることはなかった。商業はむしろ不要不急の産業分野として、整理統合、縮小に向けて誘導されていく。その意味では、商店員の保護を求めた商店法をめぐる動きもまた、商店法が制定された時点以降、その実質的役割

をほとんど終えることとなったと言ってよい。

5　結　語

　商店法は戦前昭和期において重要な意味をもった法律であるが、戦後はほとんど注目を集めることのなかった法律である。その理由は大きく言って2つあるように思われる。第1は、この問題の発端から法制定に至る過程のほとんどが内務省社会局によって担われ、最終的には誕生したばかりの厚生省によって提出・所管されたという点である。流通政策の本流を占める農商務省・商工省はこの法律にはほとんど関与しないどころか、むしろ消極的な姿勢をとっていた。第2は、内容的には閉店時刻の制限という形をとるが、当初から商業使用人の就業問題として提起されたことである。まさに商業使用人の健康問題として、社会政策的見地からの議論が表に出ることによって、流通政策とは別個の問題として位置づけられてしまったのかもしれない。

　確かに、この問題の発端は労働問題であり、国際労働総会の決議がきっかけであったし、一貫して鉱業法や工場法における労働者保護規定と対照されて議論されてきた。しかし、国内で最初に問題を提起した東京呉服商同業組合の陳情にも見られるように、問題は単に商業使用人の就業問題にあったわけではなく、中小商店の経営合理化の問題を含み、国民経済的な課題をも背負ったものであった。さらに、使用人を雇用しない小規模小売店では店主を含む家族従業員が長時間の労働に従事していたのであり、その意味ではまさに中小小売商問題そのものであった。

　鉱業法が1905（明治38）年に、そして工場法が1911（明治44）年に制定されたのに対して、商店法が制定されるのはようやく戦時色が強まる1938（昭和13）年であった。国際労働総会における週休制の適用に関する条約が採択されてからでも17年が経過している。鉱工業の分野に比べればその対応は大幅に遅れていた。三越がデパートメントストア宣言を行うのがようやく1905（明治38）年であり、それ以降、百貨店化の動きが進展するとはいうものの、圧倒的多数を占めたのは伝統的な中小小売店であった。もっぱら家族従業によって営まれるものも多かったが、商業使用人を採用する場合には、丁稚として商家に

住み込み、年季奉公を通して商売を学び、やがて独立を果たすという江戸時代以来の慣習が長く残っていた。それが日の出と共に店を開け、夜中の11時、12時まで営業するという超長時間に及ぶ労働を可能にしていた。さらに、打ち続いた不況下での小売業への過剰参入による過当競争が長時間営業の継続を余儀なくさせた。

　それにしても、最初の業界からの陳情は好意を持って受け容れられるかに思われたにもかかわらず、実際には強硬な反対に直面する。近代的雇用関係への移行に対する抵抗があったのかもしれないが、基本的には競争の問題がネックとなったように思われる。深夜に買い物をする消費者の存在が指摘され、消費者利便と売上高の減少が強調されたが、それも所詮は競争の問題であった。他の商店が営業している時間に自店が閉店することは確かに売上の減少につながる。それだからこそ一斉に、法律による強制的な実施が必要であったのだが、一部の商業者達は頑なにこれを受け容れなかった。

　商店法は強い反対運動に直面する中で妥協に妥協を重ね、閉店時刻に関しては圧倒的多数の商店の実態を追認する程度の微温的なものとなった。辛うじて、使用人に対して休日が与えられたが、休業日は見送られた。使用人を雇用する場合には、交替で就業することによって休業することなく休日を確保できるが、家族従業によって支えられる小商店では、他の店の使用人並みの休暇を取ろうとすれば、休業を余儀なくされ、売上高の減少を覚悟しなければならなかった。おそらくは、これら小商店では家族従業者への負担はそれほど変化しなかったものと思われる。

　商店法は百貨店などの大商店に対する規制をもつことによって、単に使用人の就業問題だけではなく、百貨店対中小小売商問題という、当時の最大の問題の一翼を担うことにもなった。閉店時刻については百貨店法の規定に譲ったが、そこでは百貨店の閉店時刻を中小店のそれよりも3時間程度早めることとなっていた。商店法では使用人の就業時間を規制するほか、休憩時間等も規定し、休日も中小店よりも1日多く設定した。これらを見ると、就業環境としては、大商店と中小店とではまさに雲泥の差が生じることになる。就業機会が少なく、使用人の希望者が殺到した時代はいざ知らず、他の雇用機会が増加するにしたがって、中小商店への就業希望者が減少し、優秀な使用人の確保に翳りが見え

るのはその意味では当然とも言えた。

　商店法が制定された1938（昭和13）年は国家総動員法が制定され、準戦時体制から戦時体制への移行が本格化する時期であった。すでに中小商店では就業者を確保することが困難になりつつあり、それが商店法の成立を後押ししたともいわれるが、戦時体制が更に進行する中で、商店経営そのものが困難を迎えることになる。その意味で、結果として商店法が果たした役割はそれほど大きかったとはいえない。流通政策から関心の外に置かれるのも無理のないことといえなくはない。

　しかし、特に中小商店における就業問題は、単に使用人の問題だけではなく、家族従業者の問題を含めて、今日にも続いており、中小小売商問題を照射する1つの大きな視点であるはずである。前近代的な就業環境を脱しきれない時代であればこそ、純粋な形で現れた議論をその経過に改めて注目することの意義は決して小さくないように思われる。

《注》
1　関連文献は多いが、さしあたり細井和喜蔵（1925）を参照。念のために断っておく。工場労働が過酷であったのは事実だとしても、そこに多数の労働力が集まったということは、農村の労働環境がそれ以上に厳しかったことを物語っているのであり、工場の労働のみが特に過酷であったというわけではない。
2　大原社会問題研究所（1920）194頁以下には、工場法の制定に至るまでの経過が詳細に記述されている。
3　以下、工場法の提案までの経緯は、大原社会問題研究所（1920）194頁以下のほか、第26回帝国議会工場法案委員会議録（第2回、1910年2月4日）における政府委員、鹿子木小五郎の発言による。
4　中倉貞重（1940）264-266頁。なお、鉱夫については、1893（明治26）年の「鉱業条例」に10数条の規定があったが、鉱業法の制定に伴い、同法に含まれることとなった（大原社会問題研究所（1920）212頁）。
5　以下、本項の記述は、原則として、東京商工会議所（1936）1-32頁による。
6　但し、食料品を販売する商店や、労務の性質が間欠的な業種、農村部における小売業などについては、例外規定が設けられるのが一般的であった。
7　東京商工会議所（1936）14-15頁。
8　外務省（1922）287-290頁。あわせて、全国産業団体連合会事務局（1933）163-164頁参照。

9　外務省（1922）38-40頁。
10　日本工業倶楽部調査部（1930）83-87頁。
11　同上、および大阪商業会議所（1921）80-81頁。
12　大原社会問題研究所（1921）119-125頁。
13　大原社会問題研究所（1921）119頁。
14　内務省社会局（1928）285-286頁。
15　内務省社会局（1931a）634-643頁。
16　大島義晴（1920）1-12頁。
17　全国産業団体連合会事務局（1933）164-168頁。
18　このことは決して工場労働者の保護について、日本が先進的であったことを意味しない。先に見た工場法の内容、制定時期、法の施行年などから見て、「工場労働者に対してすらも日本が特殊国の汚名を甘んじて受け容れなければならなかった」のが現実で、国際労働総会の勧告に先行できたのは、ひとえに総会の設立が遅れたことによっている。（大原社会問題研究所（1921）119頁）
19　津村秀松（1913）。
20　日出処人（1915）。
21　河津暹（1921）。
22　以上、この決議については、神戸市産業課（1937）9-10頁。
23　東京商工会議所（1936）35頁。
24　井上貞蔵（1937）521頁。
25　「最近商業労働事情」『労働時報』（1927年1月号）3～8頁。なお、大原社会問題研究所（1927）44-45頁に要約が掲載されている。
26　井上貞蔵（1930）68頁。
27　「商店法原案—姑息且つ微温的な社会局案—」『大阪朝日新聞』1932年4月23日社説、『1932　時事評論集　4』（時事評論史社、1932年）51頁。
28　「東京市に於ける給与被用者（商業使用人）の就業時間に関する東京商工会議所の調査」（日本工業倶楽部調査部（1930））。
29　昭和6年調査。但し、全国産業団体連合会事務局（1933）172-179頁、東京商工会議所（1936）66-77頁による。なお、図表と本文の数値が合わないのは、11時閉店を「11時以降」に含んだためである。
30　神戸市産業課（1937）24頁。
31　井上貞蔵（1937）411-412頁。
32　神戸市産業課（1937）26-27頁。
33　内務省社会局（1931b）。
34　この陳情書は多くの文献に引用されているが、ここでは全国産業団体連合会事務局（1933）、東京商工会議所（1936）による。
35　全国産業団体連合会事務局（1933）73頁。なお、東京商工会議所（1936）34-35頁では午後7時とされているが、当時の実情に照らして、午後10時を見るのが妥当であろう。

36 「商店営業時間短縮愈々ものになりそう　東京実連が積極的運動開始　十一日に実行の具体策協議」『時事新報』1931年4月9日（経営5-042）。なお、この頃に百貨店の週休制を求める動きが伝えられたが、百貨店協会はそれを時期尚早として退けた（「百貨店週休案」『時事新報』1931年4月5日（経営5-037）、「百貨店の週休制　日本百貨店協会総会では時期尚早と決議か」『大阪毎日新聞』1931年4月15日（経営5-043））。

37 神戸市産業課（1937）2頁、11頁。

38 全国産業団体連合会事務局（1933）4-9頁。東京実業組合連合会は文書による回答では意見のとりまとめは困難として協議会を開催するが、連合会の理事は、大筋の方向に理解を示しながら、「小売業者が如何にそれを要望しても、結局はお客本位の小売業者であってみれば、消費者側の自覚ある統制にまつ外はない…あまりに理想にはしって急激な変化は返って面白くない結果を得ることが多い」と、消費者相手の競争関係の難しさと急進的改革への不安を語っている（「商店法に協議会　実業連合会対策作成に」『中外商業新報』1931年7月18日、経営5-086）。

39 当時の商店における雇用形態のほとんどが住み込みであったことが、労働時間を直接制限することを困難にしたとされている。

40 「『小僧さん』達を救う商店法の制定　11時間勤務を基準として来議会に提案」『神戸新聞』1931年6月22日（経営5-077）。あわせて、「商業使用人の労働時間を制限」『商店法案』の大綱成る　今冬の議会に提出」『大阪朝日新聞』1931年6月22日（経営5-078）参照。なお、「○年版」の表記は、便利のため石原が補った。

41 神戸商工会議所理事の福本椿水は午前6時以前の開店の禁止を当然としつつも、「住込店員などの多い場合に於ては始業時間を確定すると云うことは謂うに易くして而も実行上非常に至難のもの」として、閉店時刻の制限に理解を示した。この時期の開店時刻の調査は見当たらないが、おそらく午前6時以前に開店してた商店はそれほど多くはないと思われる。（福本椿水「商店法の制定に就いて」『神戸新聞』1931年7月18日～7月21日（経営5-094）。

42 「立案中の商店法案　財界六感」『大阪朝日新聞』1931年6月24日（経営5-080）。

43 神戸市産業課（1937）12-14頁、東京商工会議所（1933）35-36頁。

44 例えば、「伝統を誇る老舗の軒端にも射しそめた『商店法』の光り　まさに一エポック」」『大阪毎日新聞』1931年7月19日（経営5-087）は、大阪の心斎橋筋商店街で同月初めに午前9時開店、午後11時閉店で統一しようという相談があってまとまらなかったという談話を含めて、その実現を困難視する商店主や、繁華街では夜の客が多くせめて時間延長を望むという、多数の店主の意見を紹介している。

45 「経済原則にも適う　全国十四会議所とも相談済」『東京日日新聞』1931年7月20日（経営5-092）。

46 「『商店法は時期尚早』大阪商議役員等の意見　当業者から賛否を聴く」『大阪毎日新聞』1931年7月23日（経営5-097）。こうした大阪における商業者の反対の背景として「今日店員は一回の新聞広告で所要人員の何十倍も応募するような時勢であるから、店主は往々にして店員に対し不当の勤労を強いる」といった不況下での労働市場における

需給関係のアンバランスを指摘する声もある（「商店法制定の精神」『神戸又新新聞』1931年7月21日（経営5-093））。

47 「商店街の代表者は挙って九時閉店に反対　商店法賛否意見交換会」『大阪時事新報』1931年8月5日（経営5-105）。

48 「社会局立法の商店法は不人気　『欠陥だらけだ』と大阪商議商業部会決議」『大阪時事新報』1931年8月26日（経営5-113）、「時期尚早として『商店法』反対　大阪商工会議所から近く関係当局へ陳情」『大阪毎日新聞』1931年8月26日（経営5-114）。

49 大阪商工会議所ではこれを会議所の正式意見として決議する予定であったが、社会局長に「商店法は目下立案中で案を見ない先から反対されることは当を得ない、暫く静観されたい」と要請されたことを受けて、反対決議そのものは当面見送った（「引っ込めた商店法反対　会議所醜態？！」『大阪毎日新聞』1931年9月12日（経営5-122））。但し、大阪商工会議所は決して商店法反対を引っ込めたわけではなかった。

50 「商店法要綱いよいよ決定す　実現までには相当波乱か」『東京朝日新聞』1931年9月25日（経営5-129）。あわせて、「商店法案が出来た（社会局で）　店舗営業時刻は午後九時（夏季十時）とす　大商店、百貨店では婦人と少年使用人を十時間以上労働を禁ずこれで小売商と百貨店の競争を調和する方針」『大阪毎日新聞』1931年10月9日（経営5-130）参照。

51 6大都市の商工会議所の中で、京都と神戸の両会議所は一貫してこの商店法の制定に賛成した（神戸市産業課1937、13-15頁）。

52 「大資本擁護だと商店法案嫌わる　小売商店や露店業者等に俄然悪法反対の声」『大阪時事新報』1931年10月16日（経営5-132）。

53 「二百万人の商店員法律で保護に決す　社会局案急ぐ」『時事新報』1932年11月15日（経営6-100）、「小僧さん達に喜びの日の約束　因習の殻破る商店法　愈よ来議会へ提出」『大阪朝日新聞』1932年10月31日（経営6-093）、「商店街展望　丁稚から解放　商店法の実施は店員教育に絶好の機会」『中外商業新報』1932年11月21日（経営6-101）、「来議会に提出の『商店法案』全文　本月中旬社会局参与会議へ　諮問と同時に公表　四十万商店の旧習打破」『大阪毎日新聞』1932年12月3日（経営6-105）、「商店法の行方？政府は有望視　愈々今議会提案か」『中外商業新報』1932年12月27日（経営6-115）など。

54 「商店法要綱成る　小売店従業員の福音　地方長官産業団体等へ諮問し今議会に提案」『大阪時事新報』1933年1月10日（経営7-001）、「商店法最後案成り愈々今議会提出　適用範囲は市部四十六万人　十日社会局参与会議に諮問」『中外商業新報』1933年1月11日、（経営7-002）、「商店法案の今議会提案説」『時事新報』1933年1月12日（経営7-004）、「閉店時時間制定　理髪、美容術店にも適用される　商店法を議会に提案」『大阪朝日新聞』1933年1月15日（経営7-006）など。

55 煩雑を避けるためここでは取り上げなかったが、『大阪商工会議所月報』（No. 340, 1935年9月号）は「商店法に関する参考資料」を特集し、社会局案と共に賛成意見（東京呉服商同業組合、1930年12月）と1930年12月に東京商工会議所が重要物産同業組合と準則組合に対して行った諮問に賛成の回答をした14組合名、および反対意見として横浜

実業組合聯合会（1931年9月）、大阪実業組合聯合会（1931年8月）、大阪実業協会（1931年9月）、名古屋聯合発展会（1931年7月）、名古屋実業組合聯合会（1931年9月）の意見を掲載し、あわせて大阪商工会議所の反対意見（1932年11月、1933年1月）を掲載している（3-15頁）。

56 「商店法の要綱を見る　見通し難き酷使の抜道」『神戸新聞』1931年7月20日（経営5-091）。

57 「商店法原案—姑息且つ微温的な社会局案—」『大阪朝日新聞』1932年4月23日社説、『1932　時事評論集4』（時事評論史社、1932年）52-53頁。

58 「商店法について　店主から覚醒　守旧に陥るな」『神戸新聞』1933年1月22日（経営7-012）。但し、ここでいう「3年前の成案」は確認できていない。

59 「大阪の反対で商店法行悩む　今議会提案見合せか」『大阪時事新報』1933年1月27日（経営7-017）。

60 「商店法の議会提案望み薄　各方面の反対強硬」『大阪毎日新聞』1933年1月27日（経営7-016）、神戸市産業課（1937）17頁。また『神戸新聞』は「各立場及利害を異にする農林省と内務省との間に挟まれて苦境にある商工省が社会局立案の商店法に対抗する意味合から工業組合法輸出組合法等に対して本法を立案するに到ったものと見られる」として、商工省が商業組合法の提案を行う背景に、商店法問題があったとの見方を示している（「商工省立案の商業法　農工業に秘して閑却された中小商業の統制を図る　但千差万別の商人の統合は至難　難点の解決如何」『神戸新聞』1931年9月13日（経営6-057）。

61 東京商工会議所（1936）37頁、神戸市産業課（1937）17頁。

62 東京商工会議所（1936）37-42頁。『大阪毎日新聞』は今回の諮問を「如何にもくだけた照会を発し情勢を観望中のところ大部分は商店法の制定はやむを得ぬこととしているので内務省社会局ではいよいよ商店法制定に本腰を入れることとなった」と評した（「商店法制定に社会局いよいよ本腰　十時以降の開店を禁ず　商店側にも大体賛成が多い」『大阪毎日新聞』1935年10月6日（社会7-198））。

63 大阪商工会議所（1935）中、「商店法制定の可否に就いて（商店法懇談会速記録）」16頁。

64 「百貨店法が商店法に先行することの可否」を商工省から諮問された大阪商工会議所は、当然百貨店法を先行すべきと回答した。（「百貨店法制定が商店法より急務　商工省寄りの諮問に対して大阪商議の答申案」『大阪毎日新聞』1936年4月22日（経営8-026））。

65 東京商工会議所（1938）1頁、15頁、中倉貞重（1940）301-302頁。

66 協調会大阪支所（1939）58頁。

67 神戸市産業課（1937）30-35頁を基礎に、加筆修正した。

68 神戸市産業課（1937）23頁。

69 井上貞蔵（1937）503-504頁。

70 神戸市産業課（1937）25頁。

71 神戸市産業課（1937）28頁。

72 以下、基本的には東京商工会議所（1936）35-66頁によるが、適宜、全国産業団体連合会事務局（1933）73-121頁、神戸市産業課（1937）3-6頁を参照した。これらの反対

意見に対して、井上貞蔵（1937）は端的に「一般消費者階級が一日の労働を終へた後に買い物を為しうる程度に閉店時刻を定めたならば、店主顧客共に何ら差支へなく両者の希望は充分に合致しうる。」と述べている。(506-507頁)

73　東京商工会議所（1938年）18-19頁による。東京商工会議所（1936）71-72頁にも108市のデータが示されている。
74　神戸市産業課（1937）22頁。
75　河田嗣郎（1937）117-118頁。
76　1938年2月26日衆議院本会議、『第63帝国議会衆議院議事速記録第19号』（昭和13年2月27日）423頁。
77　同上、425-426頁。
78　同上、433-434頁。
79　「商店法をめぐっても早くも『盛り場』争奪戦　十時閉店が十一時まで延びる特典　厚生省緊急工場監督官会議」『大阪毎日新聞』1938年4月7日（夕）（経営8-107）。
80　名古屋商工会議所（1940年）「刊行に際して」。
81　名古屋市商工会議所（1939）47-51頁。
82　名古屋商工会議所（1940）。
83　大阪市社会部（1942）6-9頁、16-19頁。
84　商店界（1938）81-82頁。
85　「少徒弟さん達に"憩いの家"　寂しい心持ちをゆったり慰める」『東京日日新聞』1941年5月7日（労働13-099）。
86　「工場スポーツより"日向ぼっこ第一"　中島製作所から提唱」『東京朝日新聞』1938年10月9日（労働12-129）。
87　日本商工会議所（1940）1-9頁。
88　牧賢一（1943）118頁。

《参考文献》

井上貞蔵（1930）『商店法論』有斐閣。
井上貞蔵（1937）『商業使用人問題の研究』千倉書房。
大阪市社会部（1941）『大阪市社会部報告　第252号』大阪市社会部。
大阪商業会議所（1921）『大正9年大阪商業会議所事務報告』大阪商業会議所。
大阪商工会議所（1935）『商店法問題資料』大阪商工会議所。
大阪商工会議所（1935）『大阪商工会議所月報』（No. 340, 1935年9月号）。
大島義晴（1920）『千九百十九年第一回国際労働総会ニ於テ採択セラレタル国際条約案及勧告』（修文館）。
大原社会問題研究所（1920）『日本労働年鑑　大正9年』大原社会問題研究所。
大原社会問題研究所（1921）『日本労働年鑑　大正10年』大原社会問題研究所。
大原社会問題研究所（1927）『日本労働年鑑　昭和2年』大原社会問題研究所。
外務省（1922）『第3回国際労働総会報告書』外務省。

河田嗣郎（1937）『日本社会政策』千倉書房。
河津暹（1921）「雇用労働時間問題　来る国際労働会議で決定せん」『新愛知』1921年6月11日（労働問題、17-183）
協調会大阪支所（1939）『商業社会政策と商店法の効果』協調会大阪支所。
公開経営指導協会（1983）『日本小売業運動史　戦前編』公開経営指導協会。
神戸市産業課（1937）『商店法に就いて』神戸市産業課。
商店界（1938）『戦時商店経営法〔附〕商店関係戦時法規集』誠文堂新光社。
昭和研究会（1941）『労働新体制研究―昭和研究会労働問題研究会報告―』東洋経済新報社。
全国産業団体連合会事務局（1933）『商店法に関する調査　産業経済資料集第18輯』全国産業団体連合会事務局。
通商産業省（1980）『商工政策史　第7巻　内国商業』商工政策史刊行会。
津村秀松（1913）「女子と社会問題 (1)～(11)」『大阪毎日新聞』1913年1月1日～1月11日（婦人問題1-007）。
東京商工会議所（1936）『商店法に関する調査』東京商工会議所。
東京市商工会議所（1938）『商店法の説明』（東京商工会議所、但し、本書は厚生省労働局編纂書の複製本）
内務省社会局（1928）『第10回国際労働総会報告書』社会局。
内務省社会局（1931a）『第14回国際労働総会報告書』社会局。
内務省社会局（1931b）『大商店に於ける就業時間休日等に関する調査概要』社会局。
中倉貞重（1940）『工場・鉱山の法律実務』ダイヤモンド社。
名古屋商工会議所（1939）『名古屋市内商店に於ける小店員雇用関係の現状』名古屋市商工会議所。
名古屋商工会議所（1940）『名古屋市における商店法施行後一カ年間の影響』名古屋商工会議所。
日本工業倶楽部調査部（1930）『給与被用者の就業時間問題に関する資料』日本工業倶楽部調査部（調査報告第18輯）。
日本商工会議所（1940）『商店法閉店時刻繰上ゲニ関スル各商工会議所意見』日本商工会議所。
日出処人（1915）「濠州及び新西蘭の社会政策（1～14）」『大阪朝日新聞』1915年8月19日～9月4日（社会政策1-005）。
福本椿水（1931）「商店法の制定に就いて」『神戸新聞』1931年7月18日～7月21日（経営5-094）。
細井和喜蔵（1925）『女工哀史』岩波文庫（1954年）。
牧賢一（1943）『勤労母性保護』東洋書館。
渡辺章（2007）「労働法史が今に問うもの」『日本労働研究雑誌』No. 562（Web版）。

第 8 章

百貨店法の制定
―調整政策の誕生―

1　百貨店の成長と小売商との対立

1-1　近代的百貨店の誕生と普及

　日本の近代的小売業としての百貨店の誕生は、広く認められているように、1905（明治38）年1月に三越が行った「デパートメントストア」宣言に求めることができる。しかし、それはもちろん、三越がなお手探りながらも百貨店化を目指すという宣言であって、それによって一気に百貨店が開花していったわけではなかった。何よりも、百貨店化の道は単なる取扱い商品の拡大だけではなかった。会社制度の確立や建物洋式、陳列販売方式からさらには従業員体制を含む内部管理に至るまで、それまでの小売経営からのほとんど全面的な改革を要した。そのため、先陣を切った三越にして、内部で大いなる葛藤を抱えながら百貨店化の道を歩んだのだった。高級な呉服を取り扱うことによって名声を確保し、海外にまで事業展開を始めた老舗呉服商が、雑貨や最寄り品といった「雑多な」商品を取り扱うことに対する逡巡は強く、決して単純に追随できたわけではなかった[1]。

　明治期の百貨店は、すぐ後に見るように、株式会社制度を採用したのは三越と松屋だけで、店舗規模も小さく、後の百貨店からみればはるかに「貧相」であった。「当時の百貨店を極端に評すると、恰も無料娯楽場お土産調達所たるの観があつた[2]」とされるほどであり、したがって一般の小売商から見ればはるかに大規模になりつつあったとはいえ、彼等の経営を大きく圧迫するほどの力を持っていたわけではなかった。

　しかし、明治末期から大正初期にかけて、日本経済は大きく拡大し産業の本格的な勃興期を迎える。1914（大正3）年に始まった第一次世界大戦は、ヨーロッパ諸国への軍需品の輸出を増加させるとともに、各国のアジア諸国への輸出が停滞することによって日本企業の輸出機会を増大させた。その結果、日本は「大正バブル」とも言われるほどの好景気に恵まれ、これを機に産業体制が大きく進展し、都市への人口集中にも拍車がかかるようになる。この好景気は、途中で1918（大正7）年の米騒動を挟みながら1920（大正9）年3月まで継続した。

百貨店はこうした時代の空気を吸いながら成長の緒に就いていく。もっとも、それは決して順風満帆だったわけではない。例えば、大丸はそのあまりに急速な拡大路線もあって、1914（大正3）年4月に不渡り手形を出し、倒産の危機を迎えた。しかし、各般の理解と協力の中で回復の糸口をつかみ、同年7月の第一次世界大戦を契機とする空前の景気に救われたのであった[3]。

この間の主要百貨店の「創業」（百貨店としての株式会社化）の概要を示すと、表8-1の通りである。

表8-1　7大百貨店の設立（株式会社化）　　　（単位：100万円）

	1904（M37）	1911（M44）	1917（T6）	1918（T7）	1919（T8）	1920（T9）
三越	50	200	400	−	1,200	−
松坂屋	−	100	−	200	−	500
白木屋	−	−	−	−	500	1,500
松屋	−	−	−	−	100	−
髙島屋	−	−	−	−	300	−
十合	−	−	−	−	−	300
大丸	−	−	−	−	−	1,200

（資料）　ダイヤモンド編輯局（1935）『新版　経済記事の基礎知識』ダイヤモンド社、1502頁。

「今日は帝劇、明日は三越」は1915（大正4）年の三越の名キャッチコピーであるが、初期の三越が新たに誕生しつつあった中間階級を主要な客層に想定し、「山の手文化」を牽引しようとした姿勢を象徴している。しかし、この頃はまだ百貨店が1つの明確な「業態」として存在したわけではなかった。この時期の百貨店は経営方針も取扱い商品もそれぞれに特徴的であった。例えば三越が山の手方面の知識層を主要な顧客層としたのに対し、白木屋は下町の商人や粋筋を対象とし、松屋は日用品雑貨を中心とするなど、まだ凡百の商品を取り扱う大規模店舗という以上に、百貨店として明確なコンセプトが固まっていたわけではなかった[4]。

それでも百貨店は新しい時代を牽引していた。経済的には空前の好景気が続き、個人消費能力は拡大し、欲望が刺激され、嗜好も高度化してゆく。日常生活の洋風化が進み、西洋の先進的思想が急速に紹介され、市民文化が花開くなど、

「大正デモクラシー」を謳歌する時代であった。1925（大正14）年には東京でラジオ放送が開始され、新聞や雑誌も普及して、新しい時代の到来を促した。

百貨店はこうした購買力の変化にいち早く対応し、その流れをリードすべく積極的に投資を行い、販売方法の革新を行った。建築そのものの拡大に伴って設備も充実し、取扱い商品も広がる。さらに従業員によるサービスや娯楽、食堂、催事、現金販売など、多くの販売方法の革新が行われ、それが人びとを百貨店に引き付けた。「従来の如き小売商のみにては、到底この購買大衆の複雑なる嗜好を満足さすことは出来ず勢ひ、百貨店はこれ等の人々の消費の中心となつた[5]」のであり、「大衆に、たのしみながら買い物ができる新しい場所を提供した[6]」ことによって発展していったのである。

その意味で、百貨店の一部に小売店との客層の競合はあったものの、なお百貨店は一般の小売商と全面的に対立するものではなかった。実際、百貨店の誕生期には「百貨店は贅沢品を売る所だ」とか「大きな建物で多くの人手を使用していては経費倒れになるだろう」といった調子で、「着々充実していく百貨店を眺めても誰一人として小売商を圧迫するものだとも、小売商の敵だともいはなかつた」という[7]。

1-2　百貨店対中小小売商問題の時代背景

その百貨店がやがて中小小売商との間に激しい対立に巻き込まれてゆく。まずは百貨店が小売商との間に軋轢を生みだした時代背景を簡単に振り返っておこう。

百貨店が本格的に成長し始める1920年代の日本は慢性的な不況期にあった。第一次世界大戦期の空前の好景気は、1920（大正9）年の戦後反動恐慌によって終わりを告げる。その戦後恐慌からようやく立ち直りを見せ始めた1923（大正12）年9月、関東大震災が発生し、東京を中心とした関東一円が大被害を受け、その救済のために行われたモラトリアム（被災地域の企業・住民が振り出した手形の支払い期限延長と手形の割引）が、やがて1927（昭和2）年の金融恐慌につながっていく。そして、それから2年後の1929（昭和4）年にはアメリカで大恐慌が発生し、その余波が押し寄せた翌1930（昭和5）年には昭和恐慌が発生する。わずか10年余りのうちに4度の恐慌を経験したことになる。

特に最後の昭和恐慌は農村部を直撃したことため、農村から都市部への人口流入が進み、その多くが小売業に参入していった。小売業における過剰就業の始まりである。この間の商業分野への過剰な参入の状況は、例えば東京府が1930（昭和5）年に行った調査によれば、1920（大正9）年以降に開業した店舗が当時営業中の小売店の42%を占めたことからも窺える。開業10年未満の店舗が4割を占めたのであり、裏を返せばそれだけ老舗の店舗は少なかったことになる。こうした急激な参入は当然、小売商の淘汰を早める。小売業の廃業率は1927（昭和2）年が20.2%で、以下16.7%（1928年）、14.9%（1929年）、15.6%（1930年）であった。毎年、15%から20%の小売商が廃業していたことになる[8]。

あるいは、小売業への過剰参入は東京市が行った1933（昭和8）年の商業調査によっても確認できる[9]。東京市（大東京）の小売商（卸・小売業を除く）のうち、実に43.9%が1926（昭和元）年から1931（昭和6）年11月までの開業となっており、小売業が「先祖代々続く家業」というのとは程遠い実態が浮かび上がる。

こうしたが過剰なまでの参入は、小売商の質的低下をもたらさずにはおかない。「『遊んでいては喰へないから、小売店でも出してみよう』といふ様な人で、資本、知識、経験、体質、取引関係、店舗所在地の形勝の地位、営業建築物、暖簾といふ如き、小売商店成功の諸要素中、一つだけでも満足には備へ居ない人」たちが参入する[10]。彼等の営業は概して厳しく、困窮度を増すばかりか、大量の廃業をもたらす。

要するに、この時期、流通機構は大きな転換期にあったと言ってよい。全国的に流通する物資については、それまでの問屋中心の流通から、製造品ではメーカーの直接的な販売過程への介入が始まり、他方では産業組合による共同購買や消費組合の伸長などにより、まさに「生産者からの配給専業過程への割り込み下降、消費者段階からは侵域的上昇[11]」を受け、流通はもはや商業者の専属域ではなくなりつつあった。そうした状況下での小売業への過剰なまでの参入であり、さらにその中での百貨店の急拡大が小売商の不満を大きく募らせたのであった。

こうした経済的不況は、それまでの「自由主義的な経済」に対する不満をもたらした。1917（大正6）年にはロシア革命が発生し、計画経済への夢が大き

く語られ、それが従来の経済政策の見直しの風潮につながってゆく。法律上明確な意味をもって「統制」という語が用いられたのは1931（昭和6）年の重要産業統制法であるとされるが、これ以降、この「統制」という語はさまざまな意味に拡張して用いられるようになり、その結果、「従来当然の権利と看做され、何人も恠む者がなかつた所謂『営業の自由』を極めて簡単に放棄し、営業の免許とか認可とかを、何の苦情もなく行ひ得る政治的情勢」がもたらされ、「経済統制の流行」が見られるようになる[12]。この「統制」の中には、国家が経済過程に直接介入するものだけではなく、業界におけるカルテル的な「自主統制」的なものも含まれていた。

2　反百貨店運動の高まり

2-1　戦後恐慌に始まる百貨店の大衆化

　好景気を謳歌していた百貨店ではあるが、他方では新たな動きも見え始める。好景気は激しい物価騰貴を伴うが、その影響を緩和するため、三越大阪店は1919（大正8）年10月、「さかえの日」と称する特売を行ったが、これが大反響で当初4日間の予定を2日で切り上げるほどであった。そして、11月には東京本店で「木綿デー」を開催するが、連日数万人が押し寄せ、会場前では騎馬巡査が出動して整理に当たるほど賑わった[13]。

　こうした廉売の動きは、1920（大正9）年3月に始まる「戦後恐慌」によって決定的となる。ヨーロッパ各国が市場経済に復帰し始め、第一次世界大戦後の好況が終わりを告げたのである。商品の価格は大暴落し、百貨店の春は終わった。例えば、呉服のお召しは1反80円であったものが25〜26円にまで暴落するありさまで、白木屋の評価損は40万円に達した。大阪では、髙島屋、大丸、十合など呉服店300社からなる大阪織物販売業者組合が5月1日から一斉に割引販売を申し合わせるなど、各社とも在庫処分に乗り出した。

　しかし、百貨店は単に在庫を一掃処分するといった消極的対応に追われただけではなかった。金融難に陥ったのは産地や問屋も同じであり、百貨店各社は産地や問屋段階での値下がりを利用して商品を安く仕入れ、それを「大暴落大

売出し」で販売するという積極策に打って出た。それは大好評で迎えられ、その結果、例えば松坂屋の場合には、1920年上期には前年同期に比べて売上高で68％増、利益で67％増を記録し、価格暴落による評価損を補って余りある利益を得た。

同様のことは、他の百貨店でも行われたが、これが百貨店による組織的廉売の始まりで、これ以降、百貨店の廉売は定着することになる。十合の場合、翌1921（大正10）年3月は「卸売日売出し」を行い、小売価格よりも2割以上の安値を付けた。三越もまた1922（大正11）年に「三越マーケット」と称する常設の実用品売り場を開設し、①現金売り、②取換御容赦、③配達料申受け（1ヶ20銭）の条件で特価廉売を行った[14]。

こうして始まった百貨店の大衆化路線をさらに決定的なものにしたのが、1923（大正12）年9月1日の関東大震災であった。関東大震災は「帝都及び横浜地方の全商店を殆ど一瞬にして灰燼の裡に葬り、百貨店も亦悉く烏有に帰し去つた」といわれるほどの打撃を与えた。一般の小売商は直ちに営業を再開することはできなかったが、百貨店は大きな被害を受けたにもかかわらず、その巨大な資本力を活かして、直ちに臨時店舗を開設するとともに、市内に廉売場や支店を急増して被災した市民に生活必需品を提供した。例えば、白木屋の場合、本店に地震そのものの被害はほとんどなかったが、夜半からの火災に巻き込まれ店舗が全焼した。しかし、早くも、9月15日には丸ビルの出張所で営業を再開したのに続き、9月20日には丸の内営業所を開設、10月8日に九段出張所、10月25日に四谷塩町出張所を開設した[15]。

三越もまた震災後、積極的にマーケットを展開した。10月に小石川に青山マーケットを開設したのを皮切りに、新宿、銀座、、本郷、牛込、浅草、上野にマーケットを開設、いずれも爆発的人気で1日1万人の来場を記録したという。これらのマーケットは好評を得たことから、1924（大正13）年1月以降、三越分店と改称され、百貨店大衆化路線の最前線を担っていくことになる[16]。

東京資本の百貨店に比べれば、名古屋に本店をもつ松坂屋や大阪・京都を本拠とする髙島屋、大丸、十合などは企業としての被害は比較的小さかった。例えば、松坂屋は名古屋、大阪の仕入先を動員して9月6日に名古屋港を出帆、9月15日からパン、缶詰、食品、石鹸などの入った慰問袋10万個を配布した。さ

らに、東京市との間に「東京市罹災物資配給の独占委託」契約を結び、10月1日から市内13ヶ所に仮営業所（東京市設衣類雑貨臨時市場）を開設し、大廉売を行った[17]。

2-2　百貨店の震災復興と反百貨店運動の盛り上がり

　しかし、百貨店はこうした現場の対応に力を注いだだけではない。百貨店は規模が大きいだけに被害も大きかったが、これを機にさらに積極的に事業を拡大してゆく。店舗の壊滅はその建て替えを求めたが、建て替えとなれば店舗規模が拡大するのはむしろ当然であった[18]。例えば三越の被害は建物・商品をあわせて730万円に達したが、その年に資産整理を行った上で、翌1924（大正13）年下期には増資を行って西館の新築、旧東館の修増築に取り組み、1927（昭和2）年3月に全館の竣工を見た。松屋も大打撃を受け、それまでの家族的資本関係では復興新建築の資金は見通せず、9月3日には「解散に準ずる措置」をとり、従業員に一時帰郷を申し渡すほどであった。しかし、1924（大正13）年に増資し、1925（大正14）年5月に銀座店を開店するが、それはまさに「ノルかソルかの乾坤一擲のスタート」だったという。結果的には、この銀座店は白木屋の復興が後れる中で大成功を収め、1926（大正15）年上期から異常な成績を収めた[19]。

　これらの百貨店に比べると、白木屋の復興は大きく後れた。白木屋は700万円を超える被害に遭い、資本金を取り崩して対応することを余儀なくされる。白木屋の得意先は下町が多かったが、震災の被害は下町が大きく、それが白木屋の打撃を大きくした。しかし、最も苦労したのは震災後の復興計画（区画整理）が確定せず、本建築に取り掛かることができないことであった。仮設店舗での営業や特価販売では十分な利益を確保することができず、1926（大正15）年下期には欠損を出すありさまで、「二百数十年の歴史と伝統を持つこの老舗が、百貨店業界から姿を消すことになるかも知れなかった」ほどの「危機存亡の時代」を経験する。白木屋を悩ませた区画整理問題が決着するのは1926（大正15）年であり、白木屋はようやく1927（昭和2）年に本店敷地に新館の建築に取り掛かり、それを機に積極的経営に転じることになる[20]。

　要するに、百貨店は震災による大打撃の中から、積極的な経営によって回復

してゆくのであった。それは単なる復興ではなかった。「震災前とは全く面目を一新したる壮大なる建物、合理的なる施設を施し」たものとなり、「まさに復興以上の発展振りで、明らかにこの震災を画期として一大躍進をなした」のであった。その結果、「従来各百貨店が伝統的に持続けて来た店の特徴を放棄し、これまで、中産階級以上の占有機関の観があった百貨店をして、『安くて何でもある店』といふ主義に向はしめ」ることとなる[21]。

店舗規模が拡大すれば取扱い商品も拡大するが、それが下方への拡大、大衆化に向かうのは極めて自然な流れであった。高級品も店の権威のために必要であったが、百貨店の本業に恥じない大小各般の商品を網羅して、特に価格引下げ品を一般に提供する方向に舵を切る、「百貨店の性格の大衆的転回」であった。例えば、白木屋は1924（大正13）年の中元売出し期間中に「1割午前特売」を行うが、それが好評と見るや、日によって木綿デー、家庭用品デー、洋品デー、子供デー、洋服デー、婦人雑貨デーと特価商品を変え、大々的に新聞広告を行った[22]。しかも、「この大衆化は、期せずして各百貨店が歩調をそろえるようにして進められた[23]」のであり、それ以降、百貨店と小売商との対立が鮮明になってゆく。

この間、都市への人口流入は人口の郊外化をもたらした。百貨店はこうした人口の郊外化に対応しつつ、着実にその規模を拡大していった。この間の主要百貨店の売場面積の推移は**表8-2**の通りである。

表8-2　東京における既存百貨店の店舗面積の推移　　　　（坪）

	1922（大正11）	1925（大正14）	1927（昭和2）	1932（昭和7）
三越	8,961	4,900	9,661	16,177
白木屋	2,507	1,420	1,006	13,047
松屋	1,500	6,378	6,378	13,826
松坂屋	—	—	—	12,037
髙島屋	500	700	1,000	1,694
伊勢丹	—	600	600	5,600

（資料）　向井鹿松（1941）『百貨店の過去現在将来』同文舘、44頁。

三越と白木屋が1925（大正14）年に売場面積を大きく減じているのは、言うまでもなく関東大震災の影響による。特に白木屋の打撃は大きく、1927（昭和2）年になってもまだ回復していないのは、先に述べた事情による。しかし、いずれの百貨店も、後半期の1927（昭和2）年からの5年間には目を見張るような拡張を示している。震災復興に伴う百貨店の店舗規模の拡大がいかに凄まじかったかがわかる。

　これだけの拡大となれば、百貨店にとっては松屋ならずとも社運を賭けた事業といってよかった。百貨店間の「争覇戦が始まった」とされるゆえんである。そうなれば当然に既存市場を一層集約的に開拓するとともに、新市場を求めて事業を拡大することになる。前者を代表するのが、サービスの拡大、催事の充実、特価販売などとともに、下足預かりの廃止であった。生活必需品の販売は、当然にそれまでの百貨店の顧客層とは違った人びとをひきつける。そうした大衆を呼び込むため、1925（大正14）年5月、松屋銀座本店が下足預かりの廃止に踏み切った。これを受けて、東京の各百貨店はたちまちこれに追随し、下足廃止が一気に拡がった。そにによっては百貨店が「近代経営の軌道に乗った」と言われるほどの画期的な出来事であった[24]。後者の新市場進出には支店・分店の開設、配達区域の拡張、郊外電車のターミナルへの販売店設置、通信販売、出張販売などがあげられる。

　こうして「百貨店独特な先鋭的方策」を採用したため「一般経済界の不況に悩む一般小売商は、この百貨店の簇出、地方進出、その先鋭化した営業政策に縮み上がつた[25]」のであり、それが百貨店対小売商の対立が激化させ、反百貨店運動につながってゆくことになる。

　すでに第2章でみたように百貨店に対する反対運動は百貨店の同業組合への加入問題として始まったが、この問題は、1927（昭和2）年から1928（昭和3）年にかけて、政府が百貨店に同業組合法第4条の但書きを認め、百貨店は業種ごとの同業組合に加入する必要なしとしたことによって小売商側の敗北の形で決着した。それ以降、反百貨店運動は百貨店の商品券と廉価販売（囮販売）の禁止を求める方向に転じてゆくが、中小小売商はここでも期待した成果を収めることはできなかった。

　折しも、1928（昭和3）年は東京商工会議所における議員改選期に当たって

おり、連合会が代表を送り込むことを決定、これに対抗して百貨店も代表を送り込むことになった。その結果、東京商工会議所ではことごとに両者が対立し抗争を続けることになったという[26]。それだけに、これ以降の東京商工会議所の意見は、基本的に中小小売商の意見を代表しながらも、内部において百貨店との意見のある程度の「調整」を得たものとなったと見てよいだろう。その点、同じ小売商を代表する団体と言っても、同業組合が中心となった実業組合連合会とは性格が異なることとなる。

同業組合問題に端を発し、商品券問題へと飛び火した百貨店に対する反対運動の盛り上がりは、1930（昭和5）年には「百貨店大乱戦時代」とまで称され、百貨店対小売商問題は「商業界の大問題と化して紛糾、議論百出、将に両者の確執を危険視せざるを得ないまでに進展するに至った」のであった[27]。商品券撤廃期成同盟会は、1931（昭和6）年6月に256商店からなる「東京府商店連合会連盟」の結成へとつながり、これらの団体は政府当局への嘆願陳情を開始するが、それが功を奏さないと知るや、積極的に独自の政治運動を展開するようになる。こうした動きは決して東京だけではなかった。大阪では1931（昭和6）年3月に「大阪小売商擁護連盟」の呼びかけによって「全日本商工党」が結成されたほか、名古屋でも「中産連盟」が結成されている。そして、これらの小売団体の激しい運動が小売商問題への注目を集め、各方面からの救済策の提案に結びついてゆくことになる[28]。

3　百貨店の拡張と百貨店間競争の過熱

3-1　百貨店の拡張

東京での百貨店の大拡張と並行して、1919（大正8）年頃から地方都市での百貨店の誕生に拍車がかかるようになる。その結果、1930（昭和5）年時点で、三越、白木屋、松屋、松坂屋、髙島屋、大丸、十合の7大百貨店のほか、東京では伊勢丹、布袋屋、丸菱、新宿松屋、武蔵屋、大阪では阪急、京都では京都物産館、横浜では野澤屋、松屋、札幌では今井、仙台では藤崎、金沢では宮市、富山では岡部、福岡では紙興、玉屋、弘前では吉川、岡山では天満、鹿児島で

は山形屋が百貨店として挙げられている[29]。百貨店と中小小売商との対立は、もちろんその強度の差はあるものの、全国に拡がっていった。

では、その百貨店はどれほどの売上高を記録したのか。百貨店は売上高の概数すら公表しておらず、正確な数字は確認されていないが、当時から目安として紹介されていたのが**表8-3**である。ここでの売上高は売上利益率を16％と仮定して逆算されたものであるから、売上利益率の想定が異なれば推定売上高も異なるのは当然である。実際、例えばダイヤモンド社は売上利益率を17％と仮定して推計している[30]。

表8-3　主要百貨店の売上高（推定）の推移　　　　　（単位：千円）

	1926下	1927上	1927下	1928上	1928下	1929上	1929下	1930上
三越	39,382	40,155	44,553	45,378	47,299	44,643	42,837	41,268
白木屋	7,445	6,160	5,698	5,747	9,043	12,550	15,250	13,475
松屋	15,665	14,747	16,066	16,127	17,654	15,643	14,862	12,687
髙島屋	10,169	9,874	10,531	10,606	12,006	12,062	13,406	12,843
大丸	19,023		26,804		32,525			

《出所》朝日新聞政治経済部（1930）『中小商工業の話』朝日新聞社、60-61頁、および東京商工会議所（1929）『我国に於ける百貨店対小売店問題に関する調査』、9-10頁より作成。

長期物価統計によれば、今日の物価指数は昭和初期のほぼ710倍であるから、三越の年間販売額が今日の水準でほぼ600億円程度に相当するものとみられる。消費財の市場化の程度を含めて考えれば、これはかなり膨大な数値だと考えてよい。百貨店はそれ程急速に消費者に受け入れられていったのである。

中でも三越の突出ぶりがよくわかる。白木屋の売上高が少ないのは、関東大震災からの復興の後れを反映している。そうした個別の事情はあるものの、全体としてみれば、百貨店の販売額は年々増加傾向にあり不況下でもそれほど落ち込んでいない。それでも、この時点ではまだ東京周辺の百貨店の販売額は小売販売額の1割にも達しておらず、その影響はなお「軽微」であるともいえた。反百貨店運動が燃え上がった1930（昭和5）年にして、「現在の情勢を以て推移するならば、必ずや近い将来に於て数割を占めるに至ことは想像に難くな」く、それゆえ「真の百貨店対小売商問題は現在より寧ろ今後にありといふべきであ

ろう」とみられていた[31]。

こうしてみれば、この時期の百貨店は少なくとも売上高から見る限り、極めて順調であったように見えるが、実際にはそうとも言えなかったようである。例えば、百貨店協会の伊藤重四郎の推計とされる**表8-4**は、百貨店の売上増加がほとんど百貨店の増加によるものであることを示しており、その結果もあって1店当たりの売上高は大きく減少していることがわかる。

表8-4 東京市における小売売上高の推移

	商店数		売上高		1店当たり売上高	
	小売計	百貨店	小売計	百貨店	小売店	百貨店
1922年	79,412	5	1,090,854	97,848（8.97%）	12,497	19,688
1931・32年	156,244	36	960,067	235,678（24.54%）	4,636	6,546

（資料）　上林正矩（1936）「中小商業と百貨店法制定の問題（一）」『東京市産業時報』第2巻第8号、13頁より作成。但し、原資料は伊藤重治郎の調べによる。

起点となっている1922（大正11）年は戦後恐慌からようやく立ち直ろうとした時期であり、その翌年に関東大震災が発生している。1931（昭和6）年は昭和恐慌直後であり、この間に小売商店数はほぼ2倍近くに増加しているのは、繰り返し指摘している大量の流入による。小売販売額の減少はこの間の経済不況のすさまじさを物語っているが、1店当たりの売上高の減少は、同時に流入した小売商の零細さをも表している。その中で、この間に百貨店は5店から36店に大きく店舗数を伸ばし、売上高も2.7倍に達しているが、1店当たりの売上高は3分の1にまで減少している。既存の百貨店が大拡張したにもかかわらず、この数値だということは、それだけ新設の百貨店が圧倒的に小規模であったことを意味している。しかし、それでも小売売上高に占める百貨店の割合（これは当時「重圧率」と呼ばれた）は9％からほぼ25％へと大きく伸びたのであった。

こうした百貨店の急成長は、百貨店への新規参入と既存百貨店の支店・分店の開設の2つの側面から進んだ。新規参入には電鉄資本による百貨店への参入と他の小売資本からの転換が含まれる。電鉄資本による参入はターミナル型百貨店という新たな形態を生み出すが、その嚆矢となったのは1920年（大正9）

年に大阪の梅田に開店した阪急とされている。この店舗は阪急にとっての実験店舗で白木屋の出張所として運営されたが、1925（大正14）年に契約期間終了を機に阪急マーケットとして運用を開始、1929（昭和4）年には地上8階地下2階、延床面積3,280坪のビルに大改装し、本格的な電鉄によるターミナル百貨店の途を開始した。東京でも、東横電鉄（現東急）は渋谷で1927（昭和2）年に食堂営業を開始したが、1934（昭和9）年には東横百貨店となっている。

　他の小売業からの参入は、1927（昭和2）年の武蔵屋新宿店が呉服店として最初のターミナル百貨店を開設、1931（昭和6）年には東武鉄道浅草駅に松屋浅草店が開設された。こうした百貨店への新規参入の結果、百貨店の企業数は1913（大正2）年にはわずか8、大正9（1920）年でも15であったものが、1931（昭和6）年には35にも急増した[32]。そうなると、百貨店相互の競争も激化せざるを得ない。百貨店は泥沼ともいえる過激な競争に入り込み、その煽りを食う形で中小小売商との間の対立も一層激しくならざるをえなかった。

　いま1つは既存百貨店による支店・分店である。東京を中心とした大都市への人口の流入は都市の郊外部への拡張をもたらすが、百貨店はそれに対応するように積極的に郊外に進出した。こうした支店、分店の設置は、一面では百貨店の新市場の開拓であるが、それは他方では百貨店の大衆化を加速させることになる。郊外に成立する新市街地の住民は、それまで百貨店が中心部で対象として来た富裕層や広範な中間層とは性格を異にする階層だったからである。郊外店舗においては取扱い商品も自ずから変わってくる。例えば、1930（昭和5）～1931（昭和6）年の東京市における百貨店の商品群別の販売額比率を見ると**表8-5**の通りである。参考までに、名古屋市のものも掲載されている。

表8-5　商品群別百貨店販売額構成比（東京市、名古屋市）

		総　数	食料品	住居品	衣装品	文化品	燃　料	生産用品
東京	大東京	100.0	12.4	10.2	55.7	19.9	0.3	0.3
	旧市域	100.0	11.3	10.2	57.7	20.0	0.3	0.3
	新市域	100.0	32.3	10.4	37.9	18.3	0.8	0.3
名古屋		100.0	12.7	6.6	66.8	13.5	0.0	0.2

（資料）　中西寅雄（1938）「百貨店対中小小売商問題」中西寅雄編『百貨店法に関する研究』同文舘、36頁より作成。

一見して明らかなように、新市街地において食料品の割合が極めて高くなる一方、衣装品、文化品の割合が低くなっている。このことは、新市街の百貨店が取扱い商品の比重を食料品などの最寄り品に置かざるを得なかったことを意味している。中西寅雄はこの点を特に「周辺百貨店の市場化傾向」と呼び、この「市場化傾向こそは、一般小売業者との摩擦を激化するもの」だと指摘した[33]。いわゆる百貨店の大衆化は既存百貨店の取扱い商品の拡張と百貨店の郊外化によって一層強化されたのであった。

関西ではどうだったのか。上と類似のデータは確認できないが、村本福松は京阪神3都市の百貨店を対象とした売上高を、1934（昭和9）年を100とした指数として表8-6の通り示している。

表8-6　京阪神における百貨店売上高の推移

	1925	1926	1927	1928	1929	1930	1931	1932	1933	1934
全体	60	73	77	95	97	92	83	86	92	100
呉服類	65	79	94	112	113	103	97	95	94	100
洋服類	46	56	60	74	78	74	74	80	88	100
家具類	49	63	56	82	86	84	85	86	94	100
第一雑貨	53	67	73	91	91	89	83	84	93	100
食料品	58	72	70	90	96	87	85	86	91	100

（資料）　村本福松（1936）「最近十ケ年間に於ける百貨店経営の推移」『経営研究』第5巻第4号、第1表（4頁）、第2表（7頁）より作成。全体については小数点以下第1位まで示されているが省略した。

村本はこの表から、この10年間の前半期と後半期がまったく別であることを読み取っている[34]。いずれの分野を見ても、1929（昭和4）年から1930（昭和5）年頃までは順調に売上高を伸ばしたのに対して、1930（昭和5）年、1931（昭和6）年は世界的な大恐慌の煽りを受けて売上高を大きく減少させている。百貨店の中心ともいえる呉服に至っては、1934（昭和9）年においてもなお、ピーク時の1929（昭和4）年まで回復していない。しかも、この間、経費は業績の不振にもかかわらず漸増しており、1930（昭和5）年からの数年間はまさに「百貨店経営の実質的受難時代」であったという。もちろん、この時期は一般の小売商にとっても受難期であったが、百貨店が一人その埒外にあったわけ

ではない。そのことから、村本は「今日に於て特に独立小売商経営を危機に誘ふほども百貨店経営の上昇的繁栄を実現しつゝあるものとも考へない」と結論づけている。百貨店の売上高は大きく減少し、恐慌以前に状態に復するのはようやく1933（昭和8）年になってであった。

　関西でもちろん金融恐慌と昭和恐慌の影響を受けた。髙島屋は大阪では石鹸、足袋などの必需品をトラックに積んで廉価販売に乗り出した。さらに、1926（大正15）年に長堀店で始めた「何でも10銭均一店」は高級品のイメージの強かった髙島屋の大衆路線を開き、1930（昭和5）年に開設した南海店の目玉売場となった。この均一店はその後、1931（昭和6）年8月の野田阪神、大正橋を皮切りに、翌1932（昭和7）年7月までの1年間に51店舗を開設した[35]。百貨店もまた、不況に対して懸命に立ち向かっていたのである。

3-2　百貨店間の「過当競争」

　こうした百貨店の店舗拡張は必然的に百貨店間の競争を過熱させる。「今日の如き不況期に於て当面の対策としては、結局、存する購買力に適応することが商品販売者として採るべき方策であり、これを除いては他に良策は存し得ない[36]」のだから、百貨店はあらゆる手段をもって消費者に接近しようとする。

　その具体的な表現の1つが顧客層の拡大であるが、取扱い商品の大衆化だけではなく、より直接的な顧客吸引手段を生み出してゆく。旧市街地に立地する伝統的な百貨店はターミナルから離れているのが普通であった。そこが一大繁華街として買い物客を吸引してきたのであるが、ターミナル型の百貨店が登場するようになるとこの距離は競争劣位を象徴するようになる。それをカバーするために導入されたのが顧客送迎バスである。三越は1920（大正9）年から東京駅と本店との間に送迎バスを開始し、松坂屋も1925（大正14）年の銀座店の開店とともに新橋駅、有楽町駅と銀座店との間に送迎バスを導入した。そのほか、松坂屋が1929（昭和4）年に上野駅、万世橋駅と上野店の間に、白木屋が1927（昭和2）年に東京駅と本店の間に、髙島屋が1930（昭和5）年に東京駅と本店の間に、松屋が1930（昭和5）年に東京―銀座本店―新橋間にというように、百貨店はあげて無料送迎バスを導入している。そのほか、三越では地下鉄各駅から三越前までの無料乗車券を配布するなど、顧客の足の確保に積極的に

取り組んだ[37]。その結果、顧客送迎バスは東京の5大百貨店（三越、白木屋、松坂屋、松屋、髙島屋）で、1932（昭和7）年頃、使用台数53台、1日の平均顧客吸引数は4万6,000人に達したという[38]。

顧客誘引のより強力な手段は低価格販売である。百貨店の不当廉売は、中小小売商が当初から商品券問題とともに重要視してきた問題であった。実際には何をもって不当廉売とするかについて決定的な判断は難しいが、一般的に「不当廉売」は仕入れ価格を割って販売することと考えられていた。百貨店の仕入価格自身が低い場合には、百貨店は一般小売商の販売価格よりも低い価格で販売してもなお利益をあげることはできる。それを根拠に百貨店側は不当廉売は行っていないと一貫して主張していた[39]。実際、百貨店の仕入価格は一般小売商のそれよりも低いことはしばしばあった。

例えば、村本福松は皮革製品、缶詰食料品、服飾雑貨（足袋）について、卸売価格と仕入価格、取引条件を詳細に検討した結果、百貨店が小売商よりも有利な条件で仕入れている事実を確認し、それが小売商困窮の原因となる場合があることを認めた。しかし、百貨店がこうした有利な取引を行いうるには、概して①百貨店との取引では百貨店の商標が付せられることが多いが、小売商との取引では生産者・卸売商の商標が付せられる、②百貨店との取引では数量、信用、回収率等の関係で同一商品でも価格は安くなる、③百貨店は特売時には労力的援助をする、④百貨店との取引によって商品の改善上教えられるところが大きい、⑤百貨店は宣伝力に優れている、といった理由によるのであり、「社会政策的意味を交へない別の見地からは、右の相違の存在を以て蓋し止むを得ないものと云うこともできる」と指摘している[40]。

一般小売商が特に問題としたのは、廉売が時間限定、数量限定で行われたことによる。時間と数量を限定した囮販売は「多くの百貨店の常套手段」であり、たとえ問屋や生産者から特別価格で仕入れたものであっても「不合理な販売方法」だとする見方はもちろんあった[41]。しかし、何をもって不当廉売とするかは難しく、「原価以下での販売が、常に合理的であり得ないことは勿論」であるとしても、「原価以下の販売を、全然行ふべからざるものとして禁止するが如きは必ずしも正当ではない」というのが大勢であったように思われる[42]。当の百貨店自身は、時間限定、数量限定の低価格販売を実施していることは認め

るが、それは「社会奉仕的廉売」であり、しばしば生産者や問屋を巻き込み、低価格で仕入れた上で薄利ないし時には無利益で行うものだと主張した。

こうして、「夜間営業、元値を切る濫売、格安品売出し、均一品売場の設置、無料配達区域の拡張、自動車による送迎、演芸、展覧会により顧客吸引策等」実に多彩な方法での競争が繰り広げられ、「（昭和）6年の上期頃には百貨店の競争は最高潮に達した如くであった」という[43]。それは当然に百貨店の収益を圧迫するばかりか、中小小売商との対立も激化させ、やがては政府による百貨店問題への介入をもたらすことになる。しかし、その前に、こうした百貨店の積極的な事業展開のなかから、出張販売について、項を改めて見ておくことにしよう。

3-3 百貨店の出張販売

百貨店の出張販売の起源を特定することはできないが、三越は三井呉服店時代の1900（明治33）年に新潟県長岡地方に出張販売を行い、白木屋もまた1905（明治38）年に新潟、長岡、高田に、翌1906（明治39）年には北海道に出張販売を行っている。これらは相当初期の事例であるが、この時期の出張販売はもっぱら地方の上流階級を対象とした高級呉服が中心で、地方の中小小売商への影響はほとんど見られなかった[44]。百貨店による出張販売が転機を迎えるのは1923（大正12）年の関東大震災以降である。既に述べたように、百貨店はこれを境に大量販売主義に転じて支店・分店の増設に力を注ぐようになり、百貨店の出張販売はその範囲を拡大し、大都市から次第に中小都市へと及んでゆくことになる[45]。

百貨店の出張販売については、堀新一が1932（昭和7）年8月1日現在で、全国の百貨店と自治体に対して行った詳細な調査があり、堀自身、その調査を基にして多くの研究論文を発表している。以下はその堀の一連の研究に負うところが大きい。

出張販売の特徴は何といっても場所的、時間的、商品面での可動性にある[46]。常設店舗と違って、百貨店が自らの意志で場所を選び、季節を選び、期間を選び、商品を選ぶことができる。百貨店の出張販売が初期の呉服に限られていた頃、季節の変わり目に多く開催されており、その社会的機能は「地方の季節的

需要の充実」にあるということもできた[47]。この頃までは、出張販売は百貨店自身のマーク（ブランド）の宣伝を目的とし、百貨店のマークが確立すると将来的にはそれを利用した通信販売などに道を開く狙いがあった。しかし、関東大震災以降の継続する不況の中で、出張販売は次第に「ストック所分的意義」を強く持つようになってゆく[48]。在庫処分的な性格は不況下での積極的投資によって百貨店が過剰となったことの必然的な結果であるが、こうなれば「出張販売は不況時代に於ける百貨店のもがきである」といわれることになる[49]。

　不況下での百貨店の出張販売の拡大は、出張販売のあり方を変えてゆく。すなわち、出張販売が開催される頻度が高まり、1回当たりの期間も長くなる。さらに、出張先は比較的大都市から地方の中小都市にひろがり、それに伴って取扱い商品も「大衆化」する。そうなれば、出張先での中小小売商との直接的な競合が強まることにならざるを得ない。中小小売商はこれに対して当初は犠牲的な特売などによって対抗した。それは一定の効果はもったものの、必ずしも満足する成果をもたらすことはなく、その結果、会場となる公会堂などの不貸与などを求める運動などに転じ、それも十分な効果が上がらないとなると地方当局への陳情といった消極的な反対運動に転じるようになる[50]。

　百貨店の出張販売が地方の激しい反対を受けるようになるのは、その回数があまりにも頻繁になった1930（昭和5）年の昭和恐慌以降のことである。その中で、十合京都店では、滋賀県彦根市での会場借り上げが困難になったとして、琵琶湖の遊覧船を借り上げ、「十合百貨船」として船上開催を行った。これを見れば、両者の対立は先鋭化したように見えるが、他方、大津市では反対する地元商業者と協議を重ねるなか、1階を地元商店20数店の連合売場、2階を十合の売場とする共催を実現している[51]。

　百貨店の出張販売が地方の中小小売商にマイナスの影響を与えただけではないという点は公平のために触れておく必要があるだろう。百貨店の販売品の付属品の売上が伸びたなどというのを別にしても、それによって小売店組合が結成が促されたり、商店街を含め小売店相互の連絡協調が促進された例は決して少なくない。堀新一の調査によれば、271都市の内47都市で百貨店の出張販売を機に小売店組合が新設されており[52]、百貨店との競争が今日でいう中小小売商の近代化意欲を刺激する側面を持ったことは間違いない。

出張販売が可能なのは比較的大きな地方都市ではあったが、百貨店が攻勢をかければかけるほど、そこでの地元店との競争は激しくならざるを得ない。地方の経済も不況下で苦しんでいるため、百貨店の担当者は売り上げ確保に「懸命の努力」を行い、「新奇なる方法」をさまざまに開発し、それがまた地方の中小小売商に反発を強めたという。

　しかし、そこまでしても出張販売は百貨店にとってそれほど大きな利益をもたらしたわけではないという指摘もある。上林正矩によれば、百貨店の出張販売1回の売上高が1万円として、粗利益率が15％であれば粗利は1,500円となるが、会場費500円のほか、出張販売員の旅費等を勘案するとほとんど利益は残らない。「百貨店は地方都市から可成の購買力を奪取し乍らも百貨店全体の総利益の何パーセントにも値しない現状」だという[53]。

　1932（昭和7）年頃には、「利潤を挙げて居るのは髙島屋のみ」といわれるほどで、実際には「他店牽制策として続行せられて居た」という。それだからこそ、後述する同年の自制協定でいとも簡単に出張販売の終了を宣言することができたともいわれる[54]。実際には事態はそれほど簡単ではなかったが、この点は後述する。

4　百貨店問題と小売制度改善案

4-1　商工審議会「小売制度改善案」への反発

　1927（昭和2）年4月に成立した田中義一内閣は5月に「商工審議会」を設置し、不況下にある商工業の欠陥調査、改善振興策の立案等を委嘱した。同審議会に設けられた第三特別委員会は翌1928（昭和3）年10月、「消費経済改善策」を決定して商工大臣に答申した。しかし、「この段階では商工審議会の問題意識は、流通経路の短縮、共同購買機関の普及改善、商品の標準化・単一化、消費の節約など流通機構の合理化や消費経済の合理化に向けられていて、中小小売商の窮迫を直接対象としてとり上げ、その救済をはかることに向けられていなかった[55]」のである。それが昭和恐慌以前の状況であった。

　1929（昭和4）年4月に成立した濱口雄幸内閣は商工審議会に対して、「消費

経済の合理化と小売商の救済策は如何」を諮問、同審議会第三特別委員会は同年12月に「小売制度の改善に関する方策」を公表した[56]。その内容については、すでに第4章で見たので繰り返さない。要するに、進んだ大規模小売商を抑圧することがあってはならず、共同事業によって中小小売商の経営の合理化を図るというものであった。しかし、これは「中小小売商が期待した百貨店の規制や減税などの直接的な救済策ではなかった。そのため中小小売商の不満と失望は大きく、中小小売商諸団体からの非難攻撃が続出」することとなった[57]。

例えば、東京実業組合連合会は、この改善案は「何れも実現至難にして偶々其の実現を見るも徒に小売業界を撹乱するのみに止まり、小売業の繁栄上顕著なる効果を齎すべきものは一として見出す事能わず」と強く批判した[58]。すなわち、「政府の意志は小売業者が其の実現に賛同すれば、その小売業者に相当の便宜を与へるが、若し之を聞かなければ、その小売業者は自助自衛の精神を欠如して居る無理解の徒であるから之は容赦なく淘汰する」というもので、「結局、我が小売業界の現状に於ては少数の優秀小売業者を援け、かゝる組織に参加不可能なる大多数の中小小売業者には殆ど実益が無く、寧ろ自然淘汰を加へるといふこと」と解釈したのである[59]。

これに対して、商工省当局者は「該案はその劈頭に断ってある通り一般小売商に比し一歩進んだ百貨店等の大規模小売商を抑圧することなく、遅れたる中小々売商をそれ等と併立して行き得るようにすること、並に徒らなる救済のみに堕せず且つ消費者の利益を害せざるようにすることの趣旨から立案されたもので、何人と雖もあの案以外に実行的の案は樹てようがない。」として、実業組合側の主張を斥けた[60]。

東京商工会議所もまた政府の小売制度改善策に反対を表明する一方、業界代表者の意見を聴取して1930（昭和5）年2月、概略以下の独自の改善策を作成し、商工省に建議した[61]。

小売制度改善案（東商建議　要旨）（1930年2月）
1　資金難より小売商を救済するため速やかに中小商工業金融の改善施設を講ずること。
2　小売商の発展を妨害する百貨店商品券を撤廃すること。
3　現行重要物産同業組合法中左の点につき改正すること。

(1) 百貨店の同業組合加入に関する除外認可を撤廃して百貨店にも等しくその拘束を加うること
　(2) 組合費の強制徴収を認むるよう政府は行政上の手段を講ずること。
 4　内地品に関する不正競争防止法の制定を必要とすること。
　　内地品に関する不正廉売には取締規定なき故に弊害常に甚だしきものがある。

　こうした業界からの批判はあったが、1930（昭和5）年5月に開催された商工審議会総会において「中小小売商をして大規模小売商と同列に進ましむることを主眼とし、これに自助自衛の精神に基づき助長善導の途を講ずる方針である」との先の「改善案」の基本理念が再確認され、若干の修正のうえ、ほぼ原案通りに承認された[62]。中小小売商側から見れば、先の同業組合加入問題で敗北したのに続いて、今回もその要望が受け入れられないという不満が残ることになり、それがその後の反百貨店運動にさらに拍車をかけることになる。

4-2　小売制度改善案に対する評価

　この小売制度改革案に対しては、小売業界からはさまざまな意見が寄せられたものの、学界を含む一般の眼はその考え方を基本的に支持するものが大半を占めた。

　例えば、村本福松は上記「制度改善案」が発表されるより前の1929（昭和4）年6月に、百貨店問題が社会政策的見地から論じられることに強い警鐘を鳴らしていた[63]。「社会政策は、階級間の闘争を避け、その調和統一によって、社会の進歩を図らんとする政策」であるが、百貨店の進出は果たしてそれほどまでに階級闘争を激化させるのかと疑問を呈する。「吾人は、大資本を以てする小資本の征服を、事情の如何に関せず、是認せんとするものではなく、唯その征服が、国民生活の繁栄と幸福とを、積極的に増進する場合には、これを社会進歩の自然の成行きとして、是認せらるゝほかはないと考へる迄である。蓋し、人が企業し経営することは…その企業し経営するものゝ、権利として行はるべきものではなく、その企業し経営するものゝ、社会に対する義務として遂行せらるべきものであるから、その責務の遂行に欠くところあるに及んでは、もはや企業し経営する資格を喪失せるものと云ねばならず、又従つて、企業者たり

経営者たる資格を喪失せるものが、社会問題呼ばゝりをなし、社会政策的方策を要求するなどは、聊か的外れと評する外はないからである。」

問題は国民生活の繁栄と幸福の観点から論じられるべきであり、そのための努力を怠る小売商の擁護は論外だというのである。そうした観点からすれば、問題の根本は小売商が過多の状況にあることであり、そうだとすれば一定数の小売商が淘汰されることは避けられず、しかもそれが合理合法の手段をもって行われ、国民生活の繁栄と幸福に寄与するものである以上、その淘汰は「忍ばれるべき犠牲」であるというべきだというのであった。

平井泰太郎もまたほぼ同様の見解を述べている。「如何にも不合理なものが一方にあり、他方には時代の波に乗つたものがある」状況で、「他力本願で、不合理で出来上がつて居る小売業を保護或は助長すると云ふのではなく、もう少し合理的に市場の整理をして行くと云ふことに向かはねばならない」という[64]。また、少し下って1933（昭和8）年になるが、次のようにも指摘している[65]。中小商業者救済、助長、振興策として種々の提案があったが、「元来、中小商業者の窮乏自体が、一般的社会情勢の変化に伴ふ経営の非適当化と言ふことに根本があるのであるから、…（中小商業者救済、助長、振興策―石原）の提案は、不可能に近きもの、又は無効なるものが少くなかつた」として、中小小売商の経営が時代の要請に合わなくなった現実をそのままにしたうえでの救済策そのものが非現実的であると主張したのである。

向井鹿松も同様である[66]。「配給組織の改造に伴ふ脅威を受くるものは小売商丈でなく、凡ての商人がそう」であり、「消費者の要求するサーヴィスを提供する経営を存続しても然らざる経営の存続する社会的理由は存在しない」とした上で、今日の小売商問題を「中産階級政策として論ずるか、又経営問題として論じつつあるか」と問う。大資本家の経営する百貨店、連鎖店によって中産階級が其職を失ひ路頭に迷ふとすればそれは由々しき社会問題であるが、今日東京に於ける百貨店の売上高は消費者の購買高の一割内外であり、「吾人は我国の如く人口増加の年々夥しき国に於て、僅か一割の売上高ある百貨店が幾何小売店を破産に導きつゝありや、之を知るに苦しむ。」その上で、「若し他の経営の為に真に其の存在が脅かされるものとすれば、そは彼等の経営が当を得ないからである。…経営を合理化せず、換言すれば費用の低下、サーヴィスの

向上を考へず徒に旧式の経営法を固守してその死滅を待つは決して賢明の策ではないのである。…小売商店主の自力による対抗策こそ消費者に負担を加へずして、而も彼等が自ら永く生きる道ではないか」と、小売商自身による積極的な経営改善を求めた。

中西寅雄もまた「社会政策的見地」の名の下に「経済的により高度のもの、より合理的なるものゝ発展を阻止すべきではな」く、「経済的に合理的なもの、より高度なものに逆行せんとする政策は、単なる救貧に止まるか、又は所期の目的とは異なる効果を齎す」との立場を堅持した[67]。

これ以上、学界の声を聴く必要はないだろう。これでおおよその意見を知ることはできる。時期は多少前後しているが、すべて小売制度改善案と基本的に同じ立場に立っている。最後に、新聞の評価の一例として、『大阪時事新報』を見ておこう。同紙は1930（昭和5）年2月8日から11までの4日間、「小売制度改善論争　商工審議会案を中心に実際如何に落ち付くか」と題する連載記事を掲載した[68]。その中で、概略次のように述べた。小売商側は制度改善要綱に反対するが、「小売商を救済するということからのみ出発すると問題の解決は非常に困難で殆んど手のつけようがない、審議会案は根本に於て立案の趣旨が弱小々売業者の整理淘汰にあるが故に反対であると言って居るが、我国の小売商そのものの実体を理解すれば弱小々売業者の整理淘汰を抜きにした改善案を生み出すことは全く以て不可能である」と指摘する。さらに「今日の如き国民生活革新時代に弱小々売経営が絶対自由競争の状態の下に散在的に存続し得ると考うるは余りに時代錯誤である、若し整理淘汰を行わざる救済策が実施され得るならば既存の小売業者ほどボロイものは世界のいずこにも発見し得られぬであろう」。

要するに、多数の零細小売商を傘下に抱える実業組合はそのすべての救済を求めるのに対して、外部の眼は弱小業者の淘汰をも含めた流通の効率化を求めたのである。あまりにも多数の小売商が参入した結果としての零細過多、その結果としての非効率性を打破することは何としても必要であったし、そのためには中小業者の共同化は欠くことができなかった。その共同化にさえ参加できないというのであれば、その小売商が淘汰されるのもやむを得ない、否過剰参入という現実からすれば、まさに「過剰」な小売商が整理淘汰されることは、

受忍すべき犠牲にほかならないというのであった。

5　中小小売商の困窮

5-1　百貨店の重圧率

　1930（昭和5）年といえば、前年10月にアメリカのウォール街で発生した大恐慌の影響が日本にも波及し、経済は大混乱に陥っていた。「中小小売商の窮迫はその極に達し、夜逃げや倒産が続出した。こうなっては合理化政策どころではなかった。巷には救済政策を訴える大合唱が響き渡った。[69]」反百貨店の運動は翌1931（昭和6）年には政治運動的な色彩を強め、多数の都市小ブルジョア政党が結成され[70]、「職業的運動家が只運動の為に之に加はるに至り問題は徒に紛糾を加へて往く」事態となってゆく[71]。そして、翌1932（昭和7）年5月頃には「政治的色彩を帯び重要な社会問題」と理解されるまでに至った[72]。その中で燃え上がった反百貨店運動は「理由の如何を問はず、又事の軽重を考へず、只管、百貨店抑制、若くは其営業に対し不便を蒙らしむべき諸方策が次から次へと提案」されるに至り、その種類は「応接に遑がない程の多様性と不合理性」をもち、まさに「手段を選ばざるの概」があると言われるほどであった[73]。

　百貨店の成長が時代の要請に適合していたとしても、中小小売店の側からすれば、それだけ売上が奪われることを意味していた。では実際に百貨店はどれほどのシェアをもっていたのか。当時これは「百貨店の重圧率」と呼ばれていたが、最も一般的に引用されるのは、東京市が行った商業調査（旧市域は1931年11月15日、新市域は1932年11月末日）である。ここでも以下、同調査によってその概要を簡単に見ておく[74]。

　まず総括的に全体的傾向を見ると**表8-7**の通りである。

　この表から次の2点が明らかとなる。第1に、当然のことながら、重圧率は商品分野によって大きく異なる。百貨店が主として買回り品を中心に取り扱っていることから、衣装品の比率がとびぬけて高くなっている。しかし、食料品についても9%を超えるシェアをもっているのは、百貨店の「市場化傾向」の表

表8-7 百貨店の重圧率（1932年）

	総数	食料品	住居費	衣装品	文化品	燃料	生産用品
東 京	25.1%	9.1	19.8	55.1	28.5	3.6	2.0
名古屋	15.6%	5.5	6.6	44.4	15.3	0.1	0.9

（資料）中西寅雄（1938）「百貨店対中小小売商問題」中西寅雄編『百貨店法に関する研究』同文舘、31-32頁より作成。

れである。第2に、名古屋に比して東京の重圧率が高くなっている。東京において百貨店の成長が急激だったことを物語っている。この東京の数値は、東京市全域のものであるが、そのことはより子細に見れば、東京の旧市域と新市域では事情が異なるであろうことを暗示している。

　商品分類をより細分し、旧市域と新市域に分けて求めた重圧率を、全市での重圧率の高い順に並べたのが**表8-8**である。

　百貨店の主力業種ほど旧市街と新市街での差が大きいことが分かる。旧市街に限っていえば、百貨店の主力商品である織物・被服類については、7割近いシェアであり、洋品・小間物類でも6割近くに達している。それに比べれば、最寄り品のシェアは確かに低い。しかし、それでも鳥獣肉類は旧市街では4分の1を超え、その他飲食料品や魚介類、菓子・麺麹類でも15%を超えている。そのことは旧市内でも百貨店がこれらの商品に力を入れ始めていたことを物語ると考えてよい。

　新市街地における百貨店の市場化傾向は先に指摘したが、その点からすると、百貨店の新市街における最寄り品のシェアが低いのは若干奇異に感じられるかもしれない。しかし、それは基本的に新市街への百貨店の進出がまだ限定的であることを反映してのことである。

　この数値を見る限り、百貨店が小売商に与えた影響が極めて限定的であった業種が存在することは確かである。しかし、他方で見れば、有力商店街の核をなしていたであろう織物被服類を筆頭に、極めて大きな打撃を受けた業種があることもまた事実であった。しかも、百貨店が業種を拡大しながら郊外化を進出するとなれば、今まだ影響の少ない業種、少ない地域にあっても、明日は我が身となる可能性を秘めた問題であった。中小小売商にとっては、たとえまだ百貨店の影響がそれほど大きなものではなかったとしても、百貨店問題は決し

表8-8 東京における百貨店の重圧率（市域別、小分類）

重圧率	商 品 分 類
高い商品 (40%以上)	織物・被服類61.6 (69.8, 20.1)、建具・家具・指物類51.1 (58.9、11.9) 小間物洋品類50.6 (59.5、23.7)、玩具・運動用具類50.2 (55.4, 20.5) 履物雨具類41.7 (52.4、14.7)
中程度の商品 (20-40%)	度量衡・機械・時計類39.4 (41.1、25.8)、皮革・擬革製品34.5 (36.0、15.2)、畳・金物類31.9 (40.7, 19.5)、陶磁器・漆器類30.1 (47.0、7.6) 薬品・化粧品類29.4 (36.9、13.8)、綿糸・編物類24.3 (30.3、8.6)、その他22.1 (25.6、11.5)、紙・文具類22.0 (24.9、6.7)
低い商品 (20%未満)	鳥獣肉類19.9 (26.6、7.1)、その他飲食料品15.2 (18.2、10.7) 緑茶14.7 (15.7、13.2)、電気・瓦斯・機械器具14.6 (15.9、8.4)、魚介類13.4 (18.4、6.5)、菓子・麺麹類11.5 (15.3、6.3)、氷10.0 (9.4、3.6)、新聞・図書類10.0 (12.5、1.8)、金属材料・金属器具8.9 (9.5、6.5)、蔬菜・果物類7.9 (11.5、3.6)、酒・調味料等7.7 (10.2、4.7)、工業用油脂3.5 (4.2, 2.0)、古物2.5 (5.6、-)、穀類・粉類1.3 (1.8、0.7) 機械・車両・農具・船具1.2 (2.1, 1.2)、豆腐0.9 (2.1、-) 肥料0.5 (0.1, 0.8)、木材・竹材- (-, -)、石材・煉瓦・セメント- (-, -)

(出所) 東京市 (1933)『東京市商業調査 昭和8年』58頁より作成。
但し、業種名は適宜簡略化した。表中の数字は、業種の後が東京市全体、カッコ内は旧市街、新市街における重圧率を示す。

て他人事として座視できる問題ではないと映ったのも不思議ではない。

5-2 中小小売商の実情

　小売業の窮状は階級問題を引き起こすほどでもなく、過剰な小売業への参入の中での競争の許容すべき結果だとする、先のマクロ的な分析にもかかわらず、小売商が不況下で極度の困窮に陥ったという指摘は随所にあった。しかし、その実情を生々しく伝える記録は意外なほど少ない。その中で、『時事新報』は「商業者の窮境も亦想像以上であって東京実業連合会加入の同業組合員約十万中昨年来没落したものは既に三万に達すといわれ、この割合を以て全国の商業破産者を推算する時は実に百四十万に達し中小工業の没落者と合すれば実に莫大なる数に達するであろう」とし、「今日に於ては彼等は従来の如き農村に帰

る訳には行かず又会社員、官公吏、学校教員等に転ずる途もなく、更に労働せんとしてもその就職口はなく極端に言えば、全く路頭に迷える有様であって彼等の転落は社会的に観て重大なる問題を温醸しつつある」と指摘した[75]。

また『東京朝日新聞』は1932年7月1日から7月31日まで、「あえぐ中小商工業」と題する長期連載を行い、そこで中小商工業の苦悩の現状を詳報した[76]。以下、同紙の中から中小商業に関連する部分を抜き出しながら当時の現状を探る手掛かりとしたい。

まず中小店の金融事情から。日本を代表する商店街である東京・銀座においてさえ、個人商店の大半は日歩5銭以上の金を借りてやりくりしている。一般の商店街となるとそれ以上で、借入金のうち銀行からの残高は1～2割で、個人金貸しによるものが2割前後に達している。卸売商の代金回収が困難となる中、小売商の世話を焼くことができず、勢い小売商は高利の資金で一時凌ぎをするようになる。そんな中で、庶民階級の唯一の味方として孤軍奮闘しているのが無尽ないし頼母子講と呼ばれる機関である。無尽は担保を必要としない分、質草にする何物をも持ち合わせない程に窮迫のドン底にある中小店を支えるが、この無尽の金利は年率に換算すると、安くて1割3～4分、高ければ3割にも達する。

その中での百貨店の血の出るような激戦は、地下鉄やバスの無料券を配布するまでに至り、これに対して中小店は「全くあがったりでまるで大人の喧嘩に手のだせぬ欠食児童のようなもの」である。不況と百貨店の攻勢の前に、中小店は売り上げを大きく減じ、今や震災前の4分の1の収益をあげておれば中の上といわれるほどである。それに経費の増加とあいまって、「中小商業者が絶望的の叫びを挙げるのも全く無理のない話」である。

その百貨店は特売あるいは囮販売の商品も、問屋に納入価格を指示することがしばしばで、問屋も無理を承知で大切な得意先を失わないために涙をのむことが多い。さらに、委託品でなく正規に注文したものでも、売れ残り品を季節外れに返品する。この返品は特に地方のメーカーを脅かす問題となっている。小売商が「百貨店は小売業のルンペン製造機なり」というのもうなずける。

加えて、中間利潤の排除、生産者から直接消費者へ、配給組織の合理化等々のスローガンは経済恐慌の深化につれて大きくなり、生産者の団結と消費団体

の結成が促されてゆく。まさに「農生産者は田や畑から販売の組織化を叫び、消費者は台所から消費経済の改革を絶叫」する状態で、都市の商業者は追い詰められてゆく。さらに、公設私設市場の濫設もある。

　東京でこのありさまだから、地方ではもっと厳しい。百貨店の出張販売に支店・分店の設置、さらに近隣都市では交通網の発達によって直接的に購買力が東京に吸い上げられていく。例えば、横浜の場合、人口は60万人であるが、そこに東京・松屋の支店、野沢屋、越前屋、相模屋の4つの百貨店がしのぎを削っていた。これでは経営が成り立つはずもなく[77]、実際、越前屋は1931（昭和6）年5月に120万円の巨費を投じて伊勢佐木町に7階建ての建物を新築したが、1年後の5月に4万3,000円の不渡手形を出し、従業員550人の給料2ヶ月分を未払いのまま、閉店した。

　百貨店の進出に対する反対運動としては、静岡が際立っている。都計画道路の整備に伴って生まれた駅前の角地に、地元企業が名古屋の松坂屋のために鉄筋コンクリート6階建ての建物を建て、年間4万3,000円で賃貸することとなった。これに反対した地元店は、「静岡愛市連盟団」を結成して市、県、村及び商工省当局に陳情し、進出阻止に必死を尽した。市内小売店員を動員しメガホンで「デパート進出絶対反対」を絶叫しながらの大デモ行進を行い、30余名からの検束者をだす騒ぎとなったほどである。

　以上は『東京朝日新聞』の連載によるが、中小小売商の苦境は当時の取引慣行も大いに影響している。百貨店は現金販売を行うが一般小売商は依然として掛売が普通に行われていた。消費者は手元に現金があるときは百貨店で買い、現金がなくなれば小売店で掛けで買う。したがって、仕入れに際して一般小売商は掛けで買わざるを得ず、問屋に対して完全に支払うものはほとんどない有様であった。問屋からすると、百貨店の方が安全に代金を回収できるため百貨店に安く販売し、百貨店はその分、消費者に安く販売することができる。これに対抗するために小売店は乱売を行うほかなく、共倒れになるという悪循環が繰り返される。

　マクロ的に見れば、小売商の過多性と近代化の後れが原因であり、その一定数の淘汰は受忍すべき犠牲だといわれても、個別の現場で見ればそこには人びとの息づく生活があった。そして、反百貨店運動はそうした生活に根ざした

ころからますます強力に展開されることになるのであった。

6　百貨店法の制定

6-1　百貨店の自制協定

　1931（昭和6）年9月、柳条湖事件をきっかけに満州事変が勃発し、経済は次第に軍事化の方向に進み始めるが、1932（昭和7）年5月に現職の総理大臣・犬養毅が暗殺されるという「五・一五事件」が発生した。後任の首相には元海軍大将の斎藤実が就任し、これによって政党内閣は終わりを告げることになる。その直後の8月、商品券取締法案の議会提出が確実視されるようになったことで、百貨店問題は1つの節目を迎えることとなった。斎藤内閣の第一次臨時議会で、中島久万吉商工大臣が「小売業現下の実情に鑑み、何らかの方策を行わなければならないと思っている」と答弁したのである[78]。

　同年7月、東京商工会議所で開催された商業部会では百貨店があらゆる営業部門に手を伸ばして小売商を脅しつつあるとして、その自制を求めることなどが協議された[79]。さらに、百貨店側との協議の中で、百貨店側は、百貨店の低廉販売は大規模経営の結果でもあるので了解されたい、その他の非難、例えば配達区域縮小、送迎自動車廃止、不当廉売防止、商品券廃止、同業組合加入等については研究改善する、百貨店は小売商と競争の意図はないが百貨店同士の競争が小売商に圧迫をもたらす結果となるのは遺憾であり、今後充分考慮するといった回答を行った[80]。百貨店もここにきて一定の「譲歩」の姿勢を見せ始めたのである。

　こうした流れの中で、政府の百貨店規制に乗り出す姿勢が明らかになる。7月25日、商工省では中小産業統制の助長ならびに強化および百貨店法制定の二大方針を定め、来るべき第三次臨時議会に提出することに省議が定まったと報じられた。これを報じた『大阪毎日新聞』は「各都市の中小商工業者の血の叫びが漸く当局を動かし予期の成果を求める日も近くなったことを明かに物語るものだ、今や全国数百万の中小商工業者は沈落の淵に立ちつつもなお政府の投げ下ろす生命の綱を歓びにふるえて待っているのだ」とコメントした[81]。

商工省が提出する予定とされた百貨店法案の主要条文は次の通りである[82]。商工省の最初の百貨店法案として当時からしばしば引用されるこの原案は、商工省自身が公表したものではなく、『中外商業新報』が8月5日に報じたものである。この法案についての内容的な検討は後に譲る。

百貨店法原案（1932年8月）
第一条　本法において百貨店業者とは同一営業所において命令に定むる売場面積及使用人を有し衣服食糧及住居に関する多種類商品の小売業を営むものを謂う
第二条　百貨店業は命令の定むる所に依り主務大臣の認可を受くるに非ざれば之を営むことを得ず
第三条　百貨店業者は左の場合に於ては命令の定むる所に依り主務大臣の認可を受くべし
　1.　支店又は出張所その他の営業所を設置せんとするとき
　2.　店舗又は売場を新設拡張せんとするとき
　3.　出張販売を為さんとするとき
第四条　百貨店業者商品券を発行したるときは命令の定むる所に依り保証金を供託すべし
第五条　主務大臣は百貨店業者の営業方法が公益に反し又は百貨店業者は之と密接なる関係を有する営業の公正なる利益を害すと認むるときは必要なる命令を発することを得
第八条　主務大臣の認可を受けずして百貨店業を営みたる者は五千円以下の罰金に処す

百貨店法の上程が確実視される中、百貨店各社は駆け込み出店や拡張を進める[83]一方、8月4日、商工大臣との面会の中で「今日の事情を考慮して百貨店が自制することにより小売商の不況緩和並に救済に役立つならば多少の犠牲は払う旨」を表明し[84]、同日、政府の意志が明確になった以上「事実に対する是非の論は別としてこの際自発的に自制協定を行う方が適当」との線で意見の一致を見[85]、5日にその旨商工省に報告した[86]。こうして、百貨店による自制の方向が固まってゆく。

そして、百貨店協会は8月11日、次の声明書を商工省に提出した。

百貨店協会による声明書（自制協定）（1932年8月11日）[87]

現下の深刻なる不況に当り百貨店事業も又甚大なる影響を蒙り経営容易ならざるものありといへども目下一般小売業界の実情に鑑み慎重協議の結果左に列挙する事項を実行すべきことを協定す

1. 出張販売は之を行はざることとす
2. 商品券に付ては当局の指図に依り供託等適当なる措置を講ずることとす
3. 本店分店の新設は当分の内之を行はざることとす
   但し目下建設準備中のものに就ては之を商工省へ具申し諒承を受くるものとす
4. 所謂おとり政策の如き廉売方法を採らざることとす
5. 過当なるサービスに依る顧客誘引の方法を採らざることとす
6. 無料配達区域は東京に於ては最近之を整理縮小せり、関西に於ても之を縮小することとす
7. 毎月一斉に三日間の休業を行ふこととす、但し中元、歳暮並びに誓文払売出期間中は之を除く
8. 商業組合法制定ありたるときは百貨店商業組合を設立し、法規に依る統制を行ふこととす

本協定の実施は昭和7年10月1日とす
日本百貨店協会

　当初、商工省は百貨店法の制定に強い決意をもって臨むとされたが、内部でもその効果を含めて異論はあった。百貨店を制限する永久法とすれば微温的にならざるを得ず、現時点の状況に鑑みて一時法とすれば法廃止後の調整問題が発生する、外国でもこの種の規制はほとんど失敗している、商業の分野でのみ百貨店という大規模経営を制限することは妥当か、消費者の立場から見て最も便利な経営の百貨店を制限できるか、営業の細目を制限することは技術的にも困難だといった意見である[88]。その結果、「商工省として法案制定の意思を表明したる以上これを百貨店側の自制論によって見合せることは官庁の面目を潰す」といった意見はあったものの、この自制協定の声明をもって百貨店法の提出を見送ることとなった。
　商工省はこの自制協定の実効性を確認するため、一種の監督機関として商工大臣を会長とする「百貨店委員会」を省内に設置した[89]。これは同時に小売店擁護の姿勢を示したものとされていたが、この自制協定自身はほとんど遵守さ

れなかった。

6-2 百貨店自制協定の破綻

　この自制協定が成立目前とされた百貨店法を阻止する目的をもつものであったことは間違いない。その内容について、百貨店側は「小売商の希望せらるゝ点につき、商工省の指示もあったので、非常なる犠牲を覚悟して」協定に至ったと強調する[90]が、商品券を除けば、直前の業界等からの要求にある程度は沿いながらも、「過度の競争に因り百貨店自身弊害に耐へぬものか、或は之を廃止しても著しい損害がないか、或は却て有利なるもの」に限られ、その商品券も商品券取締法の制定が予知されたから挿入したに過ぎないという評価がむしろ一般的であった[91]。

　内容的にその程度のものであってみれば、それが「百貨店のカルテル化」の促進を通して百貨店の経営の合理化に寄与したり、小売商に対する圧迫を幾分かは緩和することがあったとしても「自制協定は何ら問題の終局的解決を齎し得ず、小売業者の対百貨店運動はこれを転機として法律による百貨店営業の全般的抑制—百貨店法の制定—へその方向を向ける」こととなる[92]のは、ある意味で自然な流れであった。しかも、大方の期待に反して、自制協定が遵守されなかったとなれば、なおさらのことであった。

　さて、この自制協定の直後の1932（昭和7）年9月に商業組合法が公布されるが、これを受けて翌1933（昭和8）年8月、日本百貨店協会が正式に設立され、加盟百貨店はそれまでの11店から一気に24店に増加した。この百貨店商業組合（1933年設立）は一般の商業組合のように「協同組合として強大な競争者に当たらんと云うよりも、当局の機先を制して、寧ろその諸種の制約を避けん為め、自ら一団として自制協定を目標として生れ出た」ものであることは間違いなかった[93]。

　百貨店協会はその定款の中で、「本組合は地区内に於て百貨店営業を為す者にして其の営業所が東京市、京都市、大阪市、横浜市、神戸市及名古屋市に在る場合に於ては延坪数一千坪以上其の他の地に在る場合に於ては延坪数五百坪以上の者を以て之を組織す」と規定した（第5条）[94]。これが日本で百貨店に対して公的に面積規模を示した最初であり、この規模がその後の百貨店法、戦後

の第二次百貨店法から大規模小売店舗法に至るまで続く出発点となる。

あわせて、百貨店協会は「百貨店営業統制規程」を制定して、先の「自制協定」の内容を緩和しながらもほぼ踏襲した[95]。これによって、加盟店が増加したことに加えて、自制協定という業界の単なる協定から、法的な裏付けをもった営業統制規程となった。この営業統制によって、表面的に見れば、「中小商業者側の百貨店に対する要求としての抗争は之によつて終焉すべきであるかに思へる。併し、この中小商業者側の凱歌にかゝはらず、小売配給分野に於ける攻防戦に於ては其の実質に於て依然中小商業の敗北状態がつゞけられゐる。のみならずこの営業統制規程と何等関係なき新なる資本の力による新規百貨店は続々出現し計画せられつゝある」状態であった[96]。

しかし、この営業統制規程は子細に見れば多くの例外や曖昧な規定があり、「可成り抜け途は設けてある」状態であり、それによって百貨店の活動そのものが大きく縮小したとはいえなかった。例えば、営業統制規程では、出張販売について特定顧客等の依頼に応じるものなどへの例外を設けたし、支店分店の禁止といっても「当分の内」であったし、口約束程度のものまで「建設準備中」とされ、新店の制約が既存店の拡張を促すことにもなった。その他にも、「過当な」サービス、「極端な」廉売広告、無料配達は「組合の定めた」区域内とするなどである。新店の設立についても他人名義で行うといった事実上の「統制破り」もあったという。しかも、百貨店商業組合に加盟したのは組合定款に規定する有資格企業36社のうち24社に過ぎず、したがって初めから組合規程適用外の百貨店が存在したのである。

それを受けて、日本商工会議所は1933（昭和8）年11月、「百貨店法制定方に関する建議」を提出し、「百貨店自制案の声明後更に日本百貨店商業組合の統制に依り百貨店の地方中小商業者圧迫は稍々緩和せられたりと雖も尚日本百貨店商業組合に加入せざるものゝ、地方売出、通信販売等地方に於ける業者に対する圧迫は益々加えられんとする状況」にあるとして、百貨店法の制定を求めた[97]。そして、実際、1934（昭和9）年から1936（昭和11）年までに開業した百貨店は16店、増修築が11店、工事中が7店、計画中のものが7店にも達していた[98]。百貨店間の競争もそれだけ激化していたのは事実であり、1932（昭和7）年に始まった日中戦争に伴ってようやく景気が持ち直したとはいえ、それは中

小小売商を刺激するに充分な増加であった。

さらに、日本商工会議所は1934（昭和9）年11月に「小売商業更生緊急対策に関する建議」を行うが、小売業商の疲弊困窮が甚だしく「窮迫殆と其の極に達し破綻倒産相次き僅に命脉を保つに過ぎ」ない状況にあるとして、政府にその更生施設の整備を要望した。中でも、その根本対策の樹立は第2段として緊急対策の実施を求めるが、その中に「百貨店の新設、拡張及出張販売等の有効なる制限及取締を実行し小売業に対する圧迫を緩和すること」という一条が含まれていた[99]。

日本商工会議所は、翌1935（昭和10）年4月にも「百貨店の地方出張販売自制方に関する建議」を提出した。ここでは百貨店商業組合の営業統制規程が一部例外を認めつつ出張販売を行わないこととしたにもかかわらず、事実上の協定破りが横行していることを指摘した。出張販売には大きな利益はないとは言いながら、競争者がこの協定を順守すれば余計に協定破りの効果が最大化するというこの種の協定のもつ限界を端的に表現したともいえるし、それだけ百貨店にとっての販売圧力が強かったともいうことができる。不況期にようやく成立したカルテル的自制協定も、景気が好転し始めると、成長機会を阻む桎梏としか見えなかったとしても決して不思議ではなかった。

6-3　百貨店法の制定過程

百貨店法案は1932（昭和7）年の第63回帝国議会への提出は見送られたが、同議会には議員提案の百貨店法案が提出された。これが日本で議会に提出された最初の百貨店法案となる。同議会では法案は審議未了となって会期を終えるが、それ以降、百貨店法案はたびたび国会に提出され、審議未了を繰り返した。その経過は**表8-9**の通りである。自制協定によって、百貨店法制定の動きは完全に衰えたわけではなく、ずっと継続してくすぶり続け、自制協定が遵守されないことが明らかとなると、もはや百貨店法の制定を抑え込むことはできなくなっていった。

注目すべきは、1936（昭和11）年5月の第69回帝国議会で政民合同案が衆議院を通過したことであった。この間、国会だけではなく、小売業界でも百貨店法の制定を求めて独自の案が公表される。公表された百貨店法案の主なものは

表8-9　百貨店法の審議経過

提出議会	年次	提出者	審議結果
第63回帝国議会	1932年	国民同盟（野田文一郎ほか2名）	未了
第64回帝国議会	1932年	同上	未了
第65回帝国議会	1933年	同上	未了
第67回帝国議会	1934年	同上	未了
〃	〃	民政党（真鍋儀十、ほか3名）	未了
〃	〃	政友会（三上英雄、ほか1名）	未了
第69回帝国議会	1936年	政民合同（枡谷寅吉、ほか7名）	未了／伊禮肇提出案と併合、衆議院通過、貴族院審議未了
〃	〃	国民同盟（伊禮肇）	未了／枡谷寅吉提出案と併合
第70回帝国議会	〃	政府	貴族院通過、衆議院審議未了
第71回帝国議会	1937年	政府	1937年、法律第76号

（資料）『帝国議会会議録』より作成。

次頁の**表8-10**の通りである。

　各団体の法案についての詳細なコメントは差し控える。ただ、東京実業組合連合会の案が最も厳しく、百貨店の営業活動をほとんど全面的に禁止するものであり、次いで政民合同案が厳しい姿勢を示していた。第69回帝国議会の衆議院において、比較的穏便な国民同盟案がより強硬な政民合同案に併合された上で通過したことは百貨店に対する風当たりの強さを象徴した。政府としてはより微温的な規制を求める必要があったし、百貨店としてもある程度の規制を覚悟しなければならない状況に追い込まれたことになる。

　もちろん、こうした流れの中でも百貨店協会は反対の態度を表明する。1936（昭和11）年9月、日本百貨店商業組合は理事長小林八百吉の名前で「百貨店法反対声明書」を発表する[100]。そのおおよその趣旨は以下の通りであった。

百貨店協会による百貨店法反対声明書（要旨）
1. 百貨店を抑圧することは消費者に不利不便を及ぼす
2. 軽工業、染織工業は百貨店の指導支援を受けていること大なるが故に百貨店抑圧は製造工業を萎靡せしめることとなる

3. 小売商の重圧には百貨店の進出以外幾多の原因があり、これらの原因を壅塞除去するにあらずんば百貨店を抑圧するとも小売商復活の効果はない
4. 小売商問題の解決は総括的統制にある
5. これを前提としてのち小売商に対し金融、経営改善などのことを行うべきである
6. 百貨店側は自制協定を強化して自ら統制しつつあるが故にこの上の制圧の必要もなく外国の百貨店抑圧も結局無効であった

表8-10　各団体の百貨店法案比較表

	東京実連案	政民合同案	日商案	国民同盟案	商工省案
百貨店の定義の要件	・営業所 ・売場面積 ・使用人数 ・多種商品	・多種商品	・営業所 ・営業面積 ・多種商品	・売場面積 ・従業者数 ・多種商品	・営業所 ・売場面積 ・使用人 ・多種商品
新規開業	禁止	免許	免許	免許	認可
店舗新設・拡張・移転	禁止	認可	認可	認可	認可
売場の新設・拡張	生鮮食料品等禁止	認可		認可	認可
支店・出張所の新設	禁止	禁止	認可	認可	認可
出張販売	禁止	禁止	禁止	認可	認可
廉売・囮政策	禁止	認可	禁止		
無料配達	区域外禁止			拡張認可	
交通便宜				認可	
同業組合加入		加入強制	強制加入	加入命令	
夜間営業	禁止	禁止	禁止		
休業日		月3日以上	6大都市3日、その他1日以上		
罰則	5千円以下の罰金	3千円以下の罰金	5千円以下の罰金	営業禁止	5千円以下の過怠金

(資料)　谷口吉彦 (1938)「百貨店法の制定」中西寅雄編『百貨店法に関する研究』同文舘、69-71頁より作成。但し、表現を一部簡素化し、一部項目を削除した。なお、この表における「商工省案」は第70帝国議会 (1936年) 提出のものであり、夜間営業と休業日については後に施行規則で定められる。なお、日本商工会議所 (1936)『百貨店問題に関する資料 (二)』には、商工省案として1932年報道のものが掲載されているが、本表に掲げたものについて変更は見られない。

しかし、百貨店側がいかに自制協定の実施を強調しても、それがほとんど有効に機能していないことは明らかであった。百貨店の抑制には極めて慎重な態度をとって来た日本学術振興会も全国の代表的な商業学者、経営学者を網羅して純粋に学術的に小売商問題を検討し、特に1936（昭和11）年11月、12月には4名の担当者を選出して調査研究を行い、商工省に参考意見として提出した。委員会は学術的立場からの意見の開陳として決議は避けたが、その内部での意見はほぼ以下のようであったとされている[101]。

日本学術振興会小売店問題に関する委員会の意見概要
1. 百貨店問題解決の立場は様々あるが社会的機能ないし国民経済的立場こそが唯一妥当な立場であるとする点で意見の一致を見た。
2. 今日の小売商問題は単に百貨店以外に多くの原因があるから小売業法のようなものを制定し、百貨店もその中で統制すべきだという意見と、百貨店は他の中小小売機関とは異なる性質をもつことからまず百貨店を統制することが緊要だとする意見があった。
3. 百貨店の営業については、現状の百貨店の不当な拡張競争と中小小売業界の異常な混乱に鑑み、一定の標準に従い免許制を必要とするという見解と、現下での免許制は事実上の禁止となる恐れが高く、買回り品中心の配給機関としての特性に限定する機能分担を実現すべきだとの見解があった。
4. 囮政策、過当サービス、出張販売等の営業統制については、小売業合理化の立場から、百貨店だけでなく小売商にも必要とする点で意見の一致を見た。

みられるように、意見を完全に集約することはできなかったが、小売業界に何らかの「統制」が必要であることでは意見の一致を見、それを百貨店の統制とすることについても一部の支持を得るものとなった。その意味では、百貨店法の制定そのものは避けられず、問題はその内容だという方向に進んだと見ることもできる。

そのことをより鮮明にしたのが商工省臨時産業合理局内に設けられた小売業改善調査委員会であった。同委員会は1936（昭和11）年12月の第4回総会で以下の決議を採択して小川郷太郎商工大臣に答申した[102]。

小売業者と百貨店との関係に関する事項（小売業改善調査委員会第4回総会決議）

　百貨店は近代経済組織の必然的所産にして、小売制度の合理化に貢献し消費者の利便に資する所少なからずと雖も、従来存する中小小売業者に対し影響する所大なるものあり。特に大都市の百貨店は既に相当の発達を遂げ、中小都市に於ては一の百貨店の出現は其の地方の小売業者に著しき影響を与ふるの実情に在り。固より百貨店の如き必然的なる小売制度を全く人為的に制限することは不可能なりと雖も、其の発達に関しては経済的社会的犠牲を可及的に少なからしめること緊要にして、今日の如き社会情勢に於ては百貨店に対し或程度の統制を加へ以て小売業者との関係の調整を図ることは已むを得ざるものと認めらる。仍て政府は左の諸点を考慮し適当なる方策を講ずるの要あり。

1.　百貨店の濫設拡張の防止

　　百貨店の不当なる新設拡張は中小小売業界に異常なる混乱を来たすと共に、百貨店相互間に過度の競争を生ぜしむるものなるを以て、百貨店の新設拡張に制限を加ふることは已むを得ざるべし。但し此の場合に於ては消費者の利益を擁護し、従来の百貨店に過当なる保護を与えざる為に、新設拡張を許可すべき適当なる標準を明確ならしむることを条件とす。（中略）

2.　百貨店の経営に関する統制の強化

　　現在日本百貨店商業組合に於て百貨店の経営に付統制を行ひ、中小小売業者との関係に調整を図りつつあると雖も、未加入百貨店に対しては其の統制の及ばざるを以て遺憾の点少なからず。依て営業日、営業時間、販売価格、出張販売其の他全百貨店の経営に対する統制の徹底を図ること必要なり。而して百貨店の統制に当たりては百貨店の自主的統制を主とすと雖も政府はその公正を期する為之が指導監督に当るべきものとす。

3.　百貨店の統制に際してはその公正を期する為、特に消費者を代表すべきものを加へたる委員会を設け其の審議を経たる上之を実施すべきものとす。

　委員会は百貨店を近代経済組織の必然の所産としながらも、現状が過度な競争状態にあることを認め、一定の条件付きながらも、百貨店の新設拡張および営業について統制を加えることはやむを得ないと判断したのであった。この答申を受けて、政府は一気に百貨店法の制定に向けて動き出すことになる。

6-4　百貨店法の成立

　こうして政府の百貨店法案は1936（昭和11）年12月、第70回帝国議会に提出され、翌1937（昭和12）年3月15日に無修正で貴族院を通過したが、林内閣が3

月末の解散したため審議未了となり、同年7月に再度第71帝国議会に提出された。同年7月28日、吉野信次商工大臣は貴族院における提案理由の説明の中で、百貨店の意義と競争の現実、これまでの統制の経緯に触れた後、次のように述べた[103]。

百貨店法提案理由（吉野信次商工大臣）（1937年7月）
　然るに最近に於きまして百貨店の新設又は拡張が相踵いで行はれまして、百貨店同士の競争をも惹起するやうな次第となつて参りまして、其の弊の及ぶ所が百貨店の配給機関としての作用をも損なふのではないかというような虞も段々あるやうになつて参つたのでありまして、従来の商業組合だけでは小売商の保護の目的を十分達し難い状態に立ち至つたのであります、そこで新たに百貨店法を制定致しまして、百貨店の新設拡張並びに其の営業に適切なる統制を加へまして、百貨店相互の不当なる競争を排除いたしますると共に、百貨店と中小商業者との関係を調整致しまして、小売業全般の円満なる発達を期したい…

百貨店法案は貴族院を1937（昭和12）7月31日に、衆議院を8月7日にそれぞれ無修正で通過し、同年8月13日に法律第76号として公布された。その百貨店法の主要条文は以下の通りである。

百貨店法（抄）（法律第76号）
第1条　本法に於て百貨店業者と称するは同一の店舗に於て命令の定むる売場面積を有し命令の定むる所に依り衣食住に関する多種類の商品の小売業を営む者を謂ふ
第2条　同一の建物に於て二人以上の小売業者各命令を以て定むる売場面積を有し相連繋して営業を為す場合其の売場面積及販売する商品が相合して前条の規定に依る売場面積及商品の種類に該当するときは各小売業者は命令の定むる所に依り百貨店業者と看做す
第3条　百貨店業を営まんとする者は命令の定むる所に依り主務大臣の許可を受くべし
第4条　百貨店業者は左の場合に於ては命令の定むる所に依り主務大臣の許可を受くべし
　1　支店、出張所其の他の店舗又は配給所を設置せんとするとき
　2　本店、支店、出張所其の他店舗の売場面積を拡張せんとするとき
　3　店舗以外に於て小売を為さんとするとき

第5条　主務大臣は必要ありと認る時は前2条の許可を為すに当り之に制限又は条件を付すことを得
　第6条　百貨店業者は閉店時刻以後及休業日に於て営業を為すことを得ず
　　　　前項の営業の範囲、閉店時刻及休業日に関し必要なる事項は命令を以て之を定む
　第7条　百貨店業者は其の統制を図り小売業の円滑なる発達を期する為主務大臣の許可を受け百貨店組合を設立することを得
（以下、略）

　そのほか、この百貨店法は第22条から第24条で、3種の罰金規定を設けていた。この百貨店法は1937（昭和12）年10月1日に施行されるが、9月25日に公示された「百貨店施行規則」によれば、法第1条の売場面積は、東京市、京都市、大阪市、横浜市、神戸市、名古屋市の6市においては3,000㎡、その他の都市では1,500㎡で、百貨店協会の従前の規定を踏襲し、その売場面積は店舗面積に100分の95を乗じて算出されるものとした（第1条）。また第1条の衣食住に関する多種類の商品の小売業は、第1類（衣服、同用品、同付属品類）、第2類（食料品類）、第3類（住居用品類）、第4類（貴金属、工芸品、文房具、玩具、化粧品、図書其の他他類に属せざる雑品類）のうち2類につきそれぞれ多種類商品の小売業を営む者とされた（第2条）。法第6条の閉店時刻は4月1日から10月31日までは午後7時、11月1日から3月31日までは午後6時（第9条）[104]、休業日数は指定6都市では月3日以上、それ以外の都市では月1日以上とされた（第10条）。
　百貨店法の制定にあたって、最も議論があったのは百貨店をどう定義するかであった。結局は売場面積と取扱い商品の両側面から定義することとし、売場面積では都市規模による差を設けて2段階とし、取扱い商品については4大分類の2分類以上とすることで落ち着いた。その一方で、百貨店の営業活動についていえば、第69回帝国議会で衆議院を通過した政民両党案では、支店出張所の設置、店舗の拡張、出張販売は全面禁止とされていたのを許可制とし、見切り品を含めたすべての廉売に主務大臣の認可を必要とするとしていたものを認可の必要なしとするなど、規制の「緩和」が図られたのであった。

7　結　語

　こうして、日本で初の本格的な調整政策が誕生した。その内容は繰り返し指摘したように、百貨店の急拡張に伴う「過当競争」に対処するためのカルテル的な側面をもっていた。そのことは、戦前の日本においてこうした民間の「自主統制」が積極的に認められていたことと不可分である。国家の法律による統制よりも、よりマイルドな自主統制がしばしば求められた。しかし、百貨店法の場合、それを簡単に自主統制の単なる延長線上に位置づけることはできない。自制協定にせよ、百貨店商業組合の営業規程にせよ、実際には有効に機能せず、だからこそ国の法律という形での統制が必要となったのであった。

　商工省は当初、百貨店の規制に対して極めて慎重であった。その態度を変化させた大きな力が中小小売商の運動の結果としての政治問題化であったことは間違いない。先にも指摘したが、かなり強硬な政民合同案が1936（昭和11）年5月に衆議院を通過したことが大きな影響を与えた。しかし、昭和初期の打ち続いた恐慌の中でも中小小売商の共同化と合理化を求めた姿勢の変化を、中小小売商の運動だけで説明することも難しい。

　百貨店法は1937（昭和12）年10月1日に施行されるが、この時点での百貨店該当企業は81社に上っており、同年12月27日に日本百貨店組合が結成された。それまで百貨店商業組合の理事長は百貨店業界から選出されていたが、この組合結成後、前理事長が辞任し、その後任には内閣調査局の調査官が就任した。これによって、百貨店商業組合は戦時体制下での新たな性格を賦与されることになる。

　1931（昭和6）年9月の柳条湖事件に始まった日中戦争は次第に泥沼化の様相を見せていたが、百貨店法が成立したのは1937（昭和12）年7月の盧溝橋事件の直後であり、いよいよ抜き差しならない本格的な戦時体制にさしかかったときであった。その影響はたちまち現れる。同年9月1日には「臨時資金調整法」と「輸出入品臨時措置法」を含むいわゆる「統制三法」が公布され、建設資金の調達や輸入商品の調達への強い規制が始まった。

　こうした状況を受け、同年10月に開催された百貨店委員会では、百貨店の新

設、拡張は、既に工事中で、工事を中止または延期させることが不適当な場合を除いて不許可とすること、出張販売は天災事変等の場合を除き許可しないことなどを決定した[105]。また、同年12月には阪急百貨店は「非常時にふさわしい御婚礼衣裳並調度品陳列」を行い、三越もまた通販カタログの1938（昭和13）年新年号に防毒マスクを掲載し、「怖るべき空襲は何時、如何なる地域に行われるか予想することができません」と書いた[106]。時代はまさに戦争の影を色濃く映し出し始めていた。そうした時代背景を考えれば、「百貨店法、それに基く百貨店組合は、資金面、建築面、商品面の統制のなかに生まれた[107]」のは確かであり、「百貨店法は、小売業の運動によって制定された、といえるかどうか疑わざるを得ない[108]」という評価が生まれるのももっともであるといってよい。

　要するに、日本で最初の調整政策を象徴する百貨店法は、不況下での中小小売商の苦境と反百貨店運動の盛り上がり、百貨店相互の過当競争を回避したいというカルテル的自制、戦時経済体制に向かう経済統制への入り口という3つの状況が重なり合う中で成立したものということができる。商工省だけではなく、小売業界も政党も熱心に百貨店法案を提案し、学界もそれに応えて詳細な議論を展開した。当初は百貨店規制に批判的であった学界も、最終的にはそれを止むを得ないものとして受け入れるまでの議論の蓄積はあったし、実際に成立したのは比較的微温的で受け入れ可能な内容のものであった。

　しかし、この法律が成立した翌1938（昭和13）年4月には国家総動員法が成立し、それ以降、本格的な戦時体制に突入していくことになる。日中戦争当初の経済的高揚はやがて終わりを告げ、自由な商取引が制限され、百貨店の経営もまた戦時経済統制の中に組み込まれてゆく。「百貨店法は百貨店に対する統制法として施行されながら、間もなくその存在意義を弱めていった。戦争の拡大につれて、鉄鋼使用、電力消費、物資の製造販売、物価などについての統制法がつぎつぎに施行され、百貨店がそれらの戦時統制の支配下におかれ、あらゆる面で強力な規制を受けるようになると、百貨店法がその機能を発揮する余地は、ほとんどなくなっていった[109]」というのは、戦前の百貨店法に対する正当な評価であろう。

　それでも、百貨店法は日本で最初の本格的な調整政策であることは間違いな

かった。そして、それは1947（昭和22）年にいったん廃止はされるものの、1956（昭和31）年に若干内容を変更して第二次百貨店法として制定され、1973（昭和48）年に大規模小売店舗法に衣替えし、同法が廃止される2000（平成12）年まで、日本における流通政策の主要な柱であり続けた調整政策の出発点となった。

《注》
1 個々の事情には触れないが、鈴木安昭（1980）は三越、大丸、松坂屋などにおける事情を簡潔に伝えている（74-80頁）。なお、髙島屋については、藤岡里圭（2006）第2章を参照。
2 ダイヤモンド編輯局（1931）1124頁。
3 大丸（1967）285-301頁。
4 ダイヤモンド編輯局（1931）1126頁。
5 ダイヤモンド編輯局（1931）1125頁。
6 そごう（1969）174頁。
7 朝日新聞政治経済部（1930）54頁。
8 日本政治研究室（1942）219-221頁。
9 東京市（1933）200-203頁による。
10 伊藤重治郎（1932）47頁。
11 松井辰之助（1941）7頁。
12 小林行昌（1935b）67-69頁、小林行昌（1936）233頁。
13 三越（2005）94頁。
14 松坂屋（2010）59頁、白木屋（1957）339頁、そごう（1969）171-176頁。
15 白木屋（1957）362-364頁、668-669頁。
16 三越（2005）107-109頁。
17 松坂屋（1960）年表7頁、松坂屋（2010）64-65頁。
18 以下、ダイヤモンド編輯局（1931）1126-1128頁による。
19 松屋（1969）159頁。なお、白木屋（1957）は、この松屋銀座店の開店に当たり、人員縮小を図った白木屋から多くの経験ある人びとが参加したとしている（365頁）。
20 白木屋（1957）366-372頁。
21 以下、ダイヤモンド編輯局（1935）1502-1503頁。
22 白木屋（1957）369頁。
23 公開経営指導協会（1983）101-102頁。
24 大丸（1951）21頁。
25 向井鹿松（1941）176頁。

26　向井鹿松（1941）177頁。
27　朝日新聞政治経済部（1930）54-55頁。
28　向井鹿松（1941）178-179頁。もっとも、これらの政党は「其の後何等の成果を挙げる間もなく、解消せられた」という。
29　朝日新聞政治経済部（1930）52頁。
30　ダイヤモンド編輯局（1931）1151-1153頁。
31　東京商工会議所（1929）10頁、朝日新聞政治経済部（1930）63頁。
32　鈴木安昭（1980）85頁。
33　中西寅雄（1938）36-41頁。
34　村本福松（1936年）1-26頁。
35　髙島屋（1982）103頁、11-112頁。この均一店は、1932（昭和7）年の自制協定によって分店方式での出店が困難になり、（株）丸高均一店という別法人での展開となった。ピーク時の1941（昭和16）年には106点に達したが、その後商品不足、従業員不足の中で縮小を余儀なくされ、1945（昭和20）年の終戦時にはわずか18店のみとなっていた（125-126頁）。
36　村本福松（1932）21頁。
37　鈴木安昭（1980年）93-94頁。
38　上林正矩（1932）52頁。
39　東京商工会議所（1929）36-39頁。
40　村本福松（1937a）358-361頁。あわせて、村本福松（1937b）124-126頁参照。
41　谷口吉彦（1938）76頁。
42　村本福松（1929）21頁。
43　ダイヤモンド編輯局（1935年）1505-1506頁。
44　堀新一（1935）34頁、白木屋（1957）308頁。
45　堀新一（1933a）108-111頁。
46　堀新一（1933b）85-88頁、堀新一（1934a）134-137頁。
47　堀新一（1934a）139頁。
48　堀新一（1933a）113頁、堀新一（1933b）89-90頁。
49　堀新一（1933c）114頁。
50　堀新一（1933c）123-129頁。
51　そごう（1969）219-220頁。
52　堀新一（1934c）43-45頁。
53　上林正矩（1932）50頁。
54　堀新一（1933c）133頁。
55　通商産業省（1980）165-167頁。
56　朝日新聞政治経済部（1930）65-70頁、通商産業省（1980）171-173頁による。
57　通商産業省（1980）173頁。
58　朝日新聞政治経済部（1930）71頁。

59 朝日新聞政治経済部（1930）72頁。
60 「小売制度改善論争商工審議会案を中心に実際如何に落ち付くか」『大阪時事新報』1930年2月8日（経営3-139）。
61 「小売制度改善案　東京商議の建議案」『大阪朝日新聞』1930年2月21日（経営3-146）、山本景英（1980b）63頁。
62 通商産業省（1980）173頁。但し、同年12月発行の朝日新聞政治経済部（1930）この答申は「公表されたまゝで、未だ何ら具体化されていない」と指摘している（66頁）。
63 村本福松（1929）12-19頁。
64 平井泰太郎（1929）29-30頁。
65 平井泰太郎（1833）78頁。
66 向井鹿松（1930）118-120頁。
67 中西寅雄（1938）42-43頁。
68 「小売制度改善論争商工審議会案を中心に実際如何に落ち付くか」『大阪時事新報』1930年2月8日-2月11日（経営3-139）。
69 山本景英（1980b）64頁。
70 山本景英（1980b）72-74頁。
71 伊藤重治郎（1932）47頁。
72 本位田祥男・中西寅雄（1938）98-99頁。
73 平井泰太郎（1933）81-82頁。
74 以下、断らない限り、東京市（1933）36頁および58頁による。
75 「不況から没落へ惨たんたる中小商工業　小売商の破産百四十万と推算　寒心すべき此の成行」『時事新報』1930年8月5日（工業金融及其機関1-073）
76 「あえぐ中小商工業」『東京朝日新聞』1932年7月1日-7月31日（工業金融及其機関1-118）
77 但し、村本福松は人口10万人に対し2千坪の百貨店が成立しうるとしている（村本福松（1937）。これから見ると、横浜の場合、各百貨店の売場面積が不明ではあるが、必ずしも経営が成り立たないほどの過剰とは言えないかもしれない。
78 鈴木安昭（1980）300頁。
79 「百貨店対小売商紛議解決策　東商内に調停委員会設置意見が有力」『報知新聞』1932年7月9日（経営6-032）。
80 「対小売商問題と百貨店の意向　非難の点は研究改善す」『報知新聞』1932年7月16日（経営6-034）。
81 「中小商工業者救済と百貨店法の制定へ　議会提案の省議遂に決定し愈々業界非常時にメス」『大阪毎日新聞』1932年7月26日（工業金融及其機関1-116）。
82 「商工省立案の百貨店法原案　厳重な認可規定と罰則」『中外商業新報』1932年8月5日（経営6-042）。
83 「百貨店法必至と見て拡張・新設続出す　許可制への事前工作」『中外商業新報』1936年9月11日（商事法7-73）。

84 「臨時議会に提出の百貨店法押問答　百貨店側の自制か法的取締か　代表者当局と会見」『神戸新聞』1932年8月5日（経営6-040）。
85 「百貨店協会―自制方針を決定　自発的に小売商圧迫を緩和　百貨店法の代償として」『大阪朝日新聞』1932年8月5日（経営6-039）。
86 「百貨店法の一制定は見合わせか　商工省に可否の両論」『大阪朝日新聞』1932年8月6日（経営6-045）、「百貨店法案今や宙に迷う　正式の自制案提出を待ちて商相態度を決せん」『大阪時事新報』1932年8月6日（経営6-044）。
87 「百貨店協会の自制協定案決定　商工当局に声明書を提出　愈よ十月一日から実施」『大阪朝日新聞』1932年8月12日（経営6-050）。
88 「百貨店の制定は見合わせか　商工省に可否の両論」『大阪朝日新聞』1932年8月6日（経営6-045）。
89 「百貨店委員会商工省内に設置　小売商の重圧を除く」『大阪朝日新聞』1932年10月12日（経営6-087）。
90 北田内蔵司（1932）38頁。
91 小林行昌（1936）242-243頁、松井辰之助（1932）89頁、平井泰太郎（1933）92頁。
92 本位田祥男・中西寅雄（1938）103頁。
93 村本福松（1933）9頁。
94 日本百貨店商業組合（1935）による。
95 日本百貨店商業組合（1934）。
96 上林正矩（1936）22頁。
97 日本商工会議所（1935）175頁。
98 小林行昌（1936）245頁。
99 日本商工会議所（1935）140-141頁。
100 小林八百吉（1936）1-16頁。なお、要旨は「百貨店法案の制定を見合わせ　百貨店代表が陳情」『大阪朝日新聞』1936年9月1日（商事法7-69）による。
101 本位田祥男、中西寅雄（1938）113-115頁。担当委員は、向井鹿松、村本福松、谷口吉彦、平井泰太郎の4名であった。
102 通商産業省（1980）209-210頁。
103 『官報号外』昭和12年7月29日、貴族院議事速記録第3号、33頁。
104 阪急百貨店は、閉店時刻とされた午後6時は勤め帰りにサラリーマンで賑わう時間帯であり、打撃が大きいとして顧客から時間延長の署名を集め、商工大臣に提出したが認められなかった（阪急百貨店（1976）174-175頁。
105 向井鹿松（1938）143頁。
106 阪急百貨店（1976）184頁、三越（2005）144頁。
107 日本百貨店協会（1959）12頁。
108 公開経営指導協会（1983）219頁。
109 そごう（1969）264頁。

《参考文献》

朝日新聞政治経済部（1930）『中小商工業の話』朝日新聞社。
伊藤重治郎（1932）「問題の正しき認識を欠く」『経済情報』第7巻第9号。
上林正矩（1932）「百貨店対小売商問題の正体」『経済情報』第7巻第9号。
上林正矩（1936）「中小商業と百貨店法制定の問題（一）」『東京市産業時報』第2巻第3号。
北田内蔵司（1932）「百貨店対小売商の問題に就いて」『経済時報』第7巻第9号。
公開経営指導協会（1983）『日本小売業運動史　戦前編』公開経営指導協会。
小林八百吉（1936）『百貨店法反対声明書』日本百貨店商業組合、1936年、1-16頁。
小林行昌（1935a）『商品配給論』巌松堂書店
小林行昌（1935b）『増訂内外商業政策（上巻）』丸善。
小林行昌（1936）「百貨店法案の検討」『早稲田商学』第12巻第2号。
白木屋（1957）『白木屋三百年史』白木屋。
鈴木安昭（1980）『昭和初期の小売商問題』日本経済新聞社。
そごう（1969）『株式会社そごう社史』そごう。
大丸（1951）『株式会社創立大丸三十年記念史』大丸。
大丸（1967）『大丸二百五十年史』大丸。
ダイヤモンド編輯局（1931）『増補版　経済記事の基礎知識』ダイヤモンド社。
ダイヤモンド編輯局（1935）『新版　経済記事の基礎知識』ダイヤモンド社。
髙島屋（1982）『髙島屋150年史』髙島屋。
谷口吉彦（1938）「百貨店法の制定」中西寅雄編『百貨店法に関する研究』同文舘、1938年、所収。
通商産業省（1980）『商工政策史　第7巻　内国商業』商工政策史刊行会。
東京市（1933）『東京市商業調査　昭和8年』東京市役所。
東京商工会議所（1929）『我国に於ける百貨店対小売店問題に関する調査』東京商工会議所。
中西寅雄（1938）「百貨店対中小小売商問題」中西寅雄編『百貨店法に関する研究』同文舘、1938年、所収。
日本商工会議所（1935）『百貨店対小売商問題に関する資料』日本商工会議所。
日本政治研究室（1942）『日本政治年鑑　昭和18年版　第1輯』昭和書房。
日本百貨店協会（1959）『日本百貨店協会10年史』日本百貨店協会。
日本百貨店商業組合（1934）『営業統制規程』日本百貨店商業組合。
日本百貨店商業組合（1935）『日本百貨店商業組合定款』日本百貨店商業組合。
阪急百貨店（1976）『阪急百貨店25年史』阪急百貨店、。
平井泰太郎（1929）「百貨店問題（下）」『大阪銀行通信録』第384号。
平井泰太郎（1933）「百貨店の自制と抑制」『国民経済雑誌』第54巻第4号。
平井泰太郎（1934）「商権擁護運動批判」神戸商業大学商業研究所講演集、第66冊。
藤岡里圭（2006）『百貨店の生成過程』有斐閣。
堀新一（1933a）「わが国における百貨店出張販売の発展」『経済論叢』第36巻第6号。

堀新一（1933b）「百貨店経営より見たる出張販売の意義」『経営研究』第1巻第3号
堀新一（1933c）「出張販売より見たる百貨店対小売店の抗争」『経済論叢』第37巻第4号。
堀新一（1934a）「百貨店出張販売の本質」『経済論叢』第38巻第6号。
堀新一（1934b）「百貨店の出張販売に対する地方の反響」『経営経済研究』第16冊。
堀新一（1934c）「百貨店出張販売と中小小売商の問題」『経営研究』第2巻第2号。
堀新一（1935）「百貨店出張販売の諸問題」『経営研究』第4巻第2号。
本位田祥男・中西寅雄（1938）「百貨店法の成立に至るまで」中西寅雄編『百貨店法に関する研究』同文舘、1938年、98-99頁。
松井辰之助（1932）「商品券問題短評」『経済時報』第4巻第6号。
松井辰之助（1941）『新配給体制』富山房。
松坂屋（1960）『株式会社松坂屋50年史』松坂屋。
松坂屋（2010）『松坂屋百年史』松坂屋。
松屋社史編纂委員会（1969）『松屋百年史』松屋。
三越（2005）『株式会社三越100年の記録』三越。
向井鹿松（1930）「小売商問題」『産業研究』第4輯。
向井鹿松（1938）『日本商業政策』千倉書房。
向井鹿松（1941）『百貨店の過去現在及将来』同文舘。
村本福松（1929）「百貨店対小売店問題の一面観」『経済時報』第1巻第3号。
村本福松（1932）「百貨店に関する若干の時事問題」『経済時報』第3巻第10号。
村本福松（1933）「百貨店の意義を再検討す」『経営研究』第1巻第3号。
村本福松（1934）「二つの中小商経営問題」『経営研究』第2巻第2号。
村本福松（1936）「最近十ケ年間に於ける百貨店経営の推移」『経営研究』第5巻第4号。
村本福松（1937a）『百貨店の経営とその問題』文雅堂
村本福松（1937b）『小売商困窮の意味と困窮原因の所在』同文舘。
村本福松（1937c）『大阪に於ける百貨店は果して飽和状態にあるか』大同書院。
山本景英（1980a）「昭和初期における中小小売商の窮迫と反百貨店運動（上）」『国学院経済学』第28巻第1号。
山本景英（1980b）「昭和初期における中小小売商の窮迫と反百貨店運動（下）」『国学院経済学』第28巻第2号。

終　章

簡単な総括

1　改めて「大正・昭和戦前期」という時代

　本書では日本における大正・昭和戦前期の小売業の取り組みについて検証してきた。明治維新に始まった産業の近代化が花開くとともに、各種の矛盾が高まり、やがて戦争経済へと突き進んでいくまでの困難に満ちた時代であった。その中で小売業でもさまざまな取り組みが行われてきたが、それらはもちろん大きな時代の流れの中でのことであった。これまでも随所で各取り組みの時代背景を強調してきたが、改めて小売業の側から見た「大正・昭和戦前期」という時代を総括的に振り返っておきたい。流れの中で「大正・昭和戦前期」と表現しているが、アクセントは「昭和戦前期」にある。

　まず第1に挙げるべきは明治初期に始まった急速な産業化の進展であろう。それによって、業界によって多少の差はあるものの、ほぼ大正年間には消費財産業分野でも大量生産体制が確立され始め、メーカーが誕生する。そして、そのメーカーは従来の問屋を中心とした流通機構に介入し、自らの販路網の構築に乗り出すが、業界によってはその手は小売業にまで及んできた。

　第2に、この工業化は当然ながら大量の労働力を必要とし、東京、大阪を中心に大小各層の都市が成立する。新たな都市に労働力を供給したのは周辺の農村部であった。しかし、労働力の需給関係は均衡を保っていたわけではない。農村部の厳しい条件を反映して、都市が必要とする以上の労働力が供給されるが、都市では新たな住民の生活の安定問題に向き合うことなしには都市を維持できなくなる。その1つとしての物資の安定供給を担う小売業は市民生活には欠くことのできない重要な産業分野であった。

　第3に、上記とも関連するが、都市に過剰に流入した人びとは、自ら職を求めて彷徨うことになるが、その彼らが最終的に行きつくところは小売業であった。経済がほとんどシステム化されていなかった時代、小売業は比較的少額の元手で事業を開始でき、しかも日銭が稼げることから、参入障壁が低い業界とされていた。その傾向は早くから指摘されていたが、1920（大正9）年の反動恐慌以降際立つようになり、特に1930（昭和5）年の昭和恐慌には一層顕著となり、小売業への過剰参入が問題となった。

第4はその経済不況である。第一次世界大戦期の好景気を吹き飛ばした1920年恐慌は世界が初めて経験した大恐慌であったが、日本ではその後、1923（大正12）年の震災恐慌、1927（昭和2）年の金融恐慌、1930（昭和5）年の昭和恐慌と立て続けに恐慌に見舞われる。日本経済全体が大きな打撃を受けるが、特に農村部の受けた打撃は大きく、それが農村部から都市部への人口流出を加速した。

　第5に、その当時、経済的不況の原因は資本主義経済における統制の欠如、「無政府性」にあるとする見方が強く、ある種の統制に対する憧憬があった。それを反映するように、政府がとった対策の1つが1931（昭和6）年に制定された重要産業統制法であった。一言でいえば、重要産業の不況対策としてカルテルを積極的に容認するものであり、これによって大企業体制が確立した産業では価格の暴落を最小限度にとどめることが出来た。業界の自主的統制による問題の解決、それがこの時代の空気であると言ってもよかった。

　第6に、特に最後の昭和恐慌は農村部を大いに疲弊させ、農村の救済が大きな政治問題となった。農産物の価格は暴落するのに、農機具や肥料の価格はカルテルで守られて比較的下がり幅が小さい現象は鋏状価格差と呼ばれたが、この問題に対処するため、政府は産業組合に手厚い保護を打ち出すことになる。

　小売業に関連する一般的な時代背景としてはほぼ以上であるが、第7として当時の商慣行についてふれておかなければならない。御用聞きと掛売り、これが当時の末端における最も一般的な商慣行であった。百貨店では現金掛け値なしが定着し、消費者は店舗まで買い物に出かけるようになっていたが、日常の生活用品についてはまだまだ御用聞き、それと一体となった掛売りが一般的であった。そのため、小売段階では「競争」が有効に働くかどうかは極めて不確定であった。市場における競争に十分な信頼を置くことが出来なかった時代だったのである。

2　本書のごく簡単な振り返り

　小売業近代化の流れがいつから、どのように始まったのかを確定することは難しい。しかし、明治の終わりから大正の初めにかけて、都市の成立とともに

流通問題への関心が高まっていったのは間違いない。特に都市問題との関連で注目を集めた食料品の安定供給問題は、当時の流通事情や商慣習の強い影響を受ける中で、行政による「上からの近代化」という形で始まった。公設（小売）市場の開設である。それは1918（大正7）年の大阪市の日用品供給場という形で現実化するが、同年夏の米騒動を契機に全国に拡がってゆく。細民救済的な廉売中心の応急的施設として始まった公設市場は、1920（大正9）年の戦後恐慌以降、正規の取引流通を担う機関へと転換してゆく。本格的な公設市場の成立であり、これを主導したのも行政であるが、その公設市場の成功を横目に登場するのが私設市場であった。

　しかし、東京市では状況は少し違っていた。東京市では公設市場の開設が大きく遅れるが、1923（大正12）年の関東大震災への対応に追われる中で、公設市場の性格転換にも決定的に遅れ、貧弱なままの公設市場が形だけ残った。その間、不況の中で私設市場はまさに濫設というにふさわしいほどの勢いで開設されていった。東京市ではこうした私設市場の濫設を規制する対応にも遅れたことが濫設に拍車をかけた。その帰結はまさに多産多死という状態で、多くの私設市場は貧弱だった公設市場に輪をかけたさらに貧弱なものであった。その結果、東京では本格的な小売市場を経験することなく戦時統制下へと向かってゆくことになる。それが結果的に東京における小売市場の定着を阻害することになったというのが、本書の第1章で提起した仮説である。

　ただ、その点は措くとしても、小売市場は当時の小売商が初めて経験する共同事業であった。公道に沿って店舗が並列するという意味での商店街は形式的には存在しても、まだ共同事業を意識する段階には達していなかった。もとより、小売市場も決して小売商の自発的意思による共同事業の取り組みとは言い難い。特に私設市場の場合、市場開設業者の収益事業としての側面が強かったことは事実であるが、それでも商業者たちは小売市場の中で結果的にもせよ、初めて共同事業を経験することになったことは間違いないだろう。

　小売業の近代化をどのように捉えるかについても議論があるかもしれない。記帳といってもせいぜい大福帳で、一般の小売商ではそれさえ怪しい時代であった。多くの小売商の間では、家計と経営の分離など及びもつかず、まさに丼勘定が普通に行われていたと言ってよかった。しかし、そんな中でも正しい

記帳に基づいて経営を近代化させようと試みる商人はいた。百貨店として成長していく呉服商は別としても、1931（昭和6）年に大阪で結成された専門大店[1]や全国の8つの先進的専門店会によって1936（昭和11）年に結成された全日本専門店会連盟に参集した繁盛店がそれである[2]。それらはほんの一部で、全国にはこうした先進的な小売商が多数存在した。百貨店として成長してゆくのはその中の一部であり、その他の多くは単独では規模を拡大できない中で、小売商としての経営意欲を共有する同志を募って共同事業を展開してゆくことになる。本書で主として取り上げたのは、こうした中小小売商による共同事業を通しての近代化の試みである。

百貨店は小売業の世界に初めて登場した大規模小売商であったが、その百貨店が登場するまで、規模的に見れば小売商はすべて「中小小売商」であった。もちろん、その中には多くの従業員を雇用する「大店（おおだな）」からごくわずかの家族従業員のみで経営する零細店までが含まれていた。もとより、全国のきわめて多数に上る小売商を1つの共通の利害をもつ集団としてとらえることはできない。一概に言うことはできないものの、総じていえば、繁盛店を中心とする中堅以上の層は経営の近代化にも積極的であるのに対して、零細小売商ともなれば日常の経営と生活に追われ、経営近代化に対する意欲は小さくなる傾向にあったとみてよい。近代化が小売商自身の個別的な経営問題である間は表面化しなかったこの問題は、百貨店という「外敵」が現れ、その百貨店との競争を意識するようになると、両者の間の取り組み姿勢の相違は表に強く表れるようになる。すなわち、意欲の高い中堅層からは自らも経営近代化を目指す取り組みが現れるのに対して、末端の零細層からは百貨店の規制を強く求める声が上がるようになる。数的に見て圧倒的に多いのはもちろん後者である。そして、小売業全体の動きはこの両者を巻き込みながら展開してゆくことになる。

さて、その近代化はただ個別商店の経営を合理化しながら大規模化する方向にのみ限られていたわけではない。百貨店の成長は小売業の世界に初めて大規模経営をもたらしたが、その大規模経営は必ずしも個々の商店が大規模化しなければ達成できないものと考えられたわけではなかった。谷口吉彦に倣っていえば「組合的集中形態」をとることによって「小規模大経営」が可能になるというわけで[3]、小規模商店の力の結集に期待がかけられる。それはただ単なる

可能性の問題としてではなく、政府が強く示唆し推奨する方向でもあった。中堅商店の多くは百貨店と対抗するための近代化の途を求めて、さまざまな形の共同事業に取り組むことになる。

　それを典型的に表したのが第4章の商店街商業組合と第5章のボランタリーチェーンであった。しかし、これらは国の流通政策の主流を占めるものではなかった。1932（昭和7）年に制定された商業組合法が両者の根拠法になるようにみえるが、同法は1930（昭和5）年の大恐慌の煽りを受ける中で、小売業界の中での自主的統制によって事態の打開を図ろうとする意図をもっていたため、商業組合は同業種の業者による組合を原則とし、組合の設立要件として地区内業者の過半数の同意を求めるものであった。そのため、異業種店から構成される商店街商業組合は商業組合の一形態としては念頭に置かれていなかった。その結果、商店街商業組合は例外としての雑種組合のそのまた例外として、業界側からの取り組みによって設立されることとなった。組合を結成した先進的商店街はさまざまな活動に取り組む一方で法改正を求めて運動するが、その結果、商業組合法が改正され、商店街商業組合が正規に認められるのはようやく1838（昭和13）年になってからであった。しかし、1938（昭和13）年といえば、前年に始まった日中戦争の影響が次第に色濃くなる中で国家総動員法が施行され、戦時体制が本格化してゆく年であった。実際それ以降、自由な経済活動は次第に制限され、商店街商業組合もほとんど窒息状態に陥ってゆくことになる。

　商店街商業組合に比べれば、ボランタリーチェーンは同業種店の共同事業であるという意味で、商業組合法により親和的であるように見える。しかし、業界の自主的統制を目指した結果としての過半数規定は、例えば共同仕入れといった高度な共同事業を商業組合が行うことを実質的に不可能にしていた。先進的な小売主宰のボランタリーチェーンがほとんど例外なく厳しい入会規定をもち、規模や意欲の標準化を図っていたことからも想像されるように、経済的な共同事業は単に規模を累積することによって達成できるものではなかった。商業組合法は統制事業と経済事業という本来的に二律背反する事業を同時に抱え込むことによって、ボランタリーチェーンを法律の対象外に追いやることになった。それでも、いくつかの業界で小売主宰のボランタリーチェーンが成立するが、卸主宰のチェーンは確認できなかった。反面で、過剰生産に喘ぐメー

カーによる流通の抱え込みがボランタリーチェーンとして注目された。

　こうした商業組合法よりも先に問題となったのが第2章の同業組合への加盟問題と第3章の共通商品券問題であった。この両者は百貨店が本格的な成長期に入った初期から問題となっていた。新興の業界における製品の品質の安定化と乱売防止を目指して1900（明治33）年に制定された重要物産同業組合法は、生産者、卸売商、小売商の全員に組合への参加を求めており、それに従って百貨店も当初は取扱い商品ごとに複数の同業組合に加盟していた。しかし、百貨店が株式会社化する段階で加盟を拒否したのが事の発端で、裁判では小売商側が勝訴したが、それでも百貨店は罰金を払うことを選択した。最終的には商工大臣裁定によって百貨店組合を認め、各業種の同業組合への加入の必要なしとする形で決着した。

　この同業組合問題とほぼ同時並行的に進行していたのが共通商品券であった。百貨店はその信用力を背景に商品券を発行するが、これが消費者の圧倒的支持を得て極めて巨額に達し購買力を独占的に囲い込むことになった。それに対抗するために商店街が共通商品券の発行を企図したが、これが紙幣類似証券として規制の対象となってしまった。小売商側からすれば、百貨店の商品券は無制限に発行されるのに、それに対抗しようとする自らの共通商品券が規制されることになるわけで、それならばと百貨店による商品券の撤廃を求める運動に発展した。結果は1932（昭和7）年の商品券取締法によって供託金制度が導入されたものの百貨店の商品券そのものは規制対象とはならず、商店街の共通商品券が認められるのはようやく戦時色の強まった1938（昭和13）年になってからであった。商店街の共通商品券の実績はほとんど見るべきものがなかったが、少なくともそれは商店街による意欲的な取り組みであったことは間違いない。

　こうした積極的な共同事業とは別に、小売商が直面した大きな問題があった。1933（昭和8）年に始まった産業組合の拡充運動がそれであり、この問題は第6章で取り上げた。1920（大正9）年以降、立て続けに起こった恐慌によって日本経済は大きな打撃を受けたが、とりわけ1930（昭和5）年のいわゆる昭和恐慌は特に農村部に大きな打撃を与えた。その農村救済策として政府が打ち出した農山漁村経済更生計画は産業組合への手厚い支援策であった。産業組合中央会でもこれに呼応するように産業組合拡充5ヶ年計画を実施する。それはつづ

めて言えば、すべての町村に産業組合を設立し、全農家を加入させ、農家の購入品や販売品をすべて産業組合に集中して大規模に取引するというものであった。そうなれば各種の商業が大打撃を受けるのは必至ということで商業者たちが立ち上がり、日本商工会議所の下で商圏擁護を掲げて一大運動を開始した。しかし、この運動は産業組合側の反撃と商業者側の分裂によって、事実上商業者側の敗北として決着する。一見したところ、近代化とは無縁の運動のようにもみえるが、不況下での商業分野への外部からの「侵入」に対する抵抗は、商業者の側から見れば近代化を進める上での前提となる運動であるともいえた。

経営の近代化は当然のことながら小売商店の営業や従業員の働き方にもかかわってくる。商業労働に関する規制は、国際的にも鉱工業分野から遅れて議論されるようになる。日本では、当時はまだ昔ながらの丁稚奉公の名残が残り、住み込みの長時間労働が一般的であった。それでも国際的な動きに押されるように商店法の模索が大正年間に始まるが、それが本格化するのは1930年代になってからであった。しかし、一部業界からの提案はあったものの、大阪、名古屋を中心とした現場の強い抵抗にあって具体的な法規制は難渋した。反対の主な理由は、住み込み従業員は見習い教育の場であり、一般の労働と同列には置けないというのであった。経営の近代化を掲げる一方でこの問題には消極的だった商業者も存在したことは、当時の空気を理解するのに役立つ。長期にわたる議論と妥協を重ね、結果的に当初の案から大幅に緩和された形で商店法が制定されるのは、ようやく1938（昭和13）年になってからであった。この問題は内務省・厚生省の管轄であり、商工省がほとんど関与しなかったことも、商店法が遅れた原因の1つと考えられている。この問題は第7章で取り上げた。

戦前の小売業を語るうえで絶対に欠かせないのが百貨店の成長であり、それ自身が小売業の中から誕生した近代化の1つの途であった。20世紀初頭の三越に始まった百貨店化の動きは次第に老舗呉服店にも波及していった。当初は客層を異にすることから一般小売商との軋轢も目立つほどではなかったが、1920年の反動恐慌を境に百貨店が大衆化する中で対立が激化してゆき、それは1923（大正12）年の関東大震災によって決定的となった。そして同業組合問題や商品券問題で見るべき成果をあげることができず、商店街商業組合さえ正規には位置づけられなかった中小小売商は、百貨店の規制を求める運動へと舵を切っ

てゆく。他方、百貨店の間でも関東大震災後の拡張競争が引き金となって過当競争に陥り、いったんは1932（昭和7）年の百貨店の自制協定を結ぶことになるが効果なく、結局は1937（昭和12）年の百貨店法の制定につながってゆく。日本における調整政策の誕生であった。この問題は第8章で取り上げた。

3　結びに代えて

　大正期から昭和初期にかけて、日本の小売業界は激動の時代であった。産業構造が大きく変化し、それまでの問屋を中心として築き上げられてきた流通機構が転機を迎えていた。しかも、1917（大正6）にロシアで発生した社会主義革命は、経済的不況や混乱が起こるたびに資本主義経済の矛盾の表れとして「体制の危機」を予感させた。それが一般的には「統制」の必要性を強調させることになるが、その統制には国家による強力な統制だけではなく、業界による自主的統制も含まれていた。その業界における自主的統制を促したのはもちろん政府であった。

　しかし、そんな中でもこと小売業に関しては、少なくとも第一次世界大戦が終わる頃まで、政府はほぼ一貫して不介入の姿勢を保っていた。「従来（少くとも世界大戦迄）の対内商業政策は完全なる自由放任主義であり、レッセ・フェールの原則が生活原理として、他の如何なる産業分野に於けるよりも国内商業に於て最も徹底的に行はれた。国家が国内商業に対して与へ得る最大の保護奨励は実に『自由』と云ふことであつた。」[4] 本書で取り上げた公設市場の開設と奨励はこうした態度をとっていた政府による流通過程への最初の介入とみなされている。しかし、それは終始一貫して内務省主導のもとに進められたもので、農商務省（あるいは後の商工省）が前面にかかわるものではなかった。

　商工省は1925（大正14）年に農商務省から分離独立するが、そうした不干渉のスタンスは少なくとも昭和恐慌が発生する頃までは基本的に変わらなかった。1927（昭和2）年に10月に百貨店の同業組合問題に決着をつけたのも基本的には「自由」の承認であったし、百貨店の商品券の容認もそうであった。その意味からすれば、商店街の共通商品券についても「自由」原則が貫かれてもよかったようにもみえるが、問題が紙幣類似証券となれば商工省の手の及ばない

大蔵省の管轄下にあった。商工省としては大蔵省に対してその許可を要望するというのが精一杯の対応であった。

　その意味からいえば、政府・商工省が小売業問題、特に中小小売業問題に真正面から向き合うようになるのは、1929（昭和4）年9月の商工審議会に対して行った諮問以降と言えるかもしれない。その諮問の第3点は「消費経済の合理化と小売商の救済策は如何（小売制度改善）」であり、その問題についての商工審議会の答申が翌1930（昭和5）年5月の答申「小売制度の改善に関する方策」であった。時代はまさに昭和恐慌の入り口であり、日本経済も小売業も困難を極めたときであった。その中で、「方策」は進んだ小売業の自由を維持するとともに、遅れた小売商の共同事業による経営の近代化を強く求めた。そして、それ以降小売業対策は基本的にはこの「方策」の線に沿って進められることになる。

　不況下で小売業には大量の参入が続く。この過剰就業問題に対して直接的に対処する方法は見当たらなかったが、業界内部での自主的統制によって値崩れ、価格競争の弊を食い止めるとともに、同業者が購買力を結集することによって大規模化を達成できるという願望にも似た期待感があったように思われる。それが商業組合法の意図するところとなるが、産業組合の場合とは違って、小売業の場合、実際には大規模経営はそれほど簡単には達成できるものではなかった。

　その中で、疲弊する小売商の救済を求める声は百貨店による商品券の規制から百貨店の営業そのものの規制へと拡がってゆくが、同時に他方では先進的な小売商たちの共同事業への取り組みがあった。商店街商業組合であり、ボランタリーチェーンがそれである。そのボランタリーチェーンの中には中小経営の「他力更生[5]」の一形態としてメーカー主宰のチェーンも含めて理解されていた。それをどこまで小売業の近代化として理解し得るかは問題があるとしても、小売商の中には苦境の中でも、政府の奨励に沿うものではなかったこれらの共同事業に取り組んだ人たちがいたことは間違いなかった。

　全体から見ればそれはあまりにもささやかな取り組みであったかもしれない。それでも、彼らはその試みがもっと広く普及・伝播することを期待していたようにも見える。ただ、その試みが認知され、それらに光が当たるようになるの

は、ようやく1937（昭和12）年から1938（昭和13）年にかけてのことであった。時代は本格的な戦時体制へと突入してゆき、やがてこうしたささやかな挑戦を飲み込んで小売業全体を死滅の途に追いやってゆく。しかし、先人たちが苦境の中で取り組もうとした意気込みやそこで経験したことは、今日の問題にもさまざまな教訓と含意をもっているように見える。その意味で、彼らの取り組みは決して無駄ではなかったし、それらを改めて再評価することの意義は決して小さくないように思われる。

《注》
1 村本福松（1930）参照。
2 日本専門店会連盟（1977）47-49頁。日専連運動の先駆けとなった岡山専門店会の結成は1930（昭和5）年まで遡る。源流をたどればさらに遡ることもできるという。
3 谷口吉彦（1935）465頁。
4 平野常治（1938）400-401頁。
5 平井泰太郎（1935）。引用は平井泰太郎（1938）115頁による。

《参考文献》
日本専門店会連盟（1977）『日専連四十年のあゆみ』日本専門店会連盟
谷口吉彦（1935）『配給組織論』千倉書房。
平井泰太郎（1935）「中小経営の他力更生」『国民経済雑誌』第58巻第1号。
平井泰太郎（1938）『経営学論考　第一冊』巌松堂書店。
平野常治（1938）『商業政策概論』巌松堂書店。
村本福松（1930）「最近大阪に現れたる商業経営型態に就て」『経済時報』第3巻第7号。

あとがき

　私の研究生活は、マーケティング活動を競争行動として理論的に分析することから始まった。もうかれこれ60年近くも前のことである。当時、企業へのヒアリングなどはまったく考えられず、実際のマーケティング活動に接するには過去の記録に頼るほかなかった。私は反トラスト法の判例を含め、歴史の中から活動の論理を導き出そうとしてきた。それが私の「流通・マーケティングの歴史」との出会いであった。その意味で、歴史といってもせいぜい100年前までの現代史であり、理論研究のための補助的道具であった。私自身が歴史研究の作法をきちんと学んだことがないことも相まって、私は歴史好きにもかかわらず、自らを歴史家だと考えることができないまま今日に至っている。そんな私が前著『戦時統制下の小売業と国民生活』（碩学舎、2022年）に続いて、本書を上梓するのだから、さぞかし奇異に感じられる方も多いであろう。本書の成り立ちについて一言してあとがきに代えたい。

　活動の実際を歴史に求めるといっても、今自分が分析しようとしている活動に沿った事例を求めるのであり、何等かの業界を対象に大きな流れを通史として追いかけるのでもなければ、ある活動の流れを対象にその展開過程を追いかけるのでもない。さらには、時代を区切って諸活動の横断的な関係を分析したり、産業間の相違を明らかにしようというのでもない。極端に言えば、ある活動の論理をその瞬間において切り取るようなものである。それは「過去の事実」に学んでも、「歴史研究」などとはとても言えるものではなかった。そのことは十分承知していたが、理論構築にこだわっていた私にとって、活動の論理を見出すことができれば十分であった。過去の事実に向き合いながら、「これは歴史研究ではない」という後ろめたい思いはあったが、それ以上に歴史研究に打ち込むことはなかった。

　私の関心はやがてもっと現実の問題に移っていった。流通政策にかかわるようになって、過去の出来事もさることながら、今、目の前で起こっている現実にどう立ち向かうのかが主要な関心事となっていった。今の問題を理解するの

に過去が不必要だというのではない。しかし、必要な過去はそれほど遠くまで遡る必要はなかった。過去と言っても現実の今のすぐ隣にある過去を観察することはそれほど難しいことではなかった。年齢を重ねてくると、すぐ隣の過去は私自身の体験の中に見出すことができるようになってきた。自分の体験を通して近過去と現在を重ね合わせることができる。もちろん、必要とあればもう少し遠い過去まで遡ったが、だんだんとそれで事足りるようになってきた。

　それとともに、私の関心もメーカーによるマーケティング活動よりも、小売業を中心とした流通問題に移っていった。眼前では大手量販店の台頭に始まって、さまざまな業態が誕生してくる。物流や情報関連技術の革新も相まって、流通の世界はとどまることなく革新を続けている。過去を振り返るまでもなく、今の現実は目まぐるしいほどに展開してゆく。その中で、伝統的に流通の末端部分を担ってきたはずの商店街や小売市場は斜陽産業のように語られ、そこでの商人は革新から取り残された存在のような評価を受ける。確かに彼らにかつての勢いや輝きは感じられない。でも、はたして本当にそう切り捨ててよいのだろうか。そう考えるうちに、改めて近過去の小売業者たちに迫ってみたいと考えるようになった。近過去にもまた革新の流れがあったはずだからである。彼らはその時、どのように立ち向かったのか。

　近過去を見ることによって、今が少しは違って見えるかもしれない。それにしても、私の手の届く近過去を私は自らの体験の中で理解しているが、それはもう少し前の過去を知ることなしに本当に理解できるのか。少し前の過去を知ることによって、近過去をよりよく理解できるのだとすれば、その少し前の過去はさらにもう少し前の過去を知ることによってさらに理解が深まるのではないか。この問いを続けてゆけば、私たちは遠い古代史の時代まで遡るのかもしれない。しかし、私はそこまで遡ろうとは思わなかった。幸いなことに、歴史の大きな転換期とされる時代があった。近くは第二次世界大戦での敗戦に伴う民主的経済国家への転換があり、それを遡っても明治維新後の富国強兵による急速な産業国家体制の確立があった。そこまで遡れば十分であろう。だが、せめてそこまでは遡りたい。そう念じながら、現実の問題にかまけてそれに取り組むことのないまま時が経過した。

　大学の業務から解放され、流通政策の現場とのかかわりも希薄になるにした

がって、時間的に余裕ができるようになった。それでこれまで気にしながら手を付けずにいた近過去への旅を開始した。系統立ったものではない。気になりながら手つかずにいた問題を、少しずつ探ってみたい。ただそれだけであった。

　幸いなことに、そこで出会ったのが前著でも記したが2つの大きなデータベースであった。「神戸大学附属図書館デジタルアーカイブ［新聞記事文庫］」と「国立国会図書館近代デジタルアーカイブ」（現デジタルコレクション）である。これによって資料へのアクセスが飛躍的に高まった。さらに、これらのデータベースへのアクセスは私がほとんど知らなかった問題があることも教えてくれた。こうして私は「自身の気がかり」を解消するために近過去への探索を開始した。それはまったく個人的な関心に基づく私的な探索であった。

　幸いなことはまだあった。このまったく個人的な営みを「研究」として評価し、発表の機会を提供してくださったのが、専修大学教授の渡辺達朗先生と公益財団法人流通経済研究所の機関紙『流通情報』の編集部の方々である。渡辺先生とはさまざまな機会にご一緒させていただき、折に触れて上の経緯もお話ししていたが、先生ご自身が編集委員として名を連ねておられる『流通情報』への投稿を勧めていただいた。今の問題に強い関心をもつはずの『流通情報』誌の編集委員会が、今にどのようにつながるのかもはっきりしないこの種の「研究」を評価して掲載を認めていただけたことは、私にとって大いに励みとなった。結局は7本の長編論文を、それぞれ2回に分けて掲載していただくことになったが、それが本書の第2章以外の各章の元になっている。

　さらに、この雑誌への掲載に際しては、編集担当の金井理華さんと星野えりかさんには大変お世話になった。単に誤植を含むケアレスミスを訂正するというだけではなく、私の勘違いやありえないミスまで、丁寧にチェックしていただいて、誤りを正していただいた。この場をお借りして改めてお礼申し上げたい。

　また同時に、前著でも記したが、元豊中市助役の芦田英機さんはご自身が主宰する「豊中まちづくりフォーラム」で何度か、話をする機会を与えていただいた。「まちづくり」とはほとんど関係ない昔話を、それでも辛抱強くお聞きいただき、さまざまな角度からコメントいただいた参加者の皆様にも心からお礼申し上げたい。

この近過去への旅は、途中で前著、戦時統制下の流通問題の整理作業と重なり、一時中断を余儀なくされたが、2024年5月をもって一区切りすることができた。おそらく拾い出せばまだまだ多くの問題はあるのだろう。しかし、焦点を小売業に当て、そこでの近代化の模索過程を探るという意味では、大きな問題はほぼカバーできたのではないか。そう思えたことで、それらをまとめて1冊の書物としての体裁を整え、私の最後の仕事として上梓させていただけないかと考えるようになった。

　そこでも幸いだったのは前著に引き続き（株）碩学舎さんのご理解を得ることができたことであった。おそらくは前著以上に読者が限られ、採算が取れないことがほぼ確実な本書の出版をお引き受けいただいた碩学舎代表の石井淳蔵先生をはじめ役員の皆様に改めてお礼申し上げたい。

　最後になったが、本書の編集・校正については、前著に続いて今回も（株）中央経済社の皆さんに大変お世話になった。特に、校正については、市田由紀子さん、浜田匡さんをはじめ、編集担当の方々のお手を煩わせた。改めて感謝申し上げたい。

　そのほかにも多くの方々の支えがあって今日まで研究生活を続けることができた。これまで支えてくださったすべての皆さまに改めて心から感謝申し上げます。ありがとうございました。

2025年3月

石原　武政

索 引

〔数　字〕

10銭均一店（髙島屋）…………………320

〔あ　行〕

青田師……………………………………21
赤星靴チェーン………………………194
浅草いろは商店街（東京）…………104
麻布十番商店街（東京）……………104
憩いの家………………………………294
市場市営ニ関スル調査報告書（東京市）…29
市場取締規則……………………………44
移動百貨店………………………………92
上からの近代化………………………358
浦江本通商業組合（大阪）………127,136
大阪堺市街商工業取締法………………52
囮販売…………………………………172
温情主義………………………………273

〔か　行〕

開拓者組合（ロッチデール）………210
開放的流通…………………………5,169
価格協定…………………………………58
家計と経営の分離……………………358
掛売り……………………………22,333,357
過剰参入……………………229,309,356
過剰就業………………………………229
過剰人口…………………………………5
過剰生産…………………………168,184
菓子料……………………………………21
家族主義………………………………273
過当競争………………………………197
株式会社ショップガイド……………137
株仲間……………………………………52
上福島聖天通浄正橋通商業組合（大阪）
　………………………105,127,133,139

関東大震災
　……………32,35,63,79,172,308,311,362
企業家商人………………………………3
寄宿的就業……………………………228
北澤通商店街（東京）…………104,138,140
業種別商業組合………………………128
鋏状価格差………………………216,357
供託金制度（商品券）…………………96
共通商品切手……………………………77
共通商品券……………………76,101,361
共同撒水………………………………129
共同仕入れ……………………………360
共同照明………………………………129
共同装飾………………………………129
共同通帳による信用販売……………136
共同配送………………………………137
今日は帝劇、明日は三越……………307
銀座商店街（東京）……………………80
金融恐慌……………………33,214,308,357
九条通一丁目商店街商業組合（大阪）…105
組合的集中形態………………………359
呉市中通商店街（広島）…………104,106
下足預かりの廃止……………………314
五・一五事件…………………………334
公益買屋武蔵屋…………………………14
高圓寺商店街（東京）…………………104
高額商品券………………………………98
工業組合法……………………………213
工業所有権の保護同盟条約……………57
工業所有権の保護に関するパリ条約
　（ヘーグ改正条約）…………………57
工業の発達助長に関する件（生産調査会）
　……………………………………………12
交詢社内有志による営業時間規制に関する
　決議……………………………………269
工場法…………………………………262

庚申塚商店街（東京）……………………104
厚生省…………………………………………288
公設市場…………………………………22,358
公設市場改善要綱（社会事業調査会）……32
公設市場設計図面及説明
　（社会事業調査会）………………………32
公設市場設置に関する建議（大阪市）……23
公設質屋………………………………………13
公設長屋………………………………………13
紅白会…………………………………………192
甲府銀座商店街（山梨）……………………104
鉱夫労役扶助規則……………………………263
神戸本通会商店街（神戸）…………………104
高密度居住……………………………………17
小売市場設置奨励ノ件（内務省）…………25
小売市場設置要綱（救済事業調査会）……25
小売市場ブーム………………………………38
小売共同チェーン……………………………164
小売業の共同事業を通しての近代化………3
小売商業更生緊急対策に関する建議
　（日本商工会議所）………………………339
小売商の淘汰…………………………………327
小売制度の改善に関する方策
　（商工審議会）………………33,118,325
顧客送迎バス…………………………………320
顧客の共通心理………………………………144
五服会…………………………………………64
コミュニティ機能……………………………148
米騒動…………………………………………24
御厄介豆腐切手………………………………76
御用聞き…………………………………22,357
献立材料配給…………………………………141

〔さ　行〕

再販売価格維持………………………………181
細民の生活実態………………………………15
さかえの日（三越）…………………………310
盛り場的商店街………………………………122
盛り場八町……………………………………121
産業組合………………………………………361

産業組合拡充5ヶ年計画（産業組合中央会）
　……………………………………………222,229
産業組合の官僚化……………………………239
産業組合への課税問題………………………248
産業組合への免税……………………………234
産業組合法……………………………………211
産業組合法の改正（1932年）………………219
四貫島春日出商業組合（大阪）……………127
自己搾取………………………………………273
市場市営ニ関スル調査報告書（東京市）…29
市場取締規則…………………………………44
四条繁栄会商業組合（京都）………………137
資生堂チェインストアー……………………172
私設市場………………………………………358
私設市場の濫設（東京市）…………………35
下谷竹町通り（東京）………………………84
質屋……………………………………………17
質屋取締法……………………………………14
失業者収容所…………………………………227
紙幣類似証券……………………………79,361
紙幣類似証券取締法………………80,85,102
社会主義革命…………………………………363
奢侈品等製造販売制限規則（七・七禁令）
　………………………………………………108
就業機会………………………………………6
十条銀座商店街商業組合（東京）…………134
十三商店通商業組合（大阪）………………127
住宅改良助成通牒要項（内務省）…………14
重要産業統制法……………60,124,216,310
重要物産同業組合法……………………53,62,361
重要輸出品工業組合法………………………57
重要輸出品同業組合法………………………53
準則組合………………………………………53
小額商品券……………………………………98
小規模大経営…………………………………359
商業及事務所の就業時間の規律に関する
　条約（国際労働総会）……………………267
商業組合法………………………………125,213
商業組合法案要綱……………………………123
商業組合法改正（1938年3月）………103,131

商業使用人の週休制……………………266
商業に於ける週休の適用に関する条約
　（国際労働総会）………………………265
商業に於ける労働時間統制に関する決議
　（国際労働総会）………………………265
商権擁護運動………………211,233,234,362
商権擁護運動の敗北………………………246
商工組合法……………………………………69
商工審議会………………………33,118,324
商店街共通商品券…………………………102
商店街商業組合………………126,128,360
商店街商業組合連合会…………………156
商店街調査…………………………………121
商店街の共同施設…………………………145
商店時間連盟（イギリス）……………264
商店の営業時間短縮の法規制定に関する
　陳情（東京呉服商同業組合）…………274
商店の閉店時刻制限に関する建議
　（帝国議会）……………………………275
商店法……………………………268,276,362
商店法案……………………………………284
商店法案要綱（社会局）……………276,279
消費経済改善策（商工審議会）………324
商品切手発行税………………………………88
商品券…………………………………………76
商品券撤廃期成同盟…………………………86
商品券取締法…………………………95,361
商品券売買業者………………………………99
正札販売………………………………………91
昭和恐慌……………………33,229,308,357
職工の保健及び取締りに関する件
　（農商務省）……………………………262
庶民の銀行……………………………………17
自力更生……………………………………151
白木屋…………………………………307,312
震災恐慌……………………………………357
心斎橋筋商店街（大阪）………81,92,137
新橋仲通商業組合（東京）……………127
信用組合……………………………………212
巣鴨地蔵通商店街商業組合（東京）………141

戦後恐慌……………………………………308
全国購買組合連合会（全購連）………232
潜在的失業者のプール…………………………6
専属店制……………………………………181
専属排他的流通……………………………181
選択的流通……………………………………5,181
全東京洋品聯盟……………………………185
全日本産業組合中央会…………………214
全日本商権擁護連盟……………………232
全日本専門店会連盟………………147,359
専門大店（大阪）………………92,147,359
専門店会（旭川）…………………………102
十合…………………………………………311
十合特約チェーンストアー……………195
粗製濫造…………………………………55,58

〔た　行〕

ターミナル型百貨店……………………317
大正筋本通商店街（神戸）……………104
大東京履物商チェーン…………………190
大東京文具商チェーン聯盟……………188
大日本商品券撤廃同盟会…………………85
大暴落大売出し（百貨店）……………311
大松通商店街商業組合（名古屋）
　………………………127,134,136,138,141
大丸…………………………………………307
大量生産体制………………………………4,356
髙島屋………………………………………320
他力更生……………………………………364
地域密着性…………………………………148
地区商業組合…………………………125,128
茶業組合規則…………………………………53
茶業組合準則…………………………………52
調整政策の誕生……………………………363
徴兵検査……………………………………283
月掛け貯金…………………………………140
堤方町商業組合（東京）………………127
堤方町商店街（東京）……………104,138,140
デパートメントストア宣言……………306
テリトリー制………………………………181

店会制……………………………………181
伝統的な流通機構………………………4
同業組合…………………………………53
同業組合準則……………………………53
統制経済………………………………230
統制三法………………………………346
統制の欠如……………………………357
東横百貨店……………………………318
特殊小学校………………………………16
都市化……………………………………5
都市細民…………………………………13
丼勘定…………………………………358

〔な 行〕

灘八幡商店街（神戸）……………104,105
二階町通商業組合（姫路）…………127
西神戸学校通商店街（神戸）………104
二重加入の問題………………………132
日用品供給場（大阪市）………………24
二・二六事件…………………………283
日本専門店会連盟………………………92
日本百貨店協会………………………337
人形町通商店街商業組合（東京）
　…………………84,104,127,134,136
農山漁村経済更生計画樹立方針
　（農村経済更生中央委員会）……219
農村負債整理組合法…………………222
暖簾分け………………………………273

〔は 行〕

阪急マーケット………………………318
反産業組合運動（反産運動）……210,229
反百貨店運動……………………314,329
日掛け貯金……………………………140
ヒネリ……………………………………21
百貨サービス…………………………136
百貨店……………………………306,359
百貨店営業統制規程…………………338
百貨店商業組合………………………337
百貨店商品券………………………86,89

百貨店商品券撤廃期成同盟会…………87
百貨店大乱戦時代……………………315
百貨店のカルテル化…………………337
百貨店の市場化傾向……………319,330
百貨店の自制協定…………………95,334
百貨店の重圧率………………………329
百貨店の出張販売……………………322
百貨店の大衆化……………………311,362
百貨店の地方出張販売自制方に関する建議
　（日本商工会議所）………………339
百貨店の同業組合加入問題……………65
百貨店の不当廉売……………………321
百貨店の廉価販売………………………61
百貨店法…………………………339,343
百貨店法案（商工省）………………335
百貨店法制定方に関する建議
　（日本商工会議所）………………338
瓢箪屋薬房 SS…………………………180
福助足袋聯盟店………………………175
不正競争防止法…………………………58
不当廉売…………………………………61
フランチャイズシステム……………181
米穀自治管理法案……………………247
閉店時刻……………………………285,287
弁天通商業組合（横浜）……………126
ホシ連鎖店……………………………171
細田村営質庫……………………………14
ボランタリーチェーン……128,164,198,360

〔ま 行〕

街商人……………………………………3
松坂屋…………………………………311
松屋………………………………307,312
満州事変………………………………334
三越………………………………306,311,312
武蔵小山商店街（東京）………104,136,138
武藏屋新宿店…………………………318
元町一二会商店街（神戸）…………104
木綿デー（三越）……………………310
森永ベルトライン……………………177

〔や 行〕

柳町商業組合（奈良）…………127, 138, 140
輸出組合法………………………………57
横の百貨店………………………128, 147

〔ら 行〕

乱売………………………169, 172, 184
六間道通商店街（神戸）……………104
盧溝橋事件……………………………283

著者略歴

石原武政（いしはら　たけまさ）
大阪市立大学名誉教授。
1943年京都市生まれ、1961年徳島県立徳島商業高等学校卒業、1965年神戸商科大学卒業、1969年神戸大学大学院博士課程退学、大阪市立大学商学部、関西学院大学大学院商学部、流通科学大学商学部を経て、2017年退職。商学博士（大阪市立大学）。
1997年から2009年まで通商産業省（経済産業省）中小企業政策審議会商業部会長、2006年から2011年まで経済産業研究所・通商産業政策史編集委員会委員のほか、各種審議会・委員会等の委員を務める。
主な単著に、『マーケティング競争の構造』（千倉書房、1982年）、『公設小売市場の生成と展開』（千倉書房、1989年）、『小売業における調整政策』（千倉書房、1994年）、『商業組織の内部編成』（千倉書房、2000年）、『まちづくりの中の小売業』（有斐閣、2000年）、『小売業の外部性とまちづくり』（有斐閣、2006年）、『「論理的」思考のすすめ』（有斐閣、2007年）、『商業・まちづくり口辞苑』（碩学舎、2012年）、『戦時統制下の小売業と国民生活』（碩学舎、2022年）、そのほかに共著書、編著書が多数ある。

碩学叢書

小売業近代化への胎動

2025年3月20日　第1版第1刷発行

著　者　石原武政
発行者　石井淳蔵
発行所　㈱碩学舎
　　　　〒101-0052 東京都千代田区神田小川町2-1 木村ビル10F
　　　　TEL 0120-77-8079　FAX 03-5315-4902
　　　　E-mail info@sekigakusha.com
　　　　URL https://www.sekigakusha.com
発売元　㈱中央経済グループパブリッシング
　　　　〒101-0051 東京都千代田区神田神保町1-35
　　　　TEL 03-3293-3381　FAX 03-3291-4437
印　刷　東光整版印刷㈱
製　本　誠製本㈱
Ⓒ 2025　Printed in Japan

＊落丁、乱丁本は、送料発売元負担にてお取り替えいたします。

ISBN978-4-502-52191-1　C3034

JCOPY〈出版者著作権管理機構委託出版物〉本書を無断で複写複製（コピー）することは、著作権法上の例外を除き、禁じられています。本書をコピーされる場合は事前に出版者著作権管理機構（JCOPY）の許諾を受けてください。
JCOPY〈https://www.jcopy.or.jp　eメール：info@jcopy.or.jp〉

楽しく読めて基本が身につく好評テキストシリーズ！

1からの経営学 加護野忠男・吉村典久【編著】	1からの経営史 宮本又郎・岡部桂史・平野恭平【編著】
1からのアントレプレナーシップ 山田幸三・江島由裕【編著】	1からの戦略論 嶋口充輝・内田和成・黒岩健一郎【編著】
1からの人的資源管理 西村孝史・島貫智行・西岡由美【編著】	1からのマーケティング 石井淳蔵・廣田章光・清水信年【編著】
1からのマーケティング・デザイン 石井淳蔵・廣田章光・坂田隆文【編著】	1からのデジタル・マーケティング 西川英彦・澁谷 覚【編著】
1からの消費者行動 松井 剛・西川英彦【編著】	1からのマーケティング分析 恩藏直人・冨田健司【編著】
1からのデータ分析 古川一郎・上原 渉【編著】	1からのブランド経営 石井淳蔵・廣田章光【編著】
1からのグローバル・マーケティング 小田部正明・栗木 契・太田一樹【編著】	1からの商品企画 西川英彦・廣田章光【編著】
1からの流通論 石原武政・竹村正明・細井謙一【編著】	1からの流通システム 崔 相鐵・岸本徹也【編著】
1からのリテール・マネジメント 清水信年・坂田隆文【編著】	1からの観光事業論 高橋一夫・柏木千春【編著】
1からの観光 高橋一夫・大津正和・吉田順一【編著】	1からのサービス経営 伊藤宗彦・髙室裕史【編著】
1からのデジタル経営 伊藤宗彦・松尾博文・富田純一【編著】	1からの会計 谷 武幸・桜井久勝・北川教央【編著】
1からの管理会計 國部克彦・大西 靖・東田 明【編著】	1からのファイナンス 榊原茂樹・岡田克彦【編著】
1からの経済学 中谷 武・中村 保【編著】	1からの病院経営 木村憲洋・的場匡亮・川上智子【編著】

発行所：碩学舎　発売元：中央経済社

本書とともにお薦めします

小売業起点の まちづくり

Ａ５判・268頁
石原 武政・渡辺 達朗 編著

人びとの豊かで健全な暮らしのために、小売業は地域の関係者と支え合う関係にある。まちづくりの舞台であるとともに、主要な担い手でもあるまちづくりの多様な側面を解説。

流通論パラダイム 風呂勉の世界

Ａ５判・536頁
石原 武政・小西 一彦 編

流通研究において大きな足跡を残し、今なお影響を与え続けている風呂勉氏の主要な論文（1950年代〜2000年代発表）を収録。理論的視座の変遷を示す。

発行所：碩学舎　発売元：中央経済社

● 本書とともにお薦めします ●

戦時統制下の小売業と国民生活

石原　武政　［著］

● A5判・396頁・ハードカバー
● ISBN: 978-4-502-42391-8

戦時下に膨れ上がる軍需産業と不足する民需物資。対応すべく日本が行った経済統制は小売業と国民生活にどのように影響したのか。膨大な資料を調べあげ、実像に迫った労作。

本書の構成

序　章　本書の問題意識と課題の限定	第3章　価格統制
第1章　戦時体制の確立	第4章　小売業整備
第2章　物資統制	終　章　簡単な総括

発行所：碩学舎　　発売元：中央経済社